钟宏武　许英杰　魏秀丽　赵云龙 / 著

陕西省企业社会责任研究报告

RESEARCH REPORT ON
CORPORATE SOCIAL RESPONSIBILITY OF
SHAANXI PROVINCE

经济管理出版社
ECONOMY & MANAGEMENT PUBLISHING HOUSE

图书在版编目（CIP）数据

陕西省企业社会责任研究报告/钟宏武等著. —北京：经济管理出版社，2014.12
ISBN 978-7-5096-3603-9

Ⅰ.①陕…　Ⅱ.①钟…　Ⅲ.①企业责任—社会责任—研究报告—陕西省　Ⅳ.①F279.274.1

中国版本图书馆 CIP 数据核字（2014）第 311248 号

组稿编辑：陈　力
责任编辑：陈　力　范美琴
责任印制：司东翔
责任校对：赵天宇

出版发行：经济管理出版社
　　　　　（北京市海淀区北蜂窝 8 号中雅大厦 A 座 11 层　　100038）
网　　　址：www. E-mp. com. cn
电　　　话：(010) 51915602
印　　　刷：三河市延风印装厂
经　　　销：新华书店
开　　　本：720mm×1000mm/16
印　　　张：24.5
字　　　数：412 千字
版　　　次：2015 年 3 月第 1 版　　　2015 年 3 月第 1 次印刷
书　　　号：ISBN 978-7-5096-3603-9
定　　　价：65.00 元

前　言

"企业社会责任"源于 20 世纪初的西方发达国家。20 世纪 70 年代，随着西方国家经济的迅速发展，大量的环境和社会问题日益凸显。随后，西方国家掀起了一场广泛而持久的社会责任运动。这场运动在 20 世纪 90 年代经济全球化浪潮的推动下，通过跨国公司的产业链条从欧美向亚洲、拉美、非洲逐渐延伸，发展成为全球性的企业社会责任运动。进入 21 世纪后，企业社会责任运动进一步升温，倡导商业界通过强化企业社会责任实现可持续发展。2010 年 11 月，国际化标准组织（ISO）在瑞士发布的 ISO26000（社会责任标准指南），标志着企业从质量管理为中心向以社会责任管理为中心转变。

虽然我国《公司法》早在 2006 年就颁布企业承担社会责任的基本要求，"公司从事经营活动，必须遵守法律、行政法规，遵守社会公德、商业道德，诚实守信，接受政府和社会公众的监督，履行社会责任"。但是我国的配套法律不健全、企业公民意识薄弱，大多数企业对企业社会责任了解不够，企业社会责任意识不足，仅靠企业的自觉难以改善我国企业社会责任的整体水平。

政府作为重要的利益相关方，由政府来促进企业履行社会责任，不仅是西方国家成功经验的启示，也是我国特殊国情的需要。我国政府推动社会责任工作是构建和谐社会、可持续发展的需要。以党的十六大为分界点，中国政府的工作目标从"以经济建设为中心"转变为"构建和谐社会"和"可持续发展"。在十六届六中全会通过的决议中明确提出，"广泛开展和谐创建活动，形成人人促进和谐的局面，着眼于增强公民、企业和其他组织的社会责任"。党的十八大提出"继续推动科学发展、促进社会和谐，继续改善人民生活、增进人民福祉，奋力完成时代赋予的光荣而艰巨的任务"。十八届四中全会关于依法治国的阐述中又明确提出了"社会责任立法"。这表明了中国企业的社会责任将进入一个有法可依的新时代。

　　根据中国社科院经济学部企业社会责任研究中心近几年连续发布的《企业社会责任蓝皮书》的研究结果显示，中央企业的履责情况一直在全国居于前列。由此可见，中央政府在社会责任的推动方面已然发挥了重要作用，下一步面临的问题就是如何在地方政府层面引导企业履行社会责任以及地方企业如何履行企业社会责任。

　　一方面，地方政府应加强地方的社会责任环境建设，促进企业履行社会责任，提升地区的区域竞争力与可持续发展的能力。随着社会经济的发展和可持续发展意识的提高，地方间的竞争不再局限于单纯的经济竞争，更多的是地区协调和可持续发展的竞争。地区间政府的竞争也从资源的竞争转变为公共服务的竞争。党的十八大也将地方政府对公共事务的职责聚焦在地方的公共服务、市场监管、社会管理和环境保护等方面中。同时，地方政府在推进企业履行社会责任方面，具有明显优势。地方政府的管理有一定的地域范围，具有区域性的特点。地方政府能够更准确、有效地了解和把握本地区公民对公共物品的实际需求和具体偏好，从而能更有效地提供公共物品，促使企业更好地履责。更贴近地方市场的地方政府，作为地方经济秩序的实际监管者，也能够更有效地监督企业社会责任行为，维护市场秩序。

　　另一方面，地方企业也要意识到主动承担社会责任是企业自身长远发展的必然要求。树无根不久，水无源不长。企业要想自己能够绵延百年，就要让自己的价值取向在百年里与主体社会价值保持一致性，这是企业生存之根本。古人云，大商谋道，小商求利。谋道者，道与利兼得。求利者，道与利俱失。有远见的企业家始终做到企业与其他利益群体的良性沟通和互动，从行业发展、生态环境、公众利益和社会和谐的角度出发，让企业的命运与国家的发展紧密结合起来，确保企业真正获得长远发展的有利空间。企业社会责任体现在企业经营的各个环节之中，任何一个细微环节出现问题都有可能引起严重后果，造成不良社会影响。三鹿奶粉中的三聚氰胺也好，冠生园用废弃品做馅也罢，都给我们带来深刻的教训。代价是沉重的，教训是深刻的。企业必须认识到履行企业社会责任不单单是捐款做慈善，而是一个系统工程，企业必须将社会责任的意识和理念融入自己的发展战略和公司治理中，融入企业的生产经营环节中，从经济、社会和环境三个层面构建立体的社会责任体系，这样才能获得可持续的发展，才能打造受人尊敬的百年老店。

　　中国社会科学院经济学部企业社会责任研究中心"陕西省企业社会责任研究"课题组在近一年的努力下，通过对陕西省 104 家企业的问卷调查和 50 家企业的现场访谈，采集了陕西省企业对于履行社会责任的基本看法和理解，得到了陕西省整体的企业社会责任状况，并通过陕西省企业社会责任先进企业的访谈，汲取他们在社会责任方面的典型做法，从而为其他企业更好地开展社会责任工作提供可资借鉴的良好经验，最终形成研究成果《陕西省企业社会责任研究报告》。

　　全书分为两个部分，第一部分为主体部分，介绍了企业社会责任基本理论、陕西省企业社会责任实践和管理现状以及对陕西省企业履行社会责任和陕西省政府进一步推进企业履行社会责任的建议；第二部分为子报告，集中介绍了陕西省企业履行社会责任的调查报告、陕西省企业履行社会责任的典型案例、国内外政府推进企业履行社会责任的经验、中国企业社会责任管理体系以及中国企业社会责任报告编写指南。

　　本书将陕西省作为一个研究的样本，立足于调查研究的基础上，分别站在陕西省企业和陕西省地方政府这两个视角，为陕西省推进企业社会责任建设提出对策和建议。本书是一个具有标志性意义的尝试，既是对现有研究成果的一种补充，也对各级地方政府带来富有建设性的启示。

目　录

第一章　企业社会责任的源起与发展

第一节　国外企业社会责任

一、企业社会责任的开端、兴起和发展

（一）企业社会责任的开端

企业社会责任是一个现代概念，而对经济行为的规范可以追溯到几千年前。譬如，《旧约全书》中就包含了对贿赂、从穷人身上获利、滥用土地等行为的鞭挞；《汉谟拉比法典》中也描述了公元前 18 世纪巴比伦王国盛行的各种经济行为准则；在新教、基督教和犹太教等不同宗教的经文中，也有大量对教徒们经济活动行为的劝诫和规范。[①] 此外，公元前 3000 年，就有关于森林保护的记录，这被认为是环境法的雏形；公元前 1792 年，古代美索不达米亚（Mesopotamia）汉谟拉比国王颁布了一项法则，对因为自身疏忽而导致他人死亡的建筑者、监管人和农夫处以死刑，这被认为是最早的健康和安全法；公元前 218 年，古罗马元老院的议员向商人提出社会捐赠的要求；公元 1622 年，荷兰东印度公司的股东向经营者提出了商业透明化的要求；从 17 世纪开始，有基督徒拒绝与从事战争、奴隶交易、酒精、烟草等生产和贸易的企业进行交易。

18 世纪 60 年代产业革命兴起后，真正意义上的企业才建立起来。这一时期，一些企业家开始积极参与社区建设、捐款、兴办教育等慈善活动。譬如，19

---

① 郑若娟. 西方企业社会责任研究进展——基于概念演进的视角. 国外社会科学，2006（2）：34-39.

世纪的维多利亚时代，贵格教会制铅公司在英格兰为工人建小镇、为社区建学校和图书馆，并在生产过程中利用水泵回收废水。[1] 越来越多的企业家开始意识到企业与社会之间密切的关系，推崇勤俭节约、乐善好施的品德。其中最为著名的是石油大亨洛克菲勒和钢铁大王卡耐基，其所创建的公共图书馆使他们被誉为现代慈善捐助的先驱。

上述这些可被看作是企业社会责任的萌芽，但这个时期，企业承担社会责任的观念只是零星的、偶然的和不系统的，并且更多的是强调企业家个人对社会的责任，其行为也取决于个人的价值取向和道德规范。

19 世纪末 20 世纪初，第一次企业并购浪潮加快了欧美现代大公司发展的步伐，大型公司的数量急剧增长，其所拥有的资源、权力以及对社会的影响力，使公众开始更多思考企业对社会的道德和责任问题。譬如，美国著名社会学家斯摩尔最早提出，"不仅政府机构，私人企业也担负着公众期望"。[2] 在对美国现代公司特征进行考察的基础上，美国学者克拉克（J. Maurice Clark）于 1916 年提出"迄今为止，大家并没有认识到社会责任中有很大一部分是企业的责任"，[3] 由此有了"企业社会责任"这一概念的开端。

在这个时期，随着公司规模的扩大及现代企业制度的建立，形成了公司所有权与经营权的分离，造成了公司管理权力逐渐由所有者向管理者手中的转移。同时，管理者以企业的名义和资源从事社会责任活动的现象越来越普遍，如提高雇员的福利、让利给消费者、向社区捐赠等，针对这一现象，理论和实践界展开了激烈的讨论。在这一时期，"股东至上"的观点始终占据主流，人们普遍认为，企业唯一的目标就是在法律允许的范围内，在经营中追求股东利润最大化。这一观点也得到相关立法的支持。譬如，当时美国的判例法规定：企业的慈善捐赠如要获得法律支持，必须证实企业的这类行动在事实上不是基于利他主义的考虑，而是出于企业的直接目的。法官们认为，企业（或者其管理者）没有权利去做其特定业务范围以外的事，否则，就是"过度活跃"，或侵犯股东的权利。[4] 而一个

---

① ISO Advisory Group on Social Responsibility（April 30，2004），Working Report on Social Responsibility.

② Small，A.W. Private Business is a Public Trust. American Journal of Society，1895（1）.

③ Clark，J. Maurice. The Changing Basis of Economic Responsibility. Journal of Political Economy，1916，24（3）：229.

④ 乔治·斯迪纳等. 企业、政府与社会. 华夏出版社，2002.

处于"过度活跃"情况下的企业管理者是容易遭受股东诉讼的,如当时著名的"道奇兄弟诉福特公司"一案。①

20 世纪 30 年代,围绕着"企业的管理者是谁的受托人"这一议题,美国哥伦比亚大学法学伯利教授(Adolf A.Berle)与哈佛大学多德教授(E.Merrick Dodd)展开激烈的争论。伯利认为,管理者只是公司股东的受托人,股东的利益总是在其他对公司有要求权的人的利益之上。②而多德反对这种股东利益至上的观点,他认为,法律之所以允许和鼓励企业开展经济活动不是因为它是其所有者利润的来源,而是因为它能服务于社会。③基于"在这个革命的世纪,美国的公司不是经营单位而是一种社会组织"④的认识,伯利也逐渐认同公司负有社会责任的观点,并且在另一场发生在 20 世纪 60 年代与曼尼教授(Henry G. Manne)的争论中,提出要重新认识资本主义的市场基础,重新认识 "股东至上"的传统观点。

在实践中,随着公众对企业履行社会责任呼声的不断高涨,相关法律规定也产生很大的松动和变化。例如,美国新泽西州最高法院于 1953 年判定"过度活跃"条款为"不合理限制",并拒绝执行,从而使该条款得以终止。另外,企业回馈社会必须有直接经济利益的规定也被舍弃,一些有利于促进企业社会责任行动的新法律应运而生。譬如,美国联邦以及许多州颁布新法或修改原法,明确赋予企业承担社会责任的权利,或为保障非股东利益相关方的利益提供法律依据。

(二)现代企业社会责任的兴起

20 世纪五六十年代开始,由于生产力和科技水平不断提高,欧美国家的工业化进程加快,发达国家的经济和社会发展水平发生了很大变化。一方面,工业化以及企业经营对社会和环境的影响日益深刻;另一方面,公众对非物质方面提出了更高的要求和期望,从而引发了各种各样的社会运动,人权、环境、消费者运动,政府、积极行动主义者、非政府组织等纷纷行动起来,以各种方式推动企

① 道奇兄弟(Dodge brothers)是福特公司(Ford Motor Company)的股东,公司成立若干年后,福特(Henry Ford)通过实行日薪 5 美元和 T 型车降价的政策,从而不再按以前的标准支付特别的股利给道奇兄弟。1916 年道奇兄弟认为福特的行为损害了股东的利益,由此向法院提起上诉,并获得法院的支持。

② Berle, Adolf A. Corporate Powers as Powers in Trust. Harvard Business Review, 1931, 44 (7): 1049.

③ Dodd, E. Merrick. For whom are Corporate Managers. Harvard Business Review, 1932, 45 (7): 1147-1148.

④ Berle, Adolf A. The 20th Century Capitalist Revolution. New York: Harcourt, Brace and Company, 1954: 169.

业履行相关的社会责任。譬如，1957年，当时的欧洲共同体签订的罗马条约（Treat of Rome）明确要求成员国追求某些社会目标，而企业是实现这些目标的主要工具；20世纪70年代，设立在巴黎的国际商会，发表了一份题为《日益增长的社会责任》的报告，涉及集体谈判、职工培训、公司利润分享、移民工人等社会责任议题；1973年，日本爆发全国性的"反企业运动"，包括企业经营者在内的日本各界人士呼吁确立企业社会责任。到了20世纪80年代，企业社会责任的思潮更具体化为立法运动。譬如，1983年，美国宾夕法尼亚州率先立法，特别授权公司决策层要考虑股东外其他利益相关方的利益；截至1989年，全美已有25个州出台了类似的法律。

就理论界而言，鲍恩（Howard R. Bowen）于1953年提出"商人有义务按照社会所期望的目标和价值，来制定政策、进行决策或采取某些行动"。①此后，围绕着"企业为什么要履行社会责任"、"企业应该履行什么社会责任"以及"企业如何履行社会责任"的问题，学者们展开了广泛的讨论，逐步形成了一个独立的研究领域。从理论发展的进程来看，在这一时期，经历了从最初对企业是否应当承担社会责任的争论到逐渐认同；经历了从概念、理念的讨论到对企业社会责任实践的管理过程和方法所进行的探索；经历了从企业承担对雇员、社区的责任逐步扩大到对多元利益相关方责任的认识。

从企业实践的角度看，劳工、消费者、环境等社会责任相关议题开始受到关注，社会压力管理、公共关系管理、风险管理、声誉管理逐渐成为企业经营的重要议题，企业与社会之间的关系得到广泛重视。但这个时期，从企业认知的角度来看，更多是将企业和社会看作是相互对立的，企业履行社会责任主要的是基于外界压力的回应或者规避风险的需求，所采取的是被动的或者是防御性的社会责任战略。

（三）现代企业社会责任的蓬勃发展

在企业社会责任运动的发展过程中，可以说，"丑闻是最大的推动力"。20世纪末开始蓬勃发展的现代企业社会责任运动最初是源自一系列商业丑闻的曝光。从20世纪80年代末开始，一些著名的跨国公司接连被曝光了产品质量问题、重大环境污染事件以及海外工厂的"血汗工厂制度"等丑闻。在一些工会组

---

① Bowen，H.R. Social Responsibilities of the Businessman. New York：Harpor & Row，1953.

织、环保组织以及消费者团体等非政府组织的强大压力下，这些公司面临着重大的经营危机，从而开始通过采取制定内部"行为守则"、实施产品和环境标准化管理等方式，来显示其对社会责任的承诺及自我约束。此后，在劳工组织和人权运动的推动下，其他组织或机构开始制定了一系列相关的行业守则以及更广泛范围的行为守则，使企业内部约束日益外部化，如 SA8000 社会责任标准。

21 世纪初，随着美国安然公司、世通公司等欧美商业丑闻的相继曝光，公众对企业界的信任度急剧下降。为了规范商界行为、重塑公众对企业的信任，各地区及各国政府纷纷采取行动，以强制或者引导的方式向企业提出了履行社会责任、遵守商业道德规范的要求。同时，随着社会责任意识的进一步提高，更多的消费者和投资者开始利用自己的购买权和投资权，通过责任消费和责任投资等渠道，形成推动企业履行社会责任的市场力量；此外，更多的组织或团体通过不同的方式加入了推动者的行列，企业社会责任相关的组织、倡议、行为守则、指南及标准等大量涌现。

2010 年 11 月 1 日，国际标准化组织（International Organization for Standardization，ISO）在瑞士日内瓦国际会议中心举办了主题为"共担责任，实现可持续发展"的社会责任指南的发布仪式，对外宣布即日起正式发布 ISO26000《社会责任指南》（ISO2600；2010，Guidance on Social Responsibility，ISO26000）。这是首个国际社会责任标准，第一次在全球范围内统一了社会责任的定义并阐明了社会责任的特征属性。

在外部环境变化的过程中，履行社会责任已经成为企业经营中无法回避的一个议题，并且逐步被视为企业创造竞争优势的途径而不是增加成本，因此，"企业是否应该履行社会责任"已不是关注重点，而是集中于探讨企业履行社会责任的途径和方法。在实践中，企业通过公开声明、调整公司战略、完善治理结构、制度建设等途径，全面实践企业社会责任。

二、企业社会责任运动在各国的发展

20 世纪中后期以来，随着经济全球化的发展，企业社会责任问题日益引起社会各界的重视，在欧美一些发达国家，消费者、企业、民间组织、政府及政府间组织和国际组织从不同的角度、观点、立场出发，采取措施，积极倡导和推动企业社会责任，与企业社会责任有关的要求、倡议、标准、管理体系迅速发展。

同时，在经济全球化的趋势下，经济一体化程度不断加深，在多种力量的共同作用下，企业社会责任运动从发达国家逐步扩展到发展中国家，企业社会责任正在形成一种世界潮流和趋势。

（一）美国的社会责任运功

工业化和现代大公司的出现导致美国企业社会责任思想的兴起，美国是世界上较早提出"企业社会责任"概念的国家，20世纪初社会责任概念已经萌芽。具体而言，美国社会责任发展经历了三个阶段：

第一阶段（20世纪初至60年代）：美国企业社会责任的产生阶段。

19世纪末20世纪初，随着工业革命的完成及其对各国经济的迅猛推进，资本主义各国先后进入垄断阶段，在美国也出现了企业合并、经济集中的运动。这种不受约束的自由经济模式，促使经济力量日益集中地控制在少数人手里，从而导致了美国经济和社会的重大变革并引发出种种严重问题。企业主为了牟取高额垄断利润，在对待工人时残酷无情，引发了轰轰烈烈的社会进步运动，涉及劳工、控制铁路运价及服务、市政改革和新闻领域的"揭发黑幕"等运动。

美国大公司的恶劣行径引起了美国社会的不满和政府对企业态度的变化，同时一些学者也开始呼吁企业应承担起社会责任，一些明智的企业家也加入到这一行列中来，表示了企业作为社会一分子承担社会责任的合理性，以便改变企业在公众心目中每况愈下的地位。20世纪早期的西方企业普遍已经不再对其社会责任抱冷漠的态度，它们开始主动捐款、资助社区活动和红十字会事业，帮助当地政府完善义务教育和公共健康制度。

20世纪50~60年代，随着更多的公司认识到"权力带来责任"，慈善和管家原则开始为美国工商界广泛接受，这时企业的社会责任探讨从经营者转向企业的慈善捐赠问题和深化经营者社会责任职能的探讨。在这一时期，美国企业界逐渐形成一种观点，认为企业在主要为股东创造利润的同时，也可以通过捐助或承担社会项目来回报社会和公众；也应对员工承担责任。这一时期关注的社会责任问题是慈善捐助和员工责任。美国企业已经认识到：企业的慈善捐赠，从长远而言，有利于促进公司的运营、改善公司的环境、提高公司的形象，有助于公司目标的实现。企业的捐赠行为也因此获得法律上的认可，到1960年，美国已有46个州通过了公司法，允许企业从事慈善活动。

20世纪中期以后，企业经营活动中最大的转变是开始真正地重视与其有密切关系的各种利益相关方的利益要求，许多企业都设立了正式的工会组织，建立起专门的组织机构来处理供应商、分销商、贷款人、特殊团体、社区的意见和建议。同时，许多大公司还设立了慈善基金，并取得了相应的免税特权，企业积极从事社会责任活动已经不再是个别现象，反而成了企业拥有远大抱负的象征。企业承担的社会项目范围不断扩大，有的企业甚至开始实施大范围的社会行动，项目范围涉及教育、公共健康、就业福利、住房、城区改造、环境保护、资源保护、双职工家庭的婴儿护理中心等，在每一个领域，不同的企业所实施的项目多达几千个，同时涌现出了一批积极承担社会责任、主动关注利益相关方的利益要求的令人尊敬的企业。

第二阶段（20世纪60~80年代）：企业社会责任发展阶段。

在20世纪60年代，尽管美国当时对于企业应否履行社会责任问题还没有统一的看法，但在实践中企业履行社会责任的步伐仍在加快，范围也越来越广泛，涉及消费者权益保护、环境保护、关注利益相关方等方面的内容。

一是消费者运动。到了20世纪60年代，随着消费者自身的教育水平的提高以及竞争的日趋激烈，消费者开始采取实质性的行动维护自身的权益。美国消费者运动的规模进一步扩大，美国政府也支持消费者的维权运动。1962年3月15日，美国总统肯尼迪在《关于保护消费者利益的总统特别国情咨文》中，率先提出消费者享有的四项基本权利，即安全的权利、了解的权利、选择的权利和意见被听取的权利。1969年，美国总统尼克松又提出消费者的第五项权利：索赔的权利。消费者权利的提出，使消费者运动进入了新的阶段，同时，美国联邦政府和州政府，都设立了消费者保护机构。在政府、消费者和市场等外部环境的压力下，美国公司的经营理念发生了根本改变，更加关注顾客的需求，在为顾客提供高质量的产品的同时，也注意提供更加优良的服务，关注获取利润的同时也注重履行更多的社会责任。1989年，美国成立了世界上第一个全国性的消费者组织——美国消费者同盟，美国消费者开始了自身的维权运动。

二是环保运动。20世纪60~70年代发生于美国的那次环境保护运动无论就其规模、大众参与程度还是政府干预的力度以及公众环境意识变化的深度等诸多方面都是空前的，它对美国和世界历史特别是环境保护史的影响也是绝无仅有。这场运动是美国历史上的自然（荒野）保护运动和资源保护运动的发展和继续，美国环保运动直接起因于人们对资源日趋匮乏的警觉和对环境污染日渐严重的恐惧。首先由生态科学家和知识界人士发起，继而由美国公众和政府广泛参与并将这一运动推向高潮。

在这一过程中大量环境立法和机构被通过和设立，环境组织大量涌现，环境运动出现了如火如荼的局面。最早意识到环境污染严重性的是生态科学家和知识界人士，为了唤起公众和政府对环境的关注和重视，他们不但从事大量与环保事业相关的社会实践，而且不断发表和出版有关环境问题的文章、报告和著作，这些活动构成了战后美国环保运动的重要组成部分。民间环保力量在20世纪60~70年代也组织了大量环保组织，积极宣传和推动环保运动的发展。

在民间环保运动的强大压力下，美国政府开始把环境保护作为政府工作的重心之一，并加大了环境立法和执法的力度。除了继续保护森林、土地和荒野等自然资源外，美国政府环境保护工作的重心开始转向治理工业污染，特别是空气污染、水污染和化学污染。环保工作主要以议会立法的形式表现出来，战后的60~70年代是美国环境立法最为集中的时期，该时期美国联邦政府和议会先后制定和通过的环境保护及相关法案数十部，这些法案构成了一个比较完整的环境保护法律体系，环保工作被纳入法制化轨道。

三是关注利益相关方。随着经济的发展和企业规模的扩张，企业并购、破产的事件频繁出现，美国兴起了"恶意收购"的浪潮。这种恶意收购的短期获利行为和企业可持续发展的目标是相违背的，影响到了企业的长期发展并且带来了很多社会问题，这时人们开始关注企业的利益相关方。1989年，宾夕法尼亚州率先修改了公司法，明确规定经理不仅为股东服务，也要对利益相关方负责。随后，美国很多州制定了公司利益相关方的法律，到20世纪90年代末已有29个州制定了相关的法律法规。同时，美国联邦政府也颁布了许多法律保障员工的培训，以提高员工的劳动能力和劳动质量。

第三阶段（20世纪90年代至今）：企业社会责任高速发展阶段。

20世纪90年代初期，美国劳工及人权组织针对成衣业和制鞋业发动了"反血汗工厂运动"。利用"血汗工厂"制度生产产品的美国服装制造商李维·斯特劳斯（Levi Strauss）被新闻媒体曝光后，为挽救其公众形象，制定了第一份公司生产守则。在劳工和人权组织等NGO和消费者的压力下，许多知名品牌公司也都相继建立了自己的生产守则，后演变为"企业生产守则运动"，又称"企业行动规范运动"或"工厂守则运动"。企业生产守则运动的直接目的是促使企业履行自己的社会责任，但这种跨国公司自己制定的生产守则有着明显的商业目的，而且其实施状况也无法得到社会的监督。在劳工组织、人权组织等 NGO 组织的推动下，生产守则运动由跨国公司"自我约束"（Self-regulation）的"内部生产守则"逐步转变为"社会约束"（Social regulation）的"外部生产守则"。

20 世纪 90 年代以来，这种"社会约束"进一步演变为第三方的社会监察和组织认证，即按照以国际劳工标准为依据制定的"准则"，对企业的劳动状况进行监察并予以认证的制度。在美国，比较有影响力的生产守则制定和监察认证的组织有公平劳工协会（Fair Labor Association，FLA）、社会责任国际（Social Accountability International，SAI）等，这些组织在很大程度上推动了企业社会责任运动的深入开展。

21 世纪初，接连发生的丑闻引起了公众对企业社会责任的反思，这次企业社会责任运动的核心主要集中在"诚信"等方面。作为对安然、世通等公司财务欺诈事件的反应，2002 年美国国会参议院银行委员会通过了由参议院银行委员会主席萨班斯（Sarbanes）和众议院金融服务委员会主席奥克斯利（Oxley）联合提出的会计改革法案——《2002 年上市公司会计改革与投资者保护法案》，经布什总统于 2002 年 7 月 30 日签署成为正式法律，成为《萨班斯—奥克斯利法案》（Sarbanes-Oxley Act）。该法案体现了美国立法对商业活动中要秉持信任、独立、责任和正直精神的要求。近年来，美国社会监督机构加大了对企业社会责任的审计力度，旨在全面、广泛地了解和掌握企业履行社会责任的情况，督促企业有关工作，保护各企业利益相关方的利益。同时，越来越多的美国公司主动发布企业社会责任报告或者可持续发展报告，接受全社会的监督。据著名的会计和咨询公司毕马威（KPMG）调查，2002 年，美国前 100 强企业中有 38 家企业发表了独立的企业社会责任报告或者可持续发展报告，报告的形式从原来纯粹的环境报告变成包括经济、环境和社会责任的内容信息翔实的报告。

（二）欧洲的社会责任运动

与美国相比，欧洲对企业社会责任的关注较晚，直到 20 世纪 70 年代才开始明确提出这一话题。但自 20 世纪 90 年代以来，以欧盟国家为代表的欧洲企业社会责任运动发展迅速，逐渐成为世界企业社会责任运动的领先者。

欧盟（包括欧洲委员会和欧洲议会）自 20 世纪 90 年代中期以来就把推动企业社会责任作为一项重要工作。不管是在欧盟层面还是欧盟成员国层面，可持续发展和企业社会责任都被列在公共政策议事日程的前列。欧盟认为,企业社会责任关系到社会、经济的可持续发展,因此欧盟对其关注将是长期性的。2000年3月欧盟明确了两个目标:一是加强企业社会责任宣传,推动各方认识企业社会责任;二是提高政府的透明度。欧盟强调,企业社会责任的要求来自市场和社会,其社会性能超乎法律法规。为此,各国政府不需制定新的立法,只需执行好原有的各项公司、企业等法律法规。欧盟的作用是协调各国政府加强法律法规的实施,提高政府透明度,并在各国之间实行信息共享。2001年,欧盟委员会向欧洲议会提交了"欧洲企业社会责任框架绿皮书",并于2002年建立了由社会各阶层代表参加的"多方社会论坛",就企业社会责任在欧洲范围内建立对话和信息交流机制。截至目前,欧盟所有国家都制定了企业社会责任战略,并得到了各国国内产业界、利益相关方、非政府组织等多方面的支持。

2006年3月,欧盟通过企业社会责任最新政策声明,把企业社会责任列入经济增长和就业发展战略的核心,作为营造友好的欧洲商业环境的重要组成部分。声明表示,欧盟委员会将进一步关注企业社会责任领域,承诺与其他政府合作,密切关注和推进企业社会责任国际指引,如联合国《全球契约》、《OECD跨国公司指引》、国际劳工组织《关于跨国公司和社会政策的三方原则宣言》等。欧盟还在布鲁塞尔发起"欧洲企业社会责任联盟",把企业社会责任作为改善欧洲竞争力的"双赢商机",有关草案已经出台。欧洲议会也就规范欧洲跨国公司在发展中国家业务活动的社会标准、实行企业环保和社会行为报告制度的可行性进行咨商。

在欧洲,瑞典政府将企业社会责任作为政府工作的一个部分。推进企业社会责任,支撑和保障经济社会可持续发展,已成为瑞典的国家战略。英国政府在1998年就支持成立了"道德贸易计划",集合商界、劳工和非政府组织,共同讨论公司供应链中工作条件问题的标准和监控方法。2000年,英国政府任命了专门负责企业社会责任的内阁部长。2001年布莱尔首相要求所有业绩突出的公司公布环境报告,同时,英国政府还通过《企业运作与财务审查法案》,要求企业提供社会责任报告。在德国,经济合作与发展部是负责开展企业社会责任的主要官方机构,政府提供推动社会责任活动的绝大部分经费。近年来,在推动企业社会责任方面开展了一系列活动,如组织社会各利益相关方讨论企业履行社会责任问题,推动行业协会和企业按照国际劳工组织标准、本国法律法规制定社会责任标准，并履行社会责任。法国推动企业社会责任战略，在国家层面上创建会议体系；分析、实践及开发社会责任投资。政府有关部门制定有关政策、鼓励合作伙伴之间的互利互惠活动，并提供财政支持，鼓励企业进行可持续发展实践。在欧洲的其他一些国家，像意大利、丹麦、爱尔兰等也都采取许多措施，积极推动企业社会责任运动开展。

欧洲企业社会责任、欧洲雇主协会和法国信托投资局致力于在欧洲实施 CSR 战略，并整理了 CSR 理念在欧洲发展的十年之路，从中我们可以全面地了解到欧洲企业和相关协会组织在十年中从事企业社会责任的经验和成果（见表 1-1）。

表 1-1　CSR 理念在欧洲的发展

时间	人物	内容
1995	欧委会主席雅克·德洛尔（Jacques Delors）	排斥宣言：欧洲的公司作为一种自愿性的贡献不断地制定和实施有关企业社会责任的一些政策
1996	前欧洲委员会主席雅克·德洛尔（Jacques Delors）	欧洲企业社会责任协会（CSR EUROPE）成立
2000	欧盟里斯本峰会	强烈呼吁各欧盟企业能够关注可持续发展，进一步创造更好的、更多的就业机会
2001	欧委会	提出了绿皮书，正式引入了企业社会责任的概念，并提出如何促进和发扬企业社会责任
2002	欧委会	提出一些切实的落实方案和措施。同时，欧洲企业社会责任协会进一步呼吁欧洲的企业联合起来，要求把企业社会责任的相关课程纳入到欧洲大学的教育体系中
2005	欧洲企业社会责任协会	发布"企业社会责任：欧洲发展路线图"

资料来源：崔征.CSR：欧洲发展路线图——专访欧洲企业社会责任协会理事长 Franck Welvaert. WTO 经济导刊，2005（10）：79.

下面重点介绍欧洲企业社会责任典型国家——英国的社会责任运动。

在 20 世纪 70 年代之前，企业社会责任的概念在英国基本上是闻所未闻。究其原因，英国学者艾普斯坦（Epstein）认为，一方面英国公众持股公司的主要任务是获取经济效益，另一方面英国政府长期介入经济和社会生活，这就使得公司在履行社会责任方面缺乏用武之地。

20 世纪 70 年代受美国的影响，英国开始关注企业社会责任问题。1973 年英国政府发表的公司白皮书涉及企业社会责任内容，要求公司经营者首先要确保公司为良好的法人，并把社会责任作为公司决策过程中的一项重要内容。此后在立法、政策方面整个英国社会对企业的社会责任要求从最初的仅限于参与慈善事业到通过捐助创造就业，顾及更广泛意义的社会公众和环境，再到提供优质安全和信得过的产品，为职工提供良好工作环境和关怀职工健康安全等，直到近几年英国政府一系列政策文化和法规要求经营与经济可持续发展挂钩，英国企业社会责任运动走过了一个发展完善的过程。

2000 年 3 月，英国政府任命了"企业社会责任大臣"，由一位企业社会责任部长负责，外交部、国际发展部和财政部也参与其中。2001 年 3 月，英国首次公布了《企业社会责任政府报告》，提出了政府企业社会责任工作计划，包括推动企业履行社会责任、扩大企业社会责任在商业中的范围，尤其是国有企业范围、促进企业社会责任国际化，并通过政府协调企业社会政策。政府还于 2002 年建立了公司责任指数，作为企业管理衡量手段，旨在支持公司改善其对社会和环境的影响。该指数使企业能够明了其在多大范围内管理社区活动、环境保护、销售市场和工作场所四个关键领域，把战略转变成负责任行为的情况。2004 年 7 月，英国贸工部设立了英国企业社会责任学院，它专门培养有企业社会责任技能的经理人，并将它的培训融入商业行为。

此外，英国的社会监督与行业自律也比较有力，政府部门还牵头经常进行不同形式的促进活动，这都取得了良好效果。1997 年英国国际事务发展部发起"道德、贸易新纪元"活动，道德责任标准的制定成为这一活动的核心。针对现代商界由于消费者选购物品时往往要考虑其道德行为表现，要求公司表明并展示其运作过程中的道德行为，在大多数规划建议中必须包括道德水准评定和环境影响分析。而从企业自律方面来看，许多英国公司想方设法提升自己的社会责任形象，英美烟草公司、壳牌石油公司、英国石油公司等都在处理企业社会责任方面尝试了一些创新做法。

（三）日本的社会责任运功

20 世纪 50 年代，日本开始讨论企业社会责任相关内容。企业社会责任在日本是广义的，只要对社会可持续发展有贡献都是企业社会责任的重要内容，如节能降耗、降污减排、资源和产品的再生利用、劳动环境、人才培训、社会福利、公益事业等。相关研究显示，日本媒体每十年就会掀起对企业社会责任的报道高潮，每个阶段的报道热点有所不同，一般都与当时的重大社会环境问题密切相关，如表 1-2 所示。

表 1-2　日本社会责任运动历史

时间	背景	重大事件	社会责任内容
20 世纪 60 年代	重工业及化工领域出现工业污染及其他社会问题，反商情绪出现	日本氮肥公司排放污水引发熊本县"水俣病"；富山县神通川神冈矿山排放污水引致"痛痛病"；四日市炼油厂排放废气引发哮喘病；九州爱知县某食用油厂造成米糠油污染事件	环保
20 世纪 70 年代	社会投机活动猖獗，企业和公众对立严重；日本修正商业法	1974 年，日本修改《商业法修正案》	遵纪守法、风险管理
20 世纪 80 年代	房贷诈骗案层出不穷；"优秀企业公民"理念引入；公司慈善和捐助活动繁荣	1989 年，海外活动事业联合会成立；1990 年，日本经团联成立"1%俱乐部"	透明经营；关注各利益方的利益
20 世纪 90 年代	泡沫经济以后，公众对企业不信任，国际社会对日本企业也不信任；国际社会对环境问题的关注	经团联发布《优秀企业行为宪章》；环境管理体系 ISO14001 标准；社会责任投资引入日本	环境保护、商业伦理、遵纪守法以及社会贡献等
21 世纪初	全球对环境的关注；《京都议定书》的正式生效	丽泽大学经济研究中心 2000 年制定 ECS2000 标准；日本企业、政府以及协会组织 2003 年探讨制定 CSR 日本国内标准；2003 年，理光公司设立独立的社会责任部门	商业伦理；节能标准、环境保护；制定日本自己的标准，增强其在国际市场上的谈判地位

资料来源：钟宏武. 日本企业社会责任概况及启示. WTO 经济导刊，2008（4）：24-26.

2003 年，日本大众媒体报道"CSR"一词的频数开始徐徐增长，当年主要媒体报道 CSR 的频数达到 172 件。到了 2004 年媒体报道则是爆炸性增长，达到了 626 件，翻了两番。因而 2003 年就被人们称为"企业社会责任元年"。

2003~2006 年是启蒙普及期，日本企业主要做了信息收集，组建机构，挖掘企业特色的企业社会责任内涵，建章立制，培训宣导和发布社会责任报告等方面的工作。

从 2007 年开始，日本企业社会责任运动进入了深化发展期，这个时期的主要工作是解决前期遗留的一些问题。

第一，采取更具有"进攻性"的社会责任战略。日本企业天性比较保守，民族文化中也有"悄悄做好事"的成分，导致日本企业社会责任一开始就是"防守型"的，而不是"进攻型"的。企业一般将社会责任视为企业风险管理的组成部分，甚至有很多企业将社会责任单纯地视为"合规管理"。目前，日本企业社会责任的经理人和学者已经认识到这种"防守型"定位不利于企业社会责任的健康发展，因为这种定位会使社会责任工作与以前的企业管理工作没有差别，而且很多社会责任项目未能给企业带来任何好处，只是增加企业成本，这对企业长期发展非常不利。因此，日本诸多学者呼吁要将企业社会责任重新定位，进行责任营销，创造差异化的社会责任品牌，提升企业美誉度，使社会责任为企业创造价值。

第二，社会责任与具体工作相结合。一些先进企业不仅在集团战略上整合了社会责任相应内容，还要求各部门和分支机构在制定各自的长远规划和年度计划时也要全面考虑社会责任相应内容。从实务角度来看，由于培训到位，日本企业各个部门开始更多地从社会责任角度思考改进本职工作。例如三井物产采购部门在2007年11月出台了供应链责任采购标准，工会与人力资源部在公司总部大楼底层先后建立了超市和幼儿园，以方便员工。这些责任实践行为显著提升了员工士气，增强了企业凝聚力。

第三，积极促进利益相关方参与机制。在2005年以后，日本开始引入了类似西方的社会责任对话机制，并邀请外部社会责任专家、大学教授、环境组织和社会团体代表与企业高管对话，就企业社会责任报告和社会责任工作提出意见和建议。但是，由于日本企业有着独特的治理理念和治理结构，外部利益相关方全面深入地参与公司管理仍需时日。

第四，探索建立社会责任的考核体系。由于社会责任的内容宽泛，形式各异，考核设计、执行和审核都非常困难。日本专家普遍认为，社会责任不落实到定量考核层面，最后会虚化，但目前建立体系许多还不成熟，即使建立也只能到部门层面，无法到个人层面。

第二节　我国企业社会责任

近年来，我国企业社会责任运动已有了全面的发展，环境保护空前繁荣；责任投资运动逐渐兴起。

一、我国企业社会责任运动的现状

(一) 环境保护运动空前繁荣

2008 年,我国颁布了 5 项环境保护部门规章,21 项环境保护地方性法规,29 项环境保护地方性政府规章,政府实施自动监控企业总数达 8405 家,其中,已实施自动监控国家重点监控企业数 4218 家。此外,截至 2008 年底,我国自然保护区面积达 14894 万公顷,约占国土面积的 15.13%。如表 1-3 所示。此外,近年来,我国民间环保组织也得到了空前发展。目前,我国环保民间组织主要包括四种类型:由政府部门发起成立的环保民间组织,如中华环保联合会、中华环保基金会、中国环境文化促进会,各地环境科学学会、环保产业协会、野生动物保护协会等;由民间自发组成的环保民间组织,如自然之友、地球村,以非营利方式从事环保活动的其他民间机构等;学生环保社团及其联合体,包括学校内部的环保社团、多个学校环保社团联合体等;国际环保民间组织驻华机构。[①]

表 1-3　2008 年我国环境保护运动情况

指　标	指标值	指　标	指标值
已实施自动监控企业总数 (个)	8405	自然保护区面积 (万公顷)	14894
已实施自动监控国家重点监控企业数	4218	保护区面积占国土面积比 (%)	15.13
其中: COD 监控设备与环保部门稳定联网数	2972	已批准国家级生态示范区个数 (个)	387
SO_2 监控设备与环保部门稳定联网数	2049	已批准国家级生态市县 (区) 个数 (个)	11
当年设立的科研课题数 (项)	1503	已批准全国环境优美乡镇个数 (个)	629
科研课题经费数 (亿元)	4.2	当年颁布环境保护部门规章数 (件)	5
当年获科学技术奖励数 (项)	67	当年颁布环境保护地方性法规数 (件)	21
其中: 国家级	8	当年颁布环境保护地方性政府规章数 (件)	29
省 (部) 级一等	12	当年做出环境行政处罚决定的案件数 (起)	89820
当年颁布地方环境保护标准数 (项)	13	当年受理的环境行政复议案件数 (起)	528
其中: 国家级	3	当年做出判决的环境犯罪案件数 (起)	2
省级	28	召开环境类新闻发布会 (次)	435

① 资料来源: 中国环境保护产业协会:《国际及国内环保组织概况》,下载地址: http://www.caepi.org.cn/international-exchange/3516.shtml,下载时间: 2010/2/9。

续表

指 标	指标值	指 标	指标值
地市级	213	发布环境类新闻通稿（篇）	55035
环境污染治理投资占当年 GDP（%）	1.49	组织环境保护宣传活动（次）	9269
当年施工污染治理项目数（个）	12434	创建绿色学校（所）	12455
污染治理项目当年完成投资额（亿元）	542.6	创建绿色社区（个）	5236
自然保护区个数（个）	2538	各级人大、政协环保议案、提案数	13271
其中：国家级	303	已办理人大、政协环保议案、提案数	12718
省级	806	各级环境科研所数（个）	244

资料来源：根据环保部公布的《全国环境统计公报 2008 年》整理得到。

（二）责任投资运动正在兴起

近年来，随着我国社会各界对企业履行社会责任认可度的不断提高，责任投资运动也逐渐兴起。2008 年 3 月，我国首只社会责任投资基金——兴业社会责任投资基金正式发行。在兴全基金之后推出社会责任基金的还有建信基金和汇添富基金。除了上述以社会责任命名的基金产品外，国内市场上还有一些与责任投资主题相关的基金产品，常见的有低碳环保题材。比如汇丰晋信低碳先锋股票型投资基金、海富通中证内地低碳指数基金、富国低碳环保股票型投资基金、中海环保新能源混合型投资基金等，如表 1-4 所示。

表 1-4 部分社会责任基金情况表

基金名称	发起公司	成立日期	募集规模（亿元）	投资理念	对标收益
建信上证社会责任ETF	建信基金管理有限责任公司	2010-05-28	4.20	通过指数化投资与社会责任投资，以较低的成本获得市场平均水平的长期回报	95%×上证社会责任指数收益率+5%×商业银行税后活期存款利率
汇添富社会责任股票	汇添富基金管理有限公司	2011-03-29	56.20	在长期价值投资理念的基础上，本基金坚持社会责任投资，重点考察企业社会责任的履行，立足企业基本面，"自下而上"精选个股，努力实现本基金的投资目标	沪深 300 指数收益率×80%+中证全债指数收益率×20%
兴业社会责任股票	兴业全球基金管理有限公司	2008-04-30	13.88	追求当期投资收益实现与长期资本增值，同时强调上市公司在持续发展、法律、道德责任等方面的履行	80%×中信标普300 指数+20%×中信标普国债指数
中银持续增长股票	中银基金管理有限公司	2006-03-17	24.58	从企业盈利的增长性和经营模式的可持续性两方面寻找投资机会。专注于具有核心竞争力、良好公司治理、勇于创新并富于社会责任感的公司。通过有效的投资行为推动社会良性发展，为投资者争取长线资本增值与回报	MSCI 中国 A 股指数×85%+上证国债指数×15%

（三）企业披露责任信息氛围正在形成

近年来，我国企业对于社会责任信息披露的认可度逐渐提高，发布社会责任报告的企业数量逐年增加，企业披露责任信息氛围正在形成。中国企业社会责任报告从 2006 年的 32 份增长到 2014 年的 1526 份。

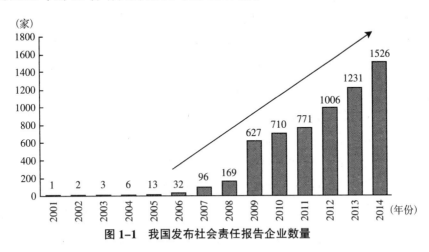

图 1-1　我国发布社会责任报告企业数量

（四）责任运动推动力已渐成体系

目前，我国企业社会责任运动推动力量体系已逐渐形成。多种力量从规制、推进和监督三大角度推动我国企业社会责任运动发展。

（五）责任运动推进力度仍有待强化

近年来，我国社会各界对于企业履行社会责任的认可度空前提高，企业自主发布社会责任报告气氛逐渐形成，但是，企业社会责任缺失仍频繁发生，违章排污、食品安全问题等仍时有发生。总体上看，我国企业社会责任运动已取得了巨大的成功，但责任运动推进力度仍有待进一步强化。

二、我国的企业社会责任相关法规

政府与企业社会责任推进具有密不可分的关系，政府的一些举措自始至终都与推进企业履行社会责任分不开，尤其是在规制措施领域。在我国政府尚未正式提出科学发展观这一指导思想之前，在企业社会责任在我国并未受到广泛关注之前，我国政府就在具体领域进行立法。法律、法规和规章的出台是政府强制性法规的主要举措。

（一）综合性立法

1986 年 4 月 12 日，我国第六届全国人民代表大会第四次会议通过了《中华人民共和国民法通则》，该法则于 1987 年 1 月 1 日正式生效。《民法通则》对于企业社会责任的诸多领域进行了规定，是我国主要的综合性法律之一。此外，1999 年 3 月 15 日，第九届全国人民代表大会第二次会议通过《中华人民共和国合同法》，该法于 1999 年 10 月 1 日起施行。《合同法》对我国诸多类型合作进行了法律界定，明确各方的合同制定原则。最后，1993 年 12 月 29 日第八届全国人民代表大会常务委员会第五次会议通过《中华人民共和国公司法》，并于 1999 年 12 月 25 日由第九届全国人民代表大会常务委员会第十三次会议对其进行第一修订，2004 年 8 月 28 日第十届全国人民代表大会常务委员会第十一次会议第二次修正，2005 年 10 月 27 日第十届全国人民代表大会常务委员会第十八次会议对其进行第三次修订。最新的《公司法》已于 2006 年 1 月 1 日起正式生效。新《公司法》从多个层面、不同角度对企业行为进行了全面界定，是我国企业运营的基本法律框架，是企业社会责任发展的综合性责任立法的重要组成部分。

（二）环保立法

环境保护是企业社会责任的重要组成内容。我国环境保护方面的法律种类繁多。1979 年 9 月 13 日，我国第五届全国人民代表大会常务委员会原则通过《中华人民共和国环境保护法（试行）》，并予以颁布，成为我国环境保护的基本法律。此外，1989 年 12 月 26 日，第七届全国人民代表大会常务委员会第十一次会议通过《中华人民共和国环境保护法》，并废除《中华人民共和国环境保护法（试行）》。现行的《中华人民共和国环境保护法》明确指出，一切单位和个人都有保护环境的义务，并有权对污染和破坏环境的单位和个人进行检举和控告。该法就环境保护的诸多义务和强制性规定进行了规定。此外，1995 年 10 月 30 日，第八届全国人民代表大会常务委员会第十六次会议通过《中华人民共和国固体废物污染环境防治法》，并于 2004 年 12 月 29 日第十届全国人民代表大会常务委员会第十三次会议修订。现行的《中华人民共和国固体废物污染环境防治法》明确指出"产生固体废物的单位和个人，应当采取措施，防止或者减少固体废物对环境的污染"、"国家鼓励单位和个人购买、使用再生产品和可重复利用产品"等内容。1984 年 5 月 11 日，第六届全国人民代表大会常务委员会第五次会议通过了《中华人民共和国水污染防治法》，经 1996 年 5 月 15 日第八届全国人民代表大会常务委员会第十九次会议进行第一次修订。2008 年 2 月 28 日第十届全国人民代表大会常务委员会第三十二次会议再次修订了《中华人民共和国水污染防治法》。现行的《中华人民共和国水污染防治法》明确提出"任何单位和个人都有义务保护水环境"，并对工业水污染防治进行了规定。此外，1989 年 7 月 12 日，经国务院批准，国家环境保护局发布了《中华人民共和国水污染防治法实施细则》。2000 年 3 月 20 日，国务院发布了《中华人民共和国水污染防治法实施细则》，并废止了 1989 年 7 月 12 日发布的《中华人民共和国水污染防治法实施细则》。除此以外，我国政府还颁布了《中华人民共和国防沙治沙法》、《中华人民共和国清洁生产促进法》、《中华人民共和国环境影响评价法》、《中华人民共和国放射性污染防治法》、《城市绿化条例》、《城市市容和环境卫生管理条例》、《中华人民共和国自然保护区条例》、《建设项目环境保护管理条例》、《排污费征收使用管理条例》、《环境标准管理办法》、《环境保护行政处罚办法》、《中华人民共和国野生动物保护法》、《中华人民共和国野生植物保护条例》、《森林和野生动物类型自然保护区管理办法》、《中华人民共和国陆生野生动物保护实施条例》、《中华人民共和国水生野生动物保护实施条例》、《保护世界文化和自然遗产公约》、《生物多样性公约》、《濒危野生动、植物物种国际贸易公约》、《防止荒漠化公约》、《节约能源法》、《矿产资源法》、《土地管理法》、《草原法》、《森林法》、《水法》、《海洋环境保护法》、《水土保持法》、《防治荒漠化公约》、《野生动物保护法》、《濒危野生动植物进出口管理条例》、《环境影响评价法》、《资源税暂行条例》、《国家突发环境事件应急预案》、《国家地震应急预案》等法律。这些法律共同构成了我国企业环境责任发展的法律法规基础。

（三）消费者权益保护立法

1993 年 10 月 31 日第八届全国人民代表大会常务委员会第四次会议通过了《消费者权益保护法》，1996 年 3 月 15 日国家工商行政管理局颁布了《欺诈消费者行为处理办法》、《欺诈消费者行为处罚办法》和《受理消费者申诉暂行办法》三大规章。此外，《产品质量法》、《食品卫生法》、《药品管理法》、《标准化法》（产品质量标准方面）、《进出口商品检验法》、《认证认可条例》、《产品标识标注规定》、《产品质量申诉处理办法》、《食品卫生许可证管理办法》等法律法规也是我国消费者权益保护法律的重要组成部分。

（四）劳动者权益保护

宪法是我国劳动者权益保护的基本大法，宪法所规定的基本人权，成为我国劳动者权益的基础。新中国成立以来，我国先后颁布了四部宪法：第一部是1954年制定的，第二部是1975年制定的，第三部是1978年制定的，第四部即现行宪法，制定于1982年。我国现行宪法第二章规定和保障了我国公民的基本人权，明确规定了公民的权利和义务、平等雇佣等方面的权利。

1994年7月5日，第八届全国人民代表大会常务委员会第八次会议通过《劳动法》（以下简称旧《劳动法》），旧《劳动法》对劳动合同和集体合同、工作时间和休息休假、工资、劳动安全卫生、女职工和未成年工特殊保护、职业培训、社会保险和福利、劳动争议、监督检查等方面进行了明确的规定。旧《劳动法》已于2007年6月29日修订，2008年1月1日起新《劳动合同法》开始生效，2013年7月1日实施修改后的《劳动合同法》。1950年6月29日，我国政府颁布了《中华人民共和国工会法》，对工会保障员工权益进行了规定。1992年4月3日，第七届全国人民代表大会第五次会议对该法进行了修订，强化了工会保障员工的职责。2001年10月27日，我国第九届全国人民代表大会常务委员会第二十四次会议通过了《中华人民共和国职业病防治法》，并于2002年5月1日起生效。此外，国务院制定的《劳动保障监察条例》、《企业劳动争议处理条例》、《禁止使用童工规定》、《女职工劳动保护规定》，《关于职工工作时间的规定》等；劳动和社会保障部等有关部委颁布的《集体合同规定》、《最低工资规定》、《企业经济性裁员规定》、《企业职工培训规定》、《生产经营单位安全培训规定》、《劳动防护用品规定》、《劳动行政处罚若干规定》等；最高人民法院出台的两个《关于审理劳动争议案件适用法律若干问题的解释》以及关于劳动用工的其他批复都是我国劳动者权益保护的法律制度和基础的组成部分。最后，我国已经承诺遵守的国际公约，如《制订最低工资确定办法公约》、《三方协商促进履行国际劳工标准公约》、《职业安全和卫生级工作环境公约》、《本国工人与外国工人关于事故赔偿的同等待遇公约》、《消除就业和职业歧视公约》、《工业企业中实行每周休息公约》、《各种矿场井下劳动使用妇女公约》、《建筑业安全卫生公约》、《作业场所安全使用化学品公约》、《农业工人的集会结社权公约》、《船舶装卸工人伤害防护公约》、《航运的重大包裹标明重量公约》、《海员协议条款公约》、《海员遣返公约》；《禁止和立即消除最恶劣形式的童工劳动公约》、《确定准许儿童在海上工作的最低年龄公约》、《确定准学使用儿童于工业工作的最低年龄公约》、《确定准许使用未成年人为扒炭工或司炉工的最低年龄公约》、《确定准许儿童在海上工作的最低年龄公约》、《在海上工作的儿童及未成年人的强制体格检查公约》、《对男女工人同工同酬公约》、《残疾人职业康复和就业公约》（职业康复内容）等也是我国劳动者权益保护法律基础的组成部分。

还有一些专门适用于特殊就业群体的法规或规章，如《外国人在中国就业管理规定》、《台湾香港澳门居民在内地就业管理规定》、《财政部、国家税务总局关于下岗失业人员再就业有关税收政策问题的通知》、《国务院办公厅关于做好农民进城务工就业管理和服务工作的通知》和新近通过的《残疾人就业保障条例》。

就业促进方面的法律规范大多数属于自愿性、指导性的规范，即政府承诺对积极促进就业的企业和就业人员给予政策性的优惠和支持，但也有一些属于强制性规范，如对企业应以不得低于该企业职工总数 1.5% 安排残疾人就业岗位的规定等。

社会保险方面现有的法规规章主要有《社会保险费征缴暂行条例》、《失业保险条例》、《国务院关于建立城镇职工基本医疗保险制定的决定》、《工伤保险条例》、《企业职工生育保险试行办法》、《国务院关于建立统一的企业职工基本养老保险制度的决定》、《企业年金试行办法》、《企业年金基金管理试行办法》等。

企业在扶贫救济方面还需参考的社会保障法规规章有《社会福利企业管理暂行办法》、《城市居民最低生活保障条例》、《城市生活无着流浪乞讨人员救助管理办法》、《农村五保供养工作条例》以及黑龙江、广西等地方出台的《扶贫开发条例》等。

（五）安全生产

1992 年 11 月 7 日第七届全国人民代表大会常务委员会第二十八次会议通过《矿山安全法》，该法于 1993 年 5 月 1 日起施行。1998 年 4 月 29 日第九届全国人民代表大会常务委员会第二次会议通过了《消防法》，该法于 1998 年 9 月 1 日起施行，并于 2008 年 10 月 28 日第十一届全国人民代表大会常务委员会第五次会议修订。2002 年 6 月 29 日中华人民共和国第九届全国人民代表大会常务委员会第二十八次会议通过了《中华人民共和国清洁生产促进法》，该法自 2003 年 1 月 1 日起施行。2002 年 6 月 29 日第九届全国人民代表大会常务委员会第二十八次会议通过了《安全生产法》，该法于 2002 年 11 月 1 日起施行。此外，我国颁布了《道路交通安全法》、《防震减灾法》、《矿产资源法》以及行业性的《建筑法》、《煤炭法》等都是我国安全生产方面的重要法律。

国务院关于安全生产方面的行政法规有：《生产安全事故报告和调查处理条例》、《企业职工伤亡事故报告和处理规定》、《安全生产许可证条例》、《国务院关于特大安全事故行政责任追究的规定》、《特别重大事故调查程序暂行规定》；行业领域的《铁路运输安全保护条例》、《建设工程安全生产管理条例》、《石油天然气管道保护条例》、《烟花爆竹安全管理条例》、《易制毒化学品管理条例》、《关于预防煤矿生产安全事故的特别规定》、《使用有毒物品作业场所劳动保护条例》、《危险化学品安全管理条例》等。

国家安全监管总局制定了《安全生产检测检验机构管理规定》、《劳动防护用品监督管理规定》、《危险化学品建设项目安全许可实施办法》、《烟花爆竹经营许可实施办法》、《非药品类易制毒化学品生产、经营许可办法》、《非药品类易制毒化学品生产、经营许可办法》、《矿山救护队资质认定管理规定》等。

《标准化法》和《标准化法实施条例》中的一个重要内容就是安全生产标准，为此，国家标准化委员会于 2004 年授权安监总局负责制定颁布有关安全生产的行业标准，这些行业标准的范围包括除矿用电气设备以外的矿山安全、劳动防护用品、危险化学品安全管理、烟花爆竹安全管理和工矿商贸安全生产规程等。随后安全生产总局制定了《安全生产行业标准管理规定》、《安全生产标准制修订工作细则》、《全国安全生产标准化技术委员会章程》等配套规章，并在煤矿、金属非金属矿山、石油化工等行业，制定了较为详细的标准目录。

（六）反腐败与反商业贿赂

我国反腐败和反商业贿赂的法律规范主要存在于以下法律文件中：2005 年批准加入的《联合国反腐败公约》和 2006 年通过的《反洗钱法》、现行刑法典分则第三章"破坏社会主义市场经济秩序罪"和第九章"贪污贿赂罪"中含有的反腐败与反商业贿赂内容，《反不正当竞争法》中关于商业贿赂的规定，以及国家工商总局的前身国家工商行政管理局出台的《关于禁止商业贿赂行为的暂行规定》。此外，还有国资委和监察部联合颁发的专门适用于国有及国有控股企业领导人员的《国有企业领导人员廉洁从业若干规定（试行）》。

（七）公益捐赠与社区共建

《公益事业捐赠法》是我国调整公益捐赠行为的基本法律，此外还有各省市出台的实施办法予以配套，此外还有民政部颁发的《救灾捐赠管理暂行办法》。同时，2004 年国务院出台的《基金会管理条例》也对作为公益事业主要运作形式之一的基金会作出规范。此外，规定公益事业的优惠支持的法律如税法、金融法、合同法、城市与农村发展规划法等法律法规也或多或少地包含公益捐赠法律规范的内容。

表 1-5　当前我国与企业社会责任相关的核心法律一览表

法律名称	社会责任领域	制定生效日期
宪法	综合（人权保护为主）	1982 年 12 月 4 日
公司法	综合	1994 年 7 月 1 日
残疾人保障法	人权保护、社会保障	1991 年 5 月 13 日
未成年人保护法	人权保护	1992 年 9 月 4 日
妇女权益保障法	人权保护	1992 年 10 月 1 日
劳动法	劳动用工、就业促进	1995 年 1 月 1 日
就业促进法	就业促进、劳动用工	2008 年 1 月 1 日
社会保险法	劳动用工、社会保障	2011 年 7 月 1 日
劳动合同法	劳动用工	2008 年 1 月 1 日
工会法	劳动用工	1992 年 4 月 3 日
职业病防治法	劳动用工	2002 年 5 月 1 日
安全生产法	安全生产、劳动用工	2002 年 11 月 1 日
矿山安全法	安全生产、劳动用工	1993 年 5 月 1 日
清洁生产促进法	安全生产、环境保护	2003 年 1 月 1 日
标准化法	安全生产、环境保护 劳动用工、消费者保护	1989 年 4 月 1 日
环境保护法	环境保护	1989 年 12 月 26 日
海洋环境保护法	环境保护	1983 年 3 月 1 日
环境影响评价法	环境保护	2003 年 9 月 1 日
固体废物污染环境防治法	环境保护	1996 年 4 月 1 日
水污染防治法	环境保护	1984 年 11 月 1 日
大气污染防治法	环境保护	1988 年 6 月 1 日
节约能源法	环境（资源）保护	1998 年 1 月 1 日
矿产资源法	环境（资源）保护	1986 年 10 月 1 日
消费者权益保护法	消费者权益保护	1994 年 1 月 1 日
物权法	消费者权益保护	2007 年 10 月 1 日
产品质量法	消费者权益保护	1993 年 9 月 1 日
反不正当竞争法	消费者保护、反商业贿赂	1993 年 12 月 1 日
反洗钱法	反腐败与反商业贿赂	2007 年 1 月 1 日
公益事业捐赠法	公益捐赠、社会保障	1999 年 9 月 1 日
企业所得税法	公益捐赠、劳动用工	2008 年 1 月 1 日

社会共建法律规范则存在于数量众多、范围宽广的法律文件中，涉及教育、卫生、环境、文体娱乐、交通与公共设施建设等方面，如《民办教育法》、《城市绿化条例》、《公共文化体育设施条例》、《娱乐场所管理条例》、《医疗美容服务管理办法》等。此外，《城市居民委员会组织法》等关于社区自治的法律也需要企业在参与社区共建活动中给予充分关注。

三、我国企业社会责任运动前景展望

（一）社会各界对于企业信息披露要求更高

近年来，我国社会各界对于企业社会责任信息披露的要求逐渐提高，更注重企业所发布社会责任报告的规范性和所披露信息的实质性。有关企业社会责任信息披露方面的研究也将大为增加。与此同时，发布企业社会责任报告的企业数量也将快速增长，所发布报告的规范性也将更为规范，实质性更强。

（二）各级政府的推动作用将更为全面

随着社会责任理念的不断普及，政府对于企业社会责任的推动作用也将更为全面，地方政府出台社会责任领域法规数量也将空前提高，政府规制者角色功能作用的发挥也将大为提升，企业履行社会责任的法制环境也将大为改善。此外，政府召开沟通会议、论坛等推进者角色举措也将有所提高。最后，各级政府企业社会责任履行情况的监督管理力度也将大为提高。

（三）责任投资或将成为热点

责任投资在海外已是一种重要投资方式，但在我国仍处于起步阶段。随着我国科学发展观念的进一步普及，社会对于责任投资的认可度也将有所提高，社会责任投资或将成为下一阶段的投资热点。

（四）责任风险管理或将成为关注的焦点

随着企业披露责任信息氛围的不断强化，企业社会责任报告的信息量空前提高，信息的实质性也大为改善，企业所披露的定量信息比重也将有所提高。信息的可靠性审查和有关的责任风险管理也将成为时代的焦点。

（五）企业社会责任理论和实践本土化加强

随着我国社会责任理论研究和实践的发展，我国对于企业社会责任的本土化特色将更为明显，理论与实践的结合程度也将大为提高。中国作为全球最大的发展中国家，经济发展水平的差距，政治制度的不同，使得西方诸多社会责任理念和体系并不完全适用于我国企业。

(六) 全球责任正在成为焦点

随着我国经济的发展和走出去战略的实施，我国企业尤其是中央企业的境外投资规模必将空前膨胀。各国对我国企业履行全球社会责任的要求也将有所提高。我国企业尤其是中央企业的全球责任也将成为焦点。2008年10月，中国中钢集团发布了我国首份社会责任国别报告《中钢集团可持续发展非洲报告》，此后，2010年1月，中钢集团又发布了《中钢集团可持续发展澳洲报告》，成为我国全球责任信息披露的引领者。

表1-6　已经发布国别报告的部分企业名单

编　号	公　司	发布时间	国　别
1	中国中钢	2008	非洲
2	中国石油	2009	哈萨克斯坦
3	中国中钢	2009	澳洲
4	中海油	2010	海外
5	中石油	2010	苏丹
6	中石油	2011	拉丁美洲
7	中石油	2011	印度尼西亚
8	联想	2011	美国
9	五矿	2011	澳洲
10	华为	2011	北美
11	中国石化	2012	巴西
12	万宝	2012	缅甸
13	中国电科	2013	海外
14	中国石化	2013	非洲

第三节　陕西省企业社会责任

一、以诚信建设为抓手推动企业社会责任建设是陕西省政府的主脉络

陕西省企业社会责任工作的开端应该是2007年。2007年，陕西省政府以建

设"诚信陕西"为目标，对全省社会信用体系建设作出重大部署，决定建立由常务副省长担任总召集人、省发改委为牵头部门的社会信用体系建设联席会议制度，统筹协调全省社会信用体系建设工作，并在省信息中心加挂"陕西省信用管理办公室"牌子，在信用办设立"陕西省联合征信中心"，承担规划和组织推动全省社会信用体系建设的具体工作，制定了《关于加快推进全省社会信用体系建设的实施意见》和《陕西省社会信用体系建设规划（2007~2016年)》。

以诚信建设为抓手推动企业社会责任的建设是陕西省社会责任工作的一个特点。几年来，省发改委、省信用办在省委、省政府的统一领导和大力支持下，会同各市（区）政府、各有关部门不断加强统筹规划和创新实践，积极探索"诚信陕西"建设的有效路径，努力构建一个完整的社会信用体系，现已初步形成了以信用法规制度建设为保障、以信用信息平台建设和信用信息征集共享为基础、以信用组织管理体系建设为支撑、以信用宣传教育和科研为重要手段、以解决社会失信问题和提升信用主体综合能力为重点任务"五位一体"的信用体系建设工作构架，并在此基础上，编制了《陕西省"十二五"社会信用体系建设规划》，于2012年3月由省政府印发实施，由此正式将信用体系建设规划纳入陕西国民经济社会发展五年规划体系。同时，省政府办公厅每年印发社会信用体系建设工作要点，确保全省信用体系建设各项工作整体、协调、有序推进。

经过四年磨砺，经过省人大常委会四次审议，《陕西省公共信用信息条例》最终于2011年11月24日，经省第十一届人大常委会第二十六次会议表决通过，自2012年1月1日起施行。该条例对陕西省各级行政机关、司法机关以及具有管理公共事务职能的组织征集、披露、共享、使用公共信用信息做出了一系列制度规范，成为全国第一部公共信用信息地方性法规，荣获"全国诚信建设制度创新十大最佳事例"。目前，陕西省正在加紧推进《陕西省企业信用监督管理办法》、《陕西省社会信用促进条例》等信用立法工作，有望五年内形成一整套支撑"诚信陕西"建设的法规制度体系。

构建统一高效、上下联动的信用组织管理体系是全面构建社会信用体系建设的重要组织保障。陕西省以省发改委为牵头部门、省信用管理办公室为信用管理机构、省联合征信中心为信用信息工作机构的省级信用工作组织架构已经确立，全省十一个市（区）基本明确了信用工作牵头部门，市级信用管理机构和信用信息工作机构陆续挂牌设立。另外，有近40个省级部门确定了信用工作责任处室

（机构），省法院、科技、工信、监察、国土、环保、交通、林业、商务、地税、国税、工商、质监、食药监、知识产权、物价、保监、证监等部门还安排专人配合省信用办工作，在协同推进信用体系建设中发挥了积极的作用。

陕西省正在研究制定《关于在行政管理事项中使用信用记录和信用报告的实施意见》，积极推进信用信息和信用评价服务在政府行政管理和重大经济社会活动中的应用，推动形成信用信息跨地区、跨部门应用的信用奖惩联动机制。今后，各级政府部门在日常监管或进行重大管理决策时，将严格审查市场主体的信用记录，在政府采购、招标投标、政府资金安排使用、企业债券申报、企业融资服务等重大经济活动管理工作中，逐步推行企业综合信用等级评价和信用报告制度，在配置使用公共资源时，重点支持信用等级高、信用能力强、信用记录好的企业，对信用等级低或有不良信用记录的企业，将依法依规限制其从事或参与相关经济活动，真正使失信者"一处失信，寸步难行"。

二、多部门联动推动企业社会责任建设工作

除此之外，为了推进企业社会责任建设，2009年省工经联会同12家省级工业行业协会经过深入调研拟定了《陕西省工业企业社会责任指南》。2009年12月2日，省政府办公厅印发了《关于转发陕西省工业企业社会责任指南的通知》。该责任指南的主要内容是建立社会责任体系。社会责任体系是企业履行社会责任的组织保证和制度保障，企业社会责任体系包括管理体系、制度体系、信息体系和监督体系，在建立并完善社会责任体系的基础上，制订规划，组织实施，切实履行社会责任。同时，建立企业履行社会责任并发布社会责任报告机制。另外，加强引导和监督，为企业自主履行社会责任营造良好环境。

在省政府办公厅、省发改委、省工业和信息化厅、省民政厅、省国资委等部门、协会及社会各界的指导、支持下，省工经联2010年召开了"陕西省工业企业社会责任指南发布会"，25户企业联名发出《工业企业履行社会责任倡议书》。省工经联2011年成立了企业社会责任编制指导小组，深入企业进行具体培训和指导，举办工业企业社会责任报告编制培训班。

2011年8月23日，省工经联召开了"陕西省首次工业企业社会责任报告发布会"。陕西秦川机床工具集团有限公司等9户企业发布了2010年企业社会责任报告，荣获颁发的《社会责任报告发布证书》，涌现出一批积极履行社会责任的先

进单位。基于此，陕西省工业经济联合会获"金蜜蜂——2011年中国社会责任报告发展特别贡献奖"，这是全国省级行业协会唯一获奖单位。获奖理由就是"2011年8月23日组织召开了'陕西省首次工业企业社会责任报告发布会'，搭建起省级工业领域社会责任信息发布和交流的平台，为企业履行社会责任、编发社会责任报告提供了有力支持，对于中国企业社会责任报告向中西部纵深发展做出了特别贡献"。

2012年1月20日，陕西省工业经济联合会在西安召开三届五次理事会。会上回顾总结了陕西工业企业和协会开展社会责任工作，表彰了2011年履行社会责任先进企业。省工经联在全省开展了评选履行社会责任先进企业活动，授予陕西法士特集团、陕西煤业集团、陕西延长石油集团等15户企业2011"陕西省履行社会责任先进企业"称号。

2012年5月，为了推动陕西省属企业在建设西部强省事业中，积极履行好社会责任，实现企业与社会、环境的全面协调可持续发展，陕西省国资委研究出台了《关于省属企业履行社会责任的指导意见》。《意见》着重从充分认识履行社会责任的重要意义、企业履行社会责任的指导思想和总体要求、工作内容以及主要落实措施和组织保障这四方面对省属企业履行社会责任做了原则性的指导要求和工作部署。明确提出了省属企业要以可持续发展为核心，以推进企业履行社会责任为载体，以做优做强为目标，模范履行社会责任，追求经济、社会、环境的综合价值最大化，努力做依法经营诚实守信的表率、节约资源保护环境的表率、以人为本构建和谐企业的表率。要求省属企业要认真做好依法诚信经营、提高产品质量和服务水平、加强资源节约和环境保护，推进技术创新、保障安全生产、维护职工合法权益、积极支持民生工程、参与公益事业、维护企业稳定、加强反腐倡廉等十一个方面的工作，努力做模范履行社会责任的领先者，做社会主义核心价值观的践行者，把企业建设成为社会文明风尚的重要基地和支柱，为满足人民群众日益增长的物质文化需要，促进和谐社会建设，全面建设西部强省做出积极贡献。

2012年12月12日，由陕西省经济发展促进会、省环保厅、省商务厅、省工商局、省工商联、省社科院、省社科联、陕商商会等多家单位共同主办的"企业社会责任——2012陕西经济发展年度峰会"召开。大会围绕企业社会责任进行了深入研讨。企业家们纷纷表示，坚持以人为本，关爱员工，创建和谐、平等、稳定、发展的劳动关系，增强企业的凝聚力和吸引力；遵规守法、诚信经营、照章纳税、支持就业、安全生产、自主创新，为社会和群众提供更多优质、安全的产品和服务；自觉承担节能减排、保护环境、支持公益、扶危济困、捐资助学、抗灾救灾等社会责任。

2013 年 11 月 12 日上午，陕西工业企业社会责任报告发布会在西安召开，延长石油、陕煤化、省地方电力等 11 家企业发布了社会责任报告。迄今为止，陕西省已有 33 家企业向社会公开发布了社会责任报告，其中有 7 家企业先后在北京发布了社会责任报告，发布社会责任报告工作稳步推进，初步形成了"政府引导、行业推进、企业实施、社会参与"四位一体的工作体系。

三、少数企业积极履行社会责任

在陕西省内的企业，其实很早就在积极实践社会责任。其中一支重要的队伍就是中央企业在陕西省的下属企业。

自 2006 年开始，中国移动陕西公司联合省教育厅、共青团省委开展了"爱心 100"助学行动，每年资助全省 500 名大学贫困新生，共资助 1500 名贫困学生。在 2008 年，中国移动陕西公司就明确开展"农村工程"、"绿色工程"、"生命工程"、"文化工程"、"志愿工程"五项社会责任工程，这也意味着中国移动陕西公司的企业社会责任工作在 2008 年已经成为一项系统工程。

2012 年 11 月 5 日上午，陕西省电力公司召开社会责任主题宣传活动，同时发布《服务陕西西部强省建设白皮书》。活动中，陕西省电力公司向社会各界作出了履行社会责任的宣言："做西部强省经济建设的电力先行者、社会建设的电力好公民、生态建设的电力绿先锋。"

除此之外，还有一些上市公司也积极实践社会责任。2008 年 1 月 28 日，陕西省国际信托投资股份有限公司发布《2007 年度社会责任报告》，阐述了"受人之托、代人理财"的立业宗旨和"诚信、务实、创新、奉献"的价值观，发布社会责任报告，系统阐述价值取向和社会责任追求等，是把握经济金融全球化发展趋势下经济主体通行语言和行为准则，落实科学发展观，构建社会主义和谐社会的具体行动，也是本公司主动融入金融业高级化发展潮流，追求卓越的自觉行动，旨在加强与社会各界的良好沟通，促进公司内质外形全面建设，助推社会和谐与繁荣发展。

西安陕鼓动力股份有限公司 2010 年企业社会责任报告围绕"为人类文明创造绿色动力"的理念，较为全面地披露了近年来在公司与员工管理、经济与利益相关方责任、创新与技术进步、社会绩效与慈善担当等方面的社会责任实践与绩效，并借此荣获"金蜜蜂 2011 优秀企业社会责任报告·成长型企业"奖。该公司 2012 年 4 月 18 日发布《社会责任制度》，并将编制社会责任报告常规化，之后的每年都发布社会责任报告。

除了国有企业、上市公司之外，也有一些民营企业有一些很好的社会责任实践。

2008 年，国务院扶贫办主办的首届"企业社会责任研讨会"于 9 月 19 日至 20 日在陕西省府谷县举行。本次会议选址于陕西府谷县，缘于近年在全国扶贫系统引起关注的"府谷现象"。府谷县立足于当地民营企业发达、民间资本丰足而同时农村经济落后、贫富差距悬殊的实际县情，创新扶贫政策，推出 176 个企业帮扶 165 个村的"双百帮扶工程"，并且创新工作机制，形成"劝富济贫"的扶贫模式，将扶贫事业和新农村建设巧妙地结合于其中，促成优秀民营企业与贫困乡村结对帮扶、帮建的"府谷模式"。这种个体行为的慈善最终成为一种群体性慈善行为，并最终被定义为"府谷模式"。2010 年 2 月 27 日，府谷县 57 家煤炭企业家为当地政府一次性捐助 12.8 亿元人民币用于改善教育、卫生设施，捐款数字因远超当地财政收入 10.56 亿元。地方政府开始借助民营资本营造群体性慈善的氛围，用善款改善教育、卫生等公共服务设施。

2011 年 4 月 9 日，陕西省神木县通过政府牵头的"医疗卫生、文化教育、社会保障"三大慈善公益金募集活动，当日便筹集善款 38.18 亿元。"多面孔，少数带动多数"的慈善意识正在形成。

外资企业方面，中国三星是一个积极促进者。2013 年 9 月 13 日，在三星西安半导体项目开工一周年之际，中国三星与陕西省政府签订了"社会责任示范区"合作项目，中国三星将在陕西省开展全方位的社会公益活动。在未来五年之内，通过多种多样的社会公益活动，促进陕西省的经济与社会公益事业的共同发展。中国三星与陕西省政府将本着"政府指导、企业主体、广泛合作、和谐发展"的原则，在原有的企业社会责任活动基础上，在陕西省内推行教育、社会福利、环境保护、灾害救助、农村支援，人才培训等新型公益项目。

四、存在的问题和不足

虽然在政府、各级部门和企业的共同努力下，陕西企业履行社会责任已经迈出了新步伐，初步呈现出政府引导、行业推动、社会参与、企业实施、多方联动的工作局面。但是通过"凤翔血铅事件"反映出陕西省社会责任工作依然存在许多的不足。

2009 年 8 月，凤翔县长青镇发生 615 名儿童血铅超标事件，引起社会各界广泛关注。在这里面，有一个很奇怪的现象就是：事件中的宝鸡市东岭铅锌冶炼公司首创了陕西省煤化工和铅锌冶炼循环经济模式，是陕西省的循环经济试点企业。陕西东岭集团冶炼公司在 2006 年建厂之初曾与当地政府约定在三年内对附近居民实施搬迁。然而，在"重发展、轻环保"观念影响下，因为一些"客观原因"，搬迁计划一直拖延。

后来，宝鸡市委、市政府派出调查组，对该事件进行问责调查。调查认为，凤翔县委、县政府和长青工业园管委会未能正确处理经济发展与环境保护的关系，环境保护措施落实不到位，未能按期组织对东岭冶炼公司卫生防护范围内的村民实施搬迁。市环保局、凤翔县环保局未认真履行职责，对重点污染企业东岭冶炼公司及周边环保问题监管不到位。东岭冶炼公司在卫生防护范围内村民未搬迁的情况下从事铅锌冶炼，是引发长青地区部分儿童血铅超标的主要污染源。

所以，尽管陕西省也开始做了一些推动工作，但是还有很多方面存在不足。

第一，诚信建设在落实中还存在很多障碍。虽然这个工作很早就开始做了，但是发挥的作用一直不太大，仅仅起到了一点点的约束作用，并没有形成面上的带动作用，还需要法律法规的配套行动和合力。

第二，履行社会责任的企业仅仅是少部分企业，大部分企业的社会责任意识和社会责任实践还没有建立起来。从社会责任报告信息披露角度来看，只有 33 家企业发布了社会责任报告，这与陕西省 GDP 发展的体量不相匹配。这说明需要陕西省政府研究制定合理的政策进行引导。

第三，地方政府自身对于社会责任的认识不足，往往只关注经济发展和 GDP 的指标，对于环境保护、员工发展、社区和谐等方面缺乏认识，缺乏主动性，也缺乏如何引导企业履行社会责任的工具和方法。

第二章　企业社会责任的基本框架

第一节　正确认识企业社会责任

一、企业社会责任的认识误区

(一) 企业关于社会责任内容的认识误区

1. 企业社会责任就是指慈善捐款活动

许多人认为社会责任就是慈善捐款，捐款多少是衡量企业履行社会责任状况的主要指标。例如，在四川汶川大地震发生当天，万科集团总部决定公司捐款人民币200万元。鉴于万科是一个在本行业很有实力和名气的大型企业，许多网民指责其董事长王石为铁公鸡，缺失社会责任。王石也为此背负了许多不该其承担的压力。但作为公司的经营者，王石首先得对股东履行忠实和勤勉义务，不能用公司股东的钱为自己换取名誉。其实一个公司有没有履行社会责任，绝非看其捐款多少。

以三鹿集团为例，翻开三鹿集团的历史资料可以看出，三鹿集团的发展史就是一部三鹿公益史。作为一个拥有50年历史的企业，三鹿集团遵循"科技兴企、产业报国、服务大众、奉献社会"的宗旨，一贯致力于社会公益事业，几十年如一日，始终把自己的发展同国家的富强、同社会的安康稳定紧密相连。近年来，投入公益事业资金已达上千万元。例如在1998年为南方抗洪救灾捐款120万元，捐资捐物共计353万元。2003年抗击"非典"，向"非典"一线捐赠10部防疫专用车和1万箱优质乳粉，总价值230万元。从三鹿集团的捐款来看，可谓"楷模",但毒奶粉事件还是使三鹿集团臭名远扬直至破产。

法律是比道德更低的行为标准,如果连产品质量法、劳动合同法、消费者权益保护法都未遵守,却高谈什么捐款和伦理道德,可以说是本末倒置。社会责任是一种关系民生、关乎社会经济可持续发展的责任。如果公司不承担社会责任,其发展就丧失了正当性。

这不得不促使我们反思现有的企业社会责任观念。企业社会责任思想起源之初,捐款是企业履行社会责任的重要表现。但如今,企业社会责任理论已从自愿性的慈善捐助发展到义务性的公司公民责任,内容涉及法律、道德、伦理等方方面面。

这一认识误区的潜在风险是,企业管理者可能片面地认为我们已经捐了不少款了,已经做了不少慈善事业,所以已经承担了应该承担的所有社会责任。持有这种认识误区的企业管理者可能会因此忽视社会责任的本质内涵。

2. 企业社会责任就是照章纳税、创造就业

照章纳税是企业依照法律缴纳一定的税款,为国家增加财政收入;创造就业是为失业人群解决就业问题。而在当今就业压力大、行业竞争激烈、企业偷税漏税与合理避税现象兼有的社会大背景下,能够正常照章纳税、稳定提供就业的企业也的确是难能可贵。于是一些企业就狭隘地认为企业的社会责任就是照章纳税和创造就业,这显然是对企业社会责任理解不充分的表现。

(二)企业对于履行社会责任的主体的认识误区

1. 履行企业社会责任是有经济实力的大企业的事情

一些企业认为他们在发展初期不需要履行社会责任,因为企业规模小,实力弱,没有经济实力去履行社会责任,这一观点被人们广泛认同。很多企业家经常会以企业经济实力不足为借口,推辞履行社会责任。

很多企业赞同"企业的社会责任是企业发展到一定的阶段才能顾及的",这一观点被大多数的企业管理者所认同。正是因为我们的企业将履行社会责任的起点放到具备一定经济实力之后,导致企业在发展初期忽视了员工的待遇、环境的保护、消费者的权益等方面的责任。

不可否认,在某种程度上,企业能否承担社会责任要看其自身是否具备经济实力。但是,正如企业社会责任具有多种层次性和阶段性一样,随着企业生命周期的每一个阶段,它均需履行社会责任义务,只是其在每一阶段履行的企业社会

责任重点或形式上有所区别。从企业注册时间开始，其第一份社会责任义务便已经产生，如企业在申报注册登记时，申请报告上不得伪造注册资本，这样做本身就是一个道德类型的企业社会责任；开业以后一直到整个经营过程中，企业的社会责任，如依法合规经营，不欺诈客户等，这些均是企业必须始终承担的法律类型的社会责任。同样，在整个生命周期过程中，企业还需要不断地承担其他社会责任，如实行法定最低工资和实行环保生产方式等，这些是企业履行法律类型的义务。另一个最基本的企业责任就是在市场经济条件下企业须不断追求经济效益，为其股东和投资人创造利润和投资回报。

这一认识误区的潜在风险是，企业管理者可能会以经济实力有限为借口，忽视对其他社会责任的履行。而忽视履行其他企业社会责任，如法律和道德上的社会责任，企业的可持续发展就会失去根本保证。

2. 国有企业社会责任大于民营企业社会责任

对于企业社会责任的履行，很多企业认为国企应该与民企区别化对待：国家在资金、政策等方面对国有企业的支持力度更大，因此，国有企业在社会责任履行上应该有更多的贡献。一些中小企业的管理者尤其赞同这个说法，他们说："国有企业都没有履行好企业社会责任，为什么让我们去履行好社会责任呢？国有企业不用考虑生存问题，而我们时时刻刻在担心企业的倒闭，说起社会责任应该先去问国企的社会责任履行得怎么样？"民营企业的管理者站在企业自身利益的角度看问题，却忽视了这样几个问题，第一，国有企业仅占 2.4%，而民营企业占 90% 以上，二者比例不均；第二，国家在不断提升民营企业的待遇，使国有企业与民营企业各方面的差距逐步缩小。因此，在同样的社会环境下，拥有同样的社会资源，民营企业应履行与国有企业平等的社会责任。

（三）企业对于履行社会责任与企业经营关系的认识误区

1. 履行企业社会责任只会增加企业经营成本

一个企业积极履行社会责任义务，如扩大对外捐款捐物、投资社区服务项目和投资环保项目等，均会直接增加企业的经营成本。这种开支很难在短期给企业带来直接效益，因为企业对社会责任的贡献对经济业绩的影响存在一个时滞效应。不过，从长期看，根据国内外调查和分析结论，多数表明企业积极履行社会责任和企业财务效益之间存在正相关关系，也就是说，企业社会责任贡献度的提高通常会带来更好的企业财务业绩。相反，如果企业只讲投资者的经济效益，而不积极承担广泛的社会责任，如在经营中掺杂使假、偷税漏税或破坏环境，现金支出是减少了，但终将会因此遭到客户的抛弃或政府的关停处罚。这样的企业不但不可能有好的经济效益，甚至会遭受严重的生存危机。

这一认识误区的潜在危害在于，企业管理者可能以履行企业社会责任会加大公司经营成本为由，拒绝积极履行广泛的企业社会责任义务；或者以此为借口故意推脱理应承担的各种社会责任。

2. 履行社会责任与企业的发展战略无关

比尔·盖茨基金会的建立和发展表明，企业的社会责任意识与企业的可持续发展战略是息息相关的。盖茨基金的运作表明，慈善捐助等企业的社会行为，已经成了另外一种意义上的"投资"，并且能够为企业带来丰厚的回报。盖茨基金会不仅提供资金帮助，还提供管理和技术支持；不仅直接捐钱给穷人，还致力于从根本上改善他们的观念和教育水平，捐赠双方不仅仅是给予和接受的关系，还是一种长期的合作伙伴。这种捐赠行为，显然已经被纳入企业的整体战略之中。

这种企业战略方面的考虑，本身就能够带来经济利润之外的辐射效应，是企业的力量在社会上的积极投射。因此，一个好的、能够引领企业未来发展的企业战略，必然会对企业的社会影响和社会责任有所考虑。

（四）企业对于履行社会责任的作用的认识误区

1. 承担企业社会责任的动因仅仅是为了塑造企业良好的社会形象

一般人认为企业承担社会责任是为了塑造良好的社会形象，这个观点从某种程度上说是正确的，但是，不顾其他相关者的利益而去纯粹地追求社会效应可以说是没有真正履行到社会责任。大部分人认为承担社会责任可以"提升企业品牌形象"，并不认为履行社会责任是更好地为消费者创造价值，没有从根本上认识到承担社会责任的真正意义和价值。这就使得很多企业把承担社会责任作为一种推销手段、广告方式。现在的企业社会责任既有强制的法律责任，也有自觉的道德责任，有一些企业"为了受表扬而做好事"，这已经是一种过时的行为。这种没有从意识上去正确理解承担企业社会责任的想法，使得很多企业只是在用一种作秀的方式去承担着社会责任。

2. 履行企业社会责任就是获得 SA8000 国际认证或者是通过新型的贸易壁垒

SA8000 认证标准确实是全球广泛认可的企业社会责任标准。许多出口企业均需要获得此标准，否则出口业务将受到严重影响。严格地说，这一标准是一个保护劳工权益的国际标准，它只关注了企业对员工的社会责任这一个方面，并未涉及企业对投资人、客户和社区等的社会责任问题；它主要适合于生产性企业或制造行业。虽然从理论上讲 SA8000 国际认证标准可以适合于任何企业，但是从实践上说，获得这一标准认证的企业很少是银行、保险、证券、咨询等服务性企业，这表明 SA8000 标准并非是可以广泛采用的社会责任标准。事实上，在国际上还有 ISO9000 国际质量认证和 ISO14000 国际环境体系认证等与保护客户权益和大众利益相关的社会责任标准。而金融企业本身就有自己行业的企业社会责任标准：如赤道原则（the Equator Principles）。目前，在全球已经有 40 多家大银行，如汇丰、花旗、荷兰银行等，接受了这一原则，承诺只把贷款投放给符合相关环保和社会标准的企业。

这一认识误区的潜在风险是，企业管理者可能会认为我们获得了 SA8000 国际认证或国家免检证书，证明我们已经符合并履行了所有的企业社会责任，所以我们就不需要再考虑其他社会责任义务了。这样以一个不全面的或并非完全适合所有行业的标准来评价或管理企业社会责任，必将导致企业履行社会责任义务的根本偏差。

虽然来自跨国公司的频频查厂（即社会责任审核）实际上构成了一种国际贸易的"壁垒"，但这种贸易"壁垒"与关税壁垒、非关税壁垒（如配额、贸易禁令、反倾销等）存在本质的区别。关税和非关税壁垒大都和进口国政府的贸易政策有关，而社会责任审核与企业自身的经营理念密切相关。严格地说，企业社会责任审核不应该被看成是一种新型贸易壁垒，应该被视为一种企业必须具有的人类共同的文明价值观和企业可持续发展的理念。出口贸易企业勇于承担企业社会责任，既是其适应新一轮国际竞争规则、与时俱进的自身需要，也是其遵守劳动、环保和消费者权益保护等相关法规的外部需要。

这一认识误区的潜在风险是，一些企业可能会误认为企业社会责任审核只是外国强加的一种贸易限制条件，并非企业自身存在的问题，从而使企业不能及时转变思想观念，并采取有效措施加以改进。

（五）政府对于企业社会责任的认识误区

市场经济的发展表明，由于利己偏好、垄断和信息不对称，假设的完全自由竞争并不存在，自由市场经济存在着公共产品供给不足、公共资源过度使用、外部负效应、社会财富分配不公等一系列缺陷，也称为市场失灵。

一些人认为企业社会责任是市场机制失灵后人们对公司的厚重期望，然而，企业社会责任能解决市场失灵问题或者说公司应该、适合承担解决市场失灵的职责吗？

企业是一个私主体，为私人利益而存在，股东投资企业是为了获取利润，承担提供公共产品等社会责任要付出成本，不管要求哪一个企业自觉扩大成本、降低利润而从事整个市场经济主体受益的事情都是不现实的。而且企业的经营者是经营管理的专家却并非进行市场调控、提供公共产品、保障就业等社会公共政策专家。如果由企业承担进行公共决策、实施公共政策、提供公共产品的角色，开支应该是由政府财政供给而不是由股东负担，其决策应由民意代表做出而不是富人（股东）的代表做出。期望作为市场主体的企业去解决公共产品供给不足、贫富差距等问题就好比期望市场自身去解决市场缺陷一样。

如果政府存在这一认识误区，就会把本应当自己承担的公共政策和公共服务的责任推脱给当地的企业，将企业承担社会责任与解决市场失灵联系起来，就把私主体与政府的职责相混淆了。政府一定要注意，除了法律规定的责任外，企业社会责任的实施是要靠企业自愿的，不能靠摊派，也不能回到"企业办社会"的老路上去。

企业的社会责任与"企业办社会"不同，它是在社会伦理的考虑下，对企业"社会公民"这一身份的重新认识。要求企业履行社会责任，并没有否定或忽视企业最基本的经济责任——盈利，而是要求企业把自己看作整个社会的一分子，对自身的存在进行综合的考虑和定位。

（六）利益相关方对于企业社会责任的认识误区

利益相关方理论是企业社会责任的主要理论基础之一，而许多学者也认为企业承担社会责任的目标之一就是保护利益相关方的利益。《深圳证券交易所上市公司社会责任指引》第 2 条规定，"本指引所称的上市公司社会责任是指上市公司对国家和社会的全面发展、自然环境和资源，以及股东、债权人、职工、客户、消费者、供应商、社区等利益相关方所应承担的责任"。

一些学者甚至认为，利益相关方的利益保护要依靠企业的社会责任，特别是在目前我国许多企业存在着严重的侵犯员工利益、坑害债权人、造假卖假损害消费者利益的情况下，要强调企业社会责任对保护利益相关方利益的作用。

然而，首先，企业社会责任并没有为利益相关方的利益保护设计出具有可操作性的有效途径。许多学者主张让消费者、债权人甚至公共利益代表进入企业董事会，通过共同治理来维护利益相关方的利益，但是，如果不同的利益代表进入董事会，企业董事会必将效率全无：企业提升产品价格会遭到消费者代表的反对，企业从事公益活动会遭到股东代表的反对，企业把利润用于环保又会遭到急于收回贷款的债权人代表的反对；而且如何确定消费者、债权人、公共利益代表本身就是一个难题。其次，企业社会责任没有为利益相关方的利益保护确立一个标准，在法律规定之外的社会责任，比如在《劳动法》规定的最低工资额之外给员工开多少工资，是企业经营者自己决定的。

就债权人而言，《担保法》、《合同法》恐怕才是真正的保护自身利益的有力武器；就消费者而言，《消费者权益保护法》、《产品质量法》是自我保护的最后底线，而市场的充分竞争和淘汰更能促使企业主动维护消费者利益；就环境保护而言，加强政府监管和相关部门对违法者的责任追究力度，才是改善生态环境的可靠保证。因此，不能把一国法制建设和社会可持续发展完全寄托于企业的社会责任。

二、企业社会责任的概念及内涵

(一) 企业社会责任的几种经典定义

在过去十余年中，对于企业是否应该履行社会责任已经得到较为广泛的认同，也逐渐成为重要的企业实践。对于社会责任的概念，引用率最高的有以下几个定义：

欧盟 (2001)：企业社会责任就是企业在自愿的基础上，将对社会和环境的关注整合到企业运营以及与利益相关方的互动过程中。这一定义包含了自愿性、社会、环境、经济和利益相关方五个维度。

世界可持续发展工商理事会 (1999)：企业社会责任就是企业致力于推进可持续的经济发展，与员工及家属、所在社区以及社会整体共同努力，提高他们的生活质量。该定义包含利益相关方、社会和经济维度。

世界可持续发展工商理事会 (2000)：企业社会责任就是企业采取符合道德的行为，在推进经济发展的同时，提高员工及家属、所在社区以及社会总体的生活质量。该定义包括自愿性、利益相关方、社会和经济四个维度。

欧盟 (2001)：企业社会责任就是企业自愿为更美好的社会和更清洁的环境做出贡献。该定义包含自愿性、社会和环境三个维度。

BSR（Business for Social Responsibility）（2000）：企业社会责任是指企业决策要符合伦理价值，遵循法律要求，并且尊重人、社区和环境。该定义包含了自愿性、利益相关方、社会、环境和经济五个维度。

ISO26000（2010）对社会责任进行了如下定义：

"组织的决策和活动对社会、环境产生影响并应负有责任，可采取如下透明的、道德的行为：

——促进可持续发展，包括社会的健康和福利；

——考虑利益相关方的期望；

——遵守相应法律并符合国际行为规范；

——将责任融入组织并落实到组织关系中"。

由上述定义可以看出，ISO26000 将企业社会责任（CSR）概念拓展为社会责任（SR）。社会责任适用于所有以不同形式存在的组织，这一观点认为，所有组织均有责任促进可持续发展，而非仅限于商业领域。ISO26000 适用于所有私立、公立和非营利部门的组织，这将使社会责任产生更为广泛的影响。

在上述概念中，可持续发展是指"既能满足当代人需求，又不对后代人满足其需求的能力构成危害的发展"。社会责任与可持续发展之间存在十分密切的联系。可持续发展是所有人关于经济、社会、环境的共同目标，它可以用以总结广泛的社会期望，组织需要考虑这些社会期望并做出负责任的行动。因此，组织社会责任的首要目标就是促进可持续发展。但社会责任与可持续发展并不能等同。

除此之外，对于企业社会责任实践最有影响力的两个理论就是金字塔模型和三重底线。

（二）企业社会责任的金字塔结构

Carroll（1991）基于利益相关方理论，对其 1979 年构建的企业社会责任表现三维模型中的第一维度，即企业社会责任进行了完善，提出了日后被广为引用的企业社会责任金字塔结构，如图 2-1 所示。从图 2-1 可以看出，金字塔结构中的企业社会责任由四部分组成：经济责任、法律责任、伦理责任和慈善责任，社会责任表现三维模型中的自愿责任被修改为慈善责任。

在企业社会责任的金字塔结构中，经济责任是指企业作为整个社会的基本经济单位，其基本作用是通过生产满足消费者和社会需求的产品与服务来赚取利润；法律责任是指企业不仅需要为股东创造最大利润，同时还需要在法律和法规

的要求下运作。Carroll 列举了经济责任的几个重要方面以及美国企业必须遵守的
法律责任，如表 2-1 所示。

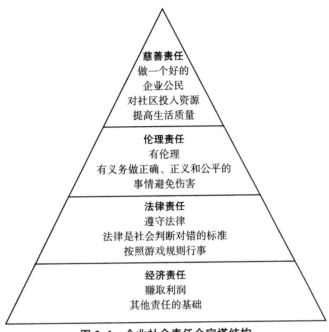

图 2-1 企业社会责任金字塔结构

资料来源：Carroll，Archie，B. The Pyramid of Corporate Social Responsibility：Toward the Moral Management of Organizational Stakeholders. Business Horizons，1991：7-48.

表 2-1 企业社会责任金字塔结构中经济责任和法律责任

经济责任	法律责任
1. 企业在利润最大化原则下运作	1. 在法律规定和政府期望下运作
2. 追求尽可能多的利润	2. 遵守联邦政府、州政府和地方政府的法规
3. 保持竞争优势	3. 企业是遵守法律的企业公民
4. 保持较高的运作效率	4. 成功企业是履行了其法律责任的企业
5. 成功企业是能获得持续利润的企业	5. 企业提供的产品与服务至少满足了最低的法律要求

资料来源：Carroll，Archie，B. The Pyramid of Corporate Social Responsibility：Toward the Moral Management of Organizational Stakeholders. Business Horizons，1991：7-48.

金字塔结构中的伦理责任包括"反映消费者、员工、股东和社区认为是正确的、正义的或者是尊敬或保证利益相关方道德权利的标准、规范和期望"；慈善责任包括"为成为一个社会期望的好企业公民而做的一系列活动"，是企业自愿和自由决定承担的活动。伦理责任和慈善责任列示在表 2-2 中。

表 2-2　企业社会责任金字塔结构中伦理责任和慈善责任

伦理责任	慈善责任
1. 企业运作与社会道德观念和伦理规范期望一致	1. 企业运作与社会的博爱和慈善期望相一致
2. 认可与尊重被社会所接受的新道德标准	2. 资助高尚的表演艺术
3. 防止为完成企业目标而在伦理标准上做出让步	3. 企业的管理者和员工都在他们自己的社区内参加志愿者和慈善活动
4. 企业公民应该做符合道德和伦理的事情	4. 资助私人和公共教育机构
5. 认识到企业的诚实和企业伦理行为不仅仅是遵守法律和法规	5. 自愿资助旨在提高社区生活质量的项目

资料来源：Carroll, Archie, B. The Pyramid of Corporate Social Responsibility: Toward the Moral Management of Organizational Stakeholders. Business Horizons, 1991：7–48.

企业社会责任金字塔描绘了企业社会责任的四个部分：经济责任位于金字塔的最底层，这意味着经济责任是其他三方面的基础；由于法律是社会判断对错的标准，企业应当遵守法律；随后是企业的伦理责任，伦理责任最基本的要求是做正确、正义和公平的事情，以及避免或者减少对利益相关方（员工、客户、环境等）的伤害；最后，企业应当成为一个好的企业公民，这是企业的慈善责任，慈善责任希望企业将财力和人力资源投入社区，提高生活的质量。

（三）社会责任的三重底线

20 世纪末期出现的诸多社会问题，使得越来越多的利益相关方要求企业管理层考虑更广泛的社会责任，而不仅仅关注对投资者的财务回报。只有兼顾所有利益相关方的利益才能为企业的长期生存与发展创造良好的外部和内部环境。因此，一个企业的成功与否不应该仅仅由传统的财务底线衡量，还要由它的社会和环境业绩来衡量。

John Elkington 在 1995 年阐明了"三重底线"（Triple-Bottom line）的概念。"三重底线"分别代表了企业在社会、经济和环境三个方面的业绩表现，如图 2-2 所示。从经济学角度来说，"底线"指的是在投资或者经济资本上的回报。"三重底线"概念认识到，企业除了经济资本外还存在其他两种形式的资本，即自然资本和社会资本，尽管这两种资本并不出现在传统的会计报表中，它们也应该获得"投资回报"。由此，"三重底线"可以定义为"沿着资金、环境和社会三个维度来评价和衡量对资本投资的回报"。从企业角度来说，"三重底线"是企业谋求可持续发展的一种战略管理模式，可持续性应该是基于这三个资本来源能产生一个积极和平衡的回报。

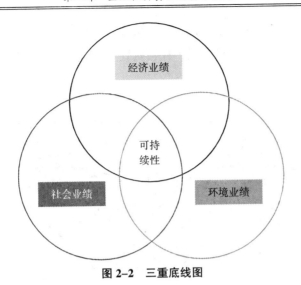

图 2-2　三重底线图

1. 经济业绩

企业首先应该做到健康经营、良性发展。一个企业最大的社会责任就是让公司健康发展，为社会创造更多价值。一个成功的企业应该能够创造收益，建立永续的经营模式。经济业绩反映了企业的经营活动为利益相关方所创造或分配的财务价值以及所带来的经济附加值。

2. 社会业绩

社会业绩需要企业关注自身内外的人文环境建设。内部需要考虑对员工的福利待遇以及企业社会责任文化的传播教育，采用人性化管理，做到以人为本。外部应该重视企业与供应商、消费者、政府等社会大众的社会责任形象建立，与各个利益相关方和谐共处。

3. 环境业绩

面对资源紧缺、环境恶化的现状，企业需要加强自然保护力度并大力宣传环保理念。此外，企业还要尽可能地使产品做到健康、安全，通过生产绿色产品来迎合消费者日渐强化的环保意识。

（四）企业社会责任的四位一体模型

尽管对企业社会责任的定义仍是多样化的，但从众多的定义中仍可以梳理出企业社会责任的本质，也就是：企业履行社会责任是一种自愿性超越法律要求之外的行为，是基于经济、社会和环境三重底线原则的行为，是在经营过程中充分考虑利益相关方利益的行为。因此，根据现有对企业社会责任定义的梳理以及对企业社会责任内涵的把握，中国社科院经济学部企业社会责任研究中心将企业社会责任整合为责任管理、市场责任、社会责任、环境责任"四位一体"的理论模型，如图 2-3 所示。

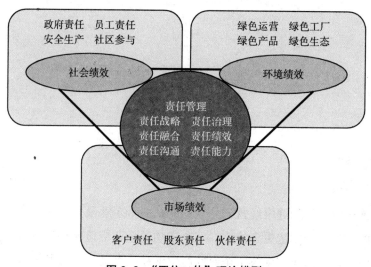

政府责任　员工责任
安全生产　社区参与

绿色运营　绿色工厂
绿色产品　绿色生态

社会绩效

环境绩效

责任管理
责任战略　责任治理
责任融合　责任绩效
责任沟通　责任能力

市场绩效

客户责任　股东责任　伙伴责任

图 2-3　"四位一体"理论模型

责任管理位于模型的核心，是每个企业社会责任实践的原点。企业责任管理包括责任战略、责任治理、责任融合、责任绩效、责任沟通和责任能力。市场责任居于模型基部。企业是经济性组织，为市场高效率、低成本地提供有价值的产品或服务，取得较好的财务绩效是企业可持续发展的基础。市场责任包括客户责任、伙伴责任和股东责任等与企业业务活动密切相关的责任。社会责任为模型的左翼，包括政府责任、员工责任和社区责任。环境责任为模型的右翼，包括环境管理、节约能源资源、降污减排等内容。整个模型围绕责任管理这一核心，以市场责任为基石，社会责任、环境责任为两翼，形成一个稳定的闭环三角结构。

"四位一体"的理论模型融合了以上的定义和理论，更有效地指导社会责任的实践。

第一，这一模型深刻揭示了企业社会责任的基本内涵。企业社会责任是指企业要有效管理自身运营对利益相关方和自然环境的影响；企业社会责任是指企业在实现股东价值的同时，要实现市场、社会和环境的综合价值最大化；企业社会责任是协调推进企业与社会可持续发展的行为。从责任性质上来说，企业社会责任的内容包括经济责任、社会责任和环境责任三重底线的责任。

第二，这一模型指出了企业社会责任的内容和范围，即企业社会责任外延。从责任对象上来说，企业社会责任的内容包括客户责任、伙伴责任、股东责任、员工责任、政府责任、社区责任、对利益相关方的责任以及对环境的责任。这使得企业的社会责任行为有了具体的受益对象，也使企业社会责任的行为更符合利益相关方的期望。

第三，这一模型指出企业履行社会责任的效果必须通过责任管理得到提升。企业意识到企业社会责任的重要性和做好社会责任之间还需要很长的距离。这中间需要将责任管理作为基础和保障。所以对于企业来说，必须将企业社会责任融入企业的生产经营中去，从责任战略、责任治理、责任融合、责任沟通、责任研究、责任能力六个方面，循环反复地不断提升责任管理的水平，才会取得好的效果。

第二节　企业社会责任的责任框架

我们可以根据社会责任的内涵和所涉及的利益相关方来确定社会责任的具体内容框架。

表 2-3　企业社会责任框架

主要利益相关方类别	经济责任	社会责任	环境责任
客户	提供符合客户需要的产品或服务	道德营销 保护客户信息和隐私	引导客户保护环境
股东	获取利润	合理的信息披露	决策时考虑环境影响
员工	用工平等，同工同酬	维护员工合理权益，给予员工培训和发展的机会	安全生产保障员工生命安全；职业环境保护教育；HSE 制度
伙伴	不拖欠款项	诚信经营，公平竞争，良好的商业道德	引导伙伴参与环境保护
政府	依法纳税，保值增值	吸纳就业，保持就业稳定	不发生环境及安全生产的事故
社区	促进当地经济发展，促进就业，参与公益事业，慈善捐助	合理开发社区资源，回归社区，构建和谐社区关系	不影响社区生态，经常性环境评估

一、客户责任

在现代企业社会责任的发展进程中，企业履行社会责任的一个重要驱动力是为了回应和满足消费者的合理期望和要求。众多实证研究表明，企业对消费者履行责任的意愿、能力和绩效，直接影响消费者对企业形象的感知和对其产品的购买意愿，[①]因此，企业所从事的社会责任活动就必须与其营销的目标群体的期望保持高度一致。[②] Accountability 的调查报告显示，当企业在制定战略时，84%的企业要考虑消费者的意见。[③]可见，消费者是企业最重要的利益相关方之一。一方面，企业要承担对消费者的责任；另一方面，消费者可以利用自己的购买权利，推动企业履行更多的社会责任。同时，各类消费者的消费理念和行为对经济、社会以及环境的可持续发展都有着深刻的影响。

客户是企业产品和服务的购买者，是企业生存的基础和发展的前提与保证。因此，企业经营过程中要充分考虑消费者的利益，尊重其合法权益，满足消费者的正当要求。根据 ISO26000，社会责任背景下的消费者问题，与以下方面议题相关：公平的营销实践、健康和安全保护、可持续消费、争议解决和赔偿、信息和隐私保护、基本产品和服务的获取、满足处于弱势和不利地位的消费者的需求，以及消费者教育。

1. 真实公正的信息、公平的营销和合同实践

真实公正的信息、公平的营销和合同实践是保护消费者知情权和自由选择权的需要。消费者在购买产品前有权对企业的产品进行全面的了解，在公平交易的前提下从众多产品中进行自由选择。企业有责任通过真实的产品广告、宣传材料和产品说明书以及人员介绍等途径向消费者传递产品信息，以使消费者在琳琅满目的商品中选择到满意的商品。企业向消费者提供的信息应是便于理解的、真实完整公正的，负责任的营销还应向消费者提供整个生命周期和价值链中有关社会、经济和环境影响的信息，便于消费者参考选择和责任消费。

---

① Mohr, Loisa.& Deborah J. Webb. The Effect of Corporate Social Responsibility and Price on Consumer Responses. Journal of Consumer Affairs, 2005, 39 (1): 121-147；周祖城，张漪杰. 企业社会责任相对水平与消费者购买意向关系的实证研究. 中国工业经济，2007 (9): 111-118.

② Drumwright, M. E. Company Advertising with a Social Dimension: The Role of Non-economic Criteria. Journal of Marketing, 1996, 60 (4): 71-87.

③ 乔舒华等. 2008 中国企业责任调查. 财富，2008 (3): 2-13.

企业如果在产品广告、宣传材料和说明书中过分夸大产品的功效、隐瞒不足之处、提供虚假信息等就是侵犯了消费者的知情权和自由选择权，会导致消费者所购买的产品服务无法满足需求，浪费消费者的时间和金钱，甚至对消费者产生危害。企业危害消费者知情权和自由选择权的行为会导致消费者信心减低，对产品和服务市场的成长产生消极影响。

2. 保护消费者的健康与安全

安全权是消费者最基本的权益，安全权具体包括消费者的生命安全权、健康安全权、财产安全权等。企业生产出售过期的商品、变质的食品、含有有害物质的商品以及伪劣产品等都会致使消费者的人身、财产受到损害，危害消费者的安全权。若不能保护消费者的安全权，对消费者造成损害，将极大影响企业的声誉甚至生存。

向消费者提供安全、优质的产品，这是企业对消费者的基本责任。消费者购买企业的产品和服务是为了满足自身的某种需要，按照公平交易的原则企业应该为消费者提供令其满意的产品和服务，而这些产品首先应该是安全可靠的。

对消费者安全的保护既包括设计用途，也包括可以预见的不正当使用，预测潜在的风险以预防对消费者产生伤害和危险。对产品的使用安全、组装和维护进行清晰的说明，也是保护消费者健康安全的重要部分。对消费者安全权的保护，不应只局限于法律规定的范围，企业应尽可能预防各种可能出现的风险，对于难以预测的风险应建立产品撤回和召回机制。

3. 可持续消费、消费者教育

可持续消费是指以符合可持续发展的速度消费产品和资源，满足当代人类的基本需求，提高生活质量，同时不影响和危及后代的需求。可持续消费的核心理念就是绿色、适度、文明、健康。企业在促进可持续消费中的作用在于向消费者提供与产品和服务以及整个价值链相关的准确的社会、经济、环境信息，将之纳入消费者选择和决策的考虑，使消费者在可持续发展中发挥重要的作用。

消费者教育是指企业通过组织和开展消费者教育，使消费者充分认识到自己的权利和责任，使消费者的决策更加理智，消费活动更有责任。消费者教育能够提高消费者评估产品和服务的能力，影响他们的消费活动。同时，消费者教育也旨在促进消费者的责任消费和可持续消费，让消费者更好地理解个人消费选择对他人、环境、社会的影响。

4. 消费者服务和支持，对投诉和争议进行处理

企业向消费者提供服务和支持，对消费者投诉和争议进行处理是保障消费者倾听权、补偿权的需要。企业应保证消费者因购买、使用商品或者接受服务受到人身、财产损害的，能够获得赔偿，正当要求能够得到满足。

企业的消费者服务、支持以及投诉和争议处理机制，包括在产品和服务出售后的正确安装、担保和保证，对产品和服务应用过程中的技术支持，对退货修理维护的规定，以及对消费者造成实际损害时的补救和赔偿。

企业的服务、支持以及投诉和争议处理机制，应使消费者明确了解，在消费者需要时提供明确的建议和解决方案。企业还应通过提高产品服务和质量，减少消费者的投诉，通过用户调查来监测服务支持和争议处理机制的有效性。

对于消费者受到实际损害，包括人身损害和财产损害时，企业应依法给予补偿。经营者对消费者所受伤害应得到的补偿不予负担，对消费者索取赔偿采取拖延方式，甚至使用暴力或威胁等手段，都属于侵犯消费者权益的行为。

5. 保护消费者的信息安全和隐私

消费者信息与隐私保护是指通过限制所收集信息的类型及信息获取、使用和保护的方式，来保护消费者的隐私权。

企业在销售过程中经常会掌握很多消费者的信息，如购买信息、会员信息等。泄露消费者信息不仅侵犯了消费者的隐私权，也带来了诈骗等严重的社会问题。造成消费者信息泄露的原因主要来自于企业对消费者社会责任的缺失，除因商业用途故意泄露消费者信息，企业信息安全管理的漏洞也会导致消费者信息的泄露，如记录信息的媒介丢失、员工离职带出、公司服务器被入侵等。

保护消费者信息与隐私安全要求企业在未经消费者同意的情况下，不得在宣传中使用消费者的姓名、荣誉、肖像及披露消费者的交易记录，不得将有关信息有偿或无偿地转让给第三方。同时，企业应建立严格的信息管理制度，建立消费者交易记录和个人信息的保密机制，确保各级员工都认识到其重要性及承担相应的保密责任，并将上述机制告知消费者，建立企业与消费者的互信基础。一旦发生消费者信息泄露的恶性事件，企业应采取负责任的态度和方法，这也是十分重要的。

二、股东责任

所有权与经营权分离导致企业对投资者履行责任成为必要，保护投资者权益是现代股份公司赖以存续的前提。由于企业的各利益相关方的根本目的取向并不完全一致。因此，企业在履行各类社会责任时，必须寻找一个合理的平衡点。

我国现行的《公司法》明确规定董事会必须对股东会负责，并赋予监事会监督经营的义务和职权等。此外，2008 年 10 月 28 日第十一届全国人民代表大会常务委员会第五次会议通过的《中华人民共和国企业国有资产法》对国有企业董事、高级管理人员的义务进行了明确的规定。2008 年 1 月，国资委下发了《关于中央企业履行社会责任的指导意见》，该文件明确要求中央企业要不断提高持续盈利能力，做强主业，降低经营成本，加强风险防范，提高投入产出水平，增强市场竞争能力。2005 年 7 月，中国证监会发布的《上市公司与投资者关系工作指引》对投资者关系工作的目的、基本原则、工作内容和方式以及组织和实施等方面进行了详细规定。2008 年 4 月，证监会下发了《上市公司重大资产重组管理办法》，对上市公司股东权益保障的诸多方面进行了明确规定，如上市公司股东大会就重大资产重组事项作出决议，必须经出席会议的股东所持表决权的 2/3 以上通过。我国法律法规已为企业履行投资者责任进行了较为完善的界定，为我国企业履行投资者责任提供了制度保障基础。

按照《OECD 公司治理原则》，包括 6 个方面的内容：

1. 有效公司治理结构基础的保证

公司治理结构应该促进市场的透明和有效，与法律规定相协调，并且与不同的监管、规范和实施权威的责任分工清晰地结合起来。

2. 股东权利和关键所有权的作用

公司治理结构可以保障和促进股东权利的行使。基本股东权利应该包括：①所有权登记采用保密的方法；②转让股份；③及时、规范地获得公司相关、真实的信息；④参加全体股东大会并有权投票；⑤推选和解聘董事会成员；⑥分享公司利润。

3. 股东的公平待遇

公司治理结构应该确保，包括少数和国外股东在内的所有股东的公平待遇。所有股东在其权利受到侵害时，应该有机会获得有效的赔偿。同级别相同层次的所有股东应该受到公平对待；应该禁止内幕交易和恶意的自我交易；应该要求董事会成员和关键执行官向董事会披露是否他们直接或间接代表第三方，在任何交易或事项中是否有直接影响公司的实质性利益。

4. 公司治理中利益相关方的作用

公司治理结构应该承认法律或双边协议所确立的利益相关方的权利并且鼓励公司与利益相关方在创造福利、工作岗位和整个企业的持续融资能力方面展开积极的合作。

5. 披露与透明化

公司治理结构应该确保及时、清晰地披露公司所有的实质性事项，包括财务状况、经营业绩、所有权和公司行政。

披露应该包括，但不限于以下实质性信息：①公司财务和经营成效；②公司目标；③主要股份所有权和投票权；④董事会和关键执行官的薪酬政策以及有关董事会成员的信息，包括他们的资格、选举办法、在其他公司担任的管理者职位和是否被董事会看作是独立的；⑤相关会议事务；⑥可预见的风险因素；⑦关于雇员和其他股东的问题；⑧治理结构和政策，特别是公司治理守则或者政策的内容以及完善的过程。

6. 董事会的职责

公司治理结构应确保公司的战略性指导，有效地对董事会的管理工作进行监管，以及履行董事会对公司和股东的受托责任。

三、员工责任

1999 年 6 月，国际劳工组织新任局长胡安·索马维亚在第 87 届国际劳工大会上首次提出了"体面劳动"新概念，将基本劳工标准以及恰当的报酬、工作条件和社会保障融入其中，作为检验全球化的试金石。国际劳工组织制定并施行了《体面劳动议程》，旨在各国各地区实现"体面劳动议程"的 4 项战略目标：

第一，促进和实施国际劳工标准、工作中的基本原则和权利（废除所有形式的强制或强迫劳动，禁止童工劳动，消除就业和职业歧视等）；

第二，为所有人创造更广泛的、体面的就业机会；

第三，为所有人提供广泛而有效的社会保护（重点是社会保障、职业安全和卫生）；

第四，加强劳工、雇主和政府三方性原则和社会对话。

联合国于 2000 年正式启动了"全球契约"计划。胡锦涛主席在 2008 年"经济全球化与工会"国际论坛的致辞中指出"让各国广大劳动者实现体面劳动，是以人为本的要求，是时代精神的体现，也是尊重和保障人权的重要内容。"温家宝总理在 2010 年两会上说"让中国人民生活得更加幸福、更有尊严"。联合国倡导的全球契约也明确规定了人权标准和劳工标准的内容，我国劳动法规定企业员工享有以下基本权利：

第一，平等就业和选择职业的权利；

第二，取得劳动报酬的权利；

第三，休息休假的权利；

第四，获得劳动安全卫生保护的权利；

第五，接受职业培训的权利；

第六，享受社会保险和福利的权利；

第七，享受社会福利的权利；

第八，提请劳动争议处理的权利；

第九，参加工会和员工民主管理的权利；

第十，法律规定的其他劳动权利。

企业履行社会责任要与创建和谐企业相统一，把保障企业安全生产，维护员工合法权益，帮助员工解决实际问题放在重要位置，营造和谐劳动关系，促进员工全面发展，实现企业与员工、企业与社会的和谐发展。企业承担员工责任的最高目标就是保障员工的可行能力，帮助员工实现各种不同生活方式。企业承担的员工责任不能仅仅停留在经济收入方面，还应该保障员工个性化或多样化的需求，从最基本的生存需求、安全需求，到更高级的社交需求，自尊和自我实现需求等。

1. 保障员工的生存和生活需要

企业承担员工责任首先要保障员工的基本生存和生活条件，具体体现在以下几个方面：要尊重员工的尊严和基本人权，禁止使用强迫劳动或童工，提供安全健康的工作环境，保障员工基本的休息时间，依法支付员工工资，依法参加社会保险计划，创造条件提供补充医疗保险、免费体检、交通等福利待遇等。

2. 培养员工的就业能力

员工是企业资源，同时也是社会资源。保障员工的就业能力是员工责任的重要内容，可以建立企业和员工之间的相互承诺和信任，加强员工就业安全感，当员工意外失业时可以帮助他们找到出路。企业可以为员工制订合理的职业规划，重视员工学习和知识更新，提供奖励和晋升机会，建立企业内外发展道路。

3. 尊重员工的民主权利

企业尊重员工的结社自由和集体谈判权利。通过职代会、对话会、座谈会、意见箱、民主测评等渠道，让员工广泛参与企业管理过程。积极推行司务公开，对经营管理、人事改革、薪酬分配、员工福利等重大问题和涉及员工切身利益的事项，均应提交员工代表讨论。

4. 员工的职业健康与安全

对员工负责的一个关键是充分尊重员工的生命权、保障员工的健康权。职业健康与安全是指为了防止劳动过程中不良劳动环境和有毒有害物质等危及员工身体健康或者引起职业病，防止中毒、触电、机械伤害、车祸、高空坠落、爆炸等危及员工人身安全的伤亡事故，在法律、技术、设备、组织制度和教育等方面所采取的相应措施。

四、伙伴责任

企业在生产经营过程中，必然与多种类型的企业之间发生关系。企业在组织产品的生产时，需要从外部市场购买原材料、能源、生产工具、劳务、生产技术等。等到产品生产出来后，需要组织销售，回收投资并进入下一轮的产品生产。在企业的"投入—生产—销售"的过程中，企业不会是独立存在的，它的稳定运行，与资源的提供企业、产品的经销企业紧密相关。这些企业便成为企业在经营过程中的商业伙伴，彼此构成紧密的合作关系。商业合作伙伴关系也就是供应商、制造商、分销商之间的合作关系，指的是他们之间在一定时期内建立的共享信息、共担风险、共同获利的协作关系。形成的原因通常都是为了降低生产成本、增大共同利益、增强信息共享、改善相互交流，从而产生更大的竞争优势，以实现商业伙伴企业财务状况、质量、产量、交货期、用户满意度和业绩的集体改善与提高。

1. 诚信经营责任

企业经营过程中产生的外部性问题——"拖欠货款"、"违约合同欺诈"等，不仅严重影响了企业正常经营，增加了企业成本，而且提高了整个社会经济的运作成本，造成社会资源的极大浪费。我国企业经营活动中的失信现象比较普遍，已经成为困扰经济发展的重大问题。

在市场经济条件下，企业间的竞争日趋激烈。企业竞争不仅是技术、设备、产品等硬件的竞争，更是形象、诚信等软件的竞争。而且在技术水平日益接近的今天，一个企业的诚信状况是至关重要的。现实生活中，一些企业在竞争中不是靠自身真正的实力，而是靠偷税漏税、窃取别人商业机密、挖别人墙脚或盗用他人商标、制造伪劣商品等歪门邪道取胜，这种不讲诚信的手段或许会一时获利，但是，随着各种法制的完备及打假力度的加强，必然会被社会所淘汰。只有诚信经营，企业才能从根本上建立起竞争优势，才能真正提高企业的竞争力。

2. 公平竞争责任

伙伴企业违反公平竞争的行为包括拒卖、歧视行为、搭售、拒绝使用基础设施、卡特尔以及抬高自己但不直接贬低合作企业的宣传行为。

（1）拒卖。经营者为了日后获取更大的利益，对稀有资源进行囤积，拒绝向合作企业提供资源或服务。

（2）歧视行为。企业利用自身市场地位的绝对优势，对合作企业进行价格或出售条件等方面的歧视，借以掠夺合作者利润。

（3）搭售。企业在向伙伴企业提供产品或劳务时，违背对方意愿，要求对方购买其他商品或劳务的行为。

（4）拒绝使用基础设施。基础设施所有企业无正当理由拒绝其合作企业使用其基础设施。

（5）卡特尔。部分企业订立卡特尔协议，建立联盟，与未加入卡特尔的合作企业争夺合作收益份额。

（6）抬高自己但不直接贬低合作企业的宣传行为等。

一切参与竞争活动的竞争企业都有权按照自己的意愿进行市场交易和竞争活动，并可以拒绝一切非法干预。企业在竞争过程中，有表达自身真实意思的权利，也有尊重他人表达真实意思的义务；企业可以自由选择经济纠纷的处理方式，可以自由选择合作伙伴，如果企业作出的行为是基于欺诈、胁迫等原因形成的，则该企业的行为应归为无效。

企业在竞争中应遵循自愿、自由原则，不得与其他企业合谋谋害第三方利益；同时企业在竞争过程中，其竞争行为不能违背国家法律、法规，不得胁迫合作企业或被迫自身作出违背公平利益的行为。

3. 建立供应链责任

一条完整的供应链包括供应商、制造商、分销商、零售商、顾客多个利益相关方。供应链运行则需要在一定的自然、社会、经济环境中才能得当，从而达到资源的优化配置，效率效益的显著提高。因此，当供应链上的节点企业履行供应链责任时，不仅会受到该供应链各利益相关方等内部因素的影响，还会受到供应链所在环境等外部因素的影响。

企业承担供应链责任首先要得到各节点企业管理层的大力支持，这是供应链的责任能够得到履行的前提。企业的高层管理者必须改变传统的以片面追求"利润最大化"为目标的管理思想，使企业站在供应链的高度上适应经济全球化、环境危机、保护人权这种市场环境的变化，从而取得新的竞争优势。供应链各节点企业必须在这点上达成共识，打破行政划分的障碍，安排一定的人员组成供应链责任管理小组，构建供应链责任管理体系，从而对供应链责任进行有效的计划、组织、协调和控制。

一套完善的供应链责任管理体系涉及组织架构、日常管理制度、社会责任指标体系和监控反馈机制等企业的各个角落。首先，各节点企业各自建立社会责任管理部门或机构，负责社会责任制度的制定及社会责任活动的开展；其次，要统一遵守供应链中共同的生产守则，即国际公约中有关社会保障、劳动者待遇、劳工权利、劳动标准等。然后由相关部门制定社会责任指标，并由链主企业委派专业人员进行"验厂"，考核各企业社会责任绩效是否达标。从而最后达到社会责任深入贯穿于整条供应链中。

供应链责任是供应链范围内企业遵守并履行社会责任的整体行动。良好的互动的供应链企业关系是供应链责任得到高效落实的基础。只有企业间建立起相互信任、相互促进、共同承担的长期合作关系，才有可能达成持续的良好的供应链责任绩效。供应链责任主导企业是供应链中的枢纽企业，它们在渠道、品牌、技术等方面掌握着控制性优势，它们的行为关系到供应链关系的好坏，因此供应链责任要求链主企业肩负起协调供应链关系的重担。

五、政府责任

从利益相关方的角度来看，政府是企业的利益相关方，企业应当关注政府的利益和期望。不同的企业，利益相关方的重要性是不同的。中国企业家调查系统曾经对企业进行过一次社会责任的调查，问卷要求企业对政府等九类利益相关方的重要性进行了排序，结果发现，政府、消费者、员工、供应商是企业认为最为重要的利益相关方，其后依次是当地社会、自然环境、所在社区、社会团体和媒体。

1. 守法合规

为了切实推进守法合规实践，企业有必要成立一个合规管理部门。该部门的主要职责包括全面梳理与企业运营相关的法律法规、道德规范，制定企业的行为准则，牵头组织全员的守法合规教育，为企业经营中遇到的法律问题提供指导和咨询，对守法合规情况进行监督等。我国一些大型企业成立的法律事务部就属于企业的合规管理部门。由于企业在日常工作中的众多环节都涉及守法合规问题，因而对于规模大、业务广的企业来说单靠一个合规管理部门无法对企业进行全面监督的。提供举报渠道，鼓励员工和商业伙伴（如供应商、经销商等）共同关注企业经营行为的合法性、合规性，也是一种有效的管理方式。

企业必须通过加强管理者教育，开展覆盖全员的培训，制定预防机制、监督机制和惩罚机制规范管理者和员工行为来实现守法合规。在具体的管理中，企业有必要对容易产生腐败、发生贿赂的业务环节（如采购部门、销售部门、财务部门的某些工作环节）进行梳理，设置防范的关键点，加强对这些关键点的控制和监督，并开展定期或不定期的自查、自纠工作。为了及时发现腐败行为，在企业内部和外部设置举报渠道也是一种有效的方法。

企业应当在企业文化建设或者企业制度建设中融入守法合规的内容，并且长期坚持持续推进。

2. 依法纳税

从税法角度看，税收的本质是人们享受国家（政府）提供的公共产品而支付的价格费用。也就是说，国家（政府）提供公共产品供社会成员享用，国家（政府）因此而支付的费用必须由社会成员通过纳税来补偿。"私人为了自身消费而支付费用的现象，正是典型的市场等价交换行为在公共财政活动中的反应，从而税收也就具有了公共产品'价格'的性质"。税收主要是用以支付的公共事业费。国家（政府）提供公共产品或从事公共事业、纳税人支付使用费，这实际上也是等价交换。

对于一个企业来说，是不是企业的税收总额越大，政府责任就履行得越好？如果这样简单处理的话，那么毫无疑问，规模大的企业就占据了先天优势，而那规模小的企业的政府责任就履行得不好吗？

我们认为不能这么简单地处理税收同政府责任履行好坏的关系。我们建议用税收贡献度和税收遵从度来衡量可能会更好些。

税收贡献率来源于社会贡献率的概念。

社会贡献率是衡量企业运用全部资产为社会创造或支付价值的能力。

社会贡献率（%）=社会贡献总额/平均资产总额×100%。

社会贡献总额包括工资、劳保退休统筹及其他社会福利支出、利息支出净额、应交增值税、产品销售税金及附加、应交所得税及其他税、净利润等。为了反映企业对国家所作贡献的程度，可按上述原则计算贡献率。

在这里为了更好地衡量税收贡献率，我们可以对以上进行调整：

税收贡献率=税收总额/平均资产总额×100%。

税收总额包括：应交增值税、应交产品销售税及附加、应交所得税、其他税收等。

因此，建议企业在社会责任报告中应当将税收总额和税收贡献率结合起来进行披露。

税收遵从与守法的概念对应，是纳税人按照税法的要求如实、准确、及时地履行自己的纳税义务。美国科学院（NAS）对税收遵从的定义是：符合申报要求的税收遵从是指，纳税人依照纳税申报时的税法、规定和议会决定的规定，及时填报应填报的所有申报表，准确计算申报纳税义务。税收遵从可分为：管理遵从和技术性遵从。前者指纳税人遵守税法和征税机关的管理规定，及时申报缴税，包括按规定申报、遵从程序和遵从税务机关的纳税调整。后者指纳税人按照税法的规定准确计算、缴纳税收。

相对应，税收不遵从是指不如实、不准确或不及时地履行纳税义务。税收不遵从有蓄意不遵从和非蓄意不遵从之分，前者是纳税人本身就不愿服从遵守税法；后者是纳税人愿意遵从税法，但由于计算错误导致申报的纳税结果不遵从税法。

所以在税收遵从度的角度，企业可以在社会责任报告中披露企业及子公司、分公司的税收遵从度。

3. 响应政府政策

响应政府宏观政策的"政府"一般是指中国政府的中央政府或者地方政府，也可以指在外国的当地政府。

例如，在2003年防治"非典"战斗中，中国医药集团始终把社会效益放在第一位，严格执行国家药品价格政策，一旦发现价格违规行为，立即免去企业主要领导职务。由于中药材和中药饮片对预防和治疗"非典"有一定的辅助作用，一段时间，金银花价格涨了100倍，贯众、藿香也涨了十几倍，使得采购和供应医药用品的成本大幅度提高。在抗击"非典"期间，集团系统100多家企业和分布在全国各地的零售药店严格执行集团的命令，没有发生一起违反国家价格政策或出售质量不合格医药用品的现象。中国医药集团坚守国有企业的政治责任感，坚守在企业利益和社会责任发生冲突时，把社会责任放在第一位的原则。

例如当经济出现下滑，国家提出促进就业增长、稳定就业形势的要求，中央企业理应率先响应国家号召，履行社会责任，带头多招收一些大学毕业生，为缓解社会就业压力作出贡献。

企业还可以结合自己的产品技术和服务优势，帮助政府排忧解难。2008年8月，北京奥运会正式开幕，为了把这届中国人期盼了百年的奥运会办成一届最成功、最为平安祥和的奥运会，航天科工组织的科技奥运技术团队，已经默默奉献了整整7年。在这7年的研究、设计、开发、建设和运行维护保障过程中，科技奥运技术团队的全体成员不畏艰辛、勇挑重担、拼搏进取，充分发挥出航天的高科技优势，设计建设了一套创造了许多国内外"第一"的安保科技系统——第一套由中国人自己设计建设的超大型活动安保科技系统；第一次在奥运会中成功应用的电子票证（RFID）系统；第一套国内专为公安系统配备的防恐防爆重大突发事件现场监控和指挥系统；第一次在国内使用的为100多公里场馆周界设计和部署的防入侵报警与视频联动系统。航天科工运用顶尖航天科技打造出的安保科技系统运行正常、稳定、可靠，协助奥运安保团队出色地完成了场馆监控、票证查验、要人保卫等各项安保任务，得到了北京市奥组委、公安部、北京市公安局等有关部门的充分肯定与赞扬，并在向国内外媒体的展示中得到了高度的关注和好评。

对于国有企业而言，还有保值增值的责任。对于央企而言，还有保障国家安全和经济命脉的责任。

六、社区责任

积极支持所在社区的发展，鼓励员工参与社区活动并提供可能的财政支持。为了履行参与社区发展承诺，支持员工，也包括高级管理人员以志愿的形式参与社区的建设、参加各类活动以及加入非营利组织。

国外企业在实践中已经较少直接使用"公益慈善"这一概念，而较多使用"Community Involvement and Development"，即社区参与和发展，强调企业与社区的互动，推动各个利益相关方共同参与社区生活质量的持续提高。

企业社区参与（Corporate Community Involvement/Engagement，CCI/CCE），是由"企业捐赠"（Corporate Giving）概念逐步发展而来。基于国际可持续发展组织的倡议，19世纪早期的西欧和美国企业认为，"如果不能立足社会，商业就无法成功"。因此，当时的企业主要为雇员工作和生活的社区建造住房，为其他学校、幼儿园、剧院、博物款、医院、孤儿院等捐款。这是最早的企业社区参与，即 Corporate Giving。[①]

随着企业社会责任实践的深入发展，许多企业的功能从单纯的商业领域进入到公共事务领域，开始与政府及非政府组织合作解决社会问题。这种合作强调各方共同参与社会创新与变革，即合作治理（Collaborative Governance）。而此时，一部分企业用"企业公民"这一概念阐述企业慈善，另一部分企业用来描述企业的所有社会责任活动。因此，新的概念"企业社区参与"被提出，用以概括企业与政府、企业与非营利组织在企业所在社区的合作活动，也有一些企业使用"社区关系"（Community Relations）、"社区投资"（Community Investment）代替"社区参与"。在这种合作关系中，企业提供资金、本企业的核心能力、员工志愿者，并参与项目管理，以实现共同解决社会问题的目的。[②]

在这里，社区的概念可以是整个社会的概念，也可以是企业周边社区的概念。社区责任的具体内容可以包括：

---

①② Nick Lakin, Veronica Scheubel. Corporate Community Involvement: The Definitive Guide to Maximizing Your Business' Societal Engagement. Stanford University Press, 2010.

1. 公益捐赠

《2011 中国慈善捐助报告》显示，2011 年中国来自各界企业的捐赠是 485.75 亿元，占到全部捐赠总额的 57.5%。可见，企业捐赠是中国慈善捐赠中的最重要力量。企业捐赠的分配反映了企业是如何看待整个社区的需要的。但是调查显示，国内企业缺乏主动性和策略性的捐赠动机，企业捐赠带有强烈的被动性和利他性色彩。由此，国内企业通常选择"扶贫"、"赈灾"作为捐赠资源的主要流向。[①]

企业公益捐赠的资源和流向，应该取决于该企业的目标和企业最优先考虑的社会问题。首先，企业要建立捐赠制度，明确企业捐赠的领域和年度预算；其次，企业应监测社区需求，优先解决社区最迫切的困难，并确保其捐赠和资助的项目是切实可行的。

伴随着全球企业社会责任的不断发展，企业通过与非营利组织的合作扩大社会贡献已经十分常见。非营利组织代表了一定的利益相关方，或者说，利益相关方持有的社会问题解决方案与非营利组织有效地结合在一起，企业与非营利组织的合作是企业与利益相关方沟通的结果。

企业在开展公益活动时，可选择与社会责任相关组织、协会的合作。与非营利组织建立积极的伙伴关系，使企业能够利用非营利组织的人力资源、网络资源等，提高公益活动的运作效率，扩大公益活动的影响范围，并提升社会影响力。

2. 带动地方经济发展

企业的生存和发展不可避免地与当地或者是区域性的经济发展联系在一起。它们能够给一个领域带来新的商业机会，也能够以另外的方式促进当地生活条件的改善。改革开放后，市场经济的引入，促使政府、企业、社会逐步分离，企业在一个地区经济发展中的地位至关重要。但是，经济的发展并不代表社区居民生活条件的改善。

但是对社区来说，商业的飞速发展是一个机遇，同时也是一种挑战。因此，企业从以下几方面履行社区责任将有助于促进地方经济发展，如表 2-4 所示。

3. 为当地创造就业

就业是国际公认的与经济和社会发展相关的目标，也是全社会予以高度关注的重要责任议题。企业无疑是吸纳就业的最重要主体之一。目前大学生就业难成

---

① 严恋. 我国企业捐赠行为研究. 华中师范大学硕士学位论文，2011.

表2-4　促进地方经济发展的方式

- 认真履行社区的纳税义务是帮助社区发展的最基本方式。企业纳税有利于当地政府获得足够的财税收入来解决社区发展的重要问题，同时促进社会公平正义
- 帮助社区形成能够不断催生创业精神、有财富创造活力的有利环境
- 以多种方式促进地方的经济发展、社会福利或财富的增加，包括企业投资创业计划、发展当地供应商、雇用当地成员，促进社区积累经济资源和社会关系等，需要特别注意帮助和支持社区的弱势群体
- 促进社区成员平均分配经济利益中发挥积极作用，从而为消除社区贫困做出重要贡献，特别是对妇女及其他弱势群体的帮助计划，具有重要作用和积极的影响力
- 在许多情况下，有些社区的地理位置、社会和经济形态处于隔绝状态，是发展的重要障碍。企业可以利用自身在技术、市场方面的优势帮助当地居民、团体或组织进行整合，从而发挥积极作用

资料来源：国际标准 ISO26000 社会责任指南（中文版）。

为日益突出的社会问题，小城镇人口、农村人口如何实现在当地就业，关系到中国城市化、现代化实现的问题。

企业在做投资决策时，考虑到对社区创造就业的责任，在经济可行的情况下进行直接投资，以实现最大化地为社区创造就业，增加社区收入，减少贫困。目前，随着中国经济结构的调整，越来越多的企业到中西部地区投资建厂，吸纳本地居民成为员工，如中粮集团、中国储备粮管理总公司、恒天集团等早已在中西部地区布局，充分发掘中西部丰富的自然资源和人力资源，实现本地雇佣，为中国就地城市化、现代化奠定基础。从 2007 年起，中国海运集团先后与江苏省政府、海南省政府达成协议，合作建立船员基地，在为国内航运业输送合格海员的同时，为当地青年提供了更多的就业选择和机会。此外，中国海运多年持续投资，连云港、锦州、广州、南沙等港口货运吞吐量持续增加，培育和带动当地物流、仓储、装卸货等配套产业的发展壮大，并创造了更多的就业机会。

除了投资，企业在解决就业问题上也越来越重视开发社区就业能力。通过创造就业岗位和促进技能开发贡献于社区就业，是企业致力于提高社区福利水平和社区生活质量的重要领域和方式。中国铁路工程总公司每年为 180 万农民工提供就业岗位，并提出农民工与职工同学习、同劳动、同管理、同生活、同报酬的"五同"管理社会责任实践项目，建立起 1000 余所窦铁成业校、农民工业校，制定了农民工教育和培训管理细则，深入开展安全、质量和施工技术知识培训，促进农民工与企业共同发展。

企业在创造就业机会的同时，还应兼顾公平、合理的原则，避免就业歧视，特别避免针对妇女、残疾人、少数民族的歧视；还应为员工提供合理的福利报

酬，保证员工权益。企业在创造就业方面，从以下几方面考虑将有助于实现更有价值和影响的社区责任，如表 2-5 所示。

表 2-5　创造就业的方式

- 分析投资决策对社区创造就业的影响，在经济上可行的情况下进行直接投资，以便通过为社区创造就业机会增加收入、减少贫困
- 考虑技术选择对社区就业的影响，从长期看选择能够最大限度地为社区创造就业机会的技术
- 考虑为社区创造直接就业的益处，而不是考虑使用临时性工作安排的益处
- 促进社区就业的技能开发，考虑参加当地和国家的技能开发计划，包括学徒计划、重点关注特定弱势群体的计划、终身学习计划等
- 在技能开发计划不足的社区，可以考虑与社区内的其他机构合作，帮助发展或改善社区技能开发计划
- 企业可以帮助社区改善就业创造所必需的条件

资料来源：国际标准 ISO26000 社会责任指南（中文版）。

4. 员工志愿者

越来越多的企业重视员工志愿者的发展。员工志愿者活动是企业社区责任的重要组成部分，它不同于员工捐款或实物捐赠，而是通过贡献员工的时间和技能参与社区发展，此三者共同构成企业员工社区参与完整图景。[①] 企业鼓励员工参与志愿者活动，其价值不仅在于可以加强企业与社区的联系，更重要的是提升企业在社区的声誉、员工对工作的热忱和对企业的忠诚度。此外，员工在提供志愿服务的过程中，自身的领导与管理技能、沟通协调能力、团队精神得到提升，同时将业务技能运用于新情境，获得新的体验，有利于激发创新能力等。

但是要实现员工志愿者对企业、员工及社区价值的最大化，员工志愿者项目或活动需要具备以下特点：

- 项目或活动能够优先满足企业发展目标，这将更容易获得领导层的支持；
- 项目活动与员工兴趣或技能匹配度比较高，否则员工没有参与的动力；
- 项目或活动能够满足社区需求，让员工意识到他们确实是在帮助社区解决问题。

员工志愿者活动包括两类：企业发起、员工共同参与的活动；员工自发地以个人身份发起的活动。

几乎每一个地方都有各种各样的需要，希望有志愿者的援助之手。一些政府

---

① Community Business. Employee Volunteering: The Guide. Hong Kong, 2005.

部门和非营利组织希望有企业和公民的良好意愿和合作精神完成社区建设工作。这意味着企业除了提供工作岗位、支付税收和直接慈善捐助之外，企业在鼓励有助于地方社区建设的志愿精神方面还起着催化剂的作用，这是开发可以加强社区凝聚力的社会资本或社会凝聚力过程的一部分。

第三节　企业社会责任的管理体系

本节在回顾国外企业社会责任管理体系相关理论的基础上，结合中国企业实际，提出中国企业社会责任管理体系。

一、ISO26000 的组织社会责任管理

对于社会责任管理，ISO26000 开发出一个责任推进构图，如图 2-4 所示。构图由三个圆（两个小圆和一个大圆）构成。上方小圆包括社会责任组织、责任战略、计划、整合和沟通，这是内部责任管理的重要内容；下方小圆是一个利益

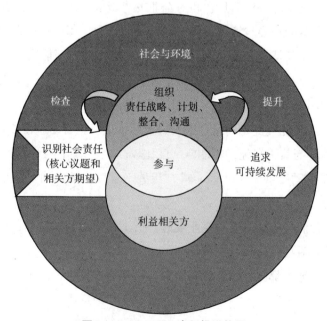

图 2-4　ISO26000 责任推进构图

相关方，责任管理的整个过程需要由利益相关方来参与。从左向右，首先是识别社会责任，通过与利益相关方的充分沟通，确定核心议题；其次到责任战略、计划、整合、沟通这一个循环；最后为追求可持续发展的整个大的循环。外部大圆是社会与环境，是社会责任的环境，是整个组织所处的包括社会的环境、内部员工等在内的一个体系。

ISO26000 提出将社会责任融入组织的经营过程需要经过以下几个步骤：[①]

第一，从社会责任角度理解组织的性质和特征。诸如组织经营所在地区的法律、社会、环境和经济特征；组织的类型、目的、经营性质和规模；组织的职工或雇员的特点；组织参与的社会机构；内外利益相关方的期望和要求。

第二，理解组织的社会责任内涵。知晓组织核心议题；明确组织的影响范围；确定优先项目。

第三，将社会责任整个融入组织。将社会责任纳入组织体系和管理程序；确定组织的社会责任工作方向；提高社会责任意识和构建社会责任能力。

第四，社会责任的沟通。制订沟通计划；根据沟通对象的类型选择相应的沟通手段；利益相关方参与。

第五，提升社会责任绩效的可信度。组织可以通过利益相关方的参与、参加专门的认证、加入某些协会等方式来提升组织社会责任绩效的可信度。

第六，审查改进组织的社会责任相关行动与实践。组织可用监督、审查、提高数据信息可靠性等技术手段来改进组织社会责任绩效。

二、全面社会责任管理

Sandra A. Waddock（2002）等学者通过对跨国公司社会责任工作的考察发现，社会责任管理在一些跨国公司中已初步形成一套完善的管理社会责任的方法系统，而企业社会责任的管理从内容、性质等很多方面类似于全面质量管理，因此，他们提出全面社会责任管理[②]的概念。所谓全面社会责任管理就是用系统的流程管理企业对利益相关方和自然环境的责任，包括管理企业与利益相关方之间的关系以及管理企业运营对利益相关方和自然环境所造成的影响。接着，他们提

---

① ISO26000 对社会责任对象的界定是组织，包括政府、企业和非政府组织（NGO）。

② 与全面质量管理相比，全面社会责任管理是超于合规性的管理，全面社会责任管理超于企业自身的边界。

出全面社会责任管理的"4I"体系（见图 2-5），即内在动力（Inspiration）、融合（Integration）、创新和持续改进（Innovation and improvement）以及绩效指标体系（Indicators）。

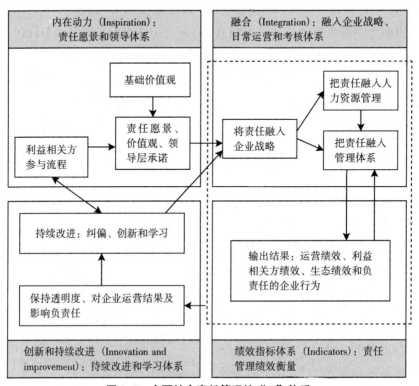

图 2-5　全面社会责任管理的"4I"体系

另外，他们还认为全面社会责任管理的实施程序需经历三个主要环节（见表 2-6），即制定企业社会责任活动的愿景；将社会责任与公司战略、人力资源和管理系统相整合，形成行动；建立评价系统，进一步改善和提高社会责任管理的水平。

表 2-6　全面社会责任管理的三个步骤

步骤	实践	要点
步骤1	制定企业社会责任活动的愿景	Waddock 等学者认为实施全面社会责任管理的关键是让企业社会责任成为企业使命和企业价值观的组成部分。在公司价值观和愿景中确实要保证能够满足所有利益相关方的要求，企业愿景和价值观一定要体现出对各利益相关方要求的满足，其中最低限度，是要符合最基础的价值要求，比如当今已制定的各种全球标准，只有这样，企业才能避免社会的各种批评和指责

续表

步骤	实践	要点
步骤2	将社会责任与公司战略、人力资源和管理系统相整合，形成行动	这一阶段是将战略、愿景转化为行动的过程。企业应组建专门的社会责任管理部门/团队来负责实施社会责任管理，去负责员工的培训和技能发展。企业社会责任主管部门的职责包括协调责任政策和执行社会责任行为准则，与利益相关方就社会责任政策和实践沟通，保持并修正行为准则。为了使整个社会责任系统能够得到控制，报告、信息、评价及报告系统的建立是必要和关键的
步骤3	建立评价系统，进一步改善和提高社会责任管理的水平	通过衡量社会责任的指标和从经验中的学习而改善和创新。全面社会责任管理只有循环往复地进行才会发挥作用，才能起到像全面质量管理的作用。这种循环往复就是要求企业在进行社会责任管理的过程中，不断地学习过去的经验，运用不断学习所获得的经验知识，去不断改善和提高企业社会责任管理水平

资料来源：［美］沃多克，［美］鲍德成（2009）。

三、日本专家的企业社会责任管理

2003 年是日本企业社会责任元年，此后，日本企业高速推进社会责任，探索形成了部分企业社会责任管理框架和工具。在这些企业社会责任管理框架和工具中，日本野村综合研究所和日本综合研究所的研究成果较为典型。日本野村综合研究所的伊吹英子（2004）提出企业推进社会责任五步法（见表 2-7），认为企业推进自身社会责任工作应依次进行 CSR 的现状分析和议题选择、CSR 愿景（Vision）的选定、CSR 战略制定、PDCA 的结构和推进体制的整备、构筑交流的战略和结构五个方面的工作。

表 2-7 企业推进社会责任的五个步骤

步骤	实践	要点
步骤1	CSR 的现状分析和议题选择	将企业现状与适应的 CSR 指南进行对照，对企业进行 SWOT 分析（强项、弱项、机会、威胁），辨析企业 CSR 的优势/劣势、机遇/风险，提出企业应该关注的重点课题和行动次序
步骤2	CSR 愿景的选定	确定本企业在 CSR 实践问题上的姿态、基本的思想和想法、基本方针等，形成企业社会责任的独特性
步骤3	CSR 战略制定	确定社会责任重点课题、对象和战略的区分方式，让业务部门意识到"CSR 是竞争力的源泉"，进行自发、主动的实践
步骤4	PDCA 的结构和推进体制的整备	建立 CSR 推进体制，增强行政部门和业务部门的关联性，提升基层机构的重视程度
步骤5	构筑交流的战略和结构	通过各种交流手段，向内外部展示自己的 CSR 实践活动，让政府、顾客、社区、股东、员工等认识到本企业的社会性，增加对企业的信赖

资料来源：野村综合研究所。

　　日本综合研究所（2007）认为，企业社会责任管理系统的构建需要三个要点：第一，把利益相关方参与纳入计划；第二，要兼顾网罗性和伸缩性；第三，将 CSR 管理体系建立在现有的管理体系之上，从而使得 CSR 融入组织日常活动中去。基于上述三大要点，日本综合研究所构建了一个企业社会责任管理的系统：首先是社会责任目标，即社会责任管理的目标是什么，目标方向为何；其次是企业社会责任战略，企业做社会责任管理要制定一个战略，说明企业重视什么、要做什么；再次，把这个战略融入企业日常运营之中的 PDCA 循环；最后，是把企业社会责任报告诉诸企业的利益相关方，开展利益相关方参与，利益相关方参与包括方法的选定、根据对话确定需求、分析期待和利益相关方约定等（见图 2-6）。

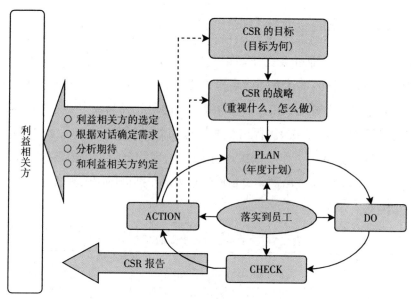

图 2-6　企业社会责任管理构图

资料来源：日本综合研究所（2007）。

　　日本综合研究所还提出了检验企业社会责任管理体系的五大要点：①企业社会责任的意义、目的是否明确；②为实现预定目标，企业社会责任战略是否明确；③是否将履行社会责任纳入了公司的中期经营规划和年度计划；④是否建立了企业社会责任的监督、评价和改善机制；⑤是否确保利益相关方参与到企业社会责任活动中来。

　　上述几种框架对中国企业社会责任工作产生的实际指导作用有限，主要原因有：①假设过于理想，隐含假设企业对社会责任工作高度重视，愿意投入大量资源，不怕伤筋动骨。但现实中，多数企业是在没有充足资源的情况下开展社会责任管理工作；②目标过高，难以实现，中国企业负责社会责任的具体部门和具体人员很少有能力和资源去完成这些变革工作。中国多数企业社会责任管理工作刚刚起步，企业大多会利用现有资源、在有限条件下循序渐进地推进社会责任工作。本书根据已有企业的群体行为逻辑梳理出中国企业推进社会责任管理体系框架。

四、社会责任管理六维模型

国务院国资委与中国社科院经济学部企业社会责任研究中心在梳理社会责任管理相关理论框架的基础上，于 2010 年提出了企业社会责任管理体系六维框架模型（见图 2-7）。

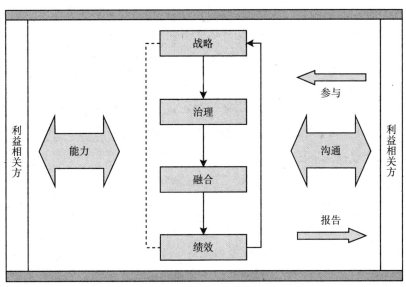

图 2-7　企业社会责任管理的六维框架

社会责任管理的实施程序需经历三个主要环节：制定企业社会责任活动的愿景；将社会责任与公司战略、人力资源和管理系统相整合，形成行动；建立评价系统进一步改善和提高社会责任管理的水平。

第一，责任战略。社会责任战略是指公司在全面认识自身业务对经济社会环境影响、全面了解利益相关方需求的基础上，制定明确的 CSR 理念、核心议题和规划，包括 CSR 理念、CSR 议题和 CSR 规划三个方面。

第二，责任治理。CSR 治理是指通过建立必要的组织体系、制度体系和责任体系，保证公司 CSR 理念得以贯彻，保证 CSR 规划和目标得以落实，包括 CSR 组织、CSR 制度和 CSR 责任三个方面。

第三，责任融合。CSR 融合是指企业将 CSR 理念融入企业经营发展战略和日常运营，也涵盖结合企业经营业务的 CSR 危机管理、专题实践和慈善公益活动，包括融入战略、融入日常运营、CSR 危机管理、CSR 专题实践和慈善公益活动五个方面。

第四，责任绩效。CSR 绩效是指企业建立非财务可持续发展指标体系，并进行考核评价，确保 CSR 目标的实现，包括 CSR 指标体系和 CSR 考核评价两个方面。

第五，责任沟通。CSR 沟通是指企业就自身社会责任工作与利益相关方开展交流，进行信息双向传递、接收、分析和反馈，包括利益相关方参与、CSR 网络专栏、发布 CSR 报告和内部 CSR 沟通四个方面。

第六，责任能力。CSR 能力是指企业通过组织或参与社会责任培训、开展社会责任调查研究工作，提高企业 CSR 工作水平、提升 CSR 工作团队能力。

上述六项推进工作中，责任战略的制定过程实际上是企业社会责任的计划（P）；责任治理、责任融合的过程实际上是企业社会责任的执行（D）；责任绩效和报告是对企业社会责任的评价（C）；研究自身社会责任工作的开展情况、利益相关方意见的反馈以及将责任绩效反馈到战略的过程就是企业社会责任的改善（A）。这六项工作整合在一起就构成了一个周而复始、闭环改进的 PDCA 过程，推动企业社会责任管理持续发展。

检验一个企业社会责任管理体系包括五个要点：第一，理念优先，企业要想做好社会责任工作，应具有社会责任理念；第二，重在融合，企业社会责任要融入公司战略和日常运营之中；第三，PDCA 的循环，要形成闭环改进，社会责任管理体系才有持续的生命力；第四，利益相关方参与，社会责任的管理和实践要吸纳利益相关方的意见和建议，保持及时有效的沟通；第五，建立在现有的管理体系之上，企业社会责任涉及方方面面的工作，抛开现有的管理体系另起炉灶，很难获得公司领导和各部门的支持，不利于顺利开展工作。

第三章　陕西省企业社会责任的实践现状

第一节　股东责任

为了对陕西省企业履行股东责任的实践状况进行考察，课题组从现代企业制度的建设、投资者关系管理体系建设以及企业营利性三个方面对调研企业履行股东责任状况进行了考察。

一、现代企业制度建设

建立现代企业制度是国有企业改革的重点，也是我国民营企业和外资企业做大做强的保障。作为现代企业制度的重要组成部分，完善董事会和监事会制度是我国企业建立现代企业制度的基石，这是保障股东权利，履行股东责任的重要体制、机制保障。

1. 陕西省企业多数已经建立起现代企业制度

从企业成立董事会和监事会情况来看，无论是问卷调查企业，还是访谈企业，均有超过八成的企业建立了董事会和监事会制度，基本具备了现代企业制度的"形"。没有建立现代企业制度的企业不足二成，陕西省多数企业已经建立起现代企业制度。

2. 陕西省企业建设现代企业制度的质量有待进一步提高

建立董事会制度和监事会制度是建立现代企业制度的核心，董事会结构和监事会结构状况也反映了现代企业制度建设的质量。尽管陕西省企业董事会具有外部董事参与或者监事会具有外部监事参与的企业总体上多于没有任何外部董事参与的董事会和外部监事参与的监事会，但是从分项角度考察来看，没有外部董事参与的董事会和没有外部监事参与的监事会企业还是相对更多。并且，无论是从问卷调查企业还是从访谈企业角度来看，董事会没有外部董事、监事会没有外部监事的企业近四成。所以，陕西省企业现代企业制度的质量有待进一步提高，尤

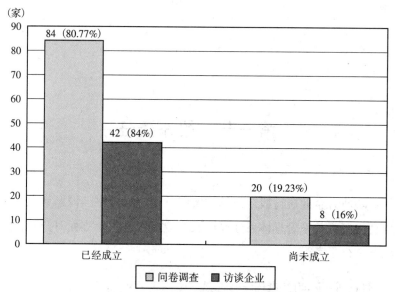

图 3-1　调研对象成立董事会和监事会情况

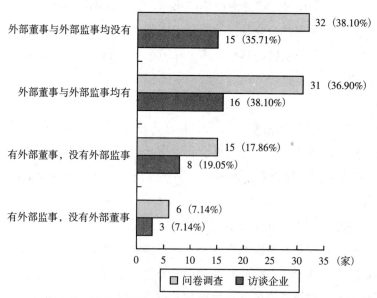

图 3-2　调研对象董事会和监事会的外部董事和监事情况

其是进一步优化董事会和监事会结构，提高独立董事和独立监事的人数或比例，从而为陕西省企业履行股东责任、保护股东利益提供制度保障。

二、投资者关系管理体系

建立投资者管理制度是保障投资者合法权益的重要制度，它是企业履行股东责任的重要制度保障。

1. 陕西省企业建立投资者关系管理水平差异性明显

陕西省企业中，建立了非常完善的投资者关系管理制度的企业数量同投资者关系管理制度尚在建立之中的企业数量基本持平，建立了投资者关系管理制度但是还在不断完善之中的访谈企业和问卷调查企业近三成，陕西省企业建设投资者关系管理制度的水平在不同的企业之间存在明显的差异性。

2. 部分企业建立起了完善的投资者关系管理体系

不过，相对而言，无论是从问卷调查企业角度来看，还是从访谈企业数量来看，已经建立起非常完善的投资者关系管理的企业均占据相对多数，反映了陕西省部分企业已经建立了较为完善的投资者关系管理体系，并且已经对其他尚在完善以及尚在建立投资者关系管理制度的企业起到了巨大的示范带头作用。

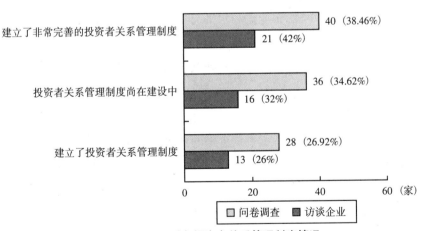

图3-3 调研对象投资者关系管理制度情况

示例：陕鼓动力股份有限公司投资者关系管理

陕鼓动力股份有限公司认为，维护广大股东权益、加强投资者关系管理是公司工作的重要组成部分。公司注重与投资者沟通交流，不断完善与投资者的沟通机制，建立与投资者的良好关系。以 2013 年为例，在 2013 年，公司认真执行了《投资者关系管理制度》，积极通过日常现场接待（包括临时接待和每月一次集中接待）、投资者电话热线、传真、专用电子邮箱、投资者关系互动平台等方式与投资者进行日常沟通。同时，公司通过年报业绩说明会、参加投资者推介会等方式，进一步加强与投资者的交流，保持与投资者之间相互信任、利益一致的关系。通过投资者关系管理工作，一方面，增进投资者对公司的了解和认同，维护了良好的投资者关系；另一方面，通过听取投资者意见，结合公司自身生产经营情况，为公司领导的决策提供信息，献计献策。

三、企业盈利能力

为股东创造最大化的利润是新古典经济学对于企业的基本假设，企业社会责任理论虽然不认同股东价值最大化是企业的唯一责任，但是也认为为股东创造最大化的利润是企业履行社会责任的重要组成部分。

1. 半数企业盈利能力处于行业平均水平

陕西省半数企业盈利水平与相应企业所在行业平均水平基本持平，比如，在问卷调查企业中，57.69%的企业盈利水平与行业水平基本持平；访谈企业中，也有 52%的企业盈利水平与行业水平基本持平。

2. 部分企业需要继续发挥为股东创造盈利的带头作用，部分企业需要增强盈利水平

企业盈利水平高于行业平均水平的问卷调查企业占总体问卷调查企业的23.08%，企业盈利水平高于行业平均水平的企业在访谈企业中更是超过 30%。这些企业在为股东创造盈利方面处于行业前列，也是企业履行股东责任的模范企业，这些企业需要继续发挥为股东创造盈利的带头作用。不容忽视的是，还有近二成企业的盈利能力低于行业的平均水平，这些企业需要加强自身建设，提高自身履行股东责任的能力，从而增强自身的盈利水平。

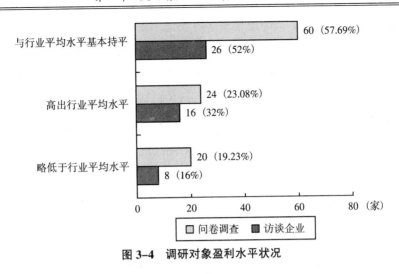

图 3-4　调研对象盈利水平状况

第二节　客户责任

为了对陕西省企业履行客户责任的实践状况进行考察，课题组从客户关系管理体系、产品质量管理制度、科研创新能力以及客户满意度调查四个方面对调研企业履行客户责任状况进行了考察。

一、客户关系管理体系

客户关系管理是加强应对客户需求和期待，履行客户责任的制度保障，也是企业紧密联系客户，提高自身竞争优势的重要举措。

1. 陕西省企业客户关系管理整体来看已经形成规模

尽管在问卷调查企业中有 25.96% 的企业尚未形成完善的客户关系管理制度，在访谈企业中也有 20% 的访谈企业正在建设更为完善的客户关系管理制度，但是，多数陕西省企业已经不同程度地形成了客户关系管理体系，比如，在 104 家问卷调查企业中，90 家已经建立客户关系管理制度，50 家访谈企业中，也有 45 家已经建立客户关系管理制度。从整体来看，陕西省企业客户关系管理制度已经形成规模。

2.陕西省企业客户关系管理体系建设或完善任务依然繁重

客户关系管理体系的建设水平也在一定程度上影响着企业开展客户关系管理的质量，从而也影响着企业履行客户责任的质量。尽管九成左右的陕西省企业已经不同程度地形成了客户关系管理制度，可是，除了尚处于完善之中的企业之外，还有部分企业没有建立起客户关系管理体系，其中，有些企业还没有建立客户关系管理制度的计划。可以说，陕西省企业推进客户关系管理体系进一步完善的任务依然繁重。

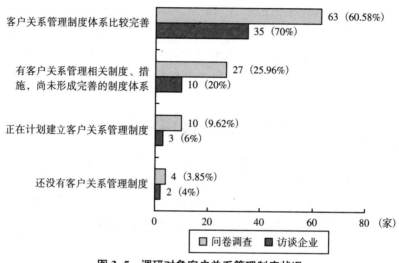

图3-5　调研对象客户关系管理制度状况

二、产品质量管理制度

为消费者提供质量优良、价格便宜的产品或服务是企业存在的重要理由，也是企业重要的客户责任之一，所以，企业产品质量管理制度的建立和完善是企业履行客户责任的重要组成部分。

1.绝大多数陕西省企业注重产品/服务质量

无论是问卷调查企业，还是访谈企业，均有超过八成的企业建立了比较完善的产品/服务质量管理制度体系。加上已经建立起产品/服务质量管理制度，但没有形成完善体系的企业，问卷调查企业和访谈企业建立产品/服务质量制度的超过九成。由于产品/服务质量管理制度体系的建立与否直接反映了相关企业的产品/服务质量意识和行为，陕西省超过九成企业建立了产品/服务质量的状况反映了绝大多数陕西省企业注重产品/服务质量，均有较高的产品/服务质量意识和较好的产品/服务质量行为。

2. 个别企业产品/服务质量意识需要进一步提高

质量问题无小事，尽管部分企业也计划建立产品/服务质量管理制度，但是，仍有个别企业没有对产品/服务质量给予足够的重视，依然没有计划打造公司的产品/服务质量管理制度，比如，问卷调查企业中有 3.85% 的企业还没有产品/服务质量管理制度，访谈企业中也有 2% 的企业还没有建立产品/服务质量管理制度的打算，这部分企业的产品/服务质量意识需要进一步提高。

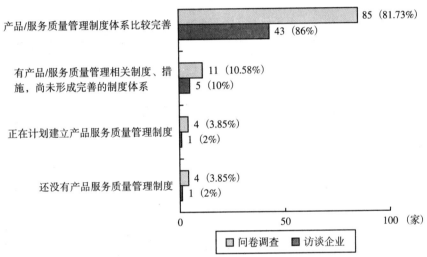

图 3-6　调研对象产品质量管理制度状况

示例：金花投资集团公司药品质量保证体系

金花投资集团公司最重要的责任之一是保证药品的安全和高质量，这关系到人们保证健康的根本，也是身为制药企业能够延续发展的根本。2002 年，该公司成为了西北地区首批通过国家《药品生产质量管理规范》(GMP) 认证的制药厂家，并在 2010 年参照新版 GMP 制定了各个产品的质量标准和操作规程，建立了由人员、组织机构、质量管理、设备管理、生产管理、物料管理等构成的药品生产全过程的管理规程和操作规程。

完善质量管理标准	细化物料采购管理	严格生产流程管理
◆ 1000 2012 年完成 1000 份《质量管理文件》修订，进一步贯彻执行 2010 年新版 GMP 规范 ◆ 13458 2012 年累计完成 13458 批次各类原辅包材、成品等质量检验，进一步严格按照规范监督药品规范 ◆ 170，122，55 2012 年，审核签发 170 个验证方案，审核签发 122 个验证报告，完成国家、省、市 20 个品种 55 批次的基本药物、空心胶囊及美沙酮专项抽检工作	◆ 审计 对主要原辅料供应商按计划进行审计，确保所有物料均采购于资质审计合格、符合国家标准供应商，质量标准符合金花制药厂内控质量标准规定 ◆ 流程优化 从优化采购计划、规范采购流程、强化采购控制三个方面进一步对物料采购管理进行优化，确保采购质量	◆ 监督细节 针对生产过程，严格进行现场监控，检查生产工艺执行情况，对物料使用数量、生产偏差、物料消耗、操作规范等进行核查，对不符合工艺要求的行为予以纠正，确保各项操作符合 GMP 规范要求。针对生产环境、工艺用水、设备运行严格进行巡查和监测，确保生产环境、工艺用水满足药品生产要求，确保不会对药品质量生产影响 ◆ 责任到人 从 2008 年起在生产系统推行"质量问责制"，全面细化原辅包材的质量验收，形成了以"物料采购审批规程、供应商筛选规定、供应商不良记录反馈制度、物料采购内部审计、内部监督制度"五项具体操作制度为核心的物料采购质量安全管理模式，加强调对供应商资质和物料质量达标的全面监督，每项物料采购的安全责任均落实到人 ◆ 现场管理 对生产管理人员提出明确要求，每周不少于两次深入车间现场办公。现场发现问题、查找原因并分析确定解决方案，规范了生产一线操作工的现场操作和工艺执行的准确性，增强了产品质量责任意识，提高了操作工工作的主动性和积极性，以及处理现场问题的效率 ◆ 员工技改 一直以来，我们坚持积极、持续、深入地开展了各个层次的一线员工 QC 小组活动，2012 年，公司两项员工 QC 项目获陕西省 2012 年度优秀质量管理成果发表赛一等奖，一项荣获二等奖

金花投资集团公司药品质量保证体系

三、科研创新能力

创新和研究开发能力既是企业核心竞争力的重要内容，又是企业履行客户责任向客户提供创新性产品或服务的保障。

1.陕西省企业普遍对自身的创新和研究开发能力较为自信

陕西省企业普遍对自身的创新和研究开发能力较为自信，将认为自己的创新和研究开发能力处于行业领先水平以及处于行业较高水平的企业综合考虑，认为自己的创新和研究开发能力高于行业平均水平的企业有九成左右，其中，在问卷调查方面，85.58%的企业持有上述观点；在访谈企业方面，更是有92%的企业持有上述观点。除此之外，如果将不低于行业平均水平作为基准，那么陕西省企业对自己的创新和研究开发能力较为自信的企业数量可能进一步提高，这些企业认为自己的创新和研究开发能力处于行业一般水平，比如问卷调查企业中有13.46%企业持有这种观点，访谈企业中也有8%的企业持有这样的观点。

2. 陕西省企业创新和研究开发能力水平仍有提高空间

尽管所有的访谈企业都认为自己的创新和研究开发能力都不低于行业的一般水平，以及98.4%的问卷调查企业都认为自己的创新和研究开发能力都不低于行业的一般水平，但是，认为自己创新和研究开发能力处于行业领先水平的问卷调查企业也只有不到五成，认为自己创新和研究开发能力处于行业领先水平的访谈企业也只有54%。所以，陕西省企业创新和研究开发能力仍有提高的空间，尤其是认为自己创新和研究开发能力水平处于较高或行业一般水平的问卷调查企业和访谈企业，他们可以在自己已经取得一定创新和研究开发能力的基础上进一步推进自身的创新和研究开发能力。

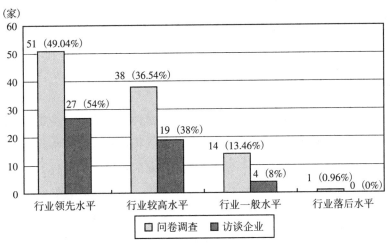

图 3-7　调研对象创新和研究开发能力状况

示例：西安未来国际信息股份有限公司多维创新与客户创造共享价值

　　未来国际一直坚持多维度创新，在为客户创造价值的同时，成就未来核心竞争力。作为一家高新技术企业，公司一直将创新作为生命线，当前已经形成了包括技术创新、业务模式和商业模式的三维创新模式。

在未来国际看来，技术创新是原动力，业务模式创新和商业模式创新将创造出全新的市场，是牵引和支撑技术创新的推动力。在技术创新方面，未来国际认为，当前，基础设施向集约共享的新一代信息化公共基础设施创新发展，数据开放共享和应用向数据应用服务一体化创新发展；信息安全向自助可控发展。在业务模式创新方面，未来国际逐渐形成从软件系统集成向"一切皆服务"的全程全视角服务的业务创新发展。在商业模式创新方面，未来国际已经形成从销售产品、交钥匙工程向提供产品应用服务、全程服务发展，形成信息化新技术和产业转型、行业应用、地域信息化深度融合、互促多赢的新型开放共享商业模式。

四、客户满意度调查

企业要满足利益相关方需求和期待需要首先了解特定利益相关方的需求和期待为何，聚焦到客户责任的履行方面，企业满足客户的需求和期待就需要对客户进行调查，作为客户调查的一个普遍和通常的做法，客户满意度调查不断引起企业的注意。

1. 陕西省企业不同程度地开展了客户满意度调查活动，较为注重通过客户满意度调查的形式履行客户责任，但客户满意度调查制度建设有待进一步加强

没有开展过任何客户满意度调查的问卷调查企业和访谈企业均较少，其中，没有开展过客户满意度调查的问卷调查企业占总体问卷调查企业的 4.81%，没有开展过客户满意度调查的访谈企业也只有 3 家。其余所有的问卷调查企业和访谈企业均不同程度地开展了多种形式的客户满意度调查活动，反映了陕西省企业较为注重通过客户满意度调查的方式履行客户责任。不过，需要指出的是，尽管陕西省的多数企业均不同程度地建立起了制度化的客户满意度调查机制，并能够持续改进客户满意度调查机制，但是，在开展过客户满意度调查的企业之中，仍有一些还没有能够做到经常性地开展客户满意度调查，更有许多企业还没有形成制度化的客户满意度调查机制，这严重制约了陕西省企业通过客户满意度调查来履行客户责任的质量和水平。为了进一步提高陕西省企业整体的客户责任履行水平，陕西省企业在客户满意度调查制度建设方面有待进一步提高和加强。

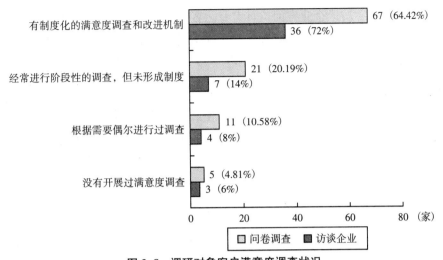

图 3-8 调研对象客户满意度调查状况

2. 陕西省企业建立专门的客户反馈渠道的企业较多，反映了陕西省企业十分注重客户对于企业运营活动以及企业社会责任管理和实践活动的反馈

客户意见反馈渠道的建立也是企业寻求与客户进行沟通交流的重要手段，陕西省大部分企业已经建立起了专门的客户反馈渠道，比如，在问卷调查企业方面，建立专门的客户反馈渠道的企业超过九成，没有建立专门的客户反馈渠道的

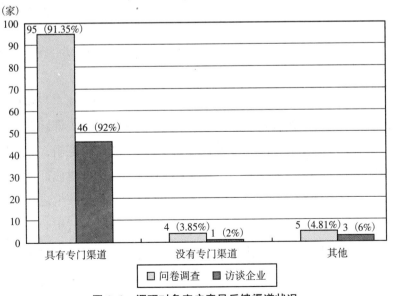

图 3-9 调研对象客户意见反馈渠道状况

企业仅有 4 家；在访谈企业方面，具有专门客户反馈渠道的企业占 92%，没有专门反馈渠道的企业仅有 1 家。履行客户责任需要首先了解客户的需求和期待，作为了解客户需求和期待的重要途径，专门性的反馈渠道的建立显然能够促进企业更好地了解客户对于企业的需求和期待、更好地了解客户对企业运营活动以及企业社会责任管理和实践活动的反馈。陕西省企业较多地建立专门性客户反馈渠道反映了陕西省企业注重客户需求和期待，有利于陕西省企业更好地履行客户责任。

第三节　伙伴责任

为了对陕西省企业履行伙伴责任的实践状况进行考察，课题组从供应商管理制度以及诚信经营与公平竞争两个方面对调研企业履行伙伴责任状况进行了考察。

一、供应商管理制度

供应商管理是企业履行伙伴责任的重要方面，通过供应商管理，不仅能够提升供应链企业整体的竞争力，创造供应链企业整体的竞争优势，而且通过供应商管理，充分发挥了社会责任优秀企业的带动作用，推进整个供应链企业履行社会责任。

1. 陕西省企业向供应商宣传企业社会责任理念遵循"中心—边缘"逻辑，针对供应商的企业社会责任理念宣传活动需要持续推进，进一步提高深度和广度

企业向供应商开展企业社会责任宣传能够最大限度地发挥自身履行社会责任的带动作用。通过对陕西省企业社会责任宣传活动进行分析，课题组发现，陕西省企业向供应商宣传企业社会责任理念遵循"中心—边缘"逻辑，即开展企业社会责任理念宣传的陕西省企业首先会选择向部分关系密切的供应商宣传企业社会责任理念，在此基础上，陕西省企业会根据宣传的效果，继续推进针对其他关系不是很密切的供应商宣传企业社会责任理念，也就是说先向"中心"的、关系密切的供应商开展企业社会责任宣传，然后再想"边缘"的、关系不是很密切的供应商开展企业社会责任宣传。

在这一逻辑的指导之下，陕西省企业不同程度地开展了企业社会责任理念的

宣传工作。不过，由于这一宣传逻辑本身存在的"窘境"，陕西省企业可能止步于向部分"中心"的、关系密切的供应商开展企业社会责任理念宣传。为了持续推进陕西省企业加强企业社会责任理念的宣传，陕西省企业需在向部分关系密切的供应商开展企业社会责任理念宣传之后，进一步推进向所有供应商的企业社会责任理念宣传。不仅如此，一些在与供应商交流互动过程中从未提及企业社会责任理念的企业，也需要沿着"中心"到"边缘"的路线图，逐步深入推进向供应商的企业社会责任理念宣传，从而提高陕西省企业向供应商开展企业社会责任宣传的深度和广度。

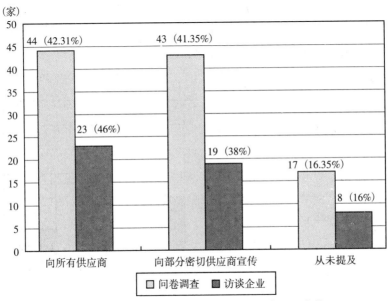

图 3-10　调研对象向供应商宣传企业社会责任理念状况

2.陕西省企业开展供应商企业社会责任评估任务艰巨，为了推进陕西省企业整体的社会责任管理和实践水平，陕西省企业需要具备决心和魄力推进供应商企业社会责任评估工作

开展供应商企业社会责任评估是推进供应商企业履行社会责任的重要推动力量，一方面，由于在国际层面的供应商企业社会责任评估往往涉及贸易保护主义问题；另一方面，由于在国内层面的供应商企业社会责任评估往往会触及企业的边界问题，所以，对供应商的企业社会责任状况进行评估往往遭受"知易行难"的窘境。显而易见，这种"窘境"巨细无遗地在陕西省企业开展供应商企业社会

责任评估的状况中反映出来。在对陕西省企业开展供应商企业社会责任评估的调查中，尽管 61.54% 的问卷调查企业以及 60% 的访谈企业计划制定供应商企业社会责任评估制度、开展供应商企业社会责任评估调查，但是，已经制定并推行供应商企业社会责任评估的企业也只是少数。其中，制定并推行供应商企业社会责任评估的问卷调查企业只占 3.85%，制定并推行供应商企业社会责任评估的访谈企业也只占 6%。相比之下，不准备制定并推行供应商企业社会责任评估的问卷调查企业占 34.62%，不准备制定并推行供应商企业社会责任评估的访谈企业占 34%。显而易见，陕西省企业开展供应商企业社会责任评估任务依然艰巨，这基本与全国平均水平相仿。为了推进陕西省企业整体企业社会责任管理和实践水平，陕西省企业需要具备决心和魄力推进供应商企业社会责任评估工作，争做中国企业开展供应商企业社会责任评估的典范。

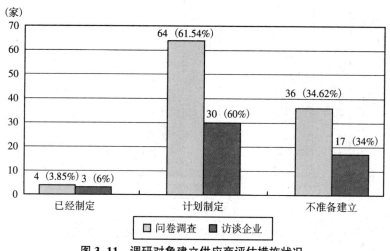

图 3-11　调研对象建立供应商评估措施状况

3. 陕西省企业获取供应商企业社会责任信息的渠道多种多样，依靠企业自身收集供应商企业社会责任信息是获取供应商企业社会责任信息的主要方式

获取供应商企业社会责任信息是开展供应商企业社会责任评估的前提，通过对陕西省企业获取供应商企业社会责任信息的渠道进行考察，课题组发现，陕西省企业在获取供应商企业社会责任信息方面所依靠的渠道多种多样，比如，在问卷调查企业方面，不仅有超过六成的企业自己收集供应商企业社会责任信息，而且还有近六成的问卷调查企业通过供应商自己提供的方式收集有关供应商的社会

责任信息，依靠中介服务机构获得有关供应商企业社会责任信息的问卷调查企业也有近二成。不过，由于"企业社会责任"一词本身所具有的规范性含义，即"企业社会责任"本身涉及价值判断的内容，所以，为了避免由于从供应商收集企业社会责任信息所造成的误解，即被收集企业社会责任信息的供应商可能误认为收集信息企业认为它不负责任，企业往往更愿意自己收集有关供应商的企业社会责任信息，比如，在访谈企业中，尽管通过供应商提供的方式收集供应商企业社会责任信息的企业有33家，但是，企业自己收集有关供应商信息的企业占总体企业的比例仍高达72%。显而易见，企业依靠自身收集供应商企业社会责任信息是获取供应商企业社会责任信息的主要方式。

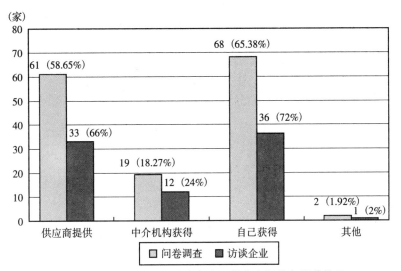

图3-12　调研对象了解供应商企业社会责任信息渠道状况

示例：西安陕鼓动力股份有限公司供应商管理

随着陕鼓动力公司战略转型以及三大业务板块的发展，陕鼓对供应链管理的认识也发生了变化，从关注供应商日常履约进度、产品质量的管理向与各供应商实现密切合作、共赢发展转变，逐步同各供应商建立起技术关联、市场配合、商业支持以及协作紧密的合作伙伴关系，从而增强陕鼓供应链体系的竞争能力。

以2013年为例，陕鼓在供应商管理制度建设、流程优化方面进行了梳理和改进，对供方的日常管理、准入及评审管理、产品重要度分类管理、供方复评分级等程序进行了规范。目前陕鼓对合格供方的评审指标主要有企业资质、规模、体系认证、财务状况、知识产权、信息化建设、生产能力、质量控制、工艺水平、产品研发等33项指标；此外，为了搭建一个公平有序的供应商竞争平台，陕鼓与各供应商签订了"外联企业合作公约"，避免不诚信经营进入陕鼓；同时，建立了统一的采购平台，实现公司内部各子公司之间的供应商资源共享。通过各种有效的工作措施，建立与优秀供应商长期紧密的合作关系。

在"共创共享"的文化理念下，陕鼓与供应商不断进行市场开发和技术研发合作，使供应链中各企业的市场竞争能力得以提升。

为了实现共赢发展的合作目标，陕鼓帮助供应链中企业解决自身运营资金短缺的问题，向部分供应商开展了委托贷款业务；此外，公司关注供应商的运营发展，在日常合作过程中指派企业的工厂技术和质量管理人员等，对供应商的技术开发、生产制造过程给予实地指导和日常咨询服务，扶持供应链企业的发展。

公司还建立了即时通讯系统——商讯通，实现了陕鼓与供应商之间的日常实时信息互动交流，使陕鼓与各供应商在采购环节中的项目计划、调度、执行、控制及预警等方面实时互通，规范了配套采购执行，提高了工作效率和质量，降低了沟通成本。

二、诚信经营与公平竞争

企业履行社会责任需要一定的制度保障，为了履行供应商责任，企业也需要相关方的关于供应商责任的制度措施，比如，诚信经营、公平竞争、反腐败、反商业贿赂以及反不正当竞争等。

1. 陕西省企业不同程度地建立起了履行供应商责任的制度措施

陕西省企业已经不同程度地建立起了履行供应商责任的制度措施，无论是问卷调查企业，还是访谈企业，建立起诚信经营与公平竞争制度、反腐败制度、反商业贿赂制度以及反不正当竞争制度的企业数量均超过五成。其中，在问卷调查方面，建立了诚信经营制度的企业将近九成，建立起反腐败和反商业贿赂制度的企业超过六成，建立起反不正当竞争的企业也超过五成。当然，还有6家问卷调查企业建立了其他形式的履行供应商责任的制度措施。

2. 陕西省企业需进一步推进制定供应商责任制度措施的广度和深度

尽管陕西省企业已经不同程度地建立起了供应商履行社会责任的制度，但是，具体到履行供应商责任制度措施的广度和深度方面，陕西省企业仍需进一步加强。在广度方面，有些企业建立起了一种履行供应商责任制度措施，而没有建立起另一种履行供应商责任的制度措施，比如，由于 50 家访谈企业中建立诚信经营制度措施的企业有 44 家，而建立起反腐败、反商业贿赂或反不正当竞争的企业均低于 44 家，所以，建立起诚信经营制度措施的企业可能没有建立起反腐败、反商业贿赂或反不正当竞争领域的制度措施，陕西省企业需要进一步推进制定供应商责任制度措施的广度。在深度方面，陕西省企业在推进具体供应商责任制度措施方面也表现出水平千差万别的特点，建立低水平供应商社会责任制度措施的企业需要进一步深化供应商社会责任制度措施的制定和完善。

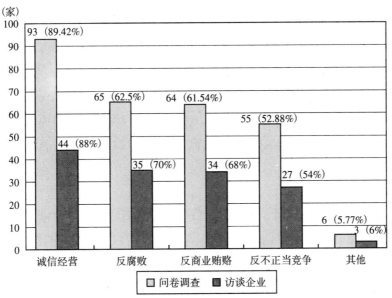

图 3-13 调研对象制定履行供应商责任制度状况

示例：现代新农业企业集团戮力与农民共同打造现代版新农业

农业企业离不开与农民的合作，如果说，"两院七校"是"现代新农业企业集团"发展的软实力和智力芯片，那么，"公司＋农户"的生产模式，就是他们走市场的硬实力和推手。不管市场怎样曲折波动，企业的发展壮大始终和农民的利益紧紧联系在一起。陕西是一个果业大省，很多果农在果实成熟前有半年的闲暇，资源与人力都在白白浪费。"现代新农业企业集团"抓住这一点，在具备生态养殖条件的果林、庭院大力推广放养"皇佳吉"特优质黄羽肉鸡，形成一种既环保又经济的循环农业生产模式——鸡在果园吃虫草，减少果农农药开支，降低果实农药残留；鸡粪直接进入土壤，促进果树生长、增产，果农减少化肥使用，果实的绿色品质得到强化和保证。养鸡和种果互相促进、相得益彰。

每开辟一个养殖户，公司都会与农民签订一个"六统一"合同书：统一品牌、品种；统一提供优质鸡苗；统一培训养殖技术；统一配制中草药饲料和防疫药品；统一收购屠宰加工；统一商品标准经销。这种生产和营销模式，将企业与农户的利益连为一体，唇齿相依，荣辱与共。

第四节　政府责任

为了对陕西省企业履行政府责任的实践状况进行考察，课题组从守法合规体系和响应政府宏观政策两个方面对调研企业履行政府责任状况进行了考察。

一、守法合规体系

企业是法人，是法律赋予企业以人格以及存在的合法性。所以，企业的成立必须符合一定的标准，遵循一定的程序，企业的运营必须保障遵守《公司法》等法律的规定，企业建立守法合规体系是履行政府责任的重要方面。

1. 陕西省企业守法合规建设已经取得积极成效

陕西省企业守法合规体系建设方面已经取得积极成效，比如，在建设守法合规管理部门方面，超过半数的问卷调查企业已经建立起了守法合规管理部门，六成六的访谈企业已经建立起了守法合规管理部门；在守法合规制度建设方面，超过六成的问卷调查企业以及将近七成的问卷调查企业已经建立起了守法合规制度；在定期培训方面，建立起定期培训制度的问卷调查企业将近七成，建立起定期培训制度的访谈企业也超过七成。

2. 陕西省企业需要进一步提高守法合规体系建设的深度

尽管陕西省企业守法合规建设已经取得积极成效，但是陕西省企业在守法合规深度方面有待进一步提高，尽管开展定期守法合规培训的问卷调查企业和访谈企业数量分别接近七成以及多于七成，但是，依然有许多问卷调查企业和访谈企业没有能够在守法合规管理部门建设方面以及守法合规制度建设方面达到同样的深度。比如，建立守法合规管理部门的问卷调查企业就比开展定期培训的问卷调查企业少了十成以上，建立守法合规制度的访谈企业也比开展定位培训的访谈企业少了4%，这反映出许多陕西省企业依然没有能够在守法合规管理部门建设、守法合规制度建设以及开展定期守法合规培训方面取得同等的进展。由于守法合规管理部门建设、守法合规制度建设以及守法合规定期培训是守法合规体系的主要组成部分，三个方面的建设情况以及结构特点反映了陕西省企业守法合规建设的水平和质量，所以，陕西省企业需要进一步提高守法合规体系建设的深度。

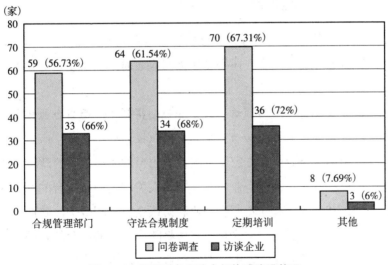

图3-14 调研对象守法合规体系建设状况

示例：中国西电集团公司反腐倡廉体系

西电集团认真贯彻落实中央工作精神，紧紧围绕加快转变发展方式、实现企业科学发展的大局，以构建科学有序的惩治和预防腐败体系、落实党风廉政建设责任制为抓手，以提高制度执行力、监督规范权力运行为主线，以反腐倡廉管理提升活动为契机，以预防工作为重点，着力构建廉洁风险预警防线、权力运行风险防线和思想道德防线，完善惩治和预防腐败体系建设。

西电集团不断健全制度，强化考核，构建廉洁风险预警防线，健全完善了党风廉政制度、廉洁风险信息库，严格党风廉政建设责任制考核。围绕关键环节，加强专项治理，构建权力运行风险防线，开展了工程建设项目资质挂靠清理、大宗物资集中采购执行情况检查、物资供应采购系统纪律作风整顿活动。立足防范，强化教育，构建思想道德防线，开展了反腐倡廉专题教育，推进廉洁文化建设。围绕"做强主业增实力"，以"惩防体系"建设为主线，严格执行党风廉政建设责任制，坚持企业领导人员经济责任审计，突出抓好企业领导人员廉洁从业、查办案件、专项检查、制度建设等重点工作，加强内部控制及风险管理，不断提高综合监督能力，为企业改革发展和国有资产保值增值提供有力保障。

二、响应政府宏观政策

通过守法合规体系建设履行守法合规责任是企业履行政府责任的基本责任，要想更好地履行政府责任，企业还需要积极回应政府部门所制定的发展战略、政策和规划。

1.陕西省政府出台的发展战略、政策和规划得到了陕西省企业极大的关注和重视，并能够对一些企业经营活动产生切实的积极影响

除了在问卷调查企业中有6家认为陕西省出台的发展战略、政策和规划对企业发展相关性很小以及在访谈企业中有2家不太关注陕西省出台的发展战略、政策和规划之外，其余的所有问卷调查企业和访谈企业都积极关注陕西省政府所出台的发展战略、政策和规划，这些企业有些将陕西省政府出台的发展战略、政策和规划纳入到自己的发展战略之中，有些企业将陕西省政府出台的发展战略、政策和规划作为企业经营的参考内容，有些企业也会根据陕西省政府出台的发展战略、政策和规划的内容以及企业的经营情况，偶尔考虑这些发展战略、政策和规划的影响以及纳入企业运营的途径和程度。不仅如此，由于近五成的问卷调查企业和访谈企业均将陕西省出台的发展战略、政策和规划纳入企业自身的发展战略之中，并有效地与企业自身的经营密切地结合在了一起。所以，陕西省出台的有

关发展战略、政策和规划在现实之中，确实能够对企业经营活动产品切实的积极影响。

2. 陕西省企业需要进一步提高对陕西省政府所出台发展战略、政策和规划的认知程度、理解程度、应用程度和反馈程度

尽管积极关注陕西省政府所出台的发展战略、政策和规划的问卷调查企业和访谈企业均超过九成，但是这些问卷调查企业或访谈企业对陕西省政府所出台发展战略、政策和规划的关注程度却表现出较大的差别，这一方面是由于陕西省企业本身对陕西省政府所出台发展战略、政策和规划的认知程度和理解程度间接地引起；另一方面也与陕西省政府所出台相关发展战略、政策和规划的适应性有关，这些都影响了陕西省政府所出台发展战略、政策和规划的应用程度。不过，不论哪一类原因，站在企业履行社会责任的角度来讲，陕西省企业需要一方面加强对陕西省政府所出台的发展战略、政策和规划的学习，从而提高对发展战略、政策和规划的认知程度和理解程度；另一方面更要加强对相关发展战略、政策和规划的反馈，提高对陕西省政府出台发展战略、政策和规划的反馈程度，增强这些发展战略、政策和规划的实用性。

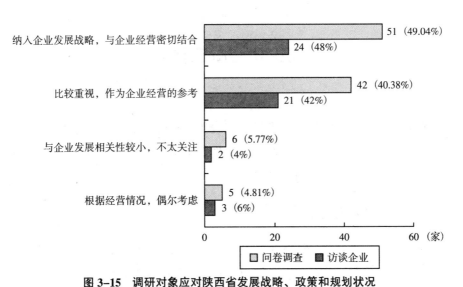

图3-15　调研对象应对陕西省发展战略、政策和规划状况

示例：陕西省地方电力公司有效结合地方政府发展规划，支持区域经济发展

榆林是国家重要的能源、煤化工基地和陕西省重要的经济增长点。"十一五"以来，省地电集团所属榆林电力分公司结合市"人"字形千里工业走廊发展规划，通过"126"和"十二五"电网规划以及超常规的投资建设，全面完成了电网的工业化升级，为工业经济的腾飞提供了"硬支撑"。其中，张家峁输变电工程仅用70天时间建成投产，创造了地电系统电网工程建设的最快纪录。至"十一五"末，榆林电力分公司所辖的110千伏公网变数量、变电容量、供电能力和售电量均实现翻番。

2013年，省地电集团启动延安统筹城乡（电力）建设，支持延安统筹城乡经济社会建设，为延安市县域工业园区、重大工业项目提供电力供应、服务及保障，同时大力实施延安两个省级重点镇、21个市县级重点镇和75个新型农村社区的电网建设，促进农副产品加工和农业设施的发展，改善了农村居民的生活环境。

第五节　员工责任

为了对陕西省企业履行员工责任的实践状况进行考察，课题组从基本劳动权益保护、员工职业健康、安全生产管理、员工发展、民主管理制度五个方面对调研企业履行员工责任状况进行了考察。

一、基本劳动权益保护

签订劳动合同或集体合同既是劳动相关法律法规所规定的用工单位必须履行的法律义务，也是用工单位保护员工权益必须履行的社会责任。

1. 陕西省企业均不同程度地同员工签订了劳动合同或集体合同，绝大多数企业的劳动合同或集团合同具有较高的质量，有效地保护了劳动的基本权益

在104家问卷调查企业中，101家企业劳动合同签订率在80%以上，63家集

团合同签订率在80%以上；在50家访谈企业中，所有企业的劳动合同签订率均在80%以上，32家企业的集体合同签订率在80%以上；劳动合同签订率或集体合同签订率处于20%以下、20%~40%、40%~60%以及60%~80%的问卷调查企业和访谈企业只有零星企业。这一方面反映出陕西省企业均不同程度地同员工签订了劳动合同或集团合同；另一方面，大部分问卷调查企业和访谈企业较高的劳动合同或集体合同签订率也反映了陕西省绝大多数企业所签订的劳动合同或集体合同具有较高的质量，这有助于有效保护劳动基本权益。

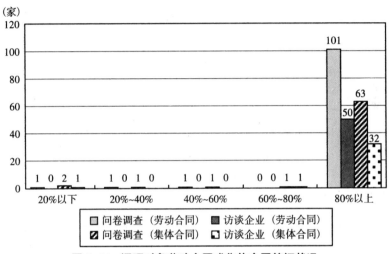

图 3-16 调研对象劳动合同或集体合同签订状况

2. 陕西省多数企业建立起了多层次的平等雇佣制度，但是，可能由于行业作业的特殊性，陕西省企业在雇佣特殊群体方面姿态较为保守

平等雇佣/公平雇佣是指企业在招聘过程、晋升过程以及培训过程中不因员工的肤色、民族、宗教等情况歧视性对待员工的雇用。为了保障所有员工的合法权益，平等雇佣/公平雇佣往往是企业履行员工责任的一项重要的社会责任议题。无论是在招聘过程中，还是在薪酬和福利设置中，抑或是在员工培养和晋升过程中，问卷调查企业和访谈企业均有超过七成五的企业建立了相应的制度，比如，问卷调查企业在招聘、薪酬福利以及培养和晋升中就分别有九成、八成和七成六的企业建立起了平等雇佣制度。显而易见，多种平等雇佣制度建立的结果就形成了多层次的平等雇佣制度，陕西省多数企业已经形成了多层次的平等雇佣制度。不过，可能由于行业作业的特殊性，陕西省企业在雇佣特殊群体方面表现出

较为保守的姿态，比如，在雇用伤残人员方面，无论是问卷调查企业，还是访谈企业，雇用该类特殊群体的企业比例均只有30%。

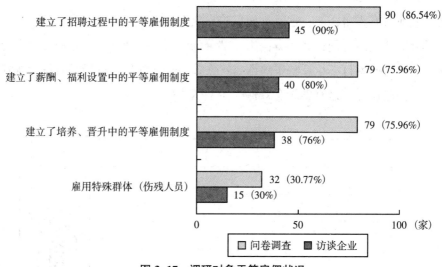

图 3-17　调研对象平等雇佣状况

二、员工职业健康

员工职业健康管理制度是保护员工职业健康的重要制度保障，是企业履行员工责任的重要方面。

1. 陕西省企业较为注重员工职业健康管理，多数企业已经建立起职业健康管理制度

陕西省多数企业已经建立起了职业健康管理制度，比如，在问卷调查企业中，就有近八成企业建立了职业健康管理制度，其中，40家企业的职业健康管理制度非常完善，能够做到杜绝职业病发生的水平；在访谈企业中，能够做到可以杜绝职业病发生的企业占44%。较高的职业健康管理制度建设企业数量反映了陕西省企业较为注重员工职业健康管理。

2. 陕西省企业仍需持续推进、继续完善职业健康管理制度

陕西省企业建立职业健康管理制度的质量却不尽相同，在已经建立了职业健康管理制度的企业中，39.42%的问卷调查企业和44%的访谈企业的职业健康管理制度远没有达到非常完善的程度，也没有能够杜绝职业病的发生，这些企业需要继续完善职业健康管理制度。另外，还有18家问卷调查企业和5家访谈企业只

是正在建立职业健康管理制度，5 家问卷调查企业和 1 家访谈企业的职业健康管理制度建设还没有提上议事日程，这些企业需要持续推进职业健康管理制度。

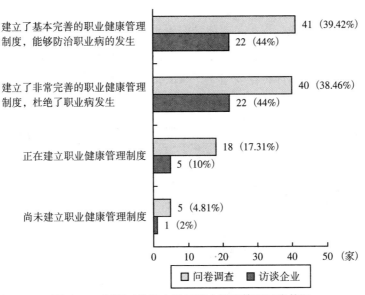

图 3-18　调研对象建立员工职业健康管理制度状况

三、安全生产管理

建立安全生产管理制度是保障员工在生产过程中安全的重要举措。

1. 陕西省企业的安全生产管理整体实现了达标目标，过半数企业的安全生产管理制度已经非常完善，杜绝了安全生产事故

陕西省企业的安全生产管理制度建设、实践效果已经实现了达标的目标，没有建立安全生产管理制度以及正在建立安全生产管理制度的企业均较少，比如，问卷调查企业中只有 4 家没有建立安全生产管理制度，访谈企业中只有 2 家没有建立安全生产管理制度。超过九成的问卷调查企业和访谈企业已经建立了完善的安全生产管理制度，安全事故数量实现了达标目标，其中，57.69%的问卷调查企业和 56%的访谈企业甚至在一定程度上杜绝了安全生产事故，安全生产管理制度非常完善。

2. 陕西省企业在安全生产管理制度建设方面需要进一步树立起远大的理想，持续推荐安全生产管理由"良"到"优"

由于安全生产关系到员工的生命健康，所以，我国各级政府十分重视企业安全生产；对于企业来说，保护员工生命健康也是重中之重。故而，陕西省企业在安全生产管理制度建设方面仍需树立远大的理想，部分企业所追求的安全生产事故数量达标需要进一步向杜绝安全生产事故推进。也就是说，陕西省企业在安全生产管理方面应由"良"进一步做到"优"。

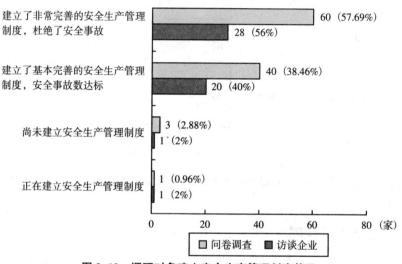

图 3-19　调研对象建立安全生产管理制度状况

示例：中国西电集团公司安全应急管理班机制

中国西电集团建立了"主要领导全面负责、分管领导具体负责、有关部门分工负责、群团组织协助配合、相关人员全部参与"的应急管理组织体系，形成了"集团统一领导、综合协调、分类管理、分级负责，子公司管理所属区域为主"的应急管理机制。目前，公司已编制 25 个综合应急预案、244 个专项应急预案，内容涵盖自然灾害、生产安全事故、公共卫生、群体性四个方面突发事件的应对，全面覆盖公司所属区域。同时，公司突出强化境外应急管理，跟进和超前集团公司对外发展的安全需要，2013 年西电集团继续加强对境外机构安全管理工作的管理力度，在对驻境外机构和人员调查摸底的基础上，明确了境外机构的安全管理主体责任，并依据《对外承包工程条例》、《对外劳务合作管理条例》、《境外中资企业和人员安全管理规定》建立了境外机构安全管理制度，按照《境外中资企业机构和人员安全管理指南》编制了境外综合应急预案，境外安全管理与应急管理初见成效。

四、员工发展

员工薪酬福利关系到员工切身利益，是员工对于企业需求和期待的核心内容，从企业角度来讲，这也是企业履行社会员工责任的核心内容。

1. 陕西省企业已经普遍形成覆盖全面的薪酬福利体系，部分企业薪酬福利体系尚有进一步提升的空间

一般而言，企业员工的薪酬福利涉及薪酬管理制度、保障不拖欠员工工资、健全的激励机制、带薪休假制度、住房公积金制度以及加班工资制度等内容。当前，陕西省企业已经普遍形成覆盖全面的薪酬体系，比如，在薪酬管理制度方面，92.31%的问卷调查企业和92%的访谈企业已经形成了完善的薪酬管理制度，在依法支付员工的加班工资方面，74.04%的问卷调查企业和76%的访谈企业也能够做到依法支付员工的加班工资。

不过，需要指出的是，部分企业的包括薪酬管理制度、保障不拖欠员工工

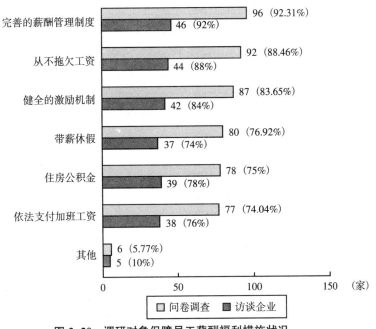

图3-20 调研对象保障员工薪酬福利措施状况

资、健全的激励机制、带薪休假制度、住房公积金制度以及加班工资制度等内容的薪酬福利体系尚有进一步提升的空间，比如，在薪酬福利体系中，较92%的访谈企业都已经建立了完善的薪酬管理制度而言，只有74%的访谈企业建立了带薪休假制度，至少18%的访谈企业带薪休假制度仍需进一步完善。不仅如此，与92.31%的问卷调查企业已经建立了完善的薪酬管理制度相比，部分企业也需在不拖欠工资制度、激励机制制度、支付加班工资制度方面进一步努力。

2. 陕西省企业已经不同程度地建立起了特色的员工培训计划，进一步形成综合性的完善的员工培训体系是陕西省企业下一步需要开展的重要工作

员工培训是提高员工技能、创造企业可持续竞争优势的重要手段，也是企业履行员工责任的重要方面。除了2家问卷调查企业和1家访谈企业尚未或建立了其他形式的员工培训计划之外，98.08%的问卷调查企业和98%的访谈企业都已经不同程度地建立了特色的员工培训计划，这些员工培训计划有些表现为全体员工培训，有些表现为中层管理人员培训，有些表现为新员工培训，有些表现为技术骨干人员培训，有些表现为中青年员工培训，有些表现为高层管理人员的培训，

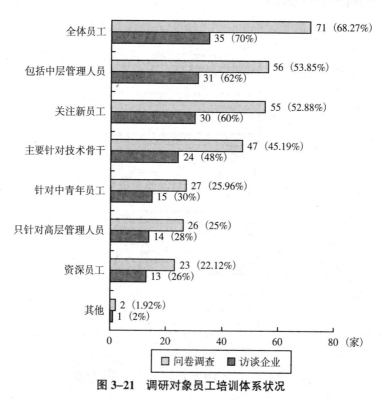

图3-21　调研对象员工培训体系状况

有些表现为资深员工的培训。所以，从整体来看，陕西省企业已经不同程度地建立起了特色的员工培训计划。但是，由于多数企业将员工培训计划聚焦于特色性的培训项目，所以，陕西省企业距离形成综合性完善性的员工培训体系还有一段路要走，形成综合性的员工培训体系也是陕西省企业下一步完善员工培训体系的重要工作，比如，已经建立起全体员工培训的企业，如果在中层管理人员培训、新员工培训、技术骨干员工培训、中青年员工培训、高层管理人员培训以及资深员工培训方面所做不足，就需要在其他培训项目继续开展工作。

示例：金花投资集团人才培训体系

金花投资集团坚持按需培训、学以致用的原则，推进了多种形式并存的管理培训和岗位技能培训，在培训师队伍建设、新入职员工培训、职业资格推广、培训计划等方面均取得了较好成绩。

在培训师队伍建设方面，公司开发了《职业素养》、《情商管理》、《时间与压力管理》、《部门沟通与协作》、《学习型组织》、《工作执行力训练》、《积极心态》、《团队建设》、《数据分析》这9门课程，对集团原有企业经营理念与文化有效传承、促进新观念的学习与传播起到积极作用。在新入职员工培训方面，通过"师带徒"方式，加快员工融入企业，积极投入到本职工作当中，营造互帮互助的良好氛围，增强团队归属感。在职业资格推广方面，2010年集团颁布《职业资格证书管理标准》，使员工学习和提升专业技能的积极性得到极大调动。在培训计划方面，根据培训需求调查，调整原有课程，主要涉及管理理论知识、专业技能以及读书分享等内容。

五、民主管理制度

企业开展民主管理能够最大限度地提高员工的工作和管理积极性，是充分发挥员工创造性的有益举措。

1. 陕西省绝大多数企业已经根据自己的实际，建立起了独特的企业民主管理制度

企业民主管理制度可以表现为工会和职代会制度，也可以表现为员工和高层领导定期谈话制度，以及员工代表参与企业决策制度。除了11.54%的问卷调查

企业和 8% 的访谈企业建立了其他形式的民主管理制度或者没有任何形式的民主管理制度之外，企业的问卷调查企业和访谈企业都建立了工会和职代会制度、员工和高层领导定期谈话制度或员工代表参与企业决策制度中的一种或几种制度，可以说陕西省绝大多数企业都已经建立起了各具特色的民主管理制度。究竟特定企业选择工会和职代会制度、员工和高层领导定期谈话制度或员工代表参与企业决策制度中的哪一种制度，可能是相关企业根据自身实际需要和特点做出的选择。

2. 陕西省企业民主管理制度仍有很大的完善空间，需要进一步将松散的或单一的民主管理制度整合或完善成更为综合的民主管理体系

陕西省绝大多数企业都已经建立了独具特色的民主管理制度，不过已经建立的民主管理制度在表现出企业特定性的同时，也呈现出松散性以及单一性的特点。由于民主管理是一个体系，不同的民主管理制度之间内在的本质目标是统一的，所以，陕西省企业需要进一步推进民主管理制度，将已经形成的松散型的民主管理制度整合成统一的民主管理制度体系，或者对单一的民主管理制度进一步完善，从而形成综合性的民主管理制度。总之，陕西省企业民主管理制度依然有很大的完善空间，陕西省企业需要在已有民主管理制度的基础上，进一步努力建立起更为完善和综合的民主管理制度体系。

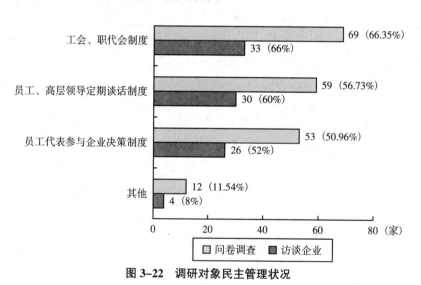

图 3-22　调研对象民主管理状况

　　示例：西安阿尔斯通永济电气设备有限公司"以活动为载体、搞活企业工会"

　　西安阿尔斯通永济电气设备有限公司是一家中外合资企业，母公司分别为法国阿尔斯通交通有限公司和中国北车永济新时速电机电器有限责任公司。两个母公司均有悠久的文化历史，作为一家新成立的合资公司，西安阿尔斯通永济电气设备有限公司也承担着母公司的社会责任"基因"。2012年，公司成立了工会组织，逐步完善了组织机构，并逐步形成"以活动为载体、搞活企业工会"的办会特色。

　　企业工会工作的核心是服务于广大职工，表达和维护广大职工的具体利益，引导和帮助企业职工提高政治和文化素质，发动广大职工以主人翁的态度积极投身到企业的各项发展中去。那么，企业员工的具体利益又体现在哪些方面呢？除了可观的经济收入之外，也许技能的增长、资质的认可、精神层面的满足更为重要，为此，企业工会积极引导公司管理层，抓住职工真正的需求，从技能层面提案，精神层面激励，过程中推动，着眼于大局，落脚于细节。企业内部先后开展行车技能大赛、嵌线技能大赛、包线技能大赛、库房发料比赛、叉车技能大赛，办公室5S评比等一系列活动，这些活动不但使员工技能以赛代练得到提高，更使企业得利，为企业新形势下提高效率、节约成本奠定良好的软基础，使工会活动很好地融入到安全生产体系中。

第六节　社区责任

　　为了对陕西省企业履行社区责任的实践状况进行考察，课题组从企业环境影响评估和慈善公益活动两个方面对调研企业履行社区责任状况进行了考察。

一、企业环境影响评估

　　降低企业运营对于所在地周边社区的负面影响是企业履行社区责任的基础。

1. 为了降低企业运营对于周边社区的负面影响，陕西省企业制定或采取了多种多样的制度、措施和行动

降低企业运营对环境影响的制度、措施或行动包括积极支持所在社区的环境建设，采取具体措施降低对周边社区的不利影响，制定相关的管理制度措施，建立和所有社区的沟通机制，在所在社区开展公益活动以及专门设立相关机构开展降低对社区负面影响的活动等。为了降低企业运营对周边社区的负面影响，九成左右的问卷调查企业或访谈企业都已经建立了各种各样的制度、措施和行动，比如，60.58%的问卷调查企业和64%的访谈企业都通过积极支持所在社区的环境建设来降低企业运营对周边社区的负面影响，47.12%的问卷调查企业和58%的访谈企业已经建立了和所有社区的沟通机制。

2. 陕西省企业在降低企业负面社区影响方面尚未形成系统性制度体系，为了进一步提高企业降低负面社区影响的效果，陕西省企业需要进一步构建完善的降低企业负面社区影响的制度体系

陕西省企业所制定或采取的多种多样的制度、措施和行动能够在一定程度上

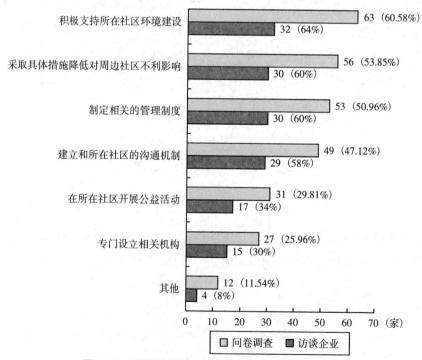

图3-23　调研对象降低周边社区负面影响措施状况

降低自身运营对社区所造成的负面影响，可是，由于企业运营活动影响的多样性以及社区本身承受能力的复杂性，企业采取单一的或几种应对举措往往不能收到减轻企业负面社区影响的理想效果，为了提高陕西省企业降低负面社区影响的效果和程度，陕西省企业有待进一步形成系统性的降低企业负面社区影响制度体系，提高不同制度、措施和行动的协调性，从而形成不同的降低企业负面社区影响的制度、措施和行动合力，共同促进降低企业负面社区影响获得理想效果。

二、慈善公益活动

建立健全对外捐赠制度是提高企业捐赠效率、优化企业捐赠效果的重要举措，缺乏对外捐赠制度的指引，企业的对外捐赠行为往往呈现出"无的放矢"的尴尬局面。

1. 陕西省企业对外捐赠管理制度的建立状况不容乐观，多数企业需要择机建立起对外捐赠管理制度，部分企业需要进一步完善已经初步建立起来的对外捐赠制度

通过对陕西省企业对外捐赠制度的建立情况进行考察，课题组发现，陕西省已经建立起比较完善的对外捐赠制度的企业较少，只有15.38%的问卷调查企业和14%的访谈企业建立起了比较完善的对外捐赠制度。加上已经建立并且正在完善的问卷调查企业和访谈企业，建立起对外捐赠制度的企业也不足五成，多数企业都没有建立起对外捐赠制度，这些企业需要择机建立起对外捐赠制度。不仅如

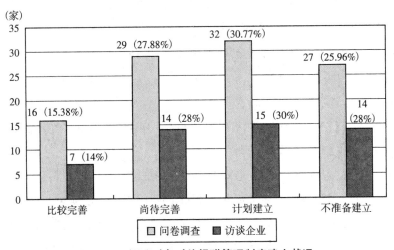

图3-24 调研对象对外捐赠管理制度建立状况

此，已经建立起初步的对外捐赠制度的企业需要进一步向优秀企业学习，进一步提高自身对外捐赠制度的质量和水平，真正保障所建立起来的对外捐赠制度能够有效运作，为企业的对外捐赠行为提供切实的指导。

示例：顶新集团借助顶新公益基金会持续开展公益活动

顶新集团成立了顶新公益基金会冬令慰问活动已经开展 8 年：基金会根据各地区受助人的实际需要，准备了大米、面粉、食用油、棉被等慰问物资，向近 3000 户家庭送上关爱和新春祝福。

——云南鲁甸县 6.5 级地震造成昭通市鲁甸县、巧家县、昭阳区和曲靖市会泽县 381 人遇难。作为一个极具社会责任感的企业，康师傅自昨天得知地震消息后，本着"迅速反应、及时满足、真心服务、安全第一"的方针，康师傅在第一时间便启动灾区支援方案，迅速协调集团内外一切有效可用的力量，尽最大努力与受灾民众并肩作战。预计，今天下午首笔物资就可抵达灾区。地震发生后康师傅立马做出系统的救援布置。第一步，康师傅将会请昭通鲁甸当地的经销商配合当地的业务主管跟当地民政局对接送出第一笔物资（1000 箱康师傅矿物质水、1000 箱方便面）；第二步，从康师傅（昆明工厂）出发，一辆急难救助车，三辆大卡物资车（包括 2000 箱康师傅方便面、2000 箱康师傅矿物质水、2000 箱百事可乐冰纯水）将会进入灾区。

——在过往的汶川地震、玉树地震，舟曲泥石流等自然灾害面前，康师傅总是第一时间捐赠救灾物资，并援建希望小学。

——中国儿童少年基金会"康师傅安康图书馆"在该校落成，标志着由顶新公益基金会向中国儿基会捐赠 100 万元，为雅安地震灾区捐建 7 个"康师傅安康图书馆"全部建成，并向 7 所中小学校的同学们免费开放。

2. 救灾和扶贫是陕西省对外捐赠的"核心"领域，医疗和基础设施建设处于陕西省企业对外捐赠日程的"外围"领域

无论是在运营过程中，还是在开展对外捐赠过程中，企业都是资源有限的组织。聚焦到对外捐赠领域，企业必须将捐赠资源用于特定的领域才能达到更好的捐赠效果。通过对陕西省企业对外捐赠的重点领域进行考察，课题组发现，救灾和扶贫是陕西省企业对外捐赠的"核心"领域。其中，在救灾方面，75%的问卷

调查企业和82%的访谈企业视其为对外捐赠的重点领域；在扶贫方面，61.54%的问卷调查企业和68%的访谈企业视其为对外捐赠的重点领域。由于医疗和基础设施领域的捐赠涉及金额较大、取得成效的周期较长，企业往往心有余而力不足，并且从传统角度来讲，这也不是我国企业开展对外捐赠活动的重点领域，所以，具体之于陕西省企业而言，医疗领域和基础设施领域也往往不是陕西省企业对外捐赠的"核心"领域，这些捐赠领域处于陕西省企业对外捐赠日程的"外围"领域。另外，陕西省企业也不同程度地在环境保护、教育事业、文化事业以及其他方面开展了捐赠行为。

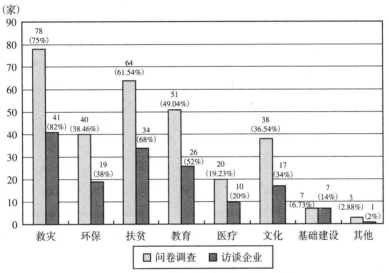

图 3-25　调研对象对外捐赠重点领域状况

要内容是组织全国、重点为北京各大医院的高端专家前往受援地，开展调研培训、义诊巡诊、救助救治、健康宣传、环保人文和爱心捐赠等活动。自2008年发起至今，先后走过四川、宁夏、山东、内蒙古、西藏、青海、甘肃、云南等地区开展义诊巡诊、爱心捐赠、讲座培训、少儿先心病筛查救治等爱心活动，步长制药向该项目提供全程赞助。经过七年的发展，"共铸中国心"已经成为中国健康公益领域的著名品牌，从2010年起，这一活动被纳入中央统战部"同心工程"，称为"同心·共铸中国心"工程。

"脑心同治走基层"活动是在赵步长教授的号召下，于2012年由中国中西医结合学会脑心同治专业委员会携手各省市脑心同治专业委员会、共铸中国心组委会及中国光华科技基金会联合发起的。每年组织数百名全国知名专家走进全国各地基层医院，培训基层医师最新、最先进的诊疗技术，同时为基层患者免费义诊，提高当地群众防病治病意识，推动"治未病"的传播，为当地心脑血管病的发病率、致残率和致死率的降低做贡献。自2012年9月脑心同治走基层走进新疆阿勒泰开始，截至2014年6月，脑心同治走基层已经走过了新疆、云南、山西、重庆、河南、陕西、广东、浙江、江苏、湖北、海南、甘肃、山东、河北、广西、湖南等63个地区，有1643位爱心医生参与了其中，共计支援了155个县乡镇基层医院，义诊了14828人次，培训基层医生7765人次，查房会诊437人次，捐药34.1万元，物资4.7万元。未来脑心同治走基层将走遍全国各地有需要的基层一线。

第七节　环境责任

为了对陕西省企业履行社区责任的实践状况进行考察，课题组从企业环境管理、企业节能减排、环保产品研究开发和绿色办公制度四个方面对调研企业履行社区责任状况进行了考察。

一、企业环境管理

环境保护是企业履行环境责任的重要方面，环境保护措施内容庞杂，包括生产经营计划中考虑环境因素、项目可行性报告中涉及环境评估、积极运用节能减排设备和技术、在企业内开展环境保护教育、支持社会环境保护公益活动、申请环境管理体系认证以及对供应商提出环境保护要求等内容。

1. 陕西省企业已经制定了多种多样的环境保护措施，并在具体实施环境管理活动中收到了一定的效果

除了6.73%的问卷调查企业和8%的访谈企业没有建立或者建立了其他形式的环境保护制度措施之外，其余的问卷调查企业和访谈企业均建立起了多种多样的环境保护措施。比如，83.65%的问卷调查企业和88%的访谈企业在生产经营计划中做到了考虑环境因素的影响；78.85%的问卷调查企业和86%的访谈企业积极

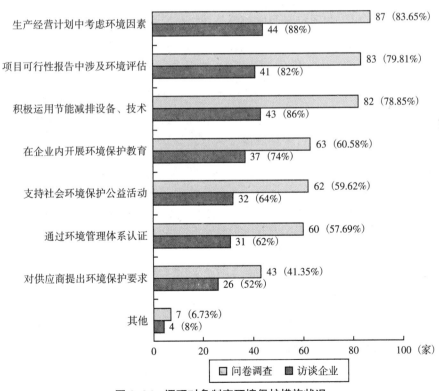

图 3-26　调研对象制定环境保护措施状况

运营节能减排设备和技术，收到了良好的节能减排效果；57.69%的问卷调查企业和62%的访谈企业甚至通过了环境管理体系认证。这些举措的实施，在企业的具体环境管理活动中收到了一定的效果，有效地促进了陕西省环境质量的改善。

2. 陕西省企业环境保护举措整合度不高，为了进一步提高陕西省企业的环境管理水平，陕西省企业有待进一步提高环境保护举措的系统化程度

陕西省企业所建立的各式各样的环境管理制度、措施和采取的行动有效地促进了陕西省环境质量的改善，可是，由于环境管理制度、措施和行动空间广阔，如果不能从整体上看待这些制度、行为和行动，往往不能从更高的层次整合这些相互分散的制度、措施和行动，这在很大程度上限制了陕西省企业环境管理水平的进一步提高，往往造成陕西省企业的环境保护管理和效果处于"低位锁定"状态。为了进一步提高陕西省企业的环境管理水平，陕西省企业的环境保护政策、措施和行动有待进一步提高整合力度、提升系统化程度和水平。

示例：三星（中国）半导体有限公司力打绿色半导体生产工厂

三星（中国）半导体有限公司是三星电子株式会社投资的全资子公司，公司秉承"十全十美"的经营方针，力求打造"环美"、"人美"、"产美"的绿色半导体生产工厂，为西安本地的经济发展及环境保护事业做出贡献。

2014年第三季度的GWP活动，公司各部门100多名员工分次进行了西安市区及周边地区的环境美化活动。不仅在钟楼、文艺路等人员密集的市中心地带进行了路面垃圾清理、公交车站站牌小广告铲除、公用垃圾桶清洗等活动，在西安周边郊区地带也进行了捡垃圾的活动。同时，公司还组织新入秦岭山脚下进行了捡垃圾活动。真正做到了还市区"一份美丽"，还大自然"一片绿色"。

二、企业节能减排

节能减排是企业履行环境责任的重要内容，一般而言，企业可以通过建立能源消费统计与报告制度、节能减排考核制度、节能减排工作责任制以及年度节能减排计划来推进自身的节能减排工作。

1. 通过建立能源消费统计与报告制度、节能减排考核制度、节能减排工作责任制或年度节能减排计划来推进节能减排工作的制度得到了陕西省企业的足够重视

陕西省企业十分重视通过能源消费统计与报告制度、节能减排考核制度、节能减排工作责任制或年度节能减排计划开展节能减排工作，除了14.42%的问卷调查企业和14%的访谈企业之外，其余的问卷调查企业和访谈企业均不同程度地采取了上述四种制度中的一种或几种推进自身的节能减排工作。比如，通过节能减排考核制度推进节能减排工作的问卷调查企业和访谈企业分别占问卷调查企业和访谈企业总数的50%和54%；通过建立能源消费统计与报告制度开展节能减排工作的问卷调查企业和访谈企业也分别有54家和31家。

2. 陕西省企业开展节能减排工作的制度深度有待提高，需要进一步建立起融合能源消费统计与报告制度、节能减排考核制度、节能减排工作责任制和年度节能减排计划等节能减排制度的节能减排制度体系

由于节能减排是一项系统工程，而推进节能减排的制度也是一个系统体系，所以，通过实施一种或几种节能减排制度来推进节能减排工作的"单打独斗"方式往往大打折扣。尽管能源消费统计与报告制度、节能减排考核制度、节能减排工作责任制或年度节能减排计划等是陕西省企业推进节能减排工作常常采取的制度或措施，但是，真正将这些制度措施整合在一起推进节能减排工作的企业数量较少，为了提高陕西省企业开展节能减排工作的深度和水平，陕西省企业需要进

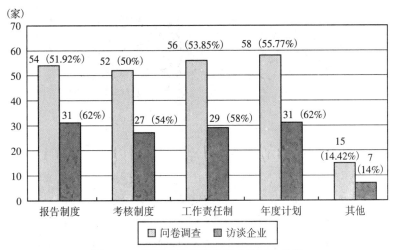

图3-27 调研对象采取节能减排制度状况

一步融合这些节能减排制度，建立起包括能源消费统计与报告制度、节能减排考核制度、节能减排工作责任制和年度节能减排计划等节能减排制度的节能减排制度体系，全面推进自身的节能减排工作。

示例：布勒设备（西安）有限公司率先引进先进节能采暖设备，助力企业可持续发展

布勒设备（西安）有限公司是西部10省首家引进欧洲先进节能采暖设备——吊顶辐射板——的公司。按照工厂设计，采暖系统使用传统的散热器采暖，由于该散热器采暖属于落后设备，浪费能源，为了到达节能的目的，该公司在西部地区首次引进了欧洲较为先进的吊顶辐射板采暖系统，该项目采用意大利SABIANA（萨比阿纳）原装进口热水辐射板2030米，工程总造价214.56万元，2012年9月到货开始施工，2013年1月完工。该工程造价比原设计的传统散热器采暖投资高了5倍左右。经过核算，该项目比传统暖气片节能约30.5%，按照公司目前经营情况，年可节约蒸汽约5184吨。

吊顶辐射采暖系统就是以吊顶辐射板为末端，以锅炉或换热站提供的热水、蒸汽为介质循环的供暖系统，该系统可完全替代传统的对流式散热器采暖和暖风机采暖系统，根本解决高大空间用对流方式采暖效果差、能耗高的问题，是新型的高大建筑采暖技术。其原理是：利用红外线，以辐射方式供暖，是直接有效的供暖方式，不直接加热空气，因此室内热空气上浮、空气

布勒设备（西安）有限公司节能采暖设备——吊顶辐射板

分层等现象较弱，室内屋顶的空气温度不高，屋顶热传导损失小；另外，由于对流效应的减弱，冷风渗透传热损失也小，因此节能。该系统严格按照欧盟标准 EN14037 标准制造。

三、环保产品研究开发

责任消费已经不断成为我国一种新型的消费方式，在责任消费背景之下，企业积极研发环境保护产品不仅是履行环境责任的需要，更是在新时期打造核心竞争力，从而创造可持续竞争优势的需要。

1. 陕西省半数企业已经建立起环保产品研发制度，部分企业已经建立起完善的环保产品研发制度体系

除去当前尚没有建立任何环保产品研发制度的问卷调查企业和访谈企业，陕西省已经建立起环保产品研发制度的企业超过半数，其中，25%的问卷调查企业和26%的访谈企业已经建立起比较完善的环保产品研发制度，并形成了系统性的环保产品研发制度体系。这些环保产品研发领域的先行企业极好地发挥了模范带头作用，不仅能够通过环保产品研发制度的建立提升自身的竞争优势，而且能够以点带面，带动陕西省更多的企业加入环保产品研发的队伍之中。

2. 陕西省企业形成完善的环保产品研发制度体系尚需时日，当前需极力推进部分企业形成完善的环保产品研发制度体系，促进一些企业更快地建立环保产品研发相关制度

在对陕西省企业环保产品研发制度建立情况的研究中，课题组发现，在陕西省企业中，尽管有部分企业正在计划建立环保产品研发相关的制度，但是依然有一些没有建立环保产品研发制度的企业并不打算在近期建立环保产品研发制度，比如，在问卷调查企业中，就有25.96%的企业表示没有在近期建立环保产品研发制度的打算，在访谈企业中，更是有28%的企业表示没有在近期建立环保产品研发制度的打算。所以，整体看来，陕西省企业形成完善的环保产品研发制度体系尚需时日，当前需要极力推进那些还没有形成完善环保产品研发制度的企业加快完善环保产品研发制度体系，促进那些正在计划建立环保产品研发制度的企业或依然没有计划建立环保产品研发制度的企业更快地建立起环保产品研发相关制度。

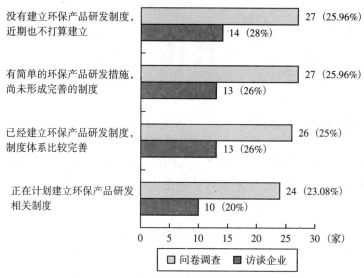

图 3-28 调研对象环保产品研发制度状况

四、绿色办公制度

绿色办公也就是办公过程中的绿色化，包括推广无纸办公、减少水资源使用量、使用节能设备、开展绿色办公宣传和教育、绿色出行、视频会议等。作为企业履行环境保护责任的重要组成部分，绿色办公不断引起社会各界的重视。

1. 陕西省企业已经不同程度地推行了各种绿色办公举措

在推广无纸化办公、减少水资源使用量、使用节能设备、开展绿色办公宣传和教育、倡导绿色出行以及在采取视频会议等方面，陕西省企业已经不同程度地推行了绿色办公举措。比如，75%的问卷调查企业和76%的访谈企业已经开始推广无纸化办公，力图减少办公过程中的水资源使用量的问卷调查企业和访谈企业也已经分别占到74.04%和78%。事实上，除了8.65%的访谈企业和10%的问卷调查企业，超过九成的陕西省企业已经在采取各种各样的绿色办公措施推进自身的绿色办公。

2. 陕西省企业推进绿色办公举措有待进一步向深度发展，全面推进绿色办公在公司内部开展是陕西省企业下一步完善绿色办公制度的方向

正如推进其他系统化制度措施一样，推进绿色办公也是一项系统工程，绿色办公本身包含的内容庞杂，仅仅推行一种或多种具有绿色办公性质的举措往往使得企业在绿色办公之路上停留在低位。为了进一步推进绿色办公向前发展、向高

水平发展，陕西省企业需要全面推行绿色办公在公司内部的开展，将零星的绿色办公活动真正转变为系统性的绿色办公制度和实践。

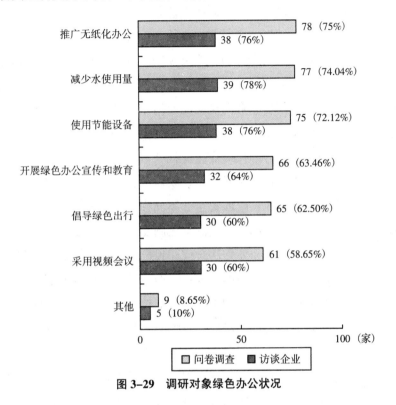

图3-29 调研对象绿色办公状况

第八节 本章小结

在股东责任方面，陕西省企业多数已经建立起现代企业制度，但是，陕西省企业建设现代企业制度的质量有待进一步提高；陕西省企业建设投资者关系管理水平差异性明显，部分企业建立起了完善的投资者关系管理体系；半数企业盈利能力处于行业平均水平，部分企业需要继续发挥为股东创造盈利的带头作用，部分企业需要增强盈利水平。

在客户责任方面，陕西省企业客户关系管理整体来看已经形成规模，不过，陕西省企业客户关系管理体系建设或完善任务依然繁重；陕西省绝大多数企业注重产品/服务质量，个别企业产品/服务质量意识需要进一步提高；陕西省企业普遍对自身的创新和研究开发能力较为自信，可是，陕西省企业创新和研究开发能力水平仍有提高空间；陕西省企业不同程度地开展了客户满意度调查活动，较为注重通过客户满意度调查的形式履行客户责任，但客户满意度调查制度建设有待进一步加强，陕西省企业建立专门的客户反馈渠道的企业较多，反映了陕西省企业十分注重客户对于企业运营活动以及企业社会责任管理和实践活动的反馈。

在伙伴责任方面，陕西省企业向供应商宣传企业社会责任理念遵循"中心—边缘"逻辑，针对供应商的企业社会责任理念宣传活动需要持续推进，进一步提高深度和广度。陕西省企业开展供应商企业社会责任评估任务艰巨，为了推进陕西省企业整体的社会责任管理和实践水平，陕西省企业需要具备决心和魄力推进供应商企业社会责任评估工作；陕西省企业不同程度地建立起了履行供应商责任的制度措施，还需进一步推进制定供应商责任制度措施的广度和深度。

在政府责任方面，陕西省企业守法合规建设已经取得积极成效，陕西省企业需要进一步提高守法合规体系建设的深度；陕西省政府出台的发展战略、政策和规划得到了陕西省企业极大的关注和重视，并能够对一些企业经营活动产生切实的积极影响，陕西省企业需要进一步提高对陕西省政府所出台发展战略、政策和规划的认知程度、理解程度、应用程度和反馈程度。

在员工责任方面，陕西省企业均不同程度地同员工签订了劳动合同或集体合同，绝大多数企业的劳动合同或集团合同具有较高的质量，有效地保护了劳动者的基本权益，陕西省多数企业建立起了多层次的平等雇佣制度，但是，可能由于行业作业的特殊性，陕西省企业在雇用特殊群体方面姿态较为保守；陕西省企业较为注重员工职业健康管理，多数企业已经建立起职业健康管理制度，陕西省企业仍需持续推进、继续完善职业健康管理制度；陕西省企业的安全生产管理整体实现了达标目标，过半数企业的安全生产管理制度已经非常完善，杜绝了安全生产事故，陕西省企业在安全生产管理制度建设方面需要进一步树立起远大的理想，持续推荐安全生产管理由"良"到"优"；陕西省企业已经普遍形成覆盖全面的薪酬福利体系，部分企业薪酬福利体系尚有进一步提升的空间，陕西省企业已经不同程度地建立起了特色的员工培训计划，进一步形成综合性的完善的员工培训体系是陕西省企业下一步需要开展的重要工作；陕西省绝大多数企业已经根据自己的实际，建立起了独特的企业民主管理制度，陕西省企业民主管理制度仍有很大的完善空间，需要进一步将松散的或单一的民主管理制度整合或完善成更为综合的民主管理体系。

在社区责任方面，为了降低企业运营对于周边社区的负面影响，陕西省企业制定或采取了多种多样的制度、措施和行动，陕西省企业在降低企业负面社区影响方面尚未形成系统性制度体系，为了进一步提高企业降低负面社区影响的效果，陕西省企业需要进一步构建完善的降低企业负面社区影响的制度体系；陕西省企业对外捐赠管理制度的建立状况不容乐观，多数企业需要择机建立起对外捐赠管理制度，部分企业需要进一步完善已经初步建立起来的对外捐赠制度，救灾和扶贫是陕西省对外捐赠的"核心"领域，医疗和基础设施建设处于陕西省企业对外捐赠日程的"外围"领域。

在环境责任方面，陕西省企业已经制定了多种多样的环境保护措施，并在具体实施环境管理活动中收到了一定的效果，陕西省企业环境保护举措整合度不高，为了进一步提高陕西省企业的环境管理水平，陕西省企业有待进一步提高环境保护举措的系统化程度；通过建立能源消费统计与报告制度、节能减排考核制度、节能减排工作责任制或年度节能减排计划来推进节能减排工作的制度得到了陕西省企业的足够重视，陕西省企业开展节能减排工作的制度深度有待提高，需要进一步建立起融合能源消费统计与报告制度、节能减排考核制度、节能减排工作责任制和年度节能减排计划等节能减排制度的节能减排制度体系；陕西省半数企业已经建立起环保产品研发制度，部分企业已经建立起完善的环保产品研发制度体系，陕西省企业形成完善的环保产品研发制度体系尚需时日，当前需极力推进部分企业形成完善的环保产品研发制度体系，促进一些企业更快地建立环保产品研发相关制度；陕西省企业已经不同程度地推行了各种绿色办公举措，陕西省企业推进绿色办公举措有待进一步向深度发展，全面推进在公司内部开展绿色办公是陕西省企业下一步完善绿色办公制度的方向。

第四章　陕西省企业社会责任的管理现状

通过对陕西省企业的社会责任管理水平以及对企业社会责任的认知和实践进行问卷调查和访谈，课题组看到，无论是对于企业社会责任的认知，还是在对企业社会责任的履行方面，陕西省企业均具有较好的水平，不过，还必须指出的是，陕西省企业在社会责任管理方面还与国内企业社会责任的先行者——中央企业——存在一定的差距。为了在更高的视野上推进陕西省企业社会责任工作，本章中，课题组对陕西省企业的社会责任管理状况进行了考察，并通过与中央企业社会责任管理状况进行对比，找到陕西省企业社会责任管理下一步努力的方向。

第一节　责任战略

企业社会责任战略包括企业社会责任理念、企业社会责任规划和企业社会责任议题三个方面，在本节，课题组将对陕西省的社会责任战略以及中央企业社会战略的制定情况进行对比。

一、企业社会责任理念

社会责任理念包括使命、愿景和价值观三个方面，使命是说明企业的社会功能定位，愿景描述企业的发展目标，价值观是说明企业的基本原则和行为规范。通过陕西省企业社会责任战略和使命中是否包含企业社会责任的内涵以及同中央企业的对比关系，课题组得出以下几点结论：

1. 陕西省多数企业的战略和使命具有企业社会责任内涵，陕西省企业已经具备基本的企业社会责任理念

从问卷调查企业来看，76.92%的问卷调查企业的战略和使命中包括了企业社会责任内涵，50家访谈企业中，更是有84%的企业战略和使命具有企业社会责任内涵，而在企业的战略和使命中不具有企业社会责任内涵的企业占少数（见图4-1）。不仅如此，多数陕西省企业的企业文化中也包含了企业社会责任的内涵，其中，72.12%的问卷调查企业和82%的访谈企业均已在自身的企业文化中植入了企业社会责任的"基因"。可以说，在企业社会责任理念方面，陕西省企业已经具备了基本的社会责任理念。

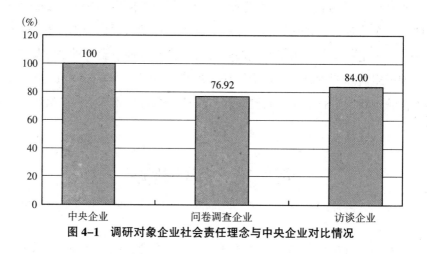

图4-1　调研对象企业社会责任理念与中央企业对比情况

2. 陕西省企业社会责任理念的树立从数量角度还同中央企业具有一定的差距，从深度角度来讲尚需进一步加深

从数量角度来看，与陕西省企业76.92%问卷调查企业和84%的访谈企业相比，所有的113家中央企业战略和使命中均不同程度地包括了企业社会责任内涵，所占比例较陕西省企业更多。

从深度角度来看，专门性的企业社会责任理念是对企业战略、愿景和价值观的进一步升华，多数中央企业都已经结合自身所在行业特点，提出了自己独特的社会责任理念，比如国家电网公司的"你用电，我用心"，南方电网公司的"万家灯火，南网情深"，中国石油化工集团公司的"每一滴油都是承诺"，中国华电集团公司的"华电情怀，度度关爱"，中国铝业集团公司的"点石成金，造福人

类"，以及中国国际航空公司的"世界因我们更亲近"。与之相比，通过课题组的问卷调查和访谈，尚未发现陕西省企业专门制定出企业社会责任理念，所以，陕西省企业社会责任理念有待进一步深化和升华。

二、企业社会责任规划

企业社会责任涉及企业运营的方方面面，缺乏目标和规划，推进工作将会缺乏头绪。企业制定社会责任规划要明确社会责任工作目标、工作任务、基本思路、履责重点、保障措施以及资源投入等内容。企业社会责任规划对企业开展社会责任工作提出了更高的要求，通过对陕西省企业社会责任规划进行问卷调查和访谈，课题组发现，陕西省企业系统性制定企业社会责任规划的较少，同中央企业具有显著的差距。

具体来看，从问卷调查企业来看，104 家问卷调查企业中，仅有 15.38% 的企业制定了系统性的企业社会责任规划；从访谈企业角度来看，在 50 家访谈企业中，也只有 16.00% 的企业制定了系统性的企业社会责任规划（见图 4-2）。与之相比，尽管并非所有中央企业均制定了企业社会责任规划，但是六成五的中央企业已经不同程度地制定了企业社会责任规划，较陕西省企业而言，具有较高的比例。企业社会责任规划能够为企业开展企业社会责任工作指明方向和路线图，在企业社会责任规划的指引下，中央企业社会责任工作取得了巨大的进步，陕西省企业需要结合自身的实际，尽快制定专门性的企业社会责任规划，推进自身社会责任工作取得更大的进步。

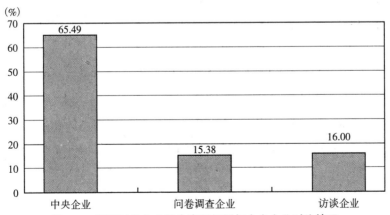

图4-2　调研对象企业社会责任规划与中央企业对比情况

三、企业社会责任议题

企业履行社会责任应根据自身所处行业、企业规模、经营地域等特征，关注与企业运营活动最为相关、对利益相关方具有重大或潜在影响、企业具有不可替代性作用的实质性议题。通过对陕西省企业开展社会责任问卷调查和访谈，课题组发现，部分陕西省企业已经着手结合自身的行业特点，探索开展实质性社会责任议题，比如，陕鼓集团的供应商管理、金华集团药品质量管理以及西安阿尔斯通永济电气设备有限公司通过工会建设加强开展员工民主管理等。但是，需要指出的是，与中央企业相比，陕西省企业社会责任议题管理并不深入。从企业社会责任议题的管理角度来看，通过问卷调查和访谈，课题组并没有发现问卷调查企业和访谈企业开展实质性社会责任议题的筛选，也没有实质性社会责任议题的筛选程序；与之相比，92.04%的中央企业已经具有实质性社会责任议题的筛选程序，能够更有效地开展社会责任工作（见图4-3）。为了推进陕西省企业集中稀缺资源着力开展实质性的社会责任工作，陕西省企业需要在探索开展特定性社会责任工作的基础上，构建实质性社会责任议题筛选程序，从而更有效地开展社会责任工作。

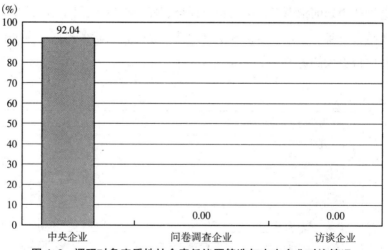

图4-3 调研对象实质性社会责任议题筛选与中央企业对比情况

第二节　责任治理

企业社会责任治理包括三个组成部分，分别为构建企业社会责任组织、制定企业社会责任制度、明确企业社会责任职责。

一、构建企业社会责任组织

企业要开展社会责任工作，需要有一套企业社会责任管理组织体系，这一组织体系可以由三个层级构成：集团或总部社会责任工作领导机构、集团或总部社会责任工作执行机构以及下属机构社会责任工作执行机构。通过对陕西省企业社会责任进行问卷调查和访谈，课题组得出以下几点结论：

1. 部分陕西省企业已经建立起集团或总部企业社会责任工作领导机构，但较中央企业具有不小的差距

通过对陕西省企业集团或总部社会责任工作领导机构的建立情况进行问卷调查和访谈，课题组发现，尽管有 42.31% 的问卷调查企业和 40% 的访谈企业计划设置集团或总部的企业社会责任工作领导机构，但是，已经设置企业社会责任工作领导机构的企业相对较少，只有部分陕西省企业已经建立集团或总部的企业社会责任领导机构，比如，在问卷调查企业中，只有 32.69% 的企业建立了集团或总部企业社会责任领导机构，在访谈企业中，也只有 42.00% 的企业建立了集团或总部企业社会责任领导机构。与之相比，113 家中央企业已经全部建立起了社会责任领导机构（见图 4-4），陕西省企业在建立集团或总部企业社会工作领导机构方面还与中央企业具有不小的差距。

2. 陕西省企业所建立的集团或总部企业社会责任领导机构与中央企业具有极大的相似性，反映了部分陕西省企业在推进企业社会责任组织工作中已经达到了中央企业的认知水平

从集团或总部企业社会责任领导机构的具体设置部门角度来看，陕西省企业同中央企业具有极大的相似性。以陕西省已经设置或计划设置企业社会责任领导机构的 78 家问卷调查（44 家计划设置）和 31 家访谈企业（10 家计划设置）为

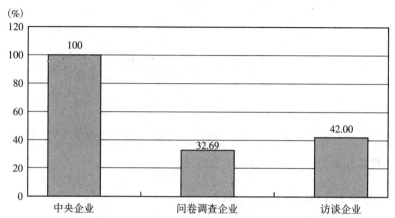

图 4-4　调研对象集团或总部企业社会责任工作领导机构数量与中央企业对比情况

例，分别有 39.74% 的问卷调查企业和 29.27% 的访谈企业将社会责任领导机构设置在董事会，34.62% 的问卷调查企业和 39.02% 的访谈企业的总经理担当企业社会责任领导机构，11.54% 的问卷调查企业和 17.07% 的访谈企业的主管副总经理同时担当企业社会责任领导机构（见图 4-5）。与之相比，36% 的央企将社会责任管理部门设在办公厅，比如集团办公室、董事会办公室、总裁办公室等；23% 的央企由党群文化部门负责公司系统的社会责任工作；而设置在规划战略部门和经营管理部门的央企占比分别为 14% 和 9%；另外，还有部分央企将社会责任管理部门设置在公共关系部门（9 家）、政研体改部门（7 家）和人力资源部门（4

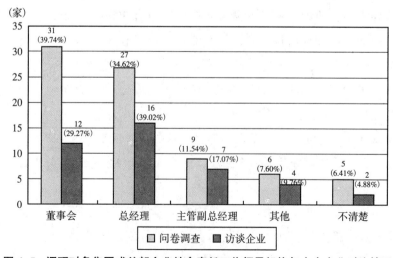

图 4-5　调研对象集团或总部企业社会责任工作领导机构与中央企业对比情况

家）。显而易见，由于，社会责任管理部门的不同反映了企业对于自身社会责任工作的理解过程和实践方式，所以，陕西省企业和中央企业在集团或总部社会责任领导机构的设置情况，反映了部分陕西省企业在推进企业社会责任组织工作中已经达到了中央企业认知水平。

3. 陕西省企业社会责任工作缺乏落地机制，在集团或总部社会责任工作执行机构和下属机构社会责任工作执行机构设置方面与中央企业具有显著的差距

无论是集团或总部企业社会责任工作执行机构，还是下属机构企业社会责任工作执行机构，均是对公司企业社会责任领导机构关于企业社会责任工作安排的执行机构，他们保障了公司企业社会责任决策能够落地。尽管部分陕西省企业建立起了社会责任领导机构，建立或计划建立企业社会责任领导机构的组织设置也同中央企业具有极大的相似性，但是在社会责任工作执行机构构建方面，陕西省企业同中央企业存在不少差距，其中，在集团或总部社会责任工作执行机构方面，仅有 15.38% 的问卷调查企业和 16% 的访谈企业具有相关执行机构设置；而与之相比，中央企业均建立了集团或总部社会责任执行机构。在下属机构工作执行机构方面，陕西省访谈企业和问卷调查企业中，分别仅有 4.00% 和 3.85% 的企业设置，与中央企业的 86.73% 相比存在巨大差距（见图 4-6）。当前，陕西省企业需要在建立集团或总部企业社会责任领导机构的基础上，进一步完善企业社会责任组织体系，着力构建集团或总部企业社会责任执行机构以及下属机构企业社会责任执行机构，推进企业社会责任工作落到实处。

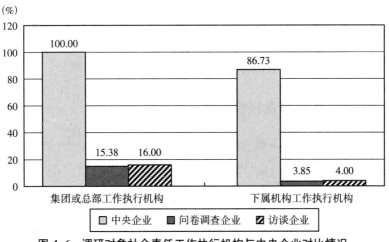

图 4-6　调研对象社会责任工作执行机构与中央企业对比情况

二、制定企业社会责任制度

企业社会责任工作的开展落实需要有力的制度保证，要通过制定社会责任专项工作制度明确权责分工、工作办法、工作流程等，常见的社会责任制度包括社会责任组织管理办法、社会责任沟通制度、社会责任报告编制发布制度等。中央企业已经建立起不同形式的企业社会责任制度。比如，企业社会责任沟通制度、企业社会责任考核制度、企业社会责任报告编写发布制度以及企业社会责任管理制度等，中国铝业公司就分别制定了"中国铝业公司社会责任工作管理办法"以及"中国铝业公司社会责任报告编写指南"等社会责任制度。与之相比，陕西省企业已经建立企业社会责任制度的较少，在问卷调查企业中，仅有 5.77% 的企业建立起了企业社会责任制度，在访谈企业中，也只有 8% 的企业建立起了企业社会责任制度（见图 4-7）。陕西省企业需要进一步加强企业社会责任制度建设，从而为企业社会责任工作的开展提供制度保障。

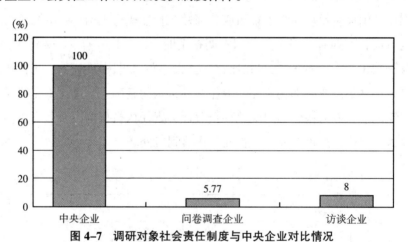

图 4-7　调研对象社会责任制度与中央企业对比情况

三、明确企业社会责任职责

企业社会责任工作必须要分解落实到企业社会责任组织中的每一个部门和每一个岗位，明确各组织在社会责任管理推进、日常运营中肩负相应的责任。从管理层到执行层每一个员工有职责落实公司责任理念和工作安排，在日常工作中践行社会责任。当前，许多中央企业已经对部分专职或兼职企业社会责任员工的企业社会责任职责进行了界定，明确了企业社会责任专职或兼职人员的企业社会责任工作职能。与之相比，由于陕西省企业建立企业社会责任组织体系以及制定企业社会责任专项制度的企业较少，整体上还鲜见企业社会责任专职人员，仅有极个别企业设置了企业社会责任专职人员。所以，在这种情况之下，界定企业社会责任专职或兼职人员的社会责任职责也就无从谈起。也就是说，陕西省企业在界定和明确员工企业社会责任职责方面还有巨大的提升空间，陕西省企业要进一步提升对于企业社会责任的认知，推动企业社会责任与具体员工直接相结合，推进自身企业社会责任更好地发展。

第三节　责任融合

企业社会责任融合包括融入企业战略、融入企业的日常运营、开展企业社会责任危机管理以及开展企业社会责任专题实践活动。

一、融入企业战略

企业要将社会责任融入战略，在制定公司战略的时候，不但要考虑、规划企业自身经济业务的发展，也要坚持企业宗旨、愿景和核心价值观与社会责任的统一，将实现经济、社会和环境的综合价值最大化体现到发展战略中。通过对陕西省企业社会责任工作进行问卷调查和访谈，课题组发现，在制定企业战略的过程中，尽管陕西省企业社会责任战略中可能包含企业社会责任内涵，但是，陕西省企业鲜有明确将实现经济、社会和环境的综合价值最大化体现到发展战略之中的。与此相比，由于对企业社会责任认知更为深刻，多数中央企业在制定企业战略的过程中，已经不再仅考虑经济价值的创造，经济价值、社会价值和环境价值的综合价值最大化已经成为中央企业制度战略不可回避的话题，中央企业制定企业战略已经将社会责任内涵融入战略之中。举例来看，中国移动通信集团公司就将可持续发展与自身战略紧密融合，该公司可持续发展的三大战略重点分别是：更稳健的中国移动、更满意的相关方、更美好的信息化未来，以此创造和分享可持续发展的美好未来。

二、融入日常运营

企业在日常运营中要有效管理自身运营对利益相关方和自然环境的影响，要用社会责任的理念来审视人力资源管理、市场营销、生产管理、财务管理等管理制度、流程，用社会责任的要求来梳理各部门、各单位、各岗位的职责和工作，优化原有的管理手段和方式使其符合社会责任的规范和标准。通过对陕西省企业社会责任进行问卷调查和访谈，课题组发现，当前陕西省企业并没有能够主动地将企业社会责任融入日常运营过程之中，尽管陕西省企业在日常运营中已经开展了各种各样的企业社会责任工作，但这些都是零散的、不成体系的，以及依托开展企业运营活动的旧思维而非企业社会责任新思维的社会责任工作。与之相比，许多中央企业已经将企业社会责任理念与日常运营结合在了一起，员工所开展的运营活动已经具有企业社会责任的内涵和灵魂。

三、企业社会责任危机管理

社会责任危机管理是社会责任管理的重要内容。企业"生活"在内、外利益相关方构建的环境之中，一旦处理不好与利益相关方的关系，就可能爆发各种危机。比如，企业没有处理好与股东的关系就可能产生财务危机；没有处理好与环境的关系就可能产生环境灾难危机，没有处理与客户之间的关系就可能产生产品危机等。通过对陕西省企业社会责任进行问卷调查和访谈，课题组发现，一些陕西省企业已经建立起单项的危机管理制度，但是没有置于企业社会责任的框架之下，构建起整体性的企业社会责任危机管理制度或体系。比如，一些陕西省企业只具有安全生产管理体系等危机管理制度、生态危机管理制度等单项危机管理制度或体系。与之相比，许多中央企业已经对传统的专项危机制度或体系进行了整合，从企业社会责任的视角进一步构建和完善了传统的专项危机管理制度，形成了综合性的企业社会责任危机管理制度或体系。比如，中国华电集团在保护生态环境过程中，就通过加强建设项目环境风险防控，基本形成了环境语境和应急机制，有效地开展了企业社会责任危机管理，显著地降低了环境危机发生的风险。

四、企业社会责任专题实践

企业推进社会责任管理体系、促进工作方式的转变并非一蹴而就，将社会责任理念融入运营是一个循序渐进的过程，为此，企业需要开展社会责任专题实践，发挥企业社会责任专题实践的带动作用，通过企业社会责任专题实践的开展，以点带面，推动企业社会责任工作全面开展。通过对陕西省企业社会责任进行问卷调查和访谈，课题组发现，陕西省企业当前并没有开展企业社会责任领域专题实践，没有能够发挥企业社会责任专题实践对企业社会责任工作的带动作用。与之相反，在中央企业中，一些社会责任优秀企业不断探索开展企业特色的社会责任专题实践，极大地发挥了企业社会责任专题实践对于企业社会责任的推动作用，有力地推进了自身社会责任的发展。比如，中国南方电网公司就围绕公司主营业务，紧密结合公司社会责任工作重点领域，逐步在分、子公司基层单位建设社会责任示范基地，有力地推进了自身社会责任工作的全面进步。

第四节　责任绩效

企业社会责任绩效包括两个方面，分别为企业社会责任指标体系和企业社会责任考核评价体系，前者为企业开展企业社会责任工作指明了具体的方向和内涵，后者着重对企业社会责任工作的开展情况进行了考察。

一、企业社会责任指标体系

企业社会责任指标体系是企业对企业社会责任边界的理解，标志着企业开展企业社会责任管理工作以及履行社会责任的重要内容，对于指引企业履行社会责任具有重要价值和意义。

1. 陕西省半数企业已经制定了相应的企业社会责任指标体系，这些企业社会责任指标体系已经对陕西省企业开展社会责任工作起到了巨大的推进作用

通过对陕西省企业社会责任开展问卷调查和访谈，课题组发现，半数的陕西省企业已经制定了企业社会责任指标体系，所制定的企业社会责任指标体系对帮助员工理解企业社会责任，以及推进企业的社会责任工作正在发挥着巨大的作用。具体来看，在104家问卷调查企业中，近五成企业已经制定了符合企业特点的企业社会责任指标体系，占全体问卷调查企业的比例为48.08%；在访谈企业

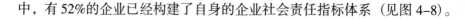

中，有52%的企业已经构建了自身的企业社会责任指标体系（见图4-8）。

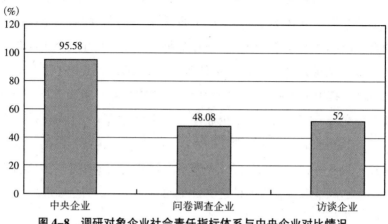

图4-8　调研对象企业社会责任指标体系与中央企业对比情况

2. 陕西省企业制定企业社会责任指标体系内容整体较为简单，与中央企业相比，陕西省企业制定企业社会责任指标体系的数量和水平均有待提高，陕西省企业需要制定内容更为翔实的企业社会责任指标体系

通过对陕西省企业社会责任开展问卷调查和访谈，以及对中央企业社会责任指标体系的制定状况进行考察，课题组还发现，尽管许多陕西省企业已经制定了符合企业特点的企业社会责任指标体系，但是与中央企业相比，陕西省已经制定企业社会责任指标体系的企业占比却仍有极大的提高空间，中央企业已经有95.58%制定了企业社会责任指标体系。不仅如此，通过对陕西省企业制定社会责任指标体系进行考察，课题组发现，陕西省企业所制定的企业社会责任指标体系内容较为简单，有些甚至只对企业社会责任的部分内容进行了考察。与此相反，中央企业所制定的企业社会责任指标体系内容更为翔实，对企业社会责任的方方面面均有涉及。陕西省企业需要进一步向企业社会责任先进企业进行学习，制定更为翔实的企业社会责任指标体系，进一步发挥企业社会责任指标体系对于自身社会责任工作的推进作用。

二、企业社会责任考核评价体系

企业社会责任考核评价是社会责任推进工作落到实处，推动下属单位、部门和个人切实转变工作思想，转变工作行为，提升履责绩效的关键所在，也是社会责任闭环改进的核心。

1. 陕西省许多企业已经通过建立企业社会责任考核评价体系，对企业的社会责任工作或负责企业社会责任工作的兼职或专职人员进行考核

在陕西省企业中，尽管还有超过半数的企业尚未运用企业社会责任考核评价体系对企业社会责任状况进行考核，但是有一些企业已经开始开展这方面的工作。在问卷调查企业方面，已经有47.12%的问卷调查企业开展制定并应用企业社会责任考核评价体系对企业的社会责任工作开展情况以及负责企业社会责任工作的兼职或专职人员进行考核评价；在访谈企业方面，也有44.00%的访谈企业开始运用企业社会责任考核评价体系对企业的社会责任工作进行考核和评价（见图4-9）。

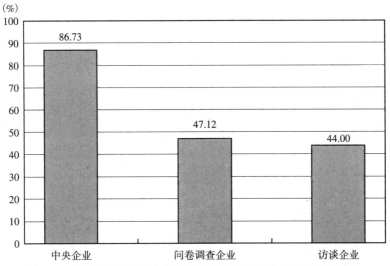

图4-9　调研对象企业社会责任考核评价体系与中央企业对比情况

2. 陕西省企业制定企业社会责任考核评价指标体系的内容有待进一步深化和扩展，陕西省企业开展社会责任考核评价工作的频率有待进一步提高，需要进一步形成企业社会责任考核评估制度

陕西省许多企业所开展的社会责任考核评价工作对陕西省企业推进社会责任发展发挥了显著的促进作用。但是，通过对陕西省企业社会责任考核评价状况进行问卷调查和访谈，课题组发现，陕西省企业所制定的企业社会责任考核评价体系在内容的深度和广度上还与中央企业具有显著的差距，陕西省企业社会责任考

核评价体系往往只涉及企业社会责任的某一个领域，陕西省企业社会责任考核评价体系需要进一步提高所涵盖的评估范围，适应企业社会责任本身内容庞杂性的特点。不仅如此，与中央企业相比，多数开展社会责任考核评估的陕西省企业往往仅开展零星社会责任考核评估，尚没有形成企业社会责任考核评估制度，陕西省企业需要在这方面进一步推进。

第五节　责任沟通

企业社会责任沟通包括四个方面，分别为利益相关方参与、企业社会责任网络专栏的设置、发布企业社会责任报告以及内部企业社会责任沟通。

一、利益相关方参与

利益相关方是企业履行社会责任的目标群体，企业履行社会责任的目标就是满足企业利益相关方对于企业的需求和期待，为此，企业在履行社会责任的整个过程中，需要通过制度安排、资源保障，构建企业与利益相关方之间的沟通、监督机制，使企业在运营中深入了解并充分考虑利益相关方需求，使利益相关方参与、监督企业决策，促进企业发展与利益相关方满意的"双赢"。

通过对陕西省企业与利益相关方进行互动、问卷调查和访谈，课题组发现，陕西省企业较少同利益相关方进行互动，利益相关方对企业经常提出社会责任要求的问卷调查企业只有 23.08%，在访谈企业中，这个比例也只有 26.00%（见图 4-10）。不仅如此，从形式上讲，陕西省企业往往不能主动"出击"开展同自身利益相关方进行交流互动，一般是利益相关方对于企业提出相应的交流或沟通需求时，企业才会被动应对同利益相关方进行互动。与此相比，不仅所有的中央企业都与利益相关方开展了形式多样的利益相关方交流活动，而且，从利益相关方交流沟通战略上来讲，中央企业在与利益相关方交流互动的过程中，往往更为积极主动。陕西省企业需要提高对于利益相关方参与的重视程度，积极主动参与到利益相关方交流沟通的过程中来，提高回应利益相关方需求和期待的能力，降低利益相关方风险。

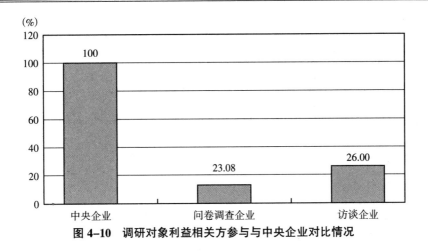

图 4-10　调研对象利益相关方参与与中央企业对比情况

二、企业社会责任网络专栏的设置

CSR 网络专栏是企业信息披露的重要窗口，在企业主页设立 CSR 网络专栏是企业披露社会责任信息、开展社会责任沟通的重要渠道。

通过对陕西省企业开设企业社会责任网络专栏进行问卷调查和访谈，课题组发现，尽管有一些陕西省企业已经开设了企业社会责任网络专栏，但是，大部分陕西省企业尚未开设企业社会责任网络专栏。具体来看，在企业官方网站开设企业社会责任网络专栏的问卷调查企业仅有 25.96%，在访谈企业中，开设企业社会责任网络专栏的企业也不足三成，仅有 28.00% 的访谈企业在官方网站上开设了企业社会责任网络专栏（见图 4-11）。企业社会责任网络专栏有利于企业同利益相关方开展有关企业社会责任信息的沟通交流，陕西省企业相对较少的企业社会责任网络专栏的开设比例，限制了开展企业社会责任信息沟通的效果。与之相比，所有的中央企业均在企业官方网站上开设了企业社会责任专栏，有效地提高了同利益相关方交流沟通的质量，获得了利益相关方的广泛认同。不仅如此，中央企业官方网站企业社会责任专栏还具有较高的质量，在信息更新的及时性、回应的灵敏性以及内容的完整性等多个方面均可圈可点。陕西省企业要提高对通过企业社会责任网络专栏开展利益相关方沟通的重视程度，通过设置企业社会责任网络专栏以及稳步提升质量，促进自身企业社会责任信息的沟通交流工作。

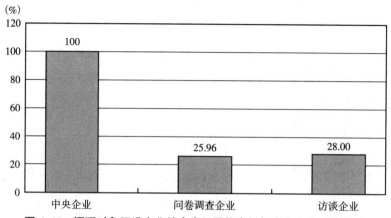

图 4-11　调研对象开设企业社会责任网络专栏与中央企业对比情况

三、发布企业社会责任报告

企业社会责任报告是企业就社会责任相关信息与利益相关方进行沟通的主要平台,编制和发布企业社会责任报告是中国企业开展社会责任工作的重要突破口。

通过对陕西省企业发布社会责任报告进行问卷调查和访谈,课题组发现,陕西省企业发布企业社会责任报告数量相对较少,在质量方面,社会责任报告的过程性、完整性、实质性、易读性、平衡性、可比性、创新性这七个方面较中央企业还有一定的差距。具体来看,从发布企业社会责任报告数量角度来看,问卷调查企业中,只有20.19%的企业发布了社会责任报告,而在访谈企业中,也只有22.00%的企业发布了社会责任报告(见图4-12)。与之相比,所有的中央企业均

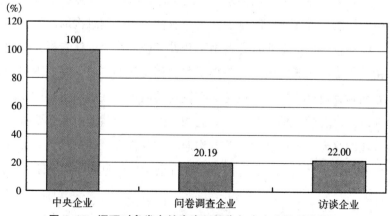

图 4-12　调研对象发布社会责任报告与中央企业对比情况

已经发布了企业社会责任报告。从发布企业社会责任报告质量角度来看，陕西省企业发布社会责任报告鲜有过程性，整体上不能覆盖更为全面的社会责任议题，实质性社会责任议题的筛选往往缺失，即使有部分企业社会责任报告披露了负面社会责任信息，但是整体上平衡性略显不足，较中央企业社会责任报告而言，陕西省企业社会责任报告质量仍有提高的空间。

四、内部企业社会责任沟通

社会责任内部沟通是宣贯企业社会责任理念、提升企业员工社会责任意识以及全面、深入了解企业各方面社会责任实践的重要机制。

通过对陕西省企业社会责任进行问卷调查和访谈，课题组发现，尽管陕西省企业在内部沟通方面具有较好的制度、措施和实践，但是，聚焦到企业社会责任领域，陕西省企业在社会责任理念、提升企业员工社会责任意识以及向企业员工宣贯企业的社会责任实践方面所开展的内部沟通极少，由于企业履行社会责任要具体落实到每一个员工的自觉社会责任行动，所以，陕西省企业内部社会责任沟通机制的缺失不利于企业更好地开展社会责任实践。与之相比，113家中央企业均不同程度地开展了形形色色的内部企业社会责任沟通，比如，中国华电集团就形成了三个层面内部企业社会责任沟通机制，包括日常沟通、专项沟通和定期沟通，其中，日常沟通包括官方网站企业社会责任专栏和企业社会责任内部网络，专项沟通包括员工满意度调查员工关爱活动，定期沟通包括职工代表大会、股东会议等。中央企业内部企业社会责任沟通活动的开展以及机制的建立，显著地推进了企业社会责任理念和实践在公司内部的扩展，形成了整个公司履行社会责任的共识，有效地推进了企业社会责任工作的进程以及所取得的效果。陕西省企业要加强社会责任内部沟通制度、机制的建立，稳步提升内部员工的企业社会责任理念和意识，从而推进自身社会责任工作更好更快地发展。

第六节 责任能力

一、企业社会责任培训

开展企业社会责任培训是形成公司内部履行企业社会责任共识、推进自身企业社会责任工作水平上、层次上的重要抓手。

1. 陕西省多数企业开展了形式多样的企业社会责任培训活动，有效地促进了企业社会责任在公司内部的传播和落实

通过对陕西省企业社会责任开展问卷调查和访谈，课题组发现，陕西省多数企业开展了形式多样的企业社会责任培训活动，有效地促进了企业社会责任在公司内部的传播和落实。具体来看，在问卷调查企业中，62.50%的企业均不定期地开展了企业社会责任培训活动，在访谈企业中，也有62.00%的企业开展了一次或多次企业社会责任培训活动（见图4-13）。这些企业开展责任培训活动，有效地宣贯了公司的社会责任理念，有利于在公司内部形成企业履行社会责任的共识，从而推进自身企业社会责任的开展。

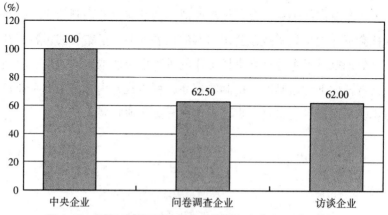

图 4-13 调研对象开展社会责任培训与中央企业对比情况

2.陕西省企业需要进一步开展企业社会责任培训工作，提高企业社会责任培训工作的深度和水平，形成企业社会责任培训制度

不过，与中央企业相比，陕西省企业开展社会责任培训工作力度尚需进一步加强。具体来看，陕西省企业需要进一步提高企业社会责任培训数量，所有的中央企业均开展过企业社会责任培训，陕西省企业尚有近四成没有开展过企业社会责任培训，这些企业需要提高对企业社会责任的认识，探索开展企业社会责任培训工作。不仅如此，陕西省企业需要提高企业社会责任培训的水平和质量，当前陕西省企业开展社会责任培训更多的是围绕着单项的企业社会责任工作，比如安全生产、员工职业健康等，没有形成系统的企业社会责任培训，陕西省企业需要进一步提高企业社会责任培训的深度和水平。最后，陕西省企业需要形成企业社会责任培训制度，中央企业开展企业社会责任培训，大多已经形成完善的企业社会责任培训制度，企业社会责任培训制度的形成有效地推进了企业社会责任培训的制度化，有利于企业稳步开展企业社会责任培训工作。陕西省企业需要在探索企业社会责任培训方式和形式的基础上，进一步制定企业社会责任培训制度，推进企业社会责任培训更好地发展，形成企业社会责任培训度制度对公司社会责任工作具有巨大推动作用。

二、企业社会责任研究

企业社会责任在中国的起步较晚，如何将社会责任理念融入中国企业的发展战略、管理体系和日常运营尚缺乏可供借鉴的经验。为此，具有一定条件的企业社会责任优秀企业需要探索开展社会责任研究工作，推进公司的社会责任工作向更深层次发展。

通过对陕西省企业社会责任进行问卷调查和访谈，课题组发现，尽管一些中央企业已经结合自己的实际，开展了特色的企业社会责任研究工作。比如，中国华电集团公司积极支持中国特色企业社会责任标准制定，主动参与企业社会责任课题研究，加入"中国企业社会责任报告编写指南专家委员会"，为《中国企业社会责任报告编写指南（CASS-CSR 2.0)》的编制建言献策，参与《中国企业社会责任报告编写指南（CASS-CSR 3.0)——电力行业标准》的制定工作，为电力生产业社会责任报告编写标准的完善提供专业化意见。但是，陕西省还没有企业开展真正的社会责任研究工作。究其原因，一方面，与企业社会责任研究本身是企业

履行社会责任到达更高阶段才会遇到的命题有关；另一方面，开展企业社会责任研究往往需要更多的成本支出，这可能对试图开展企业社会责任研究的企业造成一定的压力。不过，陕西省企业要树立远大的理想，争做全球企业社会责任管理和实践的领跑者，在稳步推进企业社会责任管理和实践工作之后，探索开展创新性的企业社会责任研究工作，为陕西省乃至整个中国和全球的企业社会责任研究贡献力量，促进我们的世界更加美好。

第七节　本章小结

在责任战略方面，陕西省多数企业战略和使命具有企业社会责任内涵，陕西省企业已经具备基本的企业社会责任理念；陕西省企业社会责任理念的树立从数量角度还同中央企业具有一定的差距，从深度角度来讲尚需进一步加深。陕西省企业系统性制定企业社会责任规划的企业较少，同中央企业具有显著的差距。陕西省部分企业已经着手结合自身的行业特点，探索开展实质性社会责任议题，不过，与中央企业相比，陕西省企业社会责任议题管理并不深入。

在责任治理方面，陕西省部分企业已经建立起集团或总部企业社会责任工作领导机构，较中央企业具有不小的差距；陕西省企业所建立的集团或总部企业社会责任领导机构与中央企业具有极大的相似性，反映了陕西省部分企业在推进企业社会责任组织工作中已经达到了中央企业的认知水平。中央企业已经建立起不同形式的企业社会责任制度；陕西省企业已经建立企业社会责任制度的较少；陕西省企业需要进一步加强企业社会责任制度建设，从而为企业社会责任工作的开展提供制度保障。许多中央企业已经对部分专职或兼职企业社会责任员工的企业社会责任职责进行了界定；陕西省企业在界定和明确员工企业社会责任职责方面还有巨大的提升空间。

在责任融合方面，在制定企业战略的过程中，尽管陕西企业社会责任战略中可能包含企业社会责任内涵，但是，陕西省企业鲜有明确将实现经济、社会和环境的综合价值最大化体现到发展战略之中；多数中央企业在制定企业战略的过程中，已经不再仅考虑经济价值的创造，经济价值、社会价值和环境价值的综合价值最大化已经成为中央企业制度战略不可回避的话题，中央企业制定企业战略已经将社会责任内涵融入战略之中。当前陕西省企业并没有能够主动将企业社会责任融入日常运营过程之中；许多中央企业已经将企业社会责任理念与日常运营结合在了一起，员工所开展的运营活动已经具有企业社会责任的内涵和灵魂。一些陕西省企业已经建立起单项的危机管理制度，但是没有置于企业社会责任的框架之下，构建整体性的企业社会责任危机管理制度或体系；许多中央企业已经对传统的专项危机制度或体系进行了整合，从企业社会责任的视角进一步构建和完善了传统的专项危机管理制度，形成了综合性的企业社会责任危机管理制度或体系。陕西省企业当前并没有开展企业社会责任领域专题实践，没有能够发挥企业社会责任专题实践对企业社会责任工作的带动作用；与之相反，在中央企业中，一些社会责任优秀企业不断探索开展企业特色的社会责任专题实践，极大地发挥了企业社会责任专题实践对于企业社会责任的推动作用，有力地推进了自身社会责任的发展。

在责任绩效方面，陕西省半数企业已经制定了相应的企业社会责任指标体系，这些企业社会责任指标体系已经对陕西省企业开展社会责任工作起到了巨大的推进作用；陕西省企业制定企业社会责任指标体系内容整体较为简单，与中央企业相比，陕西省企业制定企业社会责任指标体系的数量和水平均有待提高，陕西省企业需要制定内容更为翔实的企业社会责任指标体系。陕西省许多企业已经通过建立企业社会责任考核评价体系，对企业的社会责任工作或负责企业社会责任工作兼职或专职人员进行考核；陕西省企业制定企业社会责任考核评价指标体系的内容有待进一步深化和扩展，陕西省企业开展社会责任考核评价工作的频率有待进一步提高，需要进一步形成企业社会责任考核评估制度。

在责任沟通方面，陕西省企业较少同利益相关方进行互动，从形式上讲，陕西省企业往往不能主动"出击"开展同自身利益相关方进行交流互动；与此相比，不仅所有的中央企业都与利益相关方开展了形式多样的利益相关方交流活动，而且，从利益相关方交流沟通战略上来讲，积极中央企业在与利益相关方交流互动的过程中，往往更为积极主动。尽管陕西省有一些企业已经开设了企业社会责任网络专栏，但是，陕西省大部分企业尚未开设企业社会责任网络专栏；陕西省企业要提高对通过企业社会责任网络专栏开展利益相关方沟通的重视程度，通过企业社会责任网络专栏的设置以及稳步提升的质量，促进自身企业社会责任信息的沟通交流工作。陕西省企业发布企业社会责任报告数量相对较少，在质量方面，社会责任报告的过程性、完整性、实质性、易读性、平衡性、可比性、创新性七个方面较中央企业还有一定的差距。尽管陕西省企业在内部沟通方面具有较好的制度、措施和实践，但是，聚焦到企业社会责任领域，陕西省在企业社会责任理念、提升企业员工社会责任意识以及向企业员工宣贯企业的社会责任实践方面所开展的内部沟通却极少。

在责任能力方面，陕西省多数企业开展了形式多样的企业社会责任培训活动，有效地促进了企业社会责任在公司内部的传播和落实；陕西省企业需要进一步开展企业社会责任培训工作，提高企业社会责任培训工作的深度和水平，形成企业社会责任培训制度。尽管一些中央企业已经结合自己的实际，开展了特色的企业社会责任研究工作，但是，陕西省还没有企业开展真正的社会责任研究工作。

第五章　陕西省企业进一步履行好社会责任的对策建议

第一节　进一步提高认识，树立科学的社会责任观

企业在创造经济价值的同时，要有效管理在运营过程中对利益相关方和自然环境的影响，追求经济、社会和环境的综合价值最大化，实现企业发展与社会发展、环境保护的和谐统一。陕西省企业要正确把握社会责任的核心内涵，深刻理解履行社会责任的重要意义，把履行社会责任作为企业基业长青，实现可持续发展的战略选择。要立足国情和企业实际，将社会责任理念融入企业的使命、价值观和愿景，形成具有企业特色的社会责任观，把履行社会责任放到企业发展战略的高度，使社会责任成为企业发展的内在要求和重要动力。要大力开展教育培训，引导员工科学认识企业社会责任，培育负责任的企业文化，使得社会责任理念在企业落地生根。

第二节　健全社会责任管理体系，优化社会责任监管

建立健全企业社会责任管理体系，是推动社会责任工作、提高履行社会责任的能力水平的关键。陕西省企业要从优化社会责任监管的角度出发，加强社会责任工作组织领导，在公司治理层面建立有关领导决策机构，企业主要负责人亲自

挂帅，把社会责任工作摆上重要议事议程。要建立或明确社会责任工作机构，确定各职能部门的社会责任职责分工，指明相关下属企业的社会责任工作任务。要制定社会责任规划，明确社会责任工作的目标和推进步骤。要建立完善社会责任工作制度，制定相关的工作流程和标准，作为公司制度体系的重要组成部分，为社会责任工作奠定制度基础。要逐步建立和完善社会责任指标统计体系，建立社会责任数据支持系统。要加强对社会责任工作效果的评价，探索社会责任工作的评价方法，建立形成履行社会责任的长效机制。要学习借鉴先进经验，不断优化改进，持续提高社会责任管理水平。

第三节　推动责任融合，以社会责任思想优化企业管理与运营

正如前联合国秘书长安南所说，企业社会责任不是让企业做新的事，而是要以新的方式做事。企业要以社会责任的理念审视各职能部门、各个下属企业、各岗位的现有工作，充分考虑利益相关方的期望和需求，优化工作方式和流程，提升价值。要用社会责任思想指导经营决策和日常管理，在产品设计、生产、销售、服务各个环节，在项目立项、规划、设计、施工、投产各个阶段，充分考虑经济、社会和环境的综合价值，体现可持续发展的要求。最终实现企业社会责任理念融入日常运营，从而提升管理水平和竞争能力。

第四节　建立健全社会责任报告制度，加强信息披露和责任沟通

编制发布社会责任报告既是与利益相关方沟通的重要途径和方式，也是企业不断发现问题、改进管理体系，促进企业管理水平提高的一个重要手段。目前还没有发布社会责任报告的企业，要积极研究，尽早启动，逐步建立报告发布制

度。已经发布报告的企业，要不断提高报告质量，增强报告内容的完整性、实质性、平衡性、可比性、可读性、时效性和过程性，并且要以定期编制发布报告为核心，建立内外统一的沟通平台。对内，开展社会责任培训，分享社会责任知识，推动各部门与下属企业社会责任交流；对外，注重通过各种方式开展沟通，及时了解利益相关方的期望和意见，回应利益相关方的关切，形成企业与利益相关方的沟通机制。

第五节　重点履行好八方面的社会责任

根据陕西省企业履行社会责任的重点内容，企业要从八个方面积极履行社会责任：①强化企业管理，提升创新能力，持续提高企业经营效益，贡献陕西省经济增长；②维护城市运营安全，保障市场供应，成为承担急难险重任务的中坚力量；③带动传统产业优化升级，引领战略性新兴产业发展，拓展国际国内市场，提升自主品牌影响力；④模范遵守法律法规和社会公德、商业道德以及行业规则，依法经营，诚实守信，反对不正当竞争，杜绝商业贿赂；⑤保护消费者权益，为社会提供优质安全健康的产品和服务，努力为消费者创造更大的价值；⑥提高资源能源综合利用效率，减少污染物排放，发展节能产业，积极应对气候变化，打造环境友好型企业，建设美丽陕西；⑦保障员工基本权益，坚持公平雇佣，确保职业安全健康，加强教育培训，创造平等发展机会，实现员工与企业共成长；⑧参与慈善公益事业，在重大自然灾害和突发事件面前，积极提供财力、物力和人力等方面的支持和援助，参与社区建设，助力社区发展。

第六节　发掘特色领域，做出社会责任亮点

企业既要按照企业社会责任理念的一般要求和陕西省提出的企业履行社会责任主要内容，切实履行各项社会责任。同时，也要关注个体的特殊性，根据企业

对社会、环境的实质性影响，结合企业经营实际找出社会责任的重点与特色，在某些领域充分发挥企业资源优势，提升社会责任绩效，做出社会责任亮点，成为这一领域责任实践的典范。这既有益于树立企业负责任的鲜明形象，得到社会关注与认可，也能够激发下属企业和员工的责任感与自豪感，推动社会责任工作不断迈上新的台阶。

第六章 陕西省政府进一步推进企业社会责任的政策建议

第一节 我国各级政府推进企业社会责任的特征分析

一、我国各级政府规制体系较为完善

(一) 强制性规制体系趋于完善

经过多年的发展和完善，我国企业社会责任强制性规制体系已趋于完善，基本涵盖了社会责任各相关领域。《环境保护法》规定了企业的基本环保责任；《劳动合同法》在诸多方面强制要求企业履行相关的劳动者权益保护责任；《消费者权益保护法》等法律强制要求我国企业履行消费者权益保护责任。此外，我国各级地方政府也都根据中央政府颁布的法律，制定了相关领域地方法规和政府规章。总体上看，我国各级政府对企业社会责任的强制性规制体系已趋于完善。

(二) 自律性规制尚未形成体系

尽管经过多年的发展，我国多数行业也已成立了行业（自律）协会，但是多数行业仍未真正建立自律性规制。总体上看，我国自律性规范制度建设仍处于起步阶段，自律性规范制度呈现出零星分布状态，很难覆盖企业社会责任的所有领域，自律性规制尚未形成体系。

(三) 引导性规制体系有待完善

长期以来，我国十分重视规划的重要作用，各级政府均发布了特定时期特定领域的规划战略，这些规划战略都在很大程度对企业形成引导力。目前，我国各

级政府基本都发布了"五年规划"、环境保护规划等，但是我国中央政府和多数地方政府均未建立企业社会责任发展规划。此外，我国政府引导性规范制度基本以"规划战略"和指导意见为主，形式也过于单调。总体上看，政府的引导性规制体系仍不很完善。

二、我国政府推进体系仍有待进一步完善

（一）多数政府仍未设置推进机构

我国中央政府已逐步认识到推进企业履行社会责任的重要意义，许多部委也已出台了相关的推进措施。但是，由于企业社会责任涉及领域广泛，各行业责任特性差异大，因此，在推进企业社会责任的过程中，中央政府很难自觉形成社会责任的推进领导机构。实际上，由于对于社会责任内涵理解的侧重点不同，许多地方政府将社会责任推进统筹工作分配给了不同领域的专职机关，如杭州市将企业社会责任推进领导机构下设于总工会；深圳市则由人大和政协来统筹企业社会责任推进工作。

（二）推进手段已日趋多样

经过近几年的摸索，我国政府推进企业社会责任手段已趋于多样。总体上看，各级政府都较注重责任沟通和责任奖项激励两大手段，中央政府和许多地方政府均出台了责任沟通和责任奖项激励两个方面的措施。

（三）推进体系仍有待完善

从发展特征上看，我国政府社会责任推进体系基本形成了"设置推进机构——加强责任沟通——颁布责任奖项——责任合作"四大方面，但是，我国中央政府和多数地方政府仍未明确社会责任的领导机构，许多地方政府并未出台"加强责任沟通"或"颁布责任奖项"方面的措施，多数地方政府并未涉及"国际（国内）责任合作"。

三、我国政府社会责任监督仍未建立系统体系

（一）多数政府重视责任考察

总体上看，我国各级政府均采用了责任考察方式对企业社会责任进行监督。但是，由于各级政府的责任考察工作缺乏必要的统筹管理，责任考察很难对企业社会责任工作形成系统监督。

(二) 责任认证工作刚刚起步

我国中央政府和一些地方政府已建立较为完善的责任认证标准,但是这些责任认证多数集中于环境保护领域,其他领域的责任认证涉及相对较少,总体上看,我国政府通过责任认证推动企业社会责任的工作才刚刚起步。

(三) 责任监督手段过于单一

总体上看,我国中央政府和多数地方政府均只采用责任考察和责任认证两大手段实现责任监督。尽管许多地方政府在责任认证过程中,已充分利用了事业单位的作用,积极引导事业单位参与责任监督。但是,总体上看,在我国政府社会责任监督过程中,社会大众的参与度仍普遍不足,创新责任监督工具已成为主要课题之一,如政府征集网民监督意见等。

从整体上看,我国各级政府规制体系建设较为完善,但推进体系有待进一步完善,社会责任监督体系尚未系统建立 (见表 6-1)。

表 6-1 我国政府推进企业社会责任的角色及其工具选择汇总

政府名称	规制者		推进者							监督者	
	责任立法	技术标准	成立机构	会议论坛	发布报告	扩展渠道	颁布奖项	责任合作	责任培训	责任考察	责任认证
中央政府	√			√	√	√	√	√		√	
国资委	√		√	√	√					√	
商务部	√			√				√	√	√	
上海市	√	√		√			√	√		√	√
浙江省	√			√		√					√
深圳市	√		√	√	√					√	
杭州市	√		√	√	√						√
浦东新区	√	√	√				√			√	√
常州市	√	√	√	√	√						√

第二节 陕西省政府推进企业社会责任的政策建议

推进企业社会责任建设是一项长期、复杂的综合性任务,涉及经济、社会、环境各个领域,覆盖面广,技术要求高,社会效用大,应当高度重视,加强领导，统筹规划，有序推进。政府作为企业社会责任建设的主导力量，应将推进企业社会责任与法律、政策、规划、标准的制定相结合，指导地方政府和行业进一步提高认识，完善制度基础，建立配套政策，加大宣传力度，营造舆论氛围，引导企业高度重视并履行社会责任。

本节将在分析国内外政府推进企业社会责任的实践经验基础上，系统阐释陕西省政府推进企业社会责任建设的指导思想，基本原则、主要目标及任务。

一、基本原则

（一）立足我国基本国情和企业发展实际的原则

企业社会责任不具有全球普适性，需要与本省省情、文化传统和企业发展相适应。推进企业社会责任建设，从实际需要出发，不照搬照抄，在国际社会普遍接受的基本理论和原则基础上，以提高企业市场竞争力为基本前提，统筹兼顾经济社会环境效益的协调统一，按照自己的规则进行企业社会责任建设。

（二）与国际通行规则和惯例相结合的原则

在推进企业履行社会责任的过程中，需要充分考虑国际趋势，加强国际合作，积极吸取国际社会的有益做法和经验，遵循国际通行规则和惯例，坚持将社会责任建设与履行国际条约、参考国际标准等相结合，体现我国社会责任推进体系与国际企业社会责任发展主流和行为规范相关方面的基本一致性。

（三）政府指导、行业推动、企业实施、社会参与的原则

一是政府应加大推进企业社会责任建设的力度，弥补市场缺陷与不足，建立完善有利于企业履行社会责任的体制机制，督促企业承担社会责任。二是充分发挥行业协会的自律作用，制定行业公约和行业社会责任规范，规范企业行为。三是充分发挥企业的主体作用，从实现企业长远战略、提高市场竞争力出发，调动企业积极性、主动性和自觉性，切实履行社会责任。四是发动社会各方广泛参与，营造促进企业履行社会责任氛围。如图6-1所示。

（四）将推进企业社会责任建设与其他相关政策有机结合的原则

企业社会责任涉及经济社会的多个领域，将推进企业社会责任建设的政策与其他相关政策有机结合起来，才能切实推进企业社会责任建设进程。推进企业社会责任建设，必须将企业社会责任与行业规划、产业政策和标准等结合起来，形成政策合力，并将推进企业社会责任建设纳入国民经济和社会发展规划和行业规

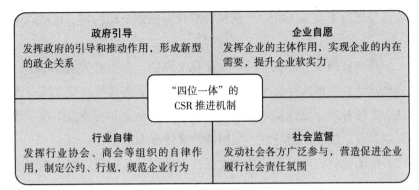

图6-1 "四位一体"企业社会责任推进机制

划中统筹考虑、协调推进。

（五）分类指导，突出重点，有序推进的原则

企业性质、行业类别、企业规模、经营状况等不同，企业履行社会责任的能力不同，实施的优先重点不同，社会对企业的要求也有所不同。推进企业社会责任建设，应当坚持从实际出发，针对不同地区、不同行业、不同性质和规模的企业，分层分类进行指导，同时突出重点行业、重点区域、重点企业，发挥示范和导向作用，有序推进企业社会责任建设。

二、主要任务

（一）制定陕西省企业社会责任推进规划

制定陕西省的企业社会责任推进规划，使企业社会责任建设有计划、有步骤地推进。第一，明确企业社会责任发展的总体战略目标和阶段目标，确定不同时期推动社会责任的优先重点，分阶段逐步推进企业社会责任工作；第二，倡导企业树立正确的社会价值观，明确企业社会责任的基本内涵，明确企业应当承担的责任和发挥的作用；第三，明确推进企业履行社会责任与提升陕西省综合竞争实力，实现省内经济、社会、环境持续协调发展的关系，界定企业社会责任工作在促进经济社会协调发展中的地位和作用；第四，对推进企业社会责任建设提出任务和要求。要尽快出台鼓励企业履行社会责任的政策文件，下发《陕西省企业履行社会责任指引》，帮助企业正确认识企业社会责任。

（二）推动建立符合陕西省省情的企业社会责任标准体系

企业社会责任标准是规范企业社会责任行为的主要依据。目前有部分地方政府和行业已经进行了有益实践。企业社会责任标准体系的构建，包括以下三方面内容：

第一，建立省级统一的企业社会责任标准原则。参照有关国际标准，立足国家和地区经济社会发展实际，考虑行业、企业的发展多样性，建立统一普遍适用的企业社会责任标准原则性要求和规范，便于省内企业和行业组织在一致的原则框架内制定具有系统性、指导性、实用性的责任标准。

第二，推动建立行业层面的社会责任行为准则。各行业组织应在国家和地方的标准原则基础上，根据行业特点制定自律性社会责任行为准则和标准，突出行业实施社会责任的优先重点，指导和约束本行业内企业的行为。

第三，引导企业建立内部标准或行为准则，约束企业自身经营活动。同时通过供应链传递企业社会责任理念，带动企业合作伙伴积极承担企业社会责任，推动可持续发展。

（三）建立健全企业社会责任信息披露机制

为促进企业真实、准确、完整、及时地披露社会责任信息，加强社会监督，切实推动企业履行社会责任，积极探索建立企业社会责任信息披露机制，推动企业主动承担社会环境责任。信息披露应当遵循可靠、公开、透明的原则，可采取强制公开和自愿公开两种形式：第一，对于国家法律法规规定必须披露的信息，应当采取强制公开办法；第二，鼓励企业定期自愿披露其他社会责任信息，推动企业定期发布企业社会责任报告或可持续发展报告，公布企业履行社会责任的现状、规划和措施，及时了解利益相关方的意见和建议，主动接受社会监督。积极探索建立社会责任信息披露监管办法。

（四）逐步构建企业社会责任评价体系

企业社会责任评价体系是引导和规范企业行为，督促企业改善社会责任表现的重要工具。建立社会责任评价体系，必须依据我国的法律法规，坚持分类指导的原则，确保评价体系的科学性、适用性。社会责任评价体系构建包括以下四方面内容：

第一，由政府主导，建立和完善企业社会责任评价体系框架，明确评价指标、评价标准、评价方式、奖惩政策等有关规定，作为对企业社会责任的考核评价的基本准则，检查检验企业的责任表现，激发企业承担社会责任的积极性。

第二，推动行业组织建立自律和约束机制，制定本行业企业社会责任评价体系，对企业进行必要的指导和督促。

第三，引导企业自律自评，建立组织领导机构和职责分工责任制，按照相关的流程和规范，识别企业利益相关方，进行企业社会责任现状评估，组织实施、审核、整改和自评。

第四，鼓励相关社会组织建立第三方评价机制，收集企业经营管理行为，积极征求社会公众的意见，定期评价企业的社会责任表现，通过社会的舆论监督，推动企业主动承担社会责任。

（五）加快建立有利于企业履行社会责任的配套政策体系

建立并完善企业社会责任的配套政策体系，从投资、信贷、税收、土地、市场准入、政府采购等方面入手，制定一系列的激励惩罚措施，营造企业社会责任的良好发展环境，支持和鼓励企业积极践行社会责任。

第一，积极构建促进企业履责的投融资环境，推进责任投资和责任信贷。引导投资机构进行投资决策时纳入社会责任绩效因素，鼓励社会责任投资基金的发展，对社会责任绩效良好的企业给予贴息和补助。

第二，推行责任采购，对于社会责任绩效良好的企业，给予政府优先采购支持。

第三，建立社会责任标识，促进责任消费，提升社会对企业社会责任行为和关注，进一步鼓励企业主动承担社会责任，实现企业社会责任意识的整体提升。

第四，对于缺乏信用、侵害员工利益、污染环境、破坏生态、浪费资源、危害公共安全的企业，利用法律或行政手段，强制其履行应承担的社会责任，并进行相应的处罚。

（六）开展地区试点示范工作

研究制定切实可行的试点工作方案，选取若干不同类型的具有代表性的地区开展试点示范工作，通过典型示范，及时总结经验，分析存在问题，探索可供其他地区学习的模式，为下一阶段全面推进企业社会责任打好基础。各试点地区要根据统一部署，按照推进企业社会责任建设的主要任务，制定和完善相应的政策措施，先易后难，稳步推进，务求实效，力求建立若干机制健全、效果显著、带动性强的社会责任示范区，探索符合我国国情的企业社会责任建设规律与模式，逐步推广应用，努力开创企业社会责任建设新局面。

(七) 加强社会责任基础研究

国内企业社会责任研究近年来进展迅速，但总体上仍然处于起步阶段，实证研究和定量分析较少，存在概念模糊、情况不明，家底不清的问题。加强社会责任基础研究，应从以下三方面着手：第一，厘清思路，界定出符合中国现阶段的企业社会责任内涵和边界。一方面开展深层次理论研究，另一方面开展实证研究和国际比较研究，与中国经济、社会、文化特征相结合，探索中国企业社会责任建设的路径和方法。第二，开展我国企业履行社会责任的基本现状调查，深入研究中国企业的发展阶段、体制特征、管理能力和社会责任承担能力，探索企业履行社会责任的外部推进机制，为下一步出台具有针对性的政策打下必要基础。第三，研究企业承担社会责任的内部推进机制，如何将企业社会责任与企业现有的管理体系、日常运营相融合。

(八) 推广社会责任理念，加大宣传培训力度

推广责任理念，营造有利氛围。充分利用各种媒体，采取多种形式，加强对企业社会责任工作的宣传，重点宣传企业社会责任的理念和重要意义，有关法规制度和标准，社会责任有关的重要活动，以及社会责任的热点、焦点问题，宣传优秀示范企业、典型案例，提高社会各界对企业履行社会责任重要性的认识，为推进企业社会责任建设营造良好的社会氛围和发展环境。

加强宣传培训，提升责任意识。依托行业和企业组织，开展社会责任培训。要对企业负责人和员工进行社会责任基础知识和理念、管理体系建设和信息披露的培训，不断提高企业对履行社会责任、实现可持续发展必要性的认识，推进企业践行责任价值观，理解社会责任政策，增强员工的责任意识，并以此规范自身经营管理行为。

(九) 加强国际、国内交流与合作

随着企业社会责任逐渐成为一种世界潮流和趋势，陕西省一方面需要进一步加强国际交流与合作，了解世界企业社会责任发展的过程和趋势，学习借鉴国际社会在履行企业社会责任方面的做法和经验；同时要向其他省份学习，学习浙江、宁夏等省区在推进企业社会责任方面的经验，加强交流和合作。

三、保障措施

（一）建立社会责任组织领导机构

建议成立陕西省企业社会责任指导委员会，加强对企业社会责任工作的领导，将推进企业社会责任建设列入重要议程，从制度建设、专业管理、试点工作等方面，有序推进陕西省企业社会责任建设工作。陕西省政府相关部门应当加强与有关部门的协调与合作，与工商、财政、安全监管、卫生、环保、劳动保障、民政、工会等有关部门密切配合，与行业协会建立互动关系，明确职责，整合资源，齐抓共管，形成合力，形成推进企业履行社会责任的有效网络。

社会责任工作推进机构的职能包括：①研究职能。跟踪国内外企业社会责任发展现状与趋势；调查分析陕西省企业履行社会责任进展与问题；编写陕西省企业社会责任经验交流材料。②推进职能。制定下发陕西省企业履行社会责任相关指导性文件，如指引、规划、管理办法等；考核评价企业履行社会责任成效。③传播职能。组织陕西省企业社会责任培训与交流活动；宣传企业社会责任优秀实践；参与、组织国内外企业社会责任论坛、会议。

（二）完善社会责任法律法规基础

法律法规是企业社会责任的核心内容，是约束企业社会责任行为的基础保障，也是政府推动企业社会责任法制化、规范化发展的重要手段。第一，从法律层面进一步明确企业社会责任的内涵。我国在《公司法》中明确提出了企业应承担社会责任，但并没有对社会责任内涵加以界定。第二，完善企业履行社会责任的法律法规环境。我国在劳动、消费者权益保护、安全生产、环境保护等方面都出台了一系列法律，行政法规、部门规章和地方性法规，构成了企业经营的刚性底线。但随着企业与经济社会的不断发展，部分现行法律法规已经不适应当前经济社会发展的需要和转变经济发展方式的要求，可操作性较差，需要进行重新修订。

（三）依法加强监管，加大执法力度

严格的监督和执法是法律法规得到有效实施的基本保证，是要求企业守法和承担社会责任的基础。各有关部门应加大工作力度，督促指导，强化监管，不断提高法律监督能力和公正执法能力，推动建立企业履行社会责任的监督机制，形成政府执法监督、新闻舆论监督、行业自律监督、群众团体监督、公众监督和企

业自律监督相结合的多渠道、全方位监督体系。对环境污染、资源浪费、劳动用工、安全生产上违法乱纪行为要加大打击处罚的力度，采取必要的严厉制裁措施，促使企业遵纪守法，依法经营、依法管理。

（四）充分发挥各种社会力量的作用

推动企业履行社会责任需要各种社会组织和力量的参与。在推进企业社会责任建设的过程中，要注重发挥行业和企业组织、工会和雇主组织、非政府组织、媒体等社会力量的重要作用。

一要发挥行业和企业组织的作用。行业和企业组织在宣传引导，制定企业行为准则和实施机制、指导企业遵守法律，遵守市场规则、主动保护环境、反对商业贿赂等方面具有重要作用。

二要发挥工会组织的作用。发挥工会在维护职工权益等方面对督促企业履责的作用，以及有政府、企业和职工之间沟通的桥梁纽带作用。

三要发挥非政府组织的作用。消费者组织、环境保护组织和其他非政府组织，在创造有利于企业履行社会责任的社会环境等方面发挥了重要作用。鼓励更多社会组织参与到活动中来，有利于在更大范围内和更深层次上推动企业社会责任的发展。

四要充分发挥社会舆论的作用，广泛宣传社会责任理念，促进和推动企业履行社会责任。新闻媒体是党和政府的舆论导向工具，也是社会监督的重要力量。在监督促进陕西省企业履行社会责任方面，新闻媒体同样能够发挥不可替代的作用。要引导新闻媒体向社会广泛宣传企业社会责任思想、理念和企业成功经验，使各界对这一问题有清晰的认识，为全面推进企业社会责任工作铺平道路。同时，也要让媒体对不履行社会责任的行为进行揭露和批评，对不履行社会责任的企业进行曝光。

第三节　陕西省基层政府推进企业履行社会责任的政策建议

对于基层政府而言，在推进企业履行社会责任方面更多地承担着推进者和监督者的角色。因此，可以重点把握以下几个方面的工作：

一、加强对区内企业履行社会责任的倡导与宣传

基层地方能与企业有更多更深的接触，而且很多地方企业是有着浓厚的乡土情结的。因此，地方政府可以通过大力宣传优秀企业的社会责任实践，让更多的企业学习它们的成功经验，提升企业对履行社会责任、提升企业竞争力、实现可持续发展的重要作用的认识，推动企业社会责任工作的开展。

二、配合陕西省政府落实企业社会责任评价激励机制

在陕西省政府建立和完善企业社会责任评价机制的基础上，积极配合并采取措施对积极履行社会责任的企业予以激励，在一些政策上给予贡献突出的企业以倾斜和优惠。比如，政府优先采购更具社会责任感的企业的产品和服务，简化优秀企业的审批程序，对积极履行社会责任的非竞争类企业给予财政补贴，对于企业承担的社会责任重大项目（例如，政府鼓励发展的环保型产品、节能降耗技术、重大自主创新技术等）予以补贴，提升企业可持续发展能力等。

三、开展地区内企业的社会责任培训

基层地方政府要尽快搭建区内企业的社会责任培训平台，通过聘请相关专业机构开展系统的社会责任培训，提升企业的社会责任认识，解决企业的困惑，指导企业逐步开展社会责任工作。可以先组织区内企业的领导层社会责任培训，树立正确的社会责任意识，提高领导层对社会责任工作的重视程度；然后组织区内企业社会责任工作管理部门人员培训，帮助企业建立企业社会责任管理体系。此后，可每一两年组织一次社会责任培训，深化理解、扩充知识、答疑解惑。

四、搭建区内企业社会责任交流传播平台

企业之间的相互交流与借鉴是提升社会责任工作绩效的重要机制。基层地方政府应当搭建起社会责任交流平台，一方面组织区内企业调研社会责任工作领先的国有企业、跨国公司，学习先进实践；另一方也开展区内企业之间的定期调研、交流活动，分享推动社会责任工作的经验教训，相互学习、相互促进、共同进步。

基层地方政府还要建立起区内企业社会责任信息定期搜集机制与展示平台，及时了解企业履行社会责任的进展，并向社会披露企业的社会责任理念、行动与成效。

五、积极探索区内企业履行社会责任的考核机制

可以先进行区内国有企业的试点，完善地区国资委对区内企业的考核办法。国资委可以在现有的评价考核机制中，将社会责任管理列入调整项，对于积极推进社会责任工作的企业予以加分；可将企业社会责任履行情况与特别贡献奖挂钩，激励企业高层推动社会责任融入管理与日常运营，做出亮点，提升履行社会责任的绩效。同时，启动构建区内国有企业社会责任考核体系的相关研究工作，制定考核指标体系与考核办法，最终实现社会责任管理与实践的全面考核。

六、加强对区内企业的违法违规行为的披露

对于基层地方政府而言，加大监督力度，对于区内企业要进行一次统一的调研和摸底，初步掌握区内企业的社会责任的基本情况。通过上述的引导和激励制度，促进企业履行社会责任，但是如果还有企业不遵守法律法规的行为，一定要及时进行披露和曝光，让这些企业必须进行改正，否则无法在本地区内立足。

第四节　陕西省政府促进企业履行社会责任的推进图

从规制者、推进者、监督者的角度，对陕西省政府推动企业社会责任在不同阶段可采取的政策措施加以表述（见表6-2）。

表6-2　不同阶段可选择的企业社会责任推进政策、措施

项　目	具体内容	起步期目标	发展期目标	成熟期目标
一、规制者				
1-1 发布基本政策	建立健全法规政策体系 发布社会责任推进规划	√		
1-2 进行标准制定	《陕西省企业社会责任标准》			√

续表

项　目	具体内容	起步期目标	发展期目标	成熟期目标
二、推进者				
2-1 成立推进机构	建立社会责任委员会和办公室	√		
2-2 推广责任理念	《陕西省企业社会责任指导手册》		√	
2-3 加强基础研究	《陕西省企业社会责任现状与问题》研究等	√		
2-4 搭建交流平台	开设陕西省企业社会责任网站，开展国内外交流与合作		√	
2-5 推进信息披露	《陕西省企业社会责任信息披露指南》		√	
2-6 完善配套政策	推进责任采购、责任投资等			√
2-7 推动综合试点	选择重点行业和地区，进行企业社会责任的综合试点，总结相关经验		√	
2-8 全面推进企业社会责任	在前期试点的基础上，要求各地方和行业全面推进企业社会责任			√
三、监督者				
3-1 社会责任评价	制定《陕西省企业社会责任评价体系》			√
3-2 社会责任标识	《陕西省企业社会责任标识系统》			√

子报告1 陕西省企业履行社会责任的调查报告

第一节 研究背景

近年来，企业履行社会责任已成为重要的时代命题，推进企业履行社会责任，转变经济发展方式，提高发展质量和效益，改善人民生活，促进生态文明，已成为各方共识。

工信部、商务部、国资委等部委，浙江、山东、深圳、杭州、上海浦东等诸多地方政府，工经联、纺织工业协会等行业协会，沪深交易所，各类中介机构和媒体都在积极推动企业社会责任。在各方力量的推动下，我国企业社会责任进入高速发展期，企业社会责任报告从2001年的1份猛增到2014年的1526份。

陕西省政府近年来也积极行动，推动企业履行社会责任。早在2010年，陕西省就发布了《陕西省工业企业社会责任指南》，推进全省工业企业社会责任建设。从2011年开始，陕西省工业经济联合会每年组织工业企业发布社会责任报告。2013年11月，"2013陕西省工业企业社会责任报告发布会"召开，陕西延长石油、陕煤化、陕西省地方电力等11家企业发布了2012年度企业社会责任报告。截至2013年底，陕西省已有33家企业向社会公开发布了社会责任报告。

但总体来看，我国政府在推进企业社会责任过程中缺乏"顶层设计"，没有明确的战略定位和统一的协调机制，各方力量难以形成合力，从而影响了推进效果。为了进一步推进陕西省企业社会责任更好更快地发展，课题组提出对"陕西省企业社会责任"进行研究，试图通过参考发达国家经验，调查陕西省企业社会责任现状、问题和政策，制定推进陕西省企业社会责任的实施指引。

第二节　调研过程

作为"陕西省企业社会责任"研究的重要组成部分，通过对陕西省辖区内注册的法人企业进行问卷调查是科学性地评估陕西省企业社会责任现状、经验的关键。

2014 年 9 月~10 月，"陕西省企业社会责任研究"课题组开展了对陕西省企业社会责任的调研工作，计划对陕西省辖区内的 90 家企业（包括 30 家国有企业、30 家民营企业和 30 家外资企业）进行问卷调查，30 家企业（10 家国有企业、10 家民营企业和 10 家外资企业）进行现场访谈。

调研分为两个方面，分别为问卷调查和现场访谈。其中，问卷调查试图通过对陕西省样本企业发送"企业社会责任调查问卷"的形式，采集陕西省企业对于履行社会责任的基本看法和理解，从而通过整合问卷内容，分析陕西省整体的企业社会责任状况。现场访谈试图通过选择陕西省企业社会责任先进企业，汲取它们在社会责任方面的典型做法，从而为其他企业更好地开展社会责任工作提供可资借鉴的良好经验。

问卷调查和现场访谈恰逢华西秋雨季节，与问卷调查和现场访谈时间高度重合，这在很大程度上增加了问卷调查尤其是现场访谈的难度。问卷调查和现场访谈期间，课题组拜访了陕西省发展与改革委员会、陕西省信息中心、陕西省信用协会、西安航天基地管委会、西安经开区管委会、西咸新区沣西新城管委会、西安高新区管委会以及西安高新技术企业协会八家单位，八家单位的领导对"陕西省企业社会责任研究"课题所涉及的问卷调查和企业访谈给予了中肯的意见和建议，并对课题组开展"陕西省企业社会责任调研"提供了极大的帮助。

问卷调查和企业访谈期间，课题组召开了一次启动会，两次企业座谈会，联系企业并发放问卷 200 余家。最终，通过联系单位推荐、主动联络等方式，课题组最终回收有效问卷 104 份，调研企业 50 家。

第三节　调研对象

一、调研对象成立时间分布

将调研对象成立时间分为 5 年以下、5~10 年（包括 5 年）、10~15 年（包括 10 年）、15~20 年（包括 15 年）、20~30 年（包括 20 年）以及 30 年以上六个组别。

在问卷调查企业成立时间分布方面，调查对象公司成立时间处于 10~15 年的企业数量相对最多，有 28 家问卷调查企业的成立时间处于该组。其次为成立时间处于 5~10 年的问卷调查企业数量。问卷调查企业成立时间处于 15~20 年、5 年以下的数量依次降低，分别有 14 家调查对象企业和 13 家调查对象企业处于这两个组。成立时间处于 20~30 年和 30 年以上的问卷调查企业数量相同，均有 11 家企业。

在访谈企业成立时间分布方面，访谈企业成立时间处于 10~15 年的数量相对最多，有 15 家访谈企业成立时间处于该组。访谈企业成立时间处于 5~10 年、15~20 年以及 5 年以下的数量分别依次降低，分别有 13 家企业、8 家企业和 4 家企业处于这三个组。访谈企业成立时间处于 20~30 年以及 30 年以上的企业数量相同，均有 5 家企业处于这两个组（见图 Z1–1）。

二、调研对象所处行业分布

按照中国社会科学院经济学部企业社会责任研究中心对于企业所处行业分类方法对调研对象所处行业进行考察，结果发现，调研对象分布于 33 个行业类别中。

在问卷调查企业所处行业分布方面，处于机械设备制造业（12 家）、医药生物制造业（12 家）和电气机械及器材制造业（10 家）三个行业的问卷调查企业数量分布相对最多，其中，分布于机械设备制造业和医药生物制造业两个行业的问卷调查企业数量相等。处于电子产品及电子元件制造业（9 家）、工业化学品制造业（6 家）、计算机服务业（6 家）、农林牧渔业（6 家）和交通运输设备制

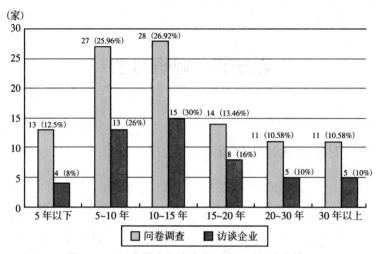

图 Z1-1 问卷调查和访谈企业成立时间分布情况

造业（5 家）五个行业的问卷调查企业数量处于 5~10 家（包括 5 家，不包括 10 家），其中，工业化学品制造业、计算机服务业以及农林牧渔业三个行业分布的问卷调查企业数量相等。处于非金属矿物制品业（4 家）和计算机及相关设备制造业（3 家）两个行业的问卷调查企业数量依次减少。均有 2 家问卷调查企业处于通信服务业、建筑业、通信设备制造业、金属冶炼及压延加工业、石油和天然气开采业与加工业、食品饮料业、文化娱乐业以及燃气的生产和供应业 8 个行业。处于电力供应业、电子信息制造业、通信设备计算机及其他电子设备制造业、互联网服务业、装备制造业、加工制造业、印刷业、交通运输服务业、批发贸易业、一般服务业、一般制造业、零售业、房地产开发业、房地产服务业以及特种设备制造业 15 个行业的问卷调查企业数量均有 1 家。

在访谈企业所处行业分布方面，50 家访谈企业分别分布于 20 个行业中。其中，机械设备制造业和医药生物制造业均有 7 家访谈企业分布，电气机械及器材制造业和农林牧渔业分别有 6 家和 4 家访谈企业分布。均有 3 家访谈企业分布于交通运输设备制造业、工业化学品制造业和电子产品及电子元件制造业 3 个行业。分布于通信服务业、建筑业、计算机及相关设备制造业以及计算机服务业 4 个行业的访谈企业数量均有 2 家。通信设备计算机及其他电子设备制造业、印刷业、一般服务业、零售业、通信设备制造业、金属冶炼及压延加工业、石油和天然气开采业与加工业、食品饮料业以及非金属矿物制品业均有 1 家访谈企业分布，如图 Z1-2 所示。

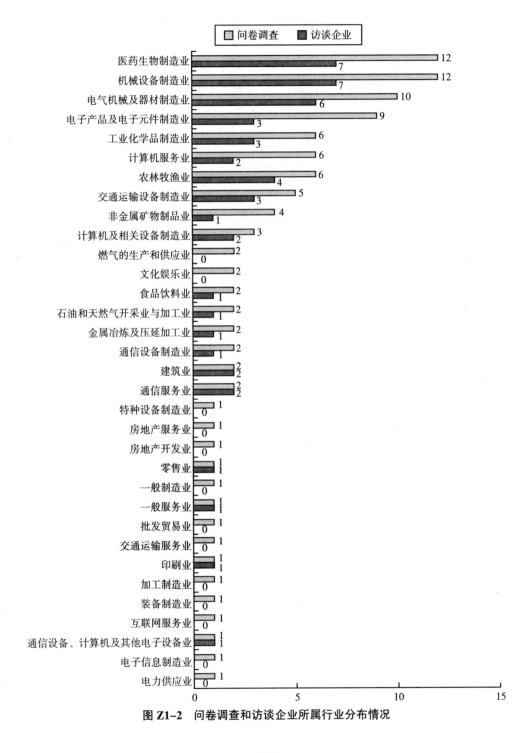

图 Z1-2　问卷调查和访谈企业所属行业分布情况

三、调研对象所有制性质分布

按照企业的所有制性质，将调研对象企业分为国有企业、民营企业和外资企业三个类别，其中，国有企业为国有独资或者国有法人控股的企业，民营企业为中国大陆自然人独资或控股的企业以及民营企业法人控股的企业，外资企业为境外自然人或法人独资或控股的企业。

在问卷调查企业所有制性质分布方面，民营企业数量相对最多，有 40 家（38.46%）。国有企业数量和外资企业数量依次降低，分别有 33 家（31.73%）和31 家（29.81%），均多于计划问卷调查企业数量。

在访谈企业所有制性质分布方面，数量分布与问卷调查企业所有制数量分布相同，均是民营企业分布企业数量相对最多，国有企业居中，外资企业相对最少。其中，民营企业访谈企业数量有 22 家（44%），国有企业访谈企业数量有 17家（34%），外资企业访谈企业数量有 11 家（22%），均多于计划访谈的企业数量，如 Z1-3 所示。

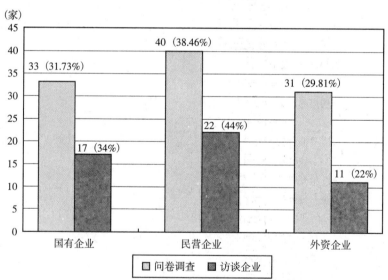

图 Z1-3　问卷调查和访谈企业所有制性质分布情况

四、调研对象上市与否分布

从调研对象上市与否对问卷调查企业和访谈企业进行考察可以看到，在问卷调查企业上市与否分布方面，非上市公司分布问卷调查企业数量占比超过八成，有 85 家（81.73%）问卷调查企业为非上市公司，其余的 19 家（18.27%）问卷调查企业为上市公司。

在访谈企业上市与否分布方面，非上市公司同样占多数，在 50 家访谈企业中，39 家（78%）为非上市公司，上市公司访谈企业有 11 家（22%），如图 Z1-4 所示。

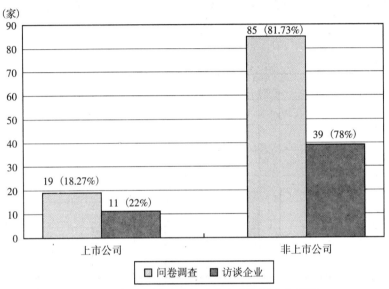

图 Z1-4　问卷调查和访谈企业上市与否分布情况

五、调研对象资产总额分布

在 104 家调研对象中，反馈问卷中答复资产总额的企业有 93 家（89.42%）；在这 93 家调研对象中，有 48 家（96%）企业也同时接受了课题组的访谈。在本部分，课题组将以 93 家接受问卷调查的企业作为分析调查对象资产总额分布的基础，以 48 家接受访谈的企业作为分析访谈企业资产总额分布的基础。与此同时，通过对调研对象企业资产总额整体特征进行分析，课题组按照 0.1 亿元以下、0.1 亿~1 亿元（包括 0.1 亿元）、1 亿~10 亿元（包括 1 亿元）、10 亿~100 亿元（包括 10 亿元）以及 100 亿元以上（包括 100 亿元）基准对资产总额进行分组。

在问卷调查企业资产总额分布方面，总资产规模处于 0.1 亿~1 亿元以及 1 亿~10 亿元的企业数量相对最多，分别有 37 家（39.78%）和 34 家（36.56%）企业位于这两个资产总额组。资产总额处于 10 亿~100 亿元、100 亿元以上以及 0.1

亿元以下的企业数量相对较少，分别有 14 家 (15.05%)、5 家 (5.38%) 和 3 家 (3.23%) 企业位于这三个组。

在访谈企业资产总额分布方面，表现出同问卷调查企业资产总额相同的分布，位于 0.1 亿~1 亿元、1 亿~10 亿元、10 亿~100 亿元、100 亿元以上以及 0.1 亿元以下五个资产总额组别的企业数量分别依次降低，分别有 17 家 (35.42%)、16 家 (33.33%)、11 家 (22.92%)、3 家 (6.25%) 以及 1 家 (2.08%) 企业位于相应的资产总额组，如图 Z1-5 所示。

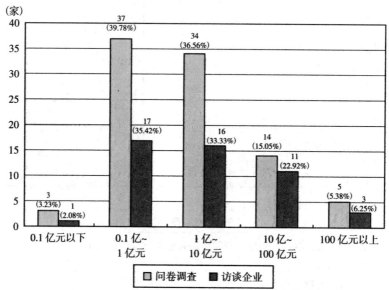

图 Z1-5　问卷调查和访谈企业资产总额分布情况

六、调研对象销售收入分布

在 104 家调研对象中，反馈问卷中答复销售收入的企业有 87 家 (82.86%)；在这 87 家调研对象中，有 48 家 (96%) 企业也同时接受了课题组的访谈。在本部分，课题组将以 87 家接受问卷调查的企业作为分析问卷调查对象销售收入分布的基础，以 48 家接受访谈的企业作为分析访谈企业销售收入分布的基础。与此同时，通过对调研对象企业销售整体特征进行分析，与调研对象资产总额分布的分析处理相同，课题组也将按照 0.1 亿元以下、0.1 亿~1 亿元（包括 0.1 亿元）、1 亿~10 亿元（包括 1 亿元）、10 亿~100 亿元（包括 10 亿元）以及 100 亿元以上（包括 100 亿元）基准对资产总额进行分组。

在问卷调查企业销售收入分布方面，销售收入数额处于 0.1 亿~1 亿元的企业数量相对最多，有 33 家（37.93%）问卷调查企业的销售收入处于该组别。其次为销售收入数额处于 1 亿~10 亿元的问卷调查企业数量，处于该组的问卷调查企业数量较处于 0.1 亿~1 亿元组的问卷调查企业数量少 5 家，有 28 家（32.18%）问卷调查企业销售收入处于该组。销售收入处于 10 亿~100 亿元的问卷调查企业有 14 家（16.09%），在五个组别中分布数量处于中间。销售收入处于 0.1 亿元以下以及 100 亿元以上两个组别的问卷调查企业数量相同，均有 6 家（6.9%）企业销售收入处于这两个组别。

在访谈企业销售收入分布方面，表现出同问卷调查企业销售收入相同的分布，销售收入处于 0.1 亿~1 亿元、1 亿~10 亿元以及 10 亿~100 亿元的访谈企业数量分别居于前三甲，分别有 17 家（35.42%）、16 家（33.33%）和 9 家（18.75%）访谈企业销售收入处于这三个组别。处于 100 亿元以上以及 0.1 亿元以下的访谈企业数量相对最少，分别有 4 家（8.33%）访谈企业和 2 家（4.17%）访谈企业销售收入位于这两个组别，如图 Z1-6 所示。

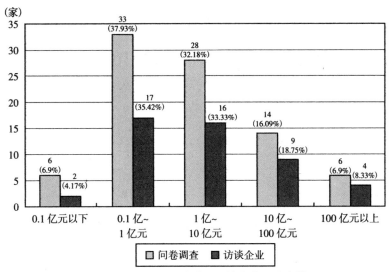

图 Z1-6　问卷调查和访谈企业销售收入分布情况

七、调研对象跨国经营分布

将调研对象企业的跨国经营状况分为三种情况，对调研对象企业的跨国经营分布进行考察，第一种是开展了跨国经营活动；第二种是没有开展跨国经营活动，但是近期将开展跨国经营活动；第三种是没有开展跨国经营活动，并且在近期也没有打算开展跨国经营活动。

在问卷调查企业跨国经营分布方面，没有开展跨国经营的问卷调查企业数量相对最多，有81家（77.98%）没有开展跨国经营活动。其中，23家（22.12%）问卷调查企业虽然在当前没有开展跨国经营活动，但是在近期将会开展跨国经营活动；而另外58家（55.77%）问卷调查企业不仅当前没有开展任何跨国经营活动，而且在可以预期的将来也没有任何开展跨国经营的打算。23家（22.12%）问卷调查企业当前已经开展相应的跨国经营活动，比如西安陕鼓动力股份有限公司跨国经营地区分布在德国、韩国、俄罗斯、印度、巴西、土耳其、越南、苏丹、西班牙、伊朗、马来西亚、哈克斯坦、巴基斯坦等十多个国家和地区；陕西天翌天线有限公司跨国经营地域广泛分布于中东、欧洲、北美等地区；西安康明斯发动机有限公司跨国经营地域分布于拉美、欧洲、东南亚、非洲等地。

在访谈企业跨国经营分布方面，也表现出同问卷调查企业跨国经营分布相同的格局，没有开展跨国经营的访谈企业数量也占据总体访谈企业的多数。具体来看，当前没有开展任何跨国经营活动的访谈企业有36家（72%），远远多于当前开展跨国经营活动的访谈企业数量（14家，28%）。其中，当前没有开展跨国经营活动，而近期即将开展跨国经营活动的访谈企业有9家（18%）；当前没有开展跨国经营活动，而近期不会开展跨国经营活动的访谈企业有27家（54%），如图Z1-7所示。

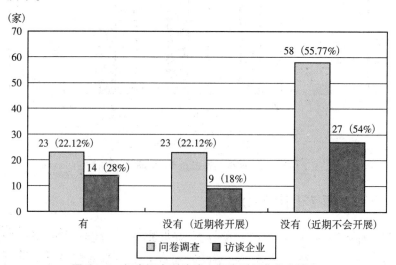

图 Z1-7 问卷调查和访谈企业跨国经营分布情况

第四节　主要结果

一、调研对象对企业社会责任的认识

(一)　调研对象对企业社会责任相关概念的认识情况

企业公民、利益相关方理论、三重底线理论、联合国全球企业、国际劳工公约、SA8000、国际标准化组织 ISO26000、OECD 公司治理结构原则以及跨国公司"生产守则"是企业社会责任领域的重要概念或倡议,对这些概念的了解程度反映了企业对于企业社会责任的基本认识。

在 104 家问卷调查企业对上述企业社会责任领域重要概念或倡议的认识方面,几乎所有问卷调查企业都对以上一个或多个企业社会责任领域术语或倡议了解,对以上任何一个企业社会责任领域术语或倡议都了解的问卷调查企业只有 2 家(1.92%)。在对一个或多个企业社会责任领域术语或倡议了解的企业中,对企业公民术语了解的企业相对最多,有 88 家(84.62%)对企业公民术语了解,其次为对利益相关方理论术语和国际劳工组织公约术语了解的问卷调查企业数量,对二者了解的问卷调查企业数量分别有 65 家(62.50%)和 59 家(56.73%)。对联合国全球契约术语和国际标准化组织所发布的 ISO26000 了解的问卷调查企业均有 40 家,也均有 23 家(22.12%)问卷调查企业对 OECD 公司治理结构原则和跨国企业"生产守则"两个术语了解。另外,对三重底线和 SA8000 两个术语了解的企业相对较少,分别有 28 家(26.92%)和 18 家(17.31%)问卷调查企业对这两个术语了解。

50 家访谈企业均对以上一个或多个企业社会责任领域术语或倡议了解,没有任何一家访谈企业对以上任何企业社会责任领域的术语或倡议都不了解。在 50 家访谈企业对上述企业社会责任领域重要概念或倡议的认识方面,表现出与问卷调查企业认识相似的状况。具体来看,访谈企业对企业公民、国际劳工公约、利益相关方理论三个术语了解的数量相对最多,分别有 42 家(84%)、34 家(68%)和 32 家(64%)访谈企业了解这三个企业社会责任领域的术语。对联合国全球契约和国际标准化组织发布的 ISO26000 这两个企业社会责任倡议了解的访谈企业数量均有 23 家（46%），对 SA8000 和 OECD 公司治理结构原则两个企业社会责任倡议了解的访谈企业数量也相同，均有 13 家（26%）。另外，还有 15 家（30%）访谈企业对三重底线这一企业社会责任领域重要术语了解，11 家（22%）问卷调查企业对跨国公司"生产守则"这一企业社会责任领域重要倡议了解，如图 Z1-8 所示。

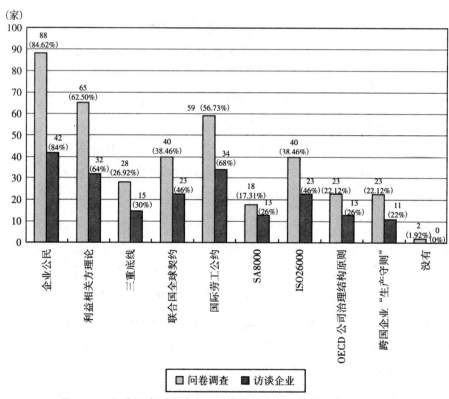

图 Z1-8   问卷调查和访谈企业对企业社会责任相关概念认识情况

（二）调研对象对企业发展与企业社会责任之间关系的认识情况

为了考察陕西省企业对于企业发展与企业社会责任之间关系的认识，课题组设计了四个选项来反映不同的企业发展与企业社会责任之间关系，分别为"企业发展就是为了追求规模扩张与利润增长，与社会责任关系不大"，"为了企业自身的发展，必要时可以不考虑社会责任"，"企业在追求自身发展的同时必须要履行社会责任"以及"履行社会责任能够提升企业发展能力和竞争力"。

在问卷调查企业对企业发展与企业社会责任之间关系的认识方面，多数企业认为企业社会责任能够提升企业发展能力和竞争力，并认为企业在追求自身发展的同时必须要履行社会责任，仅有少数企业认为为了企业自身的发展，在必要的时候可以不考虑企业社会责任，以及认为企业发展就是追求规模扩张与利润的增长而与企业社会责任关系不大。具体来看，96家（92.31%）问卷调查企业认为履行企业社会责任能够提升企业发展能力和竞争力，95家（91.35%）问卷调查企业认为企业在追求自身发展的同时必须要履行社会责任，认为为了企业自身的发展，必要时可以不考虑社会责任的问卷调查企业仅有1家（0.96%），认为企业发展就是为了追求规模扩张与利润增长，与社会责任关系不大的问卷调查企业也只有2家（1.92%）。

在访谈企业对于企业发展与企业社会责任之间关系的认识方面，访谈企业表现出与问卷调查企业相似的特征，在50家访谈企业中，45家（90%）访谈企业认为履行社会责任能够提升企业发展能力和竞争力，认为企业在追求自身发展的同时必须要履行社会责任的访谈企业有46家（92%），认为企业为了自身的发展必要时可以不考虑企业社会责任的访谈企业以及认为企业发展就是为了追求规模扩张与利润增长，与社会责任关系不大的访谈企业数量均较少，均有1家（2%）访谈企业持有这样的企业发展与企业社会责任之间关系的观点，如图Z1-9所示。

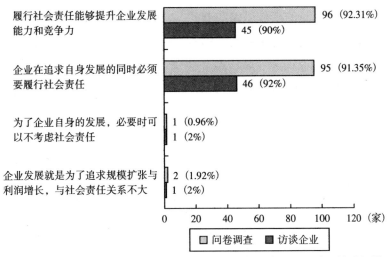

图 Z1-9　问卷调查和访谈企业对企业发展与企业社会责任之间关系的认识情况

（三）调研对象对企业日常运营与企业社会责任之间关系的认识情况

为了考察陕西省企业对于企业日常运营与企业社会责任之间关系的认识，课题组设计了四个方面的关于企业日常运营与企业社会责任之间关系的选项，分别为"履行企业社会责任增加了运营成本"，"履行企业社会责任是日常运营之外的额外工作"，"履行企业社会责任与企业运营的各个岗位、环节密切相关"，"履行企业社会责任能够改善运营管理，带来新的工作思路和方式"，通过考察调研企业对于这四个选项的选择情况，可以反映出陕西省企业对于日常运营与企业社会责任之间关系的认识。

在问卷调查企业对于企业日常运营与企业社会责任之间的关系认识方面，多数企业认为，"履行企业社会责任能够改善运营管理，带来新的工作思路和方式"以及"履行企业社会责任与企业运营的各个岗位、环节密切相关"，其中，认同前者的问卷调查企业有95家（91.35%），认同后者的问卷调查企业有85家（81.73%）。另外，还有部分企业不同程度地认为"履行企业社会责任增加了运营成本"以及"履行企业社会责任是日常运营之外的额外工作"，其中，认同前者的问卷调查企业有26家（25%），认同后者的问卷调查企业有8家（7.69%）。

在访谈企业对于企业日常运营与企业社会责任之间关系的认识方面，表现出同问卷调查企业对于企业日常运营与企业社会责任之间关系认识相同的特征。其中，超过九成（47家，94%）访谈企业认为"履行企业社会责任能够改善企业的运营管理，从而带来新的工作思路和方式"，超过八成（41家，82%）访谈企业认为"履行企业社会责任与企业运营的各个岗位、环节密切相关"。另外，还有14家（28%）访谈企业认为"履行企业社会责任增加了企业的运营成本"，2家（4%）访谈企业认为"履行企业社会责任是日常运营之外的额外工作"，如图Z1-10所示。

（四）调研对象对推动企业社会责任原动力的认识

为了考察陕西省企业对于推进企业社会责任原动力的认识，课题组设计了五个方面的选项来考察陕西省企业履行社会责任的原动力，其中四个选项分别为认为企业社会责任是"企业文化、经营理念驱使"的结果，企业社会责任是"监管部门推动"的结果，企业社会责任是"商业贸易伙伴的订约或合作要求"以及企业社会责任是"职工、消费者、媒体、公众等利益相关方的诉求压力"的结果。由于企业推进自身企业社会责任原动力的复杂性，在本研究中，课题组也不可能

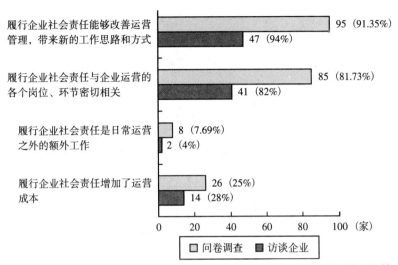

图 Z1-10　问卷调查和访谈企业对日常运营与企业社会责任之间关系的认识情况

穷尽所有的企业社会责任原动力，为此，在本研究中，课题组还设置第五个选项"其他"，来考察其他推动陕西省企业社会责任的原动力。

在问卷调查企业对于推动企业社会责任原动力的认识方面，近九成（91 家，87.50%）问卷调查企业认为推动企业社会责任的原动力是"企业文化、经营理念"，49 家（47.12%）问卷调查企业认为"监管部门推动"也是企业履行社会责任的重要原动力，还有 41 家（39.42%）问卷调查企业和 37 家（35.58%）问卷调查企业将"商业贸易伙伴的订约或合作要求"以及"职工、消费者、煤炭、工种等利益相关方的诉求压力"看作是推进企业履行社会责任的原动力。另外，还有 4 家（3.85%）问卷调查企业认为推动企业社会责任的原动力还有其他因素，比如，有些企业就认为推动企业社会责任的原动力是"企业使命的要求"，有些企业认为推动企业履行社会责任的原动力是"增强企业凝聚力"的考量。

在访谈企业对于推动企业社会责任原动力的认识方面，认为推动企业的原动力是"企业文化、经营理念"的访谈企业有 46 家（92%），占访谈企业总数的比例超过九成。24 家（48%）访谈企业认为企业履行社会责任是"监管部门的推动"。另外，认为企业推动企业社会责任是"商业贸易伙伴的订约或合作要求"以及"职工、消费者、煤炭、公众等利益相关方的压力"的访谈企业分别有 17 家（34%）和 18 家（36%）。如图 Z1-11 所示还有 2 家访谈企业认为推动企业社会责任还有其他原动力，比如，有些企业认为推动企业社会责任原动力就是企业自身对于企业社会责任的深刻认识——"企业作为社会的一部分，必须具有社会责任心和履行相应的社会义务"，有些企业认为推动企业社会责任的原动力是"满足政府与企业体制改革，以及整个社会转型升级的需要"。

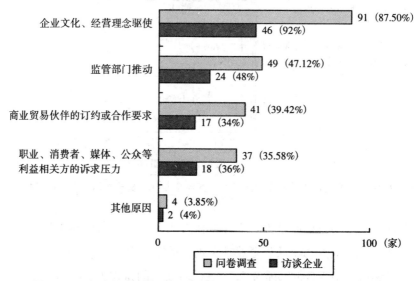

图 Z1-11　问卷调查和访谈企业对推动企业社会责任原动力的认识情况

（五）调研对象对陕西省推进企业社会责任目的的认识

为了考察陕西省企业对于陕西省推进企业社会责任目的的认识，课题组从陕西省政府的基本职能出发，从六个方面设计选项，以便全面地考察陕西省企业对于陕西省推进企业履行社会责任的目的的认识，其中，五个选项分别为"促进经济社会发展"、"提升企业形象和美誉度"、"赢得各方的信任，改善经营环境"、"提升内部管理水平"以及"满足监管部门的硬性要求"，与在调研对象对于推动企业社会责任原动力的认识部分涉及选项思路相同，在考察陕西省企业对陕西省推进企业社会责任目的的认识方面，课题组也涉及了"其他目的"选项，以便更加全面地考察陕西省企业对于陕西省推进企业社会责任的认识。

在问卷调查企业对陕西省推进企业社会责任目的的认识方面，94 家（90.38%）问卷调查企业认为陕西省推进企业履行社会责任的目的是促进陕西省的经济社会发展，89 家（85.58%）问卷调查企业认为陕西省推进企业履行社会责任的目的是为了提高陕西省辖区内的企业的社会形象和美誉度，认为陕西省推进企业履行社会责任的目的是"赢得各方的信任，改善企业的经营环境"的问卷调查企业也较多，有 85 家（81.73%）问卷调查企业持有这样的观点。另外，还有 62 家（59.62%）问卷调查企业认为陕西省推进企业履行社会责任的目的是"提升企业的内部管理水平"，23 家（22.12%）问卷调查企业认为陕西省推进企业履行社会责任的目的是"满足监管部门的硬性要求"，认为陕西省推进企业履行社会责任还有其他目的的企业仅有 1 家（0.96%）。

在访谈企业对陕西省推进企业社会责任的目的的认识方面，超过九成（46 家，92%）访谈企业认为陕西省推进企业社会责任的目的是促进当地经济社会的发展，42 家（84%）访谈企业认为陕西省推进企业履行社会责任的目的是提升陕西省辖区内的企业形象和美誉度，以及帮助企业赢得各方的信任，从而改善企业的经营环境。还有 31 家（62%）访谈企业认为陕西省推进企业履行社会责任的目的是为了提升企业内部的管理水平，12 家（24%）访谈企业认为陕西省推进企业履行社会责任的目的是满足监管部门的影响要求。只有 1 家（2%）访谈企业认为陕西省推进企业履行社会责任还有其他目的，如图 Z1-12 所示。

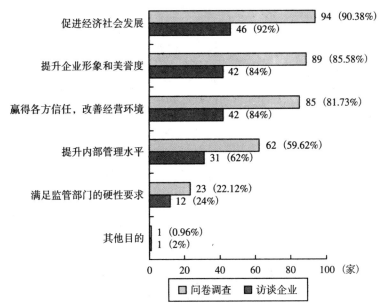

图 Z1-12   问卷调查和访谈企业对陕西省推进企业社会责任目的的认识情况

（六）调研对象对制约企业履行企业社会责任因素的认识

为了考察企业眼中制约企业履行社会责任的因素，课题组设计了六个选项来具体了解陕西省企业对于履行企业社会责任的制约因素的认识，其中，五个选项分别为"缺乏专业组织和人才服务，缺少理论和实践支持"，"企业经营困难，没有财力来开展社会责任工作"，"监管部门的监督与宣传不到位"，"企业高层没有社会责任意识，缺乏对社会责任全面的了解"，"外部利益相关方给企业的社会压力较小"，为了更为全面地了解企业眼中的履行企业社会责任的制约因素，课题组同样设置了其他因素的选项。

在问卷调查企业对制约企业履行社会责任的因素认识方面，认为"缺乏专业组织和人才服务，缺少理论和实践支持"的问卷调查企业相对较多，有83家（79.81%）问卷调查企业认为缺乏专业组织和人才服务以及缺少理论和实践支持是自身履行企业社会责任的重要制约因素。有69家（66.35%）问卷调查企业认为企业经营问题是制约企业履行企业社会责任的重要因素，企业没有财力来开展企业社会责任活动制约了企业履行社会责任。分别有45家（43.27%）问卷调查企业和44家（42.31%）问卷调查企业认为"监管部门的监督和宣传不到位"以及"企业高层没有社会责任意识，缺乏对社会责任全面的了解"是制约企业履行企业社会责任的重要制约因素。而认为企业履行社会责任受到外部利益相关方给予企业的社会压力较小是制约企业履行社会责任的重要因素的问卷调查企业仅有2家（1.92%）。另外，还有4家（3.85%）问卷调查企业认为其他因素是制约自身履行社会责任的重要制约因素，比如，政府本身素养有待提升，配套的法律法规及政策没健全，企业还未充分参与国际竞争等。

在访谈企业对制约企业履行社会责任的因素认识方面，认为"缺乏专业组织和人才服务，缺少理论和实践支持"是制约企业履行企业社会责任的制约因素的访谈企业超过八成（41家，82%），认为"企业经营困难，没有财力来开展社会责任工作"的访谈企业占七成（35家，70%）。另外，还有28家（56%）访谈企业认为"监管部门的监督与宣传不到位"是制约企业履行社会责任的重要制约因素，26家（52%）访谈企业认为"企业高层没有社会责任意识，缺乏对社会责任全面的了解"是制约企业履行社会责任的重要制约因素。认为"外部利益相关方给企业的社会压力较小"是制约企业履行社会责任的重要制约因素的访谈企业仅有1家（2%），还有1家（2%）认为其他因素也制约了企业履行企业社会责任，比如企业员工本身的素质有待提高等，如图Z1-13所示。

（七）调研对象对相关企业社会责任内容重要性程度的认识

守法合规；利润持续增长，实现资产保值增值；依法纳税；公平竞争，诚信

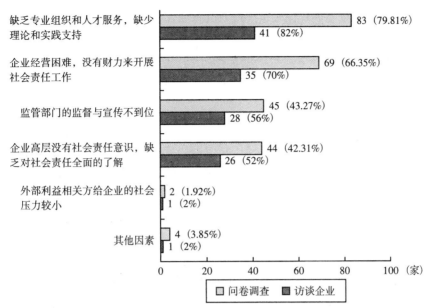

图 Z1-13   问卷调查和访谈企业对制约企业履行企业社会责任因素的认识情况

经营；保障员工合法权益；保障消费者合法权益；降低能耗、减少污染排放；贯彻落实陕西省发展政策、规划；服务陕西省经济社会发展；促进企业所在社区发展；开展公益捐赠、支持环保、救灾、科教文卫、扶弱助残等慈善事业；推动供应商、经销商履行社会责任是企业履行社会责任中的重要内容，为了了解陕西省企业对于这些企业履行社会责任内容的重要性程度的认识，课题组分别就这些企业社会责任内容，按照不太重要、不重要、中立、比较重要和最重要五个等级，制作五级量表，考察陕西省企业严重的企业社会责任内容的重要性。

1. 调研对象对守法合规重要性程度的认识

在守法合规方面，对于问卷调查企业来讲，几乎所有问卷调查企业都认为守法合规在企业社会责任内容里面是最重要的，有 96 家（92.31%）问卷调查企业均视守法合规为重要的社会责任内容。5 家（4.81%）对于守法合规作为企业社会责任内容的重要性程度持中立态度，2 家（1.92%）问卷调查企业认为守法合规作为企业社会责任的内容比较重要，还有 1 家（0.96%）问卷调查企业认为守法合规作为企业履行社会责任的内容不太重要。

对于访谈企业来讲，在 50 家访谈企业中，48 家（96%）都认为守法合规作为企业社会责任的重要内容最重要，均有 1 家（2%）访谈企业认为守法合规作为企业社会责任的重要内容比较重要或对其重要性持中立态度，如图 Z1-14 所示。

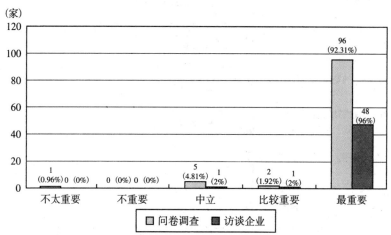

图 Z1-14 问卷调查和访谈企业对守法合规重要性程度的认识情况

2. 调研对象对利润持续增长、实现资产保值增值重要性程度的认识

在利润持续增长、实现资产保值增值方面，对于问卷调查企业来讲，超过六成（65 家，62.5%）问卷调查企业认为"利润持续增长、实现资产保值增值"是企业最重要的社会责任内容，有 27 家（25.96%）问卷调查企业认为"利润持续增长、实现资产保值增值"在众多的企业社会责任内容中比较重要。还有 10 家（9.2%）问卷调查企业对于"利润持续增长、实现资产保值增值"作为企业社会责任内容持中立态度，2 家（1.92%）则认为"利润持续增长、实现资产保值增值"是企业社会责任不太重要的内容。

对于访谈企业来讲，30 家（60%）访谈企业认为"利润持续增长、实现资产保值增值"是企业社会责任最重要的内容，14 家（28%）访谈企业认为"利润持续增长、实现资产保值增值"是企业社会责任比较重要的内容。5 家（10%）对于"利润持续增长、实现资产保值增值"作为企业社会责任的内容持中立态度，1 家（2%）企业认为"利润持续增长、实现资产保值增值"作为企业社会责任的内容不太重要，如图 Z1-15 所示。

3. 调研对象对依法纳税重要性程度的认识

在依法纳税方面，对于问卷调查企业来讲，认为依法纳税是企业社会责任最重要的内容的问卷调查企业相对最多，有 87 家（83.65%）问卷调查企业认为依法纳税是企业社会责任最重要的内容，认为依法纳税是企业社会责任比较重要的

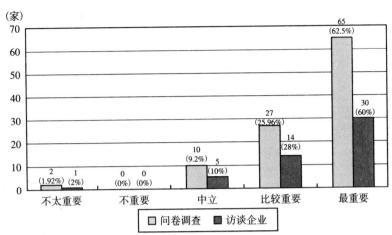

图 Z1-15　问卷调查和访谈企业对利润持续增长、实现资产保值增值重要性程度的认识情况

内容的问卷调查企业有 14 家（13.46%），另外，还有 3 家（2.88%）问卷调查企业对依法纳税作为企业社会责任内容持中立态度。没有任何企业认为依法纳税作为企业社会责任的内容不重要或者不太重要。

对于访谈企业来讲，认为依法纳税是企业社会责任重要内容的访谈企业有九成，有 45 家（90%）访谈企业认可依法纳税是企业社会责任最重要的内容。其次为认为依法纳税是企业社会责任比较重要的访谈企业和对依法纳税作为企业社会责任内容重要性程度持中立态度的访谈企业，持这两种观点的访谈企业数量分别有 4 家（8%）和 1 家（2%）。与问卷调查企业对于依法纳税重要性程度的认识相同，也没有任何访谈企业认为依法纳税作为企业社会责任的内容不重要或不太重要，如图 Z1-16 所示。

4. 调研对象对公平竞争、诚信经营重要性程度的认识

在公平竞争、诚信经营方面，对于问卷调查企业来讲，认为公平竞争和诚信经营是企业履行社会责任最重要内容的问卷调查企业有 89 家（85.58%），其次为认为公平竞争和诚信经营是企业履行社会责任比较重要的问卷调查企业，有 13 家（12.5%）问卷调查企业认为公平竞争和诚信经营作为企业社会责任的内容比较重要。另外，均有 1 家（0.96%）问卷调查企业认为公平竞争和诚信经营是企业社会责任不重要的内容以及对公平竞争和诚信经营作为企业社会责任内容的重要性方面持中立态度。

对于访谈企业来讲，九成（45 家，90%）访谈企业均认为公平竞争和诚信经

营是企业社会责任的最重要的内容，4家（8%）访谈企业和1家（2%）访谈企业对于公平竞争和诚信经营作为企业社会责任内容方面持有比较重要和不重要的态度，如图Z1-17所示。

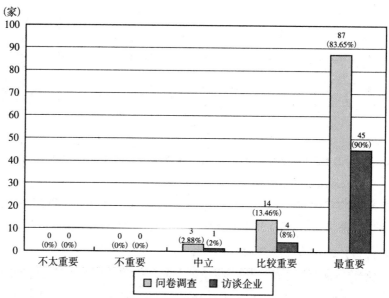

图 Z1-16　问卷调查和访谈企业对依法纳税重要性程度的认识情况

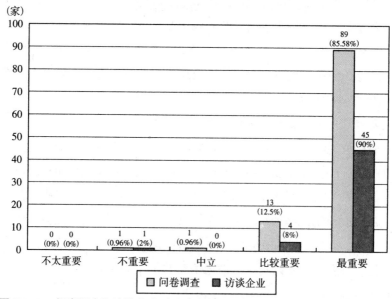

图 Z1-17　问卷调查和访谈企业对公平竞争、诚信经营重要性程度的认识情况

5. 调研对象对保障员工合法权益重要性程度的认识

在保障员工合法权益方面，对于问卷调查企业来讲，近九成（93 家，89.42%）问卷调查企业认为保障员工合法权益是企业社会责任最重要的内容，7 家（6.73%）问卷调查企业认为保障员工合法权益在企业履行社会责任的内容中属于比较重要的内容，还有 3 家（2.88%）问卷调查企业在保障员工合法权益作为企业履行企业社会责任的内容重要性方面持有中立的态度，1 家（0.96%）认为保障员工合法权益在企业社会责任的内容中属于不重要的内容。

对于访谈企业来讲，46 家（92%）访谈企业认为保障员工合法权益是企业履行社会责任的最重要内容，3 家（6%）访谈企业认为在企业履行企业社会责任的内容中，保障员工合法权益属于比较重要的内容，1 家（2%）访谈企业认为在企业履行企业社会责任的内容中，保障员工合法权益属于不重要的内容。没有任何访问企业对于保障员工合法权益在企业社会责任内容中的重要性方面持有中立的态度，或者认为保障员工合法权益是企业履行社会责任方面不太重要的内容，如图 Z1-18 所示。

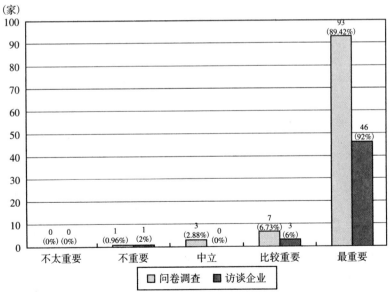

图 Z1-18　问卷调查和访谈企业对保障员工合法权益重要性程度的认识情况

6. 调研对象对保障消费者合法权益重要性程度的认识

在保障消费者合法权益方面，对于问卷调查企业来讲，在 104 家问卷调查企业中，有 86 家（82.69%）问卷调查企业认为保障消费者合法权益是企业履行社会责任的最重要内容，认为保障消费者合法权益在企业履行社会责任的内容中比较重要的问卷调查企业有 11 家（10.58%）。另外，还有 4 家（3.85%）问卷调查企业在保障消费者合法权益作为企业社会责任重要性方面持有中立态度，3 家（2.88%）问卷调查企业认为保障消费者合法权益在企业履行社会责任的内容方面并不重要。没有问卷调查企业认为保障消费者合法权益在企业履行社会责任方面不太重要。

对于访谈企业来讲，在 50 家访谈企业中，认为保障消费者合法权益在企业履行社会责任内容重要性方面最重要的访谈企业有 43 家（86%），认为保障消费者合法权益在企业履行企业社会责任内容重要性方面比较重要的访谈企业居于其次，有 5 家（10%）访谈企业认为保障消费者合法权益是企业履行社会责任的比较重要的内容。另外，均有 1 家（2%）访谈企业在保障消费者合法权益作为企业履行社会责任内容重要性方面的持有中立态度，或者认为保障消费者合法权益不是企业履行社会责任的重要内容，如图 Z1-19 所示。

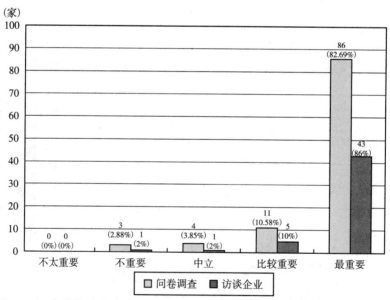

图 Z1-19 问卷调查和访谈企业对保障消费者合法权益重要性程度的认识情况

7. 调研对象对降低能耗、减少污染排放重要性程度的认识

在降低能耗、减少污染排放方面，对于问卷调查企业来讲，74 家（71.15%）

问卷调查企业认为降低能耗、减少污染排放在企业社会责任内容方面最重要，20家（19.23%）问卷调查企业认为降低能耗、减少污染排放在企业履行企业社会责任方面比较重要。还有 7 家（6.73%）问卷调查企业对降低能耗、减少污染排放在企业社会责任内容重要性方面持有中立的看法，3 家（2.88%）问卷调查企业认为降低能耗、减少污染排放是企业社会责任中不重要的内容。

对于访谈企业来讲，50 家访谈企业中有 39 家（78%）访谈企业认为降低能耗、减少污染排放是企业履行社会责任的最重要的内容，5 家（10%）访谈企业认为降低能耗、减少污染排放在企业履行社会责任中比较重要。其余的 6 家（12%）访谈企业在降低能耗、减少污染排放在企业社会责任内容重要性方面持有中立的态度，没有任何访谈企业认为降低能耗、减少污染排放在企业履行社会责任方面不重要或者不太重要，如图 Z1-20 所示。

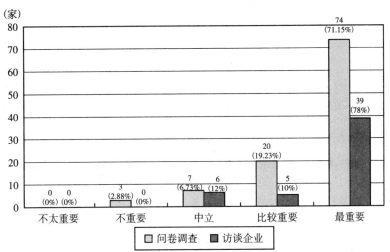

图 Z1-20　问卷调查和访谈企业对降低能耗、减少污染排放重要性程度的认识情况

8. 调研对象对贯彻落实陕西省发展政策、规划重要性程度的认识

在贯彻落实陕西省发展政策、规划方面，对于问卷调查企业来讲，近六成（61 家，58.65%）问卷调查企业认同"贯彻落实陕西省发展政策、规划"是企业社会责任的最重要内容，27 家（25.96%）问卷调查企业认为"贯彻落实陕西省发展政策、规划"作为企业社会责任的内容比较重要，13 家（12.5%）问卷调查企业对于"贯彻落实陕西省发展政策、规划"之于企业社会责任的重要性持中立态度。还有 2 家（1.92%）问卷调查企业认为"贯彻落实陕西省发展政策、规划"

作为企业社会责任的内容不重要，1家（0.96%）问卷调查企业认为"贯彻落实陕西省发展政策、规划"作为企业社会责任的内容不太重要。

对于访谈企业来讲，29家（58%）访谈企业认为"贯彻落实陕西省发展政策、规划"是企业履行社会责任的最重要内容，12家（24%）访谈企业认为"贯彻落实陕西省发展政策、规划"作为企业履行社会责任的内容比较重要，7家（14%）访谈企业对于"贯彻落实陕西省发展政策、规划"作为企业社会责任内容的重要性程度持中立的态度，均有1家（2%）认为"贯彻落实陕西省发展政策、规划"作为企业社会责任的内容不重要或不太重要，如图Z1-21所示。

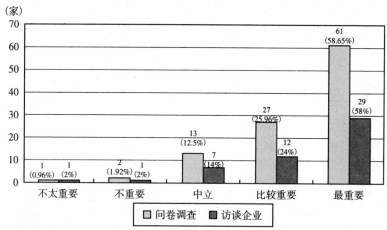

图 Z1-21　问卷调查和访谈企业对贯彻落实陕西省发展政策、规划重要性程度的认识情况

9. 调研对象对服务陕西省经济社会发展重要性程度的认识

在服务陕西省经济社会发展方面，对于问卷调查企业来讲，104家问卷调查企业中有58家（55.77%）认同"服务陕西省经济社会发展"是其履行社会责任的最重要内容，29家（27.88%）问卷调查企业认为"服务陕西省经济社会发展"是企业履行企业社会责任的比较重要的内容，15家（14.42%）问卷调查企业对于"服务陕西省经济社会发展"在企业履行社会责任内容中的重要性持中立态度，还有1家（0.96%）问卷调查企业认为"服务陕西省经济社会发展"是企业履行社会责任的不太重要的内容，或者是不太重要的内容。

对于访谈企业来讲，50家访谈企业中，有26家（52%）访谈企业认为"服务陕西省经济社会发展"是企业履行社会责任的最重要内容，15家（30%）访谈企业认为"服务陕西省经济社会发展"属于企业履行社会责任的比较重要的内容，7家（14%）访谈企业对"服务陕西省经济社会发展"作为企业履行社会责任内容方面的重要性持有中立的态度，均有1家访谈企业（2%）对"服务陕西省经济社会发展"作为企业履行社会责任内容方面的重要性持有不重要或者不太重要的看法，如图Z1-22所示。

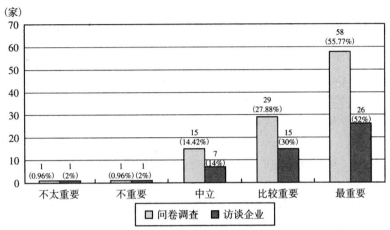

图 Z1-22　问卷调查和访谈企业对服务陕西省经济社会发展重要性程度的认识情况

10. 调研对象对促进企业所在社区发展重要性程度的认识

在促进企业所在社区发展方面，对于问卷调查企业来讲，近五成（51家，49.04%）问卷调查企业认为促进企业所在社区的发展是企业履行社会责任的最重要内容，24家（23.08%）问卷调查企业将促进所在社区发展看作是企业履行社会责任比较重要的内容，20家（19.23%）问卷调查企业对企业促进所在社区发展作为企业社会责任内容方面持有中立的态度，还有7家（6.73%）问卷调查企业认为企业促进所在社区发展在企业履行社会责任内容的重要性方面不重要，2家（1.92%）认为企业促进所在社区发展对于企业履行社会责任重要性来说不太重要。

对于访谈企业来讲，五成（25家，50%）访谈企业认为企业促进所在社区发展对于企业履行社会责任来说最重要，10家（20%）访谈企业认为企业促进所在社区发展作为企业社会责任的内容比较重要。10家（20%）访谈企业对于企业促进所在社区发展作为企业社会责任内容重要性方面持中立态度，与认为企业促进所在社区发展是企业履行社会责任的比较重要内容的访谈企业数量持平。还有3家（6%）访谈企业认为企业促进所在社区的发展对于企业履行社会责任来说不重要，2家（4%）访谈企业认为企业促进所在社区的发展对于企业履行社会责任来说不太重要，如图 Z1-23 所示。

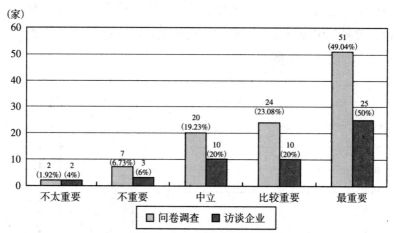

图 Z1-23　问卷调查和访谈企业对促进企业所在社区发展重要性程度的认识情况

11. 调研对象对开展慈善事业重要性程度的认识

在开展公益捐赠、支持环保、救灾、科教文卫、扶弱助残等慈善事业方面，对于问卷调查企业来讲，45 家（43.27%）问卷调查企业认为慈善事业是企业履行社会责任最重要的内容，30 家（28.85%）问卷调查企业则认为慈善事业是企业履行社会责任比较重要的内容。17 家（16.35%）问卷调查企业对于慈善事业在企业履行社会责任内容方面的重要性持有中立的态度，还有 10 家（9.62%）问卷调查企业认为慈善事业是企业履行社会责任不重要的内容，2 家（1.92%）甚至认为企业慈善事业是企业履行社会责任不太重要的内容。

对于访谈企业来讲，50 家访谈企业中，有 21 家（42%）访谈企业认为企业慈善事业是履行社会责任的最重要内容，认为慈善事业是履行社会责任比较重要内容的访谈企业有 13 家（26%）。在慈善事业对于企业履行社会责任重要性方面持有中立态度的访谈企业有 9 家（18%），还有 6 家（12%）访谈企业认为慈善事业只是企业履行社会责任不重要的内容，1 家（2%）访谈企业认为慈善事业是企业履行社会责任不太重要的内容，如图 Z1-24 所示。

12. 调研对象对推动供应商、经销商履行社会责任重要性程度的认识

在推动供应商、经销商履行社会责任方面，对于问卷调查企业来讲，44 家（42.31%）问卷调查企业将推动供应商、经销商履行社会责任作为企业社会责任的最重要内容，将推动供应商、经销商履行社会责任作为企业社会责任比较重要

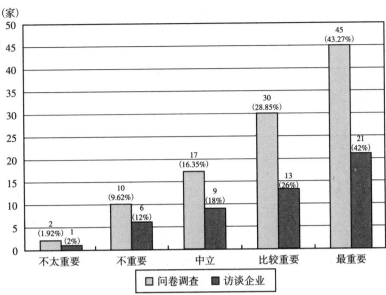

(家)

图 Z1-24　问卷调查和访谈企业对开展慈善事业重要性程度的认识情况

的问卷调查企业有 31 家（29.81%），17 家（16.35%）问卷调查企业对推动供应商、经销商履行社会责任作为企业社会责任内容的重要性方面持有中立的态度，8 家（7.69%）问卷调查企业将推动供应商、经销商履行社会责任作为企业社会责任不重要的内容，4 家（3.85%）问卷调查企业甚至将推动供应商、经销商履行社会责任作为企业社会责任的不太重要的内容。

对于访谈企业来讲，50 家访谈企业中，23 家（46%）访谈企业认为推动供应商、经销商履行社会责任是企业履行社会责任的最重要内容，14 家（28%）访谈企业认同推动供应商、经销商履行社会责任是企业履行社会责任的比较重要的内容，6 家（12%）访谈企业在推动供应商、经销商履行社会责任作为企业社会责任内容重要性方面持有中立的观点，分别有 4 家（8%）访谈企业和 3 家（6%）访谈企业认为推动供应商、经销商履行社会责任属于企业社会责任不重要的内容以及不太重要的内容，如图 Z1-25 所示。

（八）调研对象对利益相关方的重要性的认识

为了考察陕西省企业对于在履行企业社会责任的过程中对于不同利益相关方重要性的看法，本研究给出股东、客户、供应商、政府、员工、社区、环境、媒体和社会团体九个企业利益相关方，要求企业根据自身履行社会责任过程中对于

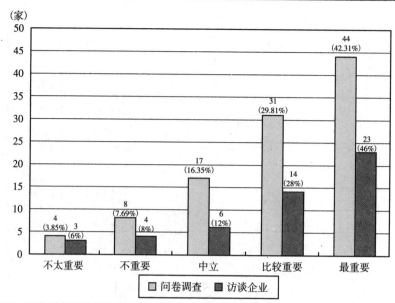

图 Z1-25 问卷调查和访谈企业对推动供应商、经销商履行社会责任重要性程度的认识情况

这些利益相关方的重要性程度的认识，给出关于这九个利益相关方的重要性程度排序，从而通过对九个利益相关方排序进行综合分析，得到陕西省企业对于不同利益相关方重要性的综合性看法。

在问卷调查企业方面，从具体的分布来讲，对于第一重要性的利益相关方，多数问卷调查企业认为股东是第一重要性的利益相关方，有 36 家（34.62%）问卷调查企业认为股东是第一重要性的利益相关方。没有任何问卷调查企业将供应商、社区、媒体或社会团体作为第一重要性的利益相关方。将客户、环境、员工和政府作为第一位的利益相关方问卷调查企业数量依次降低，分别有 32 家（30.77%）、17 家（16.35%）、15 家（14.42%）和 4 家（3.85%）。

对于第二重要性的利益相关方，多数问卷调查企业认为客户是企业第二重要性的利益相关方，有 30 家（28.85%）问卷调查企业将客户作为第二重要性的企业利益相关方，将员工、股东作为企业第二重要性利益相关方的问卷调查企业也处于较高水平，分别有 28 家（26.92%）问卷调查企业将员工作为企业第二重要性的利益相关方，23 家（22.12%）问卷调查企业将股东作为企业第二重要性利益相关方。除了没有问卷调查企业将媒体作为第二重要性的利益相关方之外，7 家（6.73%）问卷调查企业还将环境作为第二重要性的企业利益相关方，6 家（5.77%）问卷调查企业将政府作为第二重要性的利益相关方，5 家（4.81%）问卷调查企业将供应商作为企业第二重要性的利益相关方，3 家（2.88%）问卷调查企业将社区作为第二重要性的利益相关方，2 家（1.92%）问卷调查企业将社会团体作为企业第二重要性的利益相关方。

对于第三重要性的利益相关方，均有部分企业将九个利益相关方中的一个作为自身第三重要性的利益相关方，其中，将政府作为第三重要性利益相关方的企业数量相对最多，有 22 家（21.15%）问卷调查企业将政府作为自己第三重要性的利益相关方，另外，将员工、供应商、客户和股东作为自己第三重要性利益相关方的企业数量也相对较多，分别有 21 家（20.19%）问卷调查企业将员工作为自己第三重要性的利益相关方，19 家（18.27%）问卷调查企业将供应商作为第三重要性的利益相关方，18 家（17.31%）问卷调查企业将客户作为第三重要性的利益相关方，13 家（12.50%）问卷调查企业将股东作为第三重要性的利益相关方。将环境、社区、媒体和社会团体作为第三重要性利益相关方的问卷调查企业数量相对较少，其中，有 4 家（3.85%）问卷调查企业将环境作为第三重要性的利益相关方，3 家（2.88%）问卷调查企业将社区作为第三重要性的利益相关方，将媒体和社会团体作为第三重要性利益相关方的问卷调查企业均有 2 家（1.92%）。

对于第四重要性的利益相关方，将供应商作为第四重要性的利益相关方相对最多，23 家（22.12%）问卷调查企业将供应商作为第四重要性的利益相关方，将政府、员工、客户作为第四重要性利益相关方的问卷调查企业依次降低，分别有 19 家（18.27%）、17 家（16.35%）和 16 家（15.38%）。将环境和股东作为第四重要性利益相关方的问卷调查企业均有 9 家（8.65%）。将社区作为第四重要性的利益相关方有 8 家（7.69%），分别有 2 家（1.92%）问卷调查企业和 1 家（0.96%）问卷调查企业分别将社会团体和媒体作为第四重要性的利益相关方。

对于第五重要性的利益相关方，104 家问卷调查企业中，有 28 家（26.92%）问卷调查企业将供应商作为第五重要性的利益相关方，19 家（18.27%）问卷调查企业将政府作为第五重要性的利益相关方，18 家（17.31%）问卷调查企业将员工作为第五重要性的利益相关方，13 家（12.50%）问卷调查企业将社区以及 12 家问卷调查企业将环境作为第五重要性的利益相关方。另外，将股东作为第五重要性利益相关方的问卷调查企业有 6 家（5.77%），将媒体作为第五重要性利益相关方的问卷调查企业有 4 家（3.85%），将客户和社会团体作为第五重要性利益相关方的问卷调查企业均有 2 家（1.92%）。

对于第六重要性的利益相关方而言，在 104 家问卷调查企业中，24 家（23.08%）问卷调查企业将社区作为第六重要性的利益相关方，将环境作为第六重要性利益相关方的企业有 19 家（18.27%），将供应商和政府作为第六重要性利益相关方的企业均有 18 家（17.31%），将股东和媒体作为第六重要性利益相关方的企业均有 8 家（7.69%）。另外，有 4 家（3.85%）问卷调查企业将社会团体作为第六重要性利益相关方，3 家（2.88%）问卷调查企业将客户作为第六重要性利益相关方，2 家（1.92%）问卷调查企业将员工作为第六重要性利益相关方。

对于第七重要性的利益相关方而言，除了没有问卷调查企业将员工作为第七重要性的利益相关方之外，均有问卷调查企业将其余的八个利益相关方作为第七重要性的利益相关方，其中，33 家（31.73%）问卷调查企业将社区作为第七重要性的利益相关方，28 家（26.92%）问卷调查企业将环境作为第七重要性的利益相关方，13 家（12.50%）问卷调查企业将媒体作为第七重要性利益相关方，11 家（10.58%）问卷调查企业将政府作为第七重要性利益相关方。除此之外，还有 8 家（7.69%）问卷调查企业将供应商作为第七重要性利益相关方，7 家（6.73%）问卷调查企业将社会团体作为第七重要性的利益相关方，3 家（2.88%）问卷调查企业将股东、1 家（0.96%）问卷调查企业将客户作为第七重要性利益相关方。

对于第八重要性的利益相关方而言，没有任何问卷调查企业将客户作为第八重要性的利益相关方，将股东、供应商、员工作为第八重要性利益相关方的问卷调查企业较少，分别有 2 家（1.92%）、3 家（2.88%）和 3 家（2.88%），将环境作为第八重要性的问卷调查企业也只有 7 家（6.73%）。与此相反，将媒体和社会团体作为第八重要性利益相关方的问卷调查企业数量较多，分别有 43 家（41.35%）和 34 家（32.69%）。

对于第九重要性的利益相关方而言，没有任何问卷调查企业将供应商和员工作为自身第九重要性的利益相关方，将环境、客户、股东、政府和社区作为第九重要性利益相关方的问卷调查企业数量分别有 1 家（0.96%）、2 家（1.92%）、4 家（3.85%）、4 家（3.85%）和 9 家（8.65%）。将社会团体和媒体作为第九重要性利益相关方的问卷调查企业较多，其中，将社会团体作为第九重要性利益相关方的问卷调查企业相对最多，有 51 家（49.04%）问卷调查企业将其作为第九重要性利益相关方，将媒体作为第九重要性利益相关方的问卷调查企业有 33 家（31.73%），如图 Z1-26 所示。

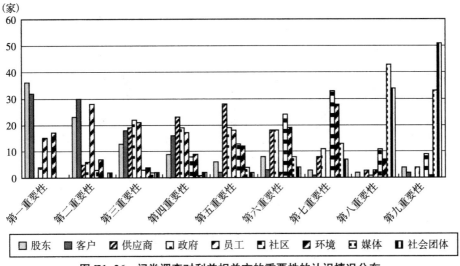

图 Z1-26　问卷调查对利益相关方的重要性的认识情况分布

为了对陕西省企业对于利益相关方的整体重要性认识进行明确界定，课题组基于问卷调查所得到的对利益相关方重要性认识情况的分布，对利益相关方整体的重要性程度进行分析、排序。首先，比较第一重要性的利益相关方分布，通过比较第一利益相关方重要性程度分布，可以得到不同利益相关方之于企业的重要程度，分布问卷调查企业数量最多的利益相关方就是第一重要性的利益相关方。其次，将第一重要性利益相关方剔除，将第一重要性利益相关方分布与第二位重要性利益相关方相加，就得到了能够反映第一重要性利益相关方分布和第二重要性利益相关方分布的综合第二重要性利益相关方分布，显而易见，分布问卷调查企业数量最多的利益相关方就是第二重要性的利益相关方。再次，依次类推，课题组分别可以得到第三重要性利益相关方、第四重要性利益相关方、第五重要性利益相关方、第六重要性利益相关方、第七重要性利益相关方、第八重要性利益相关方和第九重要性利益相关方。最后，经过以上对利益相关方重要性程度的筛选，课题组得到利益相关方重要性程度的综合排名，其中，第一重要性的利益相关方为股东、第二重要性的利益相关方为客户、第三重要性利益相关方为员工、第四重要性利益相关方为政府、第五重要性利益相关方为供应商、第六重要性利益相关方为环境、第七重要性利益相关方为社区、第八重要性利益相关方为媒体、第九重要性利益相关方是社会团体。

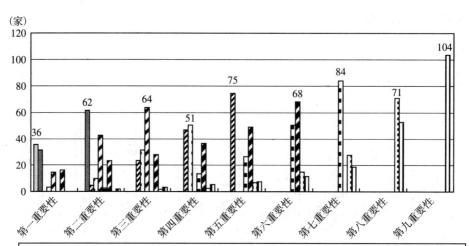

图 Z1-27　问卷调查对利益相关方的重要性的认识情况

在访谈企业方面，从具体的分布来讲，对于第一重要性的利益相关方，将客户作为第一重要性利益相关方的访谈企业数量相对最多，有 23 家（46%）访谈企业将客户作为第一重要性的利益相关方，将股东、环境、员工和政府作为第一重要性利益相关方的访谈企业数量依次降低，访谈企业数量分别有 12 家（24%）、8 家（16%）、6 家（12%）和 1 家（2%）。没有任何访谈企业将供应商、社区、媒体和社会团体作为第一重要性利益相关方。

对于第二重要性利益相关方而言，除了媒体和社会团体两个企业利益相关方没有任何访谈企业将它们视为第二重要性利益相关方之外，其他七个利益相关方均有访谈企业将它们视作第二重要性利益相关方，其中，视员工、股东和客户为第二重要性利益相关方的企业相对较多，分布访谈企业数量分别为 14 家（28%）、13 家（26%）和 11 家（22%）。将供应商、政府、环境和社区视为第二重要性利益相关方的访谈企业数量相对较少，分布访谈企业数量分别有 4 家（8%）、3 家（6%）、3 家（6%）和 2 家（4%）。

对于第三重要性利益相关方而言，12 家（24%）访谈企业将员工作为第三重要性利益相关方，10 家（20%）访谈企业将政府作为第三重要性利益相关方，将股东、客户和供应商作为第三重要性利益相关方的访谈企业均有 8 家（16%），将环境和社会团体作为第三重要性利益相关方的访谈企业均有 2 家（4%），没有访谈企业将社区和媒体作为第三重要性利益相关方。

对于第四重要性利益相关方分布而言，除了没有访谈企业将煤炭和社会团体作为第三重要性利益相关方之外，其余利益相关方均有被企业视为第四重要性利益相关方，其中，将股东、社区和环境作为第三重要性利益相关方的访谈企业均有 5 家（10%），将供应商、员工、政府和客户作为第三重要性利益相关方的访谈企业数量依次降低，所分布访谈企业数量分别有 11 家（22%）、10 家（20%）、8 家（16%）和 6 家（12%）。

对于第五重要性利益相关方分布而言，均有访谈企业将九个利益相关方视作第五重要性利益相关方，其中，将供应商作为第五重要性利益相关方的访谈企业数量相对最多，有 10 家（20%）访谈企业将供应商视作第五重要性利益相关方；其次，有 9 家（18%）访谈企业将政府视为第五重要性利益相关方。另外，将员工和社区视作第五重要性利益相关方的访谈企业均有 7 家（14%），将股东和媒体视作第五重要性利益相关方的访谈企业数量均有 3 家（6%）。将环境、社会团体和客户视作第五重要性利益相关方的访谈企业数量分别有 8 家（16%）、2 家（4%）和 1 家（2%）。

对于第六重要性利益相关方分布而言，50 家访谈企业中，视供应商、政府和社区为第六重要性利益相关方的访谈企业数量相对较多，分别有 11 家（22%）、10 家（20%）和 10 家（20%）。将环境、媒体、股东视作第六重要利益相关方的访谈企业数量依次降低，分布访谈企业数量分别为 7 家（14%）、6 家（12%）和 4 家（8%）。另外，将客户和社会团体视作第六重要性利益相关方的访谈企业均有 1 家（2%），没有访谈企业将员工看作第六重要的利益相关方。

对于第七重要性利益相关方分布而言，在 50 家访谈企业中，将社区和环境视作第七重要性利益相关方的访谈企业数量分别有 17 家（34%）和 13 家（26%），将政府和媒体视作第七重要性利益相关方的访谈企业分别有 6 家（12%）和 5 家（10%）。均有 4 家（8%）访谈企业将供应商和社会团体看作第七重要性的利益相关方。仅有 1 家（2%）访谈企业将股东看作第七重要性的利益相关方，没有访谈企业将员工作为第七重要性的利益相关方。

对于第八重要性利益相关方分布来说，19 家（38%）访谈企业将社会团体作为第八重要性的利益相关方，16 家（32%）访谈企业将媒体作为第八重要性利益相关方。将社区、环境和供应商作为第八重要性利益相关方的访谈企业数量依次降低，分布企业数量分别有 6 家（12%）、4 家（8%）和 2 家（4%）。均有 1 家（2%）访谈企业将社会团体、政府和员工作为第八重要性利益相关方，没有访谈企业将客户作为第八重要性利益相关方。

对于第九重要性利益相关方分布来说，将社会团体和媒体视作第九重要性利益相关方的访谈企业数量相对较多，其中，22 家（44%）访谈企业将社会团体作为第九重要性的利益相关方，20 家（40%）访谈企业将媒体作为第九重要性利益相关方。没有企业将环境、员工、供应商和客户作为第九重要性利益相关方，将社区和股东作为第九重要性利益相关方的企业均有 3 家（6%）。另外，还有 2 家（4%）访谈企业将政府作为第九重要性的利益相关方，如图 Z1-28 所示。

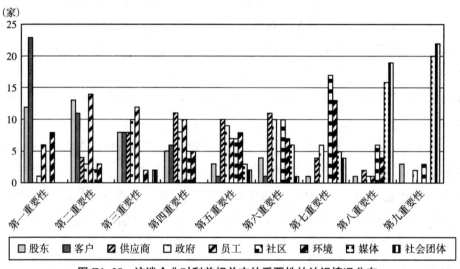

图 Z1-28　访谈企业对利益相关方的重要性的认识情况分布

采用同样的方式来为访谈企业的利益相关方重要性进行排序，课题组发现，在访谈企业看来，客户是企业履行社会责任的第一重要性利益相关方，股东是企业履行社会责任第二重要性利益相关方，员工是企业履行社会责任第三重要性利益相关方，供应商是企业履行社会责任第四重要性利益相关方，政府是企业履行社会责任第五重要性利益相关方，环境是企业履行社会责任第六重要性利益相关方，社区是企业履行社会责任第七重要性利益相关方，媒体是企业履行社会责任第八重要性利益相关方，社会团体是企业履行社会责任第九重要性利益相关方。

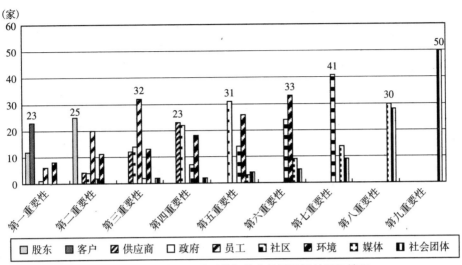

图 Z1-29　访谈企业对利益相关方的重要性的认识情况

(九) 调研对象对何种企业应该承担更多社会责任的认识

按照企业的所有制性质，课题组将陕西省企业分为中央企业、地方国有企业、民营企业和外资企业四个类群，来考察陕西省企业所认为的何种企业应该承担更多的社会责任。

在问卷调查企业方面，几乎所有问卷调查企业（103 家，99.04%）均认为中央企业应该承担更多的社会责任，认为地方国有企业应该履行更多社会责任的问卷调查企业有 89 家（85.58%）。认为民营企业和外资企业应该承担更多社会责任的问卷调查企业相对较少，分别有 40 家（38.46%）和 46 家（44.23%）。

在访谈企业方面，所有（50 家，100%）访谈企业均认为中央企业应该承担更多的社会责任，其次为认为地方国有企业应该承担更多社会责任的访谈企业，持有该观点的访谈企业有 40 家（80%）。认为外资企业和民营企业应该承担更多企业社会责任的访谈企业分别有 24 家（48%）和 20 家（40%），如图 Z1-30 所示。

(十) 调研对象对我国企业履行社会责任总体状况的认识

对于我国企业社会责任整体性状况的认识对企业履行社会责任具有重要的影响，为了了解陕西省企业对于我国企业社会责任整体性状况的认知，课题组设置四个选项，期待获得陕西省企业对于我国企业社会责任整体性状况的看法，所涉及的四个选项分别为"总体状况很好"，"总体较好，但部分企业或个别领域较差"，"一般，很多企业或多个领域存在不少问题"以及"较差，多数行业和多数

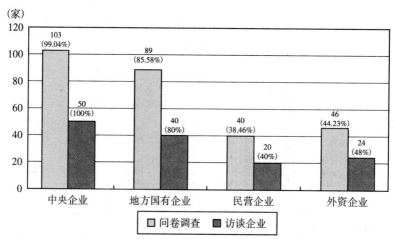

图 Z1-30　调研对象对何种企业应该承担更多社会责任认识情况

企业存在社会责任缺失"。

在问卷调查企业方面，仅有 3 家（2.88%）问卷调查企业认为我国企业社会责任的整体状况很好，认为我国企业社会责任整体性状况总体较好，可是部分企业或者个别领域较差的问卷调查企业也只有 23 家（22.12%）。与之相比，大多数问卷调查企业认为我国企业社会责任整体状况处于一般水平，46 家（44.23%）问卷调查企业认为我国很多企业或多个企业社会责任领域存在不少的问题。另外，还有 32 家（30.77%）问卷调查企业认为我国企业社会责任整体水平较差，多数行业和多数企业存在企业社会责任缺失现象。

在访谈企业方面表现出来的陕西省企业对于我国企业社会责任整体水平的认识相似，仅有 1 家（2%）访谈企业认为我国企业社会责任总体状况很好，13 家（26%）访谈企业虽然觉得我国部分企业或个别领域的企业社会责任状况较差，但是总体评价相对较好。与之相对，23 家（46%）访谈企业认为我国企业社会责任整体状况处于一般水平，很多企业或多个领域存在不少问题，13 家（26%）访谈企业认为我国企业履行社会责任的整体水平较差，多数行业和多数企业存在社会责任缺失的情况，如图 Z1-31 所示。

（十一）调研对象对陕西省企业履行社会责任总体状况的认识

为了考察陕西省企业对于陕西省企业履行社会责任整体状况的看法，课题组设计了四个选项，全面考察陕西省企业对这一问题的认识，这四个选项分别为认为陕西省企业社会责任整体状况"处于领先水平，履行企业社会责任方面能起到

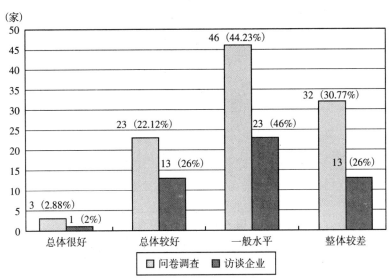

图 Z1-31　调研对象对我国企业履行社会责任总体状况认识情况

良好带动作用"，"处于较好水平，有一些企业社会责任方面的优秀实践"，"处于一般水平，没有典型优秀实践也没有负面案例"以及"处于落后水平，发生过多起社会责任负面案例"。

在问卷调查企业方面，超过半数（57 家，54.81%）问卷调查企业认为陕西省企业履行社会责任整体状况处于一般水平，虽然缺少典型的优秀企业社会而实践，可是也没有重大的企业履行社会责任负面信息。其次为认为陕西省企业社会责任整体状况处于较好水平的问卷调查企业，有 34 家（32.69%）问卷调查企业持有这样的观点，这些企业认为陕西省企业在履行社会责任方面具有一些社会责任方面的优秀实践。认为陕西省企业履行社会责任整体状况处于落后水平和领先水平的问卷调查企业分别有 9 家（8.65%）和 4 家（3.85%），其中，前者认为陕西省企业在履行社会责任方面发生过多起社会责任负面案例，后者则认为陕西省企业履行社会责任起到了良好的带头作用。

在访谈企业方面，50 家访谈企业中，28 家（56%）访谈企业认为陕西省企业履行社会责任处于一般水平，17 家（34%）访谈企业认为陕西省企业履行社会责任整体处于较好的水平。认为陕西省企业履行社会责任处于落后水平和领先水平的访谈企业分别有 3 家（6%）和 2 家（4%），如图 Z1-32 所示。

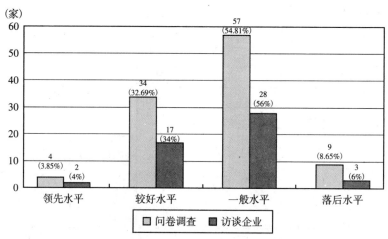

图 Z1-32　调研对象对陕西省企业履行社会责任总体状况认识情况

二、调研对象企业社会责任管理状况

（一）调研对象公司战略和使命与企业社会责任

为了考察陕西省企业社会责任管理状况，课题组首先对调研企业的公司战略和使命中是否包含有关企业社会责任的内容进行了考察。

在问卷调查企业方面，尽管依然有 24 家（23.08%）问卷调查企业的企业战略和使命中并没有体现出企业社会责任的内容，但是，近八成（80 家，76.92%）问卷调查企业社会责任战略和使命包含企业社会责任内容，比如，西安陕鼓动力股份有限公司就在公司使命"为人类文明创造绿色动力"中，提到"人类文明"，"绿色"等内容，这些均体现了企业履行社会责任的相关内容；陕西恒康生物科技有限公司在公司的战略和使命中明确提出"自强不息，发展壮大，创造品牌，回馈社会"；西安隆基硅材料股份有限公司提出了"提供优势太阳能硅片，使人类尽享清洁能源"，将自身的业务与提供清洁能源、致力于减缓温室气体排放紧密地结合在了一起；陕西金冠牧业有限公司结合自身的业务特点，提出以"贡献维生素产品价值、倡导绿色肠道"作为自身的使命，其中的产品价值、绿色主题深刻地体现了公司对履行消费者责任的考量；中交第一公路勘察设计研究院有限公司提出"固基修道，履方致远"的企业使命，作为以交通基础设施建设为主业的公司时刻牢记为社会经济发展构筑坚固基础，为人类往来修畅行大道，坚守法规，厉行理念，追求和谐发展；中国石油集团测井有限公司所提出的"奉献能源、创造和谐"充分体现了企业与社会的和谐。

在访谈企业方面，50家访谈企业中，42家（84%）访谈企业均在自身的公司战略和使命中体现出了有关企业社会责任方面的内容（见图Z1-33），比如，西安煤矿机械有限公司以"服务煤矿、奉献社会、惠泽员工"为企业使命，将公司对于社会的贡献以及对于员工的福利和发展紧密地结合在了一起；日立永济电气设备（西安）有限公司致力于"永续发展，赢得社会美誉"，即树立永久持续发展的理念，遵守中国法律法规，注重环境保护与员工生产安全等要求，赢得社会美誉；作为中航工业总公司的子公司，中航工业西安富士达科技股份有限公司在总公司提出"航空报国，强军富民"宗旨的基础上，也提出了"国家的利益高于一切"的核心价值观，将国家的利益与自身的业务活动紧密地融为一体；金花企业（集团）股份有限公司分别提出了"健康百姓、金花己任"的企业使命，"提供有益于人体的健康药品"的质量方针，以及"遵守法规、规范管理、预防控制污染、节能减排，塑造现代企业形象"的环保方针；库柏西安熔断器有限公司提出"为全球客户提供安全、可靠、高效和持续的动力管理解决方案"的使命，以及"自觉承担社会责任，实现全面、协调、可持续发展，成为市场上最受推崇的公司"的战略目标。

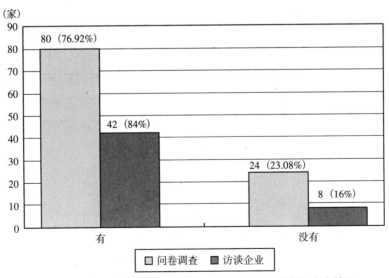

图 Z1-33 调研对象企业战略和使命包含企业社会责任内容情况

（二）调研对象公司文化与企业社会责任

企业文化是企业的精神，时刻指引着企业的运营方式，指引着企业员工的工作方式和行为方式，因此负责任的企业文化能够显著地推进企业的社会责任管理和实践，而不负责任的企业文化则对企业开展社会责任管理和实践起到阻碍作用。为了了解陕西省企业的企业文化中是否具有提倡企业履行社会责任的文化，课题组就调研企业的公司文化是否包含企业社会责任的内容进行了考察。

在问卷调查企业方面，企业文化中包含企业社会责任相关内容的问卷调查企业占多数，有75家（72.12%）问卷调查企业的企业文化中具有鼓励企业履行社会责任的内容，企业文化中缺少企业社会责任"基因"的问卷调查企业有29家（27.88%），如图Z1-34所示。举例来看，中软国际（西安）软件技术有限公司逐步形成了以"创造分享"为核心的企业文化，该企业文化逐步成为践行个人价值、企业价值的基础，共同成长的基础；住化电子材料科技（西安）有限公司的社训中，鼓励"尊重人权、创造信用、一等注意和社会贡献"；西安西古光通信有限公司的企业文化已经形成了企业履行社会责任的动力，公司集全员之智慧，努力提高顾客满意度，推进企业成长，以构建能够适应社会环境，有创造力的企业为目标，为社会发展做贡献；西安东盛集团有限公司的企业文化中鼓励企业致力于"诚信规范、阳光做事、恪守本分、福泽员工、回报社会"；中国兵器工业集团公司第204研究所（西安近代化学研究所）的企业文化要求公司始终坚持国

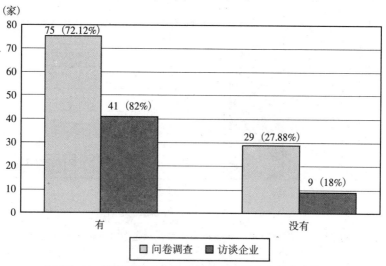

图 Z1-34　调研对象企业文化包含企业社会责任内容情况

家利益高于一切，始终坚持以科技创新和管理创新为动力，始终坚持把人才作为事业发展的决定性因素。

在访谈企业方面，50 家访谈企业中，41 家（82%）访谈企业企业文化中涉及企业社会责任内容，比如中航工业西安富士达科技股份有限公司以"有爱心，有灵魂，有信仰"作为企业文化的核心，西安宝美电气工业有限公司始终致力于"创造和谐社会"，要求企业创造企业与环境的和谐，在开发能源装备的同时，严格保护环境，创造企业与社会的和谐，在保证企业发展的同时，致力于促进社会的进步和发展，从而实现企业发展与社会进步之间的和谐，创造企业内部的和谐，努力营造企业内部团结一心、众志成城的氛围，形成凝聚力、战斗力，为公司发展提供良好的内外部环境；三星（中国）半导体有限公司始终致力于"做中国人民喜爱的企业，贡献于中国社会的企业"，这已经成为该公司企业文化最本源的内容；西安宇丰喷涂技术有限公司坚持"一流的设备，一流的技术，一流的质量，一流的服务"的思想，旨在提倡为本行业为社会做出贡献的同时获得合法利润的文化理念；中集陕汽重卡（西安）专用车有限公司企业文化以"尽心尽力、尽善尽美"作为自身的企业文化口号。

（三）调研对象利益相关方与企业社会责任

利益相关方是企业履行社会责任的目标群体，企业履行社会责任的目标就是满足企业利益相关方对于企业的需求和期待，为此，企业在履行社会责任的整个过程中，需要通过制度安排、资源保障，构建企业与利益相关方之间的沟通、监督机制，使企业在运营中深入了解并充分考虑利益相关方需求，使利益相关方参与、监督企业决策，促进企业发展与利益相关方满意的"双赢"。为了考察陕西省企业与其利益相关方之间的互动情况，课题组设计了企业利益相关方对于企业经营活动所提出的社会责任要求问题。

在问卷调查企业方面，超过半数（58 家，55.77%）企业的利益相关方偶尔对企业的经营活动提出设计企业社会责任方面的要求，经常遇到企业利益相关方对企业的经营活动提出企业社会责任方面要求的问卷调查企业有 24 家（23.08%），从来没有遇到利益相关方对企业的经营活动提出社会责任方面要求的企业有 22 家（21.15%）。

在访谈企业方面，50 家访谈企业中，26 家（52%）企业的利益相关方偶尔提出对企业经营活动所设计社会责任方面的要求，13 家（26%）访谈企业经常遇到利益相关方所提出的关于企业社会责任方面的需求和期待，11 家（22%）访谈企业从来没有遇到利益相关方对于其经营活动中所涉及的企业社会责任议题的要求，如图 Z1-35 所示。

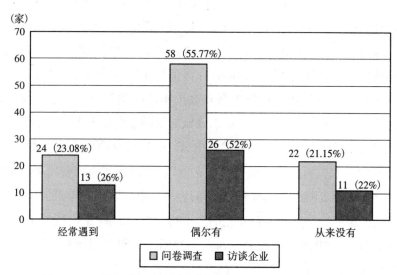

图 Z1-35   调研对象利益相关方与企业履行社会责任沟通情况

（四）调研对象社会责任部门和专职人员

企业要想更好地开展社会责任工作，需要有一套专门的企业社会责任管理组织体系以及专职人员配置。为了对陕西省企业社会责任部门的设置已经专职人员配置进行考察，课题组设计了考察企业社会责任部门设置和专职人员配置问题。

在问卷调查企业方面，多数企业当前虽然并没有设置企业社会责任部门并配置专门的专职人员，可是 44 家（42.31%）问卷调查企业表示计划设置企业社会责任部门，并配置专职人员。已经设置企业社会责任部门，并具有专职人员配置的问卷调查企业有 34 家（32.69%）。比如，中航工业西安飞机工业（集团）有限公司不仅设置了社区工作处专门负责自身的社会责任工作，而且公司多个部门根据职责分工承接社会责任相关事宜，像技安环保部门承接企业排污等事项的规划与日常监管，企业管理办公室承接节能降耗工作；陕西医药控股集团有限公司企业文化部负责统筹公司的社会责任工作；中国联通陕西省分公司西咸建设中心企业发展部专门负责企业的社会责任工作；陕西汽车控股集团有限公司集团管理办公室文化办是负责公司社会责任工作的部门。当前没有设置企业社会责任部门、没有专职企业社会责任人员配置并且也没有计划设置企业社会责任部门以及配置企业社会责任专职人员的企业相对较少，有26家（25%）问卷调查企业当前没有设置也没有计划设置企业社会责任部门、设置企业社会责任专职。对于当前设置专门的企业社会责任部门并且配置企业社会责任专职人员的企业来说，平均来看，企业社会责任专职人员有3.32人；从企业社会责任部门成立时间来看，超过半数（19家，55.88%）问卷调查企业负责社会责任工作部门的成立时间是在2010年之后，13家（38.24%）问卷调查企业的负责社会责任工作部门成立时间处于2000~2010年；2010年之前就已经设置社会责任工作部门的问卷调查企业有2家（5.88%）。

在访谈企业方面，已经设置企业社会责任部门并且配置有专门的企业社会责任专职人员的访谈企业相对最多，有21家（42%）访谈企业已经设置相应的企业社会责任部门，比如，陕西步长制药有限公司企业文化中心专门负责公司的社会责任工作，陕西恒泰通信科技有限公司综合部负责统筹公司的社会责任工作，西安隆基硅材料股份有限公司工会负责公司的社会责任工作，中集陕汽重卡（西安）专用车有限公司企业管理部负责公司的社会责任工作，西安康明斯发动机有限公司具有专门的企业社会责任团队，中国西电集团公司企业管理部专门负责公司的社会责任工作。其次，为当前没有设置企业社会责任部门，也没有配置专门的企业社会责任工作人员，可是计划设置企业社会责任部门以及配置专门企业社会责任专职的访谈企业，这样的企业数量有20家（40%）。最后，还有9家（18%）访谈企业不仅当前没有社会责任部门以及专职人员配置，而且也没有设置企业社会责任部门和配置企业社会责任专职人员的计划（如图Z1-36所示）。在设置企业社会责任部门并且配置专职企业社会责任人员的访谈企业中，平均来看，所设置的企业社会责任专职人员平均为3.48人，较问卷调查企业平均水平相对较多；从企业社会责任部门成立时间来看，11家（52.38%）访谈企业的社会责任部门成立于2010年之后，社会责任部门成立在2000~2010年的访谈企业有9家（42.86%），仅有1家（4.76%）企业社会责任管理部门成立于2000年之前，中国科学院西安光学精密机械研究所早于1995年就明确了公司综合处和工会负责公司的社会责任工作。

（五）调研对象社会责任部门领导机构

在企业社会责任部门领导机构方面，对于78家已经设置或者计划设置企业

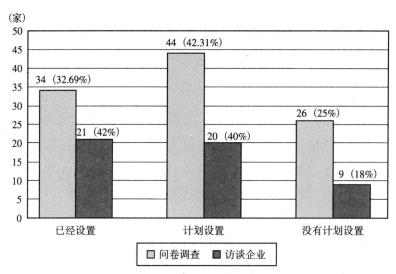

图 Z1-36 调研对象社会责任部门和专职人员情况

社会责任部门的问卷调查企业而言，企业社会责任部门领导机构为董事会的问卷调查企业相对最多，有 31 家（39.74%）问卷调查企业社会责任部门领导机构为董事会。其次，是企业社会责任部门领导机构为总经理的，该类问卷调查企业有 27 家（34.62%）。另外，还有 9 家（11.54%）问卷调查企业社会责任部门的领导机构为主管副总经理，6 家（7.60%）问卷调查企业社会责任部门领导机构为其他机构，比如，中国西电集团公司就将企业社会责任部门领导机构设在党政联席会。另外，还有 5 家（6.41%）问卷调查企业尚未明确企业社会责任部门领导机构。

对于 41 家已经设置或者计划设置企业社会责任部门的访谈企业而言，企业社会责任部门领导机构为总经理的访谈企业相对最多，有 16 家（39.02%）访谈企业社会责任部门领导机构为总经理，社会责任部门领导机构为董事会、主管副总经理以及其他机构的访谈企业数量分别有 12 家（29.27%）、7 家（17.07%）和 4 家（9.76%）。另外，还有 2 家（4.88%）访谈尚未明确社会责任部门的领导机构，如图 Z1-37 所示。

（六）调研对象社会责任管理制度

企业社会责任工作的开展落实需要有力的制度保证，要通过制定社会责任专项工作制度明确权责分工、工作办法、工作流程等。为了考察陕西省企业制定企业社会责任制度方面的情况，课题组设置专门的问题考察陕西省企业社会责任管理制度情况。

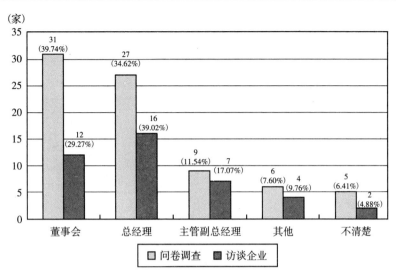

图 Z1-37　调研对象社会责任部门领导机构情况

　　对于问卷调查企业来说，当前没有制定企业社会责任管理制度，而计划制定专门针对社会责任工作管理制度的企业相对最多，有 71 家（68.27%）具有制定企业社会责任管理制度的计划。其次为近期不准备制定企业社会责任制度的问卷调查企业数量，有 27 家（25.96%）。已经制定专门的企业社会责任制度的问卷调查企业有 6 家（5.77%），比如，中国石油集团测井有限公司早在 2006 年就制定了"构建和谐测井实施纲要"，西安达刚路面机械股份有限公司 2011 年制定了"公司履行社会责任管理度"；陕西医药控股集团也于 2014 年制定了"关于推进企业文化建设实施文化兴企战略的若干意见"。

　　对于访谈企业来说，当前没有制定企业社会责任专门制度，但是计划制定专门的企业社会责任制度的访谈企业相对最多，有 32 家（64%）。14 家（28%）访谈企业没有计划制定专门的企业社会责任制度。已经制定企业社会责任制度的访谈企业有 4 家（8%），比如，中航工业西安富士达科技股份有限公司 2010 年制定了"公司社会责任及职业道德管理方针和规定"；中集陕汽重卡（西安）专用车有限公司 2011 年制定的"内控手册"和"内控制度"中有专门的章节和制度涉及企业社会责任管理工作；中国西电集团公司于 2012 年制定了"中国西电集团公司关于编制社会责任报告有关事项的通知（西电发〔2012〕70 号）"，不断明确自身编制、发布社会责任报告的制度，如图 Z1-38 所示。

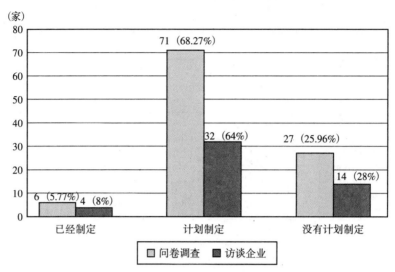

图 Z1-38　调研对象社会责任管理制度情况

（七）调研对象社会责任信息发布渠道

企业发布社会责任信息是实现与利益相关方交流沟通的重要手段，通过发布企业社会责任信息，企业能够更好地实现与利益相关方的交流和互动，满足利益相关方日益增长的获取企业社会责任信息的需求。为了对陕西省企业社会责任信息发布渠道进行研究，课题组分别设计七个选项，考察陕西省企业发布社会责任信息的渠道，其中六个选项分别为"尚未建立 CSR 信息发布渠道"、"通过参加企业社会责任会议或企业社会责任活动发布社会责任信息"、"通过企业官方网站企业社会责任专栏发布企业社会责任信息"、"通过社会团体合作发布企业社会责任信息"、"通过定期编写企业社会责任报告发布企业社会责任信息"、"通过召开专门企业社会责任事项的新闻发布会发布企业社会责任信息"。为了全面了解陕西省企业发布社会责任信息的渠道，本研究也设置了其他选项。

在问卷调查企业发布企业社会责任信息渠道方面，尚未建立起相应的企业社会责任信息发布渠道的企业不足半数，这种类型的问卷调查企业有 48 家（46.15%）。除此之外，其他 60 家（53.85%）问卷调查企业均建立起了各种各样的企业社会责任信息发布渠道。其中，通过参加企业社会责任会议或活动以及企业官方网站企业社会责任专栏发布企业社会责任信息的问卷调查企业均有 27 家（25.96%）；通过社会团体合作发布企业社会责任信息的企业有 25 家（24.04%）；通过定期编写企业社会责任报告、召开专门企业社会责任事项的新闻发布会发布企业社会责任信息的问卷调查企业分别有 20 家（19.23%）、8 家（7.69%）；还有 1 家企业通过其他方式发布企业社会责任信息，中集陕汽重卡（西安）专用车有限公司就通过"合并到中集集团统一发布社会责任信息的渠道"发布自身的社会责任信息。

在访谈企业发布企业社会责任信息渠道方面，21 家（42%）访谈企业尚未建立企业社会责任信息的发布渠道，通过定期编制发布企业社会责任报告、企业官方网站企业社会责任专栏、通过社会团体合作发布企业社会责任信息、通过参加企业社会责任会议或活动、召开专项企业社会责任事项新闻发布会发布企业社会责任信息的访谈企业数量依次降低，分别有 15 家（30%）、14 家（28%）、12 家（24%）、11 家（22%）和 5 家（10%）。另外，还有 1 家（2%）访谈企业通过其他方式发布社会责任信息。

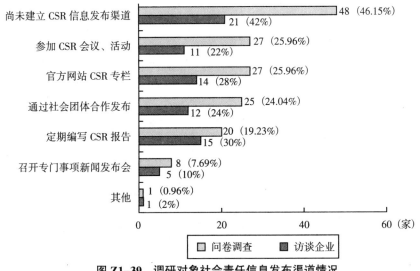

图 Z1-39　调研对象社会责任信息发布渠道情况

（八）调研对象社会责任报告发布

企业社会责任报告是企业发布企业社会责任信息的载体和过程。为了考察陕西省企业发布社会责任状况，课题组设计了有关企业社会责任发布情况的问题。

在问卷调查企业发布企业社会责任报告方面，当前没有发布企业社会责任报告，并且也没有计划发布企业社会责任报告的问卷调查企业相对最多，在 104 家问卷调查企业中，有 69 家（66.35%）持有这种立场。已经发布企业社会责任报告的问卷调查企业有 21 家（20.19%），当前没有发布企业社会责任报告，但准备发布企业社会责任报告的问卷调查企业有 14 家（13.46%）。

在访谈企业发布企业社会责任报告方面，表现出同问卷调查企业相同的分布，其中，当前没有发布企业社会责任报告，并且也没有发布企业社会责任计划的访谈企业将近七成（34 家，68%），当前已经发布企业社会责任报告的访谈企业和当前没有发布企业社会责任报告可是准备发布企业社会责任报告的访谈企业分别有 11 家（22%）和 5 家（10%），如图 Z1-40 所示。

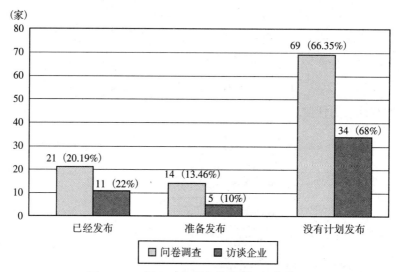

图 Z1-40　调研对象发布社会责任报告情况

（九）调研对象首份社会责任报告发布时间

对于已经发布或者计划发布企业社会责任报告的问卷调查企业而言，在所有的 35 家问卷调查企业中，最早发布企业社会责任报告的时间可以追溯到 2002 年，美气神电子材料（西安）有限公司 2002 年发布了公司首份企业社会责任报告。大部分问卷调查企业发布首份企业社会责任报告的时间为 2012 年或 2014 年，2015 年计划发布企业社会责任报告的问卷调查企业相对最多，有 13 家（35%）问卷调查企业计划在 2015 年发布公司的首份企业社会责任报告。

对于已经发布或者计划发布企业社会责任报告的访谈企业而言，最早发布企业社会责任报告的年份为 2007 年，没有任何访谈企业在 2008 年和 2010 年发布首份企业社会责任报告，在 2012 年和 2014 年发布首份企业社会责任报告的访谈企业相对最多，分别有 4 家（25%）访谈企业在 2012 年发布了首份企业社会责任报告，5 家（31.25%）访谈企业在 2014 年发布或计划发布首份企业社会责任报告。另外，计划于 2015 年发布首份企业社会责任报告的访谈企业有 4 家（25%），如图 Z1-41 所示。

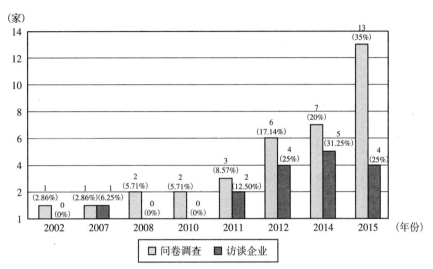

图 Z1-41　调研对象发布或计划发布首份社会责任报告时间情况

（十）调研对象发布企业社会责任报告属性

1. 调研对象发布企业社会责任报告期限

在陕西省企业发布企业社会责任报告的期限方面，对于问卷调查企业而言，在 35 家已经发布或者计划发布企业社会责任报告的企业中，21 家（60%）问卷调查企业将自身的企业社会责任报告定位为定期报告，14 家（40%）问卷调查企业将自身的企业社会责任报告定位为非定期报告。

对于访谈企业而言，在 16 家已经发布或者计划发布企业社会责任报告的企业中，12 家（75%）访谈企业将自身的企业社会责任报告定位为定期报告，4 家（25%）访谈企业将自身的企业社会责任报告定位为非定期报告，如图 Z1-42 所示。

2. 调研对象发布企业社会责任报告渠道

在陕西省企业发布企业社会责任报告的渠道方面，对于问卷调查企业而言，在 35 家已经发布或者计划发布企业社会责任报告的问卷调查企业中，26 家（74.29%）通过公开渠道发布企业社会责任报告，9 家（25.71%）问卷调查企业通过非公开渠道发布企业社会责任报告。

对于访谈企业而言，在 16 家已经发布或者计划发布企业社会责任报告的企业中，采用公开渠道发布企业社会责任报告的访谈企业有 11 家（68.75%），采用非公开渠道发布企业社会责任报告的访谈企业有 5 家（31.25%），如图 Z1-43 所示。

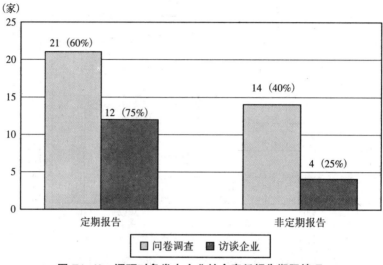

图 Z1-42 调研对象发布企业社会责任报告期限情况

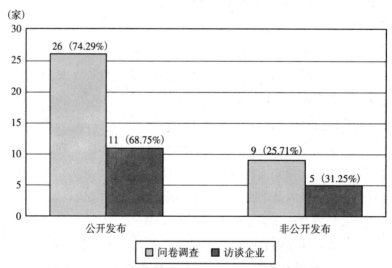

图 Z1-43 调研对象发布企业社会责任报告渠道情况

聚焦到通过公开渠道已经或者计划发布企业社会责任报告的企业发布社会责任报告的渠道，对于问卷调查企业而言，在通过公开渠道发布或计划发布企业社会责任报告的 26 家企业中，20 家（76.92%）问卷调查企业选择通过官方网站发布企业社会责任报告，选择通过经营场所公示或发放、大众传媒以及召开发布会发布企业社会责任报告的问卷调查企业依次降低，分别有 8 家（30.77%）、5 家（19.23%）和 3 家（11.54%）。另外，还有 1 家（3.85%）问卷调查企业选择通过其他方式发布企业社会责任报告。

对于访谈企业而言，在通过公开渠道发布或计划发布企业社会责任报告的 11 家企业中，通过企业官方网站、经营场所公示或发放、召开发布会以及大众媒体四种渠道的访谈企业数量依次降低，分别有 9 家（81.82%）、3 家（27.27%）、3 家（27.27%）和 2 家（18.18%），如图 Z1-44 所示。

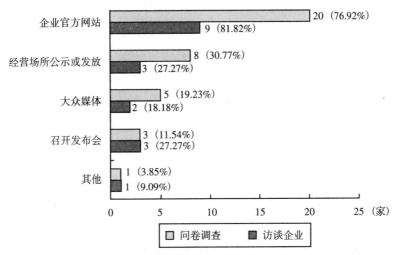

图 Z1-44　调研对象通过公开渠道发布企业社会责任报告的具体渠道情况

3. 调研对象编制企业社会责任报告的主要挑战

编制企业社会责任报告是一项专业性非常强的工作，没有经验的积累或借助于外部企业社会责任专业机构或人士的帮助，企业编制社会责任报告往往面临诸多挑战。为了考察陕西省企业编制企业社会责任报告过程中的挑战，课题组设置了五个方面的选项，分别为"职能部门和下属企业部门对报告重要性认识不足"、"缺乏编写标准"、"资料搜集困难"、"缺少监管部门引导"以及"缺乏专业机构服务"，为了全面考察陕西省企业履行社会责任的挑战和困难，课题组还设置了"其他"选项，以便进一步获取关于陕西省企业编制社会责任报告所遇到挑战的信息。

对于问卷调查企业而言，编制企业社会责任报告最大的挑战是缺乏专业机构

的服务以及缺乏编写标准，在 35 家已经发布或者计划发布企业社会责任报告的
问卷调查企业中，各有 19 家（54.29%）企业认为自身在编制企业社会责任报告
过程中所面临的主要挑战为缺乏专业机构的服务和缺乏编写指南。认为企业在编
制社会责任报告的过程中面临"职能部门和下属企业部门对报告重要性认识不
足"、"资料搜集困难"以及"缺少监管部门引导"的问卷调查企业依次降低，分
别有 12 家（34.29%）、11 家（31.43%）和 10 家（28.57%）企业持有上述观点。
另外，还有 4 家（11.43%）问卷调查企业在编写企业社会责任报告过程中面临其
他困难，其中一家问卷调查企业认为在编制企业社会责任报告的过程中，自身还
面临"企业社会责任工作体制机制尚未健全"的挑战。

对于访谈企业而言，编制企业社会责任报告的主要困难为缺乏专业机构服
务，在 16 家已经发布或者计划发布企业社会责任报告的访谈企业中，持有这种
观点的访谈企业有 12 家（75%）。认为企业编制社会责任报告过程中面临"缺乏
编写标准"、"职能部门和下属企业部门对报告重要性认识不足"以及"缺少监管
部门引导"的访谈企业均有 6 家（37.50%）。还有 7 家（43.75%）访谈企业认为
"资料搜集困难"是自身所面临的主要困难，2 家（12.50%）访谈企业认为自身
在编写社会责任报告过程中还面临其他困难，如图 Z1-45 所示。

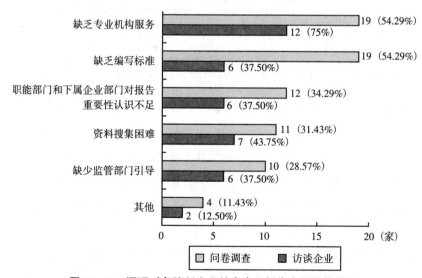

图 Z1-45　调研对象编制企业社会责任报告主要挑战情况

（十一）调研对象未发布企业社会责任报告原因分析

为了考察陕西省企业当前没有发布企业社会责任报告，并且也没有计划发布

企业社会责任报告的原因，课题组设计了六个选项来具体考察陕西省企业不发布企业社会责任报告的原因，这六个问题分别为"未听说过企业社会责任报告"、"发布企业社会责任报告意义不大"、"缺乏编写标准指导"、"缺少监管部门引导"、"缺乏专业机构服务"以及"其他原因"。

在问卷调查企业不考虑发布企业社会责任报告原因方面，多数（31 家，44.93%）问卷调查企业认为缺乏企业社会责任报告编写标准的指导是自身选择不发布企业社会责任报告的原因，28 家（40.58%）问卷调查企业从来没有听说过企业社会责任报告，所以，也就没有意识到去通过发布企业社会责任报告同利益相关方沟通、交流企业的社会责任信息。认为缺乏监管部门引导、缺乏专业机构服务以及发布企业社会责任报告意义不大的问卷调查企业数量依次减低，分别有28 家（40.58%）、24 家（34.78%）和 10 家（14.49%）问卷调查企业持有上述观点。另外，认为其他因素制约企业发布社会责任报告的问卷调查企业数量有 5 家（7.25%），比如，有些问卷调查企业认为开展实质性的社会责任实践工作才是最为重要的，不看重口头形式的社会责任报告；有些认为企业与社会之间缺乏信任关系，发布企业社会责任报告意义不大；还有些企业自身是合资企业或者集团公司的分子公司，由于集团总部已经发布了企业社会责任报告，而企业自身的社会责任管理和实践也已经成为集团公司企业社会责任报告的重要内容，所以，这些合资企业或集团公司分子公司为了节约资源选择不发布企业社会责任报告。

在访谈企业不考虑发布企业社会责任报告的原因方面，在 34 家没有发布企业社会责任报告的企业中，均有 14 家（41.18%）访谈企业认为缺乏编写企业社会责任报告标准的指导以及从未听说过企业社会责任报告为自己选择不发布企业社会责任报告的原因。10 家（29.41%）访谈企业还认为缺乏监管部门的引导以及没有专业机构的服务是自己选择不发布企业社会责任报告的原因，6 家（17.65%）访谈企业认为发布企业社会责任报告的意义不大，3 家（8.82%）访谈企业还因为其他原因选择不发布企业社会责任报告，比如，有些企业认为发布企业社会责任报告是一项系统工程，由于自身还没有制定相应的制度、措施，所以，选择不发布企业社会责任报告，如图 Z1-46 所示。

（十二）调研对象开展社会责任培训分析

开展企业社会责任培训是形成公司内部履行企业社会责任共识、推进自身企业社会责任工作水平的重要抓手，为了考察陕西省企业社会责任培训情况，课题

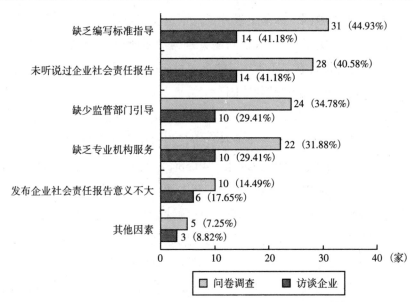

图 Z1-46　调研对象未发布企业社会责任报告原因情况

组设计了三个选项来具体研究陕西省企业开展社会责任培训状况，这三个选项分别为开展多次企业社会责任培训、开展一两次企业社会责任培训以及从未开展过任何企业社会责任培训。

对于问卷调查企业而言，开展一两次企业社会责任培训和从未开展企业社会责任培训的问卷调查企业数量相对较多，均有 39 家（37.5%）问卷调查企业开展一两次企业社会责任培训或从未开展任何企业社会责任培训。另外，开展多次企业社会责任培训的问卷调查企业有 26 家（25%）。

对于访谈企业而言，尽管从未开展企业社会责任培训的访谈企业相对最多，有 19 家（38%）访谈企业从未开展企业社会责任培训。但是，开展一两次企业社会责任培训或者开展多次企业社会责任培训的企业数量也不少，分别有 15 家（30%）访谈企业开展过一两次的企业社会责任培训，16 家（32%）访谈企业开展过多次企业社会责任培训，如图 Z1-47 所示。

（十三）调研对象开展社会责任考核分析

企业社会责任考核是评估企业社会责任工作开展情况的重要方式，是推动企业社会责任工作落到实处的法宝。为了考察陕西省企业社会责任考核情况，课题组也设计了三个选项，分别为开展多次、开展一两次以及从未开展。

在问卷调查企业方面，从未开展企业社会责任考核的问卷调查企业超过半数

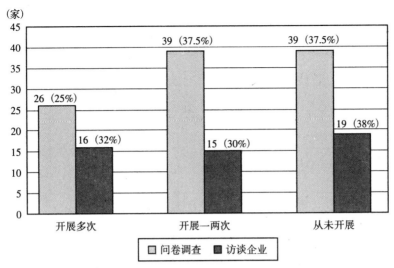

图 Z1-47　调研对象开展企业社会责任培训情况

（55 家，52.88%），开展一两次企业社会责任考核的问卷调查企业有 29 家
（27.88%），开展多次企业社会责任考核的企业有 20 家（19.23%）。

在访谈企业方面，表现出同问卷调查企业相似的情况，其中，从未开展过企
业社会责任考核的企业有 28 家（56%），开展一两次和开展多次企业社会责任考
核的企业分别有 9 家（18%）和 13 家（26%）。

（十四）调研对象制定企业社会责任工作计划或规划分析

企业社会责任工作涉及企业运营管理的方方面面，缺乏计划或规划的指导，
企业社会责任工作的推进必将缺乏头绪。为了考察陕西省企业社会责任工作计划
或规划的制定情况，课题组设计了三个方面的问题选项，分别为有系统性规划、
有简单的计划以及没有计划或规划，来考察陕西省企业社会责任计划或规划的制
定情况。

在问卷调查企业制定企业社会责任工作计划或规划方面，有系统性的企业社
会责任工作计划或规划的企业相对较少，有 16 家（15.38%）问卷调查企业制定
了系统性的企业社会责任计划或规划，制定简单企业社会责任工作计划的问卷调
查企业有 52 家（50%），没有制定任何企业社会责任计划或规划的问卷调查企业
有 36 家（34.62%）。

在访谈企业制定社会责任工作计划或规划方面，制定简单企业社会责任计划
或规划的企业数量相对最多，有 23 家（46%）访谈企业制定有简单的企业社会

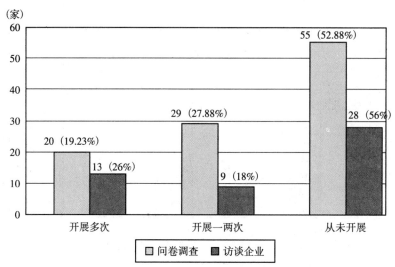

图 Z1-48　调研对象开展企业社会责任考核情况

责任计划或规划，具有系统性的企业社会责任计划或规划的访谈企业只有 8 家（16%），没有任何企业社会责任计划或规划的访谈企业有 19 家（38%），如图 Z1-49 所示。

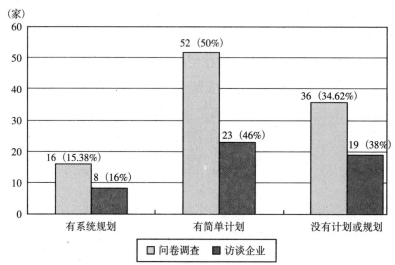

图 Z1-49　调研对象制定企业社会责任工作计划或规划情况

（十五）调研对象社会责任重点工作分析

开展企业社会责任重点工作是发挥企业社会责任重点工作以点带面，从而全面推进企业社会责任工作的重要途径，为了考察陕西省企业计划开展的企业社责任重点工作，课题组将重点工作分为"明确企业社会责任理念"，"明确企业社会责任工作主管部门"，"制定社会责任规划"，"健全企业社会责任信息披露机制，发布社会责任报告"，"制定社会责任管理制度"，"制定适合本企业的社会责任指标体系"以及"开展社会责任品牌建设"。

在问卷调查企业方面，八成以上（87家，83.65%）的问卷调查企业将在未来开展明确企业社会责任理念的重点工作，超过六成（67家，64.42%）问卷调查企业将着手制定社会责任规划，超过半数（57家，54.81%）问卷调查企业将明确企业社会责任工作主管部门，计划开展制定适合本企业的社会责任指标体系、制定社会责任管理制度、开展社会责任品牌建设以及健全社会责任信息披露机制发布企业社会责任报告重点工作的问卷调查企业依次降低，分别有50家（48.08%）、49家（47.12%）、41家（39.42%）和40家（38.46%）。

在访谈企业方面，50家访谈企业中，41家（82%）将开展明确企业社会责任理念的重点社会责任工作，33家（66%）问卷调查企业将制定社会责任规划，30家（60%）问卷调查企业将明确企业社会责任工作主管部门。将制定社会责任管理制度、制定适合本企业社会责任指标体系、健全社会责任信息披露机制以及开展社会责任品牌建设的访谈企业数量依次降低，分别有27家（54%）、26家（52%）、24家（48%）和21家（42%），如图Z1-50所示。

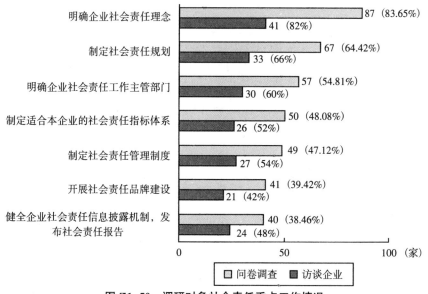

图 Z1-50　调研对象社会责任重点工作情况

三、调研企业社会责任实践状况

（一）市场责任实践情况

1. 股东责任实践情况

（1）调研企业成立董事会和监事会情况

建立现代企业制度是国有企业改革的重点，也是我国民营企业和外资企业做大做强的保障。作为现代企业制度的重要组成部分，完善董事会和监事会制度是我国企业建立现代企业制度的基石，这是保障股东权利，履行股东责任的重要体制、机制保障。为了考察陕西省企业成立董事会和监事会情况，课题组在问卷中专门设计了相关问题。

对于问卷调查企业而言，超过八成（84家，80.77%）问卷调查企业成立了董事会和监事会，20家（19.23%）问卷调查企业尚未成立董事会和监事会制度。

对于访谈企业而言，50家访谈企业中，42家（84%）成立了董事会和监事会，8家（16%）企业尚未建立起董事会和监事会制度，如图Z1-51所示。

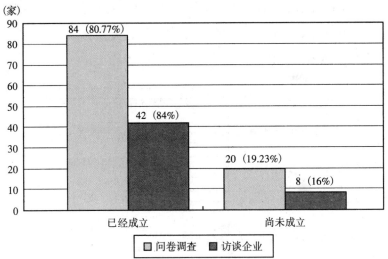

图 Z1-51　调研对象成立董事会和监事会情况

具体到建立董事会和监事会的84家问卷调查企业和42家访谈企业中，对于问卷调查企业而言，32家（38.10%）建立董事会和监事会的企业并没有外部董事和外部监事参与。外部董事和外部监事均有参与的董事会和监事会问卷调查企业有31家（36.90%）。另外，还有15家（17.86%）建立董事会和监事会的问卷调查企业有外部董事，但是没有外部监事；6 家（7.14%）建立董事会和监事会的问卷调查企业有外部监事，可是没有外部董事参与。

对于访谈企业而言，建立董事会和监事会的访谈企业不仅具有外部董事会参与，而且具有外部监事参与的访谈企业相对最多，有 16 家（38.10%）具有这样的董事会和监事会结构。其次，为外部董事和外部监事均没有参与的访谈企业监事会和董事会，有 15 家（35.71%）访谈企业的董事会和监事会结构中缺少外部董事和监事的参与。另外，8 家（19.05%）建立董事会和监事会的访谈企业有外部董事的参与，但是没有外部监事的参与；3 家（7.14%）建立董事会和监事会的访谈企业有外部监事，但是没有外部董事的参与，如图 Z1-52 所示。

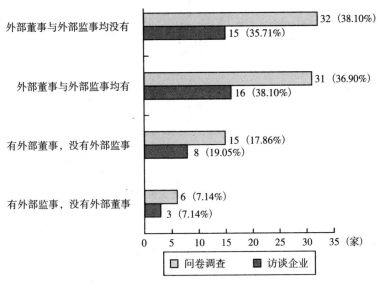

图 Z1-52 调研对象董事会和监事会的外部董事和监事情况

（2）调研企业建立投资者管理制度情况

建立投资者管理制度是保障投资者合法权益的重要制度，它是企业履行股东责任的重要制度保障。为了考察陕西省企业的投资者管理制度建立情况，课题组专门设计了三个选项的问题，这三个选项分别为"建立了非常完善的投资者关系管理制度"、"建立了投资者关系管理制度"以及"投资者关系管理制度尚在建设中"。

对于问卷调查企业而言，建立了非常完善的投资者关系管理制度的企业相对最多，有 40 家（38.46%）问卷调查企业建立起了非常完善的投资者关系管理制度。36 家（34.62%）问卷调查企业的投资者管理制度尚在建设之中。28 家（26.92%）问卷调查企业已经建立了投资者关系管理制度，并处于不断完善之中。

对于访谈企业而言，建立起非常完善的投资者关系管理的访谈企业也相对最多，有 21 家（42%）访谈企业建立起了非常完善的投资者关系管理制度。投资者关系管理制度尚在建设之中的访谈企业有 16 家（32%），建立了投资者关系管理制度，并且制度尚在完善之中的访谈企业有 13 家（26%），如图 Z1-53 所示。

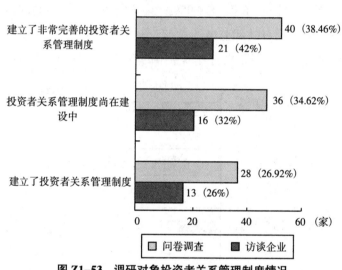

图 Z1-53　调研对象投资者关系管理制度情况

（3）调研企业盈利水平分析

为股东创造最大化的利润是新古典经济学对于企业的基本假设，企业社会责任理论虽然不认同股东价值最大化是企业的唯一责任，但是也认为为股东创造最大化的利润是企业履行社会责任的重要组成部分。为了对陕西省企业盈利水平进行考察，课题组通过与相应企业所在行业平均水平对比关系切入，具体分析企业的盈利状况。

对于问卷调查企业而言，60 家（57.69%）问卷调查企业认为自身的盈利水平与行业平均水平相比基本持平。24 家（23.08%）问卷调查企业认为自身的盈利水平高于行业平均水平。还有 20 家（19.23%）问卷调查企业认为自身的盈利水平略低于行业平均水平。

对于访谈企业而言，26 家（52%）认为自身的盈利水平与行业平均水平持平。20 家（19.23%）访谈企业认为自身的盈利水平略低于行业平均水平，16 家

（32%）访谈企业认为自身的盈利水平高出行业平均水平，如图 Z1-54 所示。

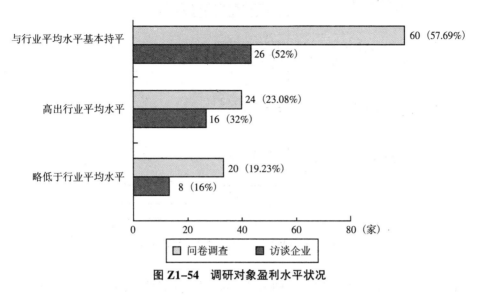

图 Z1-54 调研对象盈利水平状况

2. 客户责任实践状况

（1）调研企业客户关系管理制度分析

建立健全客户关系管理制度是履行客户责任的制度保障，为了考察陕西省企业履行客户责任状况，课题组首先对调研企业的客户关系管理制度进行了考察。

对于问卷调查企业而言，在 104 家问卷调查企业中，63 家（60.58%）认为自身的客户关系管理体系比较完善；27 家（25.96%）问卷调查企业虽然已经建立起了客户关系管理相关的制度、措施，但是尚未形成比较完善的客户关系管理体系。10 家（9.62%）问卷调查企业正在计划建立客户关系管理制度，只有 4 家（3.85%）问卷调查企业还没有客户关系管理制度。

对于访谈企业而言，建立了比较完善的客户关系管理体系的访谈企业有 35 家（70%），建立起客户关系管理相关制度、措施，但尚未形成完善的制度体系的访谈企业有 10 家（20%）。正在计划建立客户关系管理制度以及还没有客户关系管理制度的访谈企业分别有 3 家（6%）和 2 家（4%），如图 Z1-55 所示。

（2）调研企业产品质量管理制度分析

为消费者提供质量优良、价格便宜的产品或服务是企业存在的重要理由，也是企业重要的客户责任之一，所以，企业产品质量管理制度的建立和完善是企业履行客户责任的重要组成部分。为了考察陕西省企业产品质量管理制度情况，课

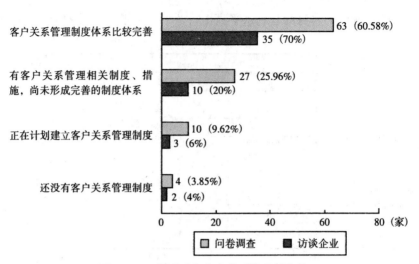

图 Z1-55　调研对象客户关系管理制度状况

题组设计了四个方面的选项，分别为"产品/服务质量管理制度体系比较完善"，"有产品/服务质量管理相关制度、措施，尚未形成完善的制度体系"，"正在计划建立产品服务质量管理制度"以及"还没有产品服务质量管理制度"。

对于问卷调查企业而言，超过八成（85家，81.73%）问卷调查企业已经建立起比较完善的产品/服务质量管理制度体系，11家（10.58%）已经建立起了产品/服务质量管理相关的制度、措施，但是尚未形成完善的制度体系，4家（3.85%）问卷调查企业正着手建立产品服务质量管理制度，4家（3.85%）还没有产品服务质量管理制度。

对于问卷调查企业而言，50家问卷调查企业中，43家（86%）已经建立起了比较完善的产品/服务质量管理制度体系，11家（10.58%）虽然还没有形成完善的产品/服务质量管理制度体系，但已经建立起了产品/服务质量管理相关的制度、措施。正在计划建立产品/服务质量管理制度和还没有产品/服务质量管理制度的访谈企业均有1家（2%），如图Z1-56所示。

（3）调研企业创新和研究开发能力分析

创新和研究开发能力既是企业核心竞争力的重要内容，又是企业履行客户责任向客户提供创新性产品或服务的保障。为了对陕西省企业的创新和科研开发能力进行考察，课题组专门设置问题考察问卷调查企业的创新和可研究开发能力状况。

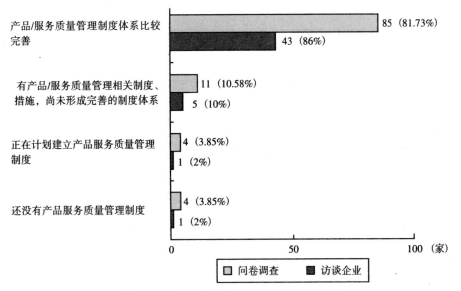

图 Z1-56 调研对象产品质量管理制度状况

对于问卷调查企业而言，近半数（51 家，49.04%）问卷调查企业认为自身的创新和科研开发能力处于所在行业的领先水平；其次，认为处于所在行业较高水平的问卷调查企业，有 38 家（36.54%）。另外，认为自身的创新和研究开发能力处于行业一般水平和行业落后水平的问卷调查企业分别有 14 家（13.46%）和 1 家（0.96%）。

对于访谈企业而言，超过半数（27 家，54%）访谈企业认为自身的创新和科研开发能力处于所在行业的领先水平。认为处于行业较高水平以及行业一般水平的访谈企业数量依次降低，分别有 19 家（38%）和 4 家（8%）。没有任何一家访谈企业认为自身的创新和科研开发能力处于行业的落后水平，如图 Z1-57 所示。

（4）调研企业客户满意度调查分析

企业满足利益相关方需求和期待需要首先了解特定利益相关方的需求和期待为何，聚焦到客户责任的履行方面，企业满足客户的需求和期待就需要对客户进行调查，作为客户调查的一个普遍和通常的做法，客户满意度调查不断引起企业的注意。为了考察陕西省企业客户满意度调查的开展情况，课题组设计了关于客户满意度调查的问题，通过四个选项的问题，全面分析调研对象的客户满意度调查情况，这四个方面的选项分别为"有制度化的满意度调查和改进机制"，"经常进行阶段性的调查，但未形成制度"，"根据需要偶尔进行过调查"以及"没有开

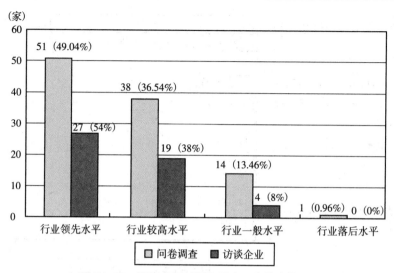

图 Z1-57　调研对象创新和研究开发能力状况

展过满意度调查"。

对于问卷调查企业而言，多数（67 家，64.42%）企业具有制度化的满意度调查和改进机制；经常进行阶段性的客户满意度调查，但是没有形成具体的客户满意度调查制度的问卷调查企业有 21 家（20.19%）。根据需要偶尔进行客户满意度调查以及没有开展过任何形式的满意度调查的问卷调查企业分别有 11 家（10.58%）和 5 家（4.81%）。

对于访谈企业而言，超过七成（36 家，72%）企业具有制度化的满意度调查和改进机制，7 家（14%）访谈企业尽管经常进行阶段性的客户满意度调查，但是还没有形成制度化的客户满意度调查制度，4 家（8%）访谈企业根据需要偶尔进行客户满意度调查，3 家（6%）访谈企业没有开展过满意度调查，如图 Z1-58 所示。

（5）调研企业客户意见反馈渠道调查分析

客户意见反馈渠道的建立也是企业寻求与客户进行沟通交流的重要手段，对于问卷调查企业而言，超过九成（95 家，91.35%）企业建立了专门的接受客户意见反馈的渠道，没有专门的客户意见反馈渠道从而导致客户难以反馈意见的问卷调查企业仅有 4 家（3.85%）。通过其他渠道收集客户反馈意见的问卷调查企业有 5 家（4.81%）。

对于访谈企业而言，50 家访谈企业中，46 家（92%）具有专门的渠道收集

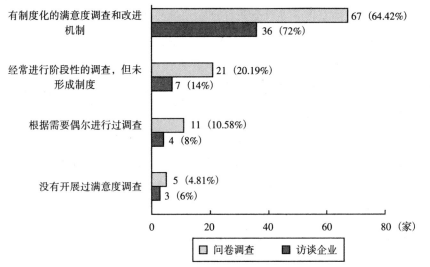

图 Z1-58　调研对象客户满意度调查状况

客户的反馈意见，通过其他渠道收集客户反馈意见的访谈企业有 3 家（6%）。没有建立专门渠道收集客户意见的访谈企业仅有 1 家（2%）。

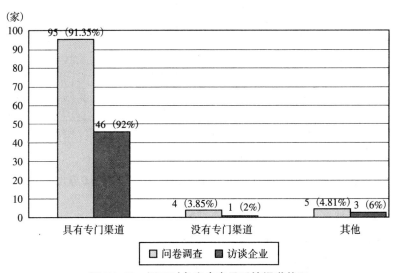

图 Z1-59　调研对象客户意见反馈渠道状况

3. 伙伴责任实践状况

（1）调研企业向供应商宣传企业社会责任理念分析

企业向供应商开展企业社会责任宣传能够最大限度地发挥自身履行社会责任的带动作用，为了分析陕西省企业履行社会责任对于供应商的带动作用，课题组从调研企业向供应商宣传企业社会责任理念角度具体考察。

对于问卷调查企业而言，在 104 家问卷调查企业中，不仅 44 家（42.31%）问卷调查企业向所有的供应商宣传企业社会责任理念，而且 43 家（41.35%）问卷调查企业还向部分关系密切的供应商宣传自身的企业社会责任理念。从未向供应商提及自身企业社会责任理念的企业仅有 17 家（16.35%）。

对于访谈企业而言，在 50 家访谈企业中，除了 8 家（16%）访谈企业从未向供应商提及自身的企业社会责任理念之外，其余的 42 家（84%）访谈企业均不同程度地向自己的供应商宣传企业社会责任理念，其中，向部分关系密切的供应商宣传企业社会责任理念的企业有 19 家（38%），向所有供应商宣传企业社会责任理念的企业有 23 家（46%），如图 Z1-60 所示。

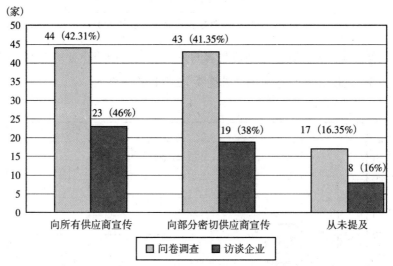

图 Z1-60　调研对象向供应商宣传企业社会责任理念状况

（2）调研企业建立供应商评估措施分析

开展供应商企业社会责任评估是推进供应商企业履行社会责任的重要推动力量，为了考察陕西省企业供应商企业社会责任评估状况，课题组对于调研企业的供应商企业社会责任评估制度进行了考察。

对于问卷调查企业而言，尚未建立供应商企业社会责任评估制度的问卷调查企业相对最多，有 100 家（96.15%）问卷调查企业尚未建立供应商企业社会责任评估制度，其中，计划制定供应商企业社会责任评估制度的企业有 64 家（61.54%），不准备制定任何供应商企业社会责任评估制度的企业有 36 家

（34.62%），已经制定供应商企业社会责任评估制度的问卷调查企业有 4 家（3.85%）。其中，西安陕鼓动力股份有限公司于 2011 年制定了"陕鼓供应商管理办法"，西安迪赛生物药业有限责任公司于 2010 年制定了"供应商审计管理制度"。

对于访谈企业而言，50 家访谈企业中，30 家（60%）访谈企业尽管没有建立供应商企业社会责任评估制度，但是已经具有建立供应商企业社会责任评估制度的计划。17 家（34%）访谈企业不仅没有建立供应商企业社会责任评估制度，而且也没有制定供应商企业社会责任评估制度的计划。已经制定供应商企业社会责任评估制度的访谈企业仅有 3 家（6%），如图 Z1-61 所示。其中，中集陕汽重卡（西安）专用车有限公司于 2008 年制定了"采购合同/供应商评价与管理"，康师傅（西安）饮品有限公司于 2006 年制定了"供应商考核名册"。

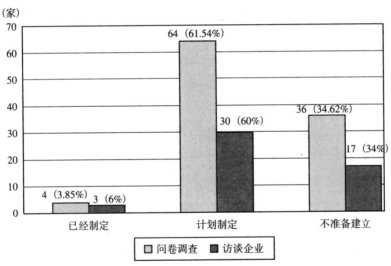

图 Z1-61　调研对象建立供应商评估措施状况

（3）调研企业了解供应商企业社会责任信息渠道分析

获取供应商企业社会责任信息是开展供应商企业社会责任评估的前提，为了对陕西省企业了解供应商企业社会责任信息的渠道进行研究，课题组对调研对象了解供应商企业社会责任信息的渠道进行了考察。

对于问卷调查企业而言，近六成（61 家，58.65%）问卷调查企业了解供应商企业社会责任信息的渠道为供应商直接提供。19 家（18.27%）问卷调查企业获取供应商企业社会责任信息是中介服务机构提供的信息，68 家（65.38%）问卷调查还通过自己收集供应商企业社会责任信息来了解供应商的社会责任状况。另外，有 2 家（1.92%）问卷调查企业通过其他方式获得有关供应商的企业社会责任信息。

对于访谈企业而言，在 40 家访谈企业中，36 家（72%）访谈企业通过自己收集的方式获得供应商的企业社会责任信息，33 家（66%）访谈企业通过供应商自己提供的方式获得供应商企业社会责任信息，12 家（24%）访谈企业通过中介服务机构获取关于供应商的企业社会责任信息。还有 1 家（2%）访谈企业通过其他方式获取关于供应商的企业社会责任信息，如图 Z1-62 所示。

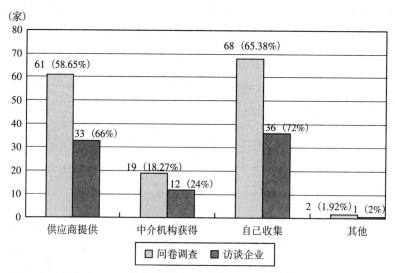

图 Z1-62 调研对象了解供应商企业社会责任信息渠道状况

（4）调研企业履行供应商责任制度分析

企业履行社会责任需要一定的制度保障，为了履行供应商责任，企业也需要相关方的关于供应商责任的制度措施。为了研究陕西省企业履行供应商责任制度状况，课题组设计了聚焦供应商社会责任制度措施制定问题。

对于问卷调查企业而言，93 家（89.42%）问卷调查企业制定了关于诚信经营领域的制度；65 家（62.5%）问卷调查企业制定了反腐败领域的制度措施，64 家（61.54%）企业制定了反商业贿赂领域的制度措施，55 家（52.88%）问卷调查企业制定了反不正当竞争措施。另外，还有 6 家（5.77%）企业制定了其他履行供应商企业社会责任制度措施。比如，新懿机电技术发展（西安）有限公司就制定了"商业秘密保护协议"措施来保护供应商的利益。

对于访谈企业而言，50 家访谈企业中，制定了关于诚信经营、反腐败、反商业贿赂、反不正当竞争以及制定其他措施的企业数量依次降低，分别有 44 家（88%）、35 家（70%）、34 家（68%）、27 家（54%）和 3 家（6%）访谈企业制定了以上履行供应商责任的制度措施，如图 Z1-63 所示。

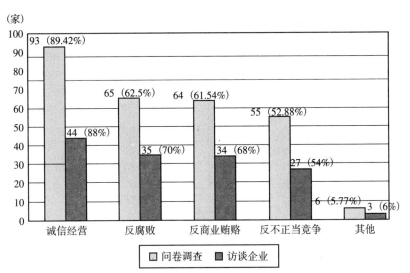

图 Z1-63　调研对象制定履行供应商责任制度状况

（二）社会责任实践情况

1. 政府责任实践情况

（1）调研企业守法合规体系建设分析

企业建立守法合规体系是履行政府责任的重要方面，为了考察陕西省企业守法合规体系建设，课题组分为建立守法合规管理部门、制定守法合规制度措施、开展定期性员工守法合规培训以及其他措施几个方面来考察调研企业守法合规体系建设情况。

对问卷调查企业而言，开展定期员工守法合规培训的问卷调查企业相对最多，有 70 家（67.31%），制定守法合规制度措施的访谈企业有 64 家（61.54%），成立守法合规管理部门以及采取其他守法合规措施的企业依次降低，分别有 59 家（56.73%）和 8 家（7.69%）问卷调查企业开展了相应的守法合规活动。

对于访谈企业而言，开展定期员工守法合规培训、制定守法合规制度措施以及建立守法合规管理部门的访谈企业数量依次降低，分别有 36 家（72%）、34 家

（68%）以及 33 家（66%）访谈企业开展了相应的守法合规体系建设。另外，采取其他措施开展守法合规制度体系建设的访谈企业有 3 家（6%），如图 Z1-64 所示。

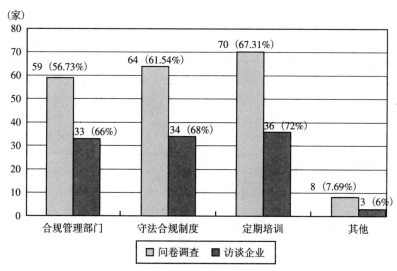

图 Z1-64　调研对象守法合规体系建设状况

（2）调研企业应对陕西省发展战略、政策和规划情况

积极回应政府部门发展战略、政策和规划是企业履行政府责任的重要组成部分，为了考察陕西省企业对于陕西省发展战略、政策和规划的回应情况，课题组设置了企业回应政府政策措施问题。

对于问卷调查企业而言，将陕西省发展战略、政策和规划纳入自身的发展战略，并与企业经营密切结合的企业有 51 家（49.04%），对陕西省发展战略、政策和规划比较重视，并将这些发展战略、政策和规划作为企业经营参考的问卷调查企业有 42 家（40.38%）。另外，还有 6 家（5.77%）问卷调查企业不太关注陕西省发展战略、政策和规划，认为这些战略、规划与企业发展的相关性较小；5 家（4.81%）问卷调查企业会根据自己的经营情况，偶尔考虑积极应对陕西省的发展战略、政策和规划。

对于访谈企业而言，50 家访谈企业中，24 家（48%）访谈企业积极应对陕西省发展战略、政策和规划，并将其纳入企业的发展战略；21 家（42%）访谈企业比较重视陕西省发展战略、政策和规划，并将其作为经营的参考因素。3 家（6%）访谈企业会根据经营情况，偶尔考虑积极应对陕西省发展战略、政策和规划；2 家（4%）访谈企业不太关注陕西省发展战略、政策和规划，认为这些与企业发展的相关性较小，如图 Z1-65 所示。

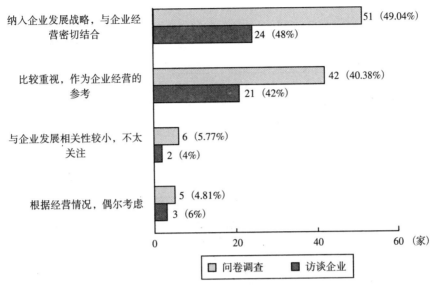

图 Z1-65　调研对象应对陕西省发展战略、政策和规划状况

2. 员工责任实践情况

（1）调研企业劳动合同或集体合同签订情况

签订劳动合同或集体合同既是劳动相关方法律法规所规定的用工单位必须履行的法律义务，也是用工单位保护员工权益必须履行的社会责任。为了研究陕西省企业劳动合同或集团合同的签订情况，课题组对调研企业的劳动合同或集体合同的签订情况进行了考察。

对于问卷调查企业而言，劳动合同签订率整体水平为 96.41%，集体合同整体水平为 93.57%。就具体分布而言，劳动合同签订率在 80% 以上的问卷调查企业有 101 家，劳动合同签订率处于 20% 以下、20%~40% 以及 40%~60% 的问卷调查企业均有 1 家。在签订集体合同的 68 家问卷调查企业中，集体合同签订率在 80% 以上的企业有 63 家，集体合同签订率处于 20% 以下的问卷调查企业有 2 家，集体劳动合同签订率处于 20%~40%、40%~60% 以及 60%~80% 的问卷调查企业均有 1 家。

对于访谈企业而言，劳动合同签订率整体水平为 89.0%，集体合同整体水平为 95.28%。就具体分布而言，所有的访谈企业劳动合同签订率都在 80.5% 以上。

在签订集体合同的 34 家访谈企业中，集体合同签订率处于 80%以上的企业有 32 家，集体合同签订率处于 20%以下以及 60%~80%的访谈企业均有 1 家，如图 Z1-66 所示。

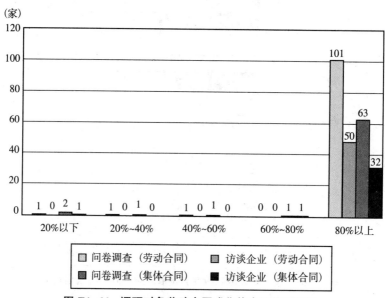

图 Z1-66　调研对象劳动合同或集体合同签订状况

（2）调研企业平等雇佣情况

平等雇佣/公平雇佣是指企业在招聘过程、晋升过程以及培训过程中不因员工的肤色、民族、宗教等情况歧视性对待员工的雇佣。为了保障所有员工的合法权益，平等雇佣/公平雇佣往往是企业履行员工责任的一项重要的社会责任议题。为了考察陕西省企业履行员工责任在平等雇佣/公平雇佣方面的具体情况，课题组对调研企业整个雇佣过程中的平等性/公平性进行了考察。

对于问卷调查企业而言，90 家（86.54%）问卷调查企业在招聘过程中建立起了公平雇佣的制度，79 家（75.96%）问卷调查企业在薪酬、福利设置中以及培养、进程过程中建立起了公平雇佣的制度，还有 32 家（30.77%）问卷调查企业能够做到在雇用特殊群体，比如伤残人员的过程中做到公平雇佣。

对于访谈企业而言，45 家（90%）访谈企业建立起了招聘过程中的公平雇佣制度，40 家（80%）访谈企业建立起了薪酬、福利设置中的平等雇佣制度，38 家（76%）访谈企业建立起了培养、晋升中的平等雇佣制度，15 家（30%）访谈企业能够做到在雇用特殊群体的时候做到公平雇佣，如图 Z1-67 所示。

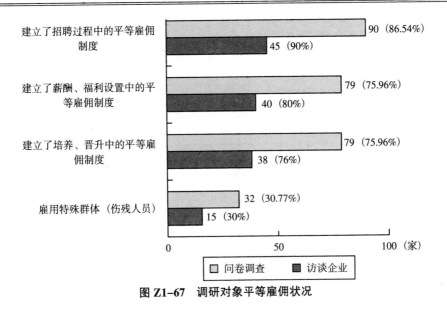

图 Z1-67 调研对象平等雇佣状况

（3）调研企业建立员工职业健康管理制度情况

员工职业健康管理制度是保护员工职业健康的重要制度保障，是企业履行员工责任的重要方面。为了研究陕西省企业建立员工职业健康管理制度状况，课题组设计了设计员工职业健康管理制度问题，考察调研企业建立员工职业健康管理制度的状况。

对于问卷调查企业而言，已经建立了非常完善的职业健康管理制度，并且能够杜绝职业病发生的问卷调查企业有 41 家（39.42%），已经建立基本完善的职业健康管理制度，并且能够防治职业病的发生的问卷调查企业有 40 家（38.46%）。而正在建立职业健康管理制度以及尚未建立职业健康管理制度的问卷调查企业相对较少，分别有 18 家（17.31%）和 5 家（4.81%）。

对于访谈企业而言，建立了非常完善的职业健康管理制度，并且杜绝了职业病发生的访谈企业，以及建立了基本完善的职业健康管理制度，并且能够防治职业病的发生的访谈企业均有 22 家（44%）。正在建立职业健康管理制度以及尚未建立职业健康管理制度的问卷调查企业分别有 5 家（10%）和 1 家（2%），如图 Z1-68 所示。

（4）调研企业建立安全生产管理制度情况

建立安全生产管理制度是保障员工在生产过程中安全的重要举措，为了研究陕西省企业建立安全生产管理制度状况，课题组对问卷调查企业安全生产管理制

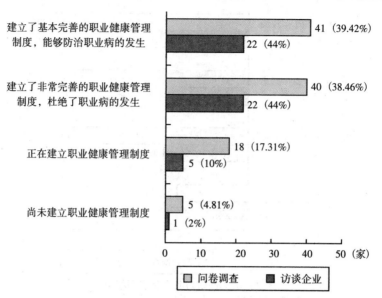

建立了基本完善的职业健康管理
制度，能够防治职业病的发生   41 (39.42%)   22 (44%)

建立了非常完善的职业健康管理
制度，杜绝了职业病的发生   40 (38.46%)   22 (44%)

正在建立职业健康管理制度   18 (17.31%)   5 (10%)

尚未建立职业健康管理制度   5 (4.81%)   1 (2%)

图 Z1-68　调研对象建立员工职业健康管理制度状况

度进行了考察。

对于问卷调查企业而言，近六成（60 家，57.69%）问卷调查企业建立了非常完善的安全生产管理制度，并且能够做到杜绝安全事故；40 家（38.46%）问卷调查企业建立了基本完善的安全生产管理制度，并且能够做到安全事故达标。另外，还有 3 家（2.88%）问卷调查企业尚未建立安全生产管理制度；1 家（0.96%）问卷调查企业正在建立安全生产管理制度。

对于访谈企业而言，在 50 家访谈企业中，28 家（56%）建立了非常完善的安全生产管理制度，杜绝了安全生产事故；20 家（40%）访谈企业建立了基本完善的安全生产管理制度，安全事故数量能够达标。另外，尚未建立安全生产管理制度以及正在建立安全生产管理制度的企业均有 1 家（2%），如图 Z1-69 所示。

（5）调研企业保障员工薪酬福利措施情况

员工薪酬福利涉及员工切身利益，是员工对于企业需求和期待的核心内容，从企业角度来讲，这也是企业履行社会员工责任的核心内容。为了研究陕西省企业保障员工薪酬福利措施状况，课题组对调研对象保障员工薪酬福利措施进行了考察。

对于问卷调查企业而言，通过完整的薪酬管理制度、不拖欠工资、健全的激励机制、带薪休假、住房公积金以及依法支付加班工资保障员工薪酬福利的问卷

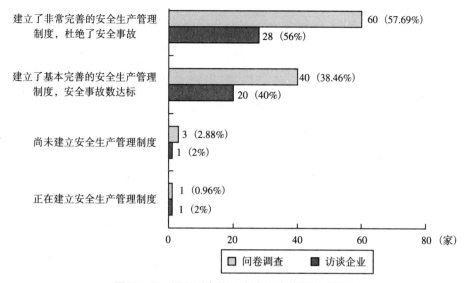

图 Z1-69　调研对象建立安全生产管理制度状况

调查企业依次降低，分别有 96 家（92.31%）、92 家（88.46%）、87 家（83.65%）、80 家（76.92%）、78 家（75%）以及 77 家（74.04%）。另外，还有 6 家（5.77%）问卷调查企业也采取了其他措施，比如，西安陕鼓动力股份有限公司还通过交通补贴、补充医疗保险、医疗特需金、生日礼金等多种措施保障员工的薪酬福利。

对于访谈企业而言，采取完善的薪酬管理制度、从不拖欠工资、健全的激励机制、住房公积金、依法支付加班工资、带薪休假等措施的企业数量也处于高位，分别有 46 家（92%）、44 家（44%）、42 家（84%）、39 家（78%）、38 家（76%）、37 家（74%）。另外，还有 5 家（10%）访谈企业采取了其他举措保障员工的薪酬福利，如图 Z1-70 所示。

（6）调研企业员工培训体系情况

员工培训是提高员工技能，创造企业可持续竞争优势的重要手段，也是企业履行员工责任的重要方面。为了研究陕西省企业员工培训体系建设情况，课题组对调研企业员工培训体系进行了考察。

对于问卷调查企业而言，员工培训体系包括全体员工的问卷调查企业数量相对最多，有 71 家（68.27%）问卷调查企业员工培训包括全体员工。员工培训体系包括中层管理人员、关注新员工、主要针对技术骨干、针对中青年员工、只针

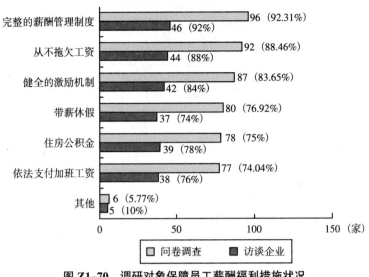

图 Z1-70 调研对象保障员工薪酬福利措施状况

对高层管理人员、针对资深员工的问卷调查企业依次降低，分别有 56 家（53.85%）、55 家（52.88%）、47 家（45.19%）、27 家（25.96%）、26 家（25%）以及 23 家（22.12%）企业员工培训体系覆盖了上述员工。另外，还有 2 家（1.92%）问卷调查企业采取了其他员工培训措施，比如，中航工业西安飞机工业（集团）有限公司培训中心每年都制定培训计划，培训员工覆盖范围包含中高层管理人员的培训，以及工人操作技能培训等。

对于访谈企业而言，呈现出与问卷调查企业相同的培训覆盖范围，针对全体员工、包括中层管理人员、关注新员工、针对技术骨干、针对中青年员工、只针对高层管理人员以及针对资深员工培训的访谈企业数量分别有 35 家（70%）、31 家（62%）、30 家（60%）、24 家（48%）、15 家（30%）、14 家（28%）以及 13 家（26%）。还有 1 家（2%）访谈企业采取了其他形式的员工培训举措，如图 Z1-71 所示。

（7）调研企业民主管理情况

企业开展民主管理能够最大限度地提高员工的工作和管理积极性，是充分发挥员工创造性的有益举措。为了研究陕西省企业开展民主管理状况，课题组对调研企业民主管理状况进行了考察。

对于问卷调查企业而言，建立起工会、职代会制度的企业数量相对较多，有69 家（66.35%）建立起了工会和职代会制度，建立员工与高层来到定期谈话制

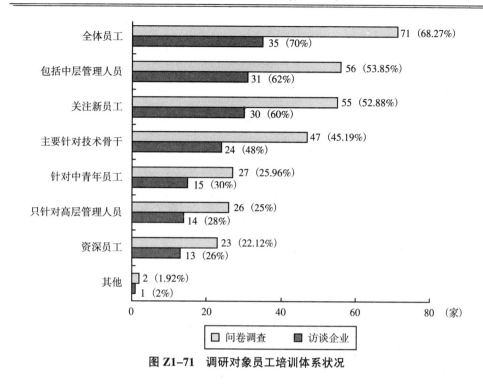

图 Z1-71 调研对象员工培训体系状况

度以及员工代表参与企业决策制度的问卷调查企业分别有 59 家（56.73%）和 53 家（50.96%）。还有 12 家（11.54%）问卷调查企业建立了其他民主管理制度，比如，中国石油集团测井有限公司建立了联系职工群众制度。

对于访谈企业而言，建立工会和职工代表大会制度、员工与高层领导定期谈话制度以及员工代表参与企业决策制度的访谈企业数量依次降低，分别有 33 家（66%）、30 家（60%）以及 26 家（52%）。另外，还有 4 家（8%）访谈企业建立了其他方面的制度，比如，库柏西安熔断器有限公司就通过每月召开一次员工大会、月度员工沟通会以及成立申诉咨询办公室来开展民主管理，如图 Z1-72 所示。

3. 社区责任实践情况

（1）调研企业降低周边社区负面影响措施情况

降低企业运营对于所在地周边社区的负面影响是企业履行社区责任的基础，为了研究陕西省企业在降低负面社区影响方面所采取的措施，课题组对调研企业降低周边社区负面影响措施进行了考察。

对于问卷调查企业而言，104 家问卷调查企业中，63 家（60.58%）问卷调查企业通过积极支持所在社区的环境建设来降低自身运营对于周边社区的负面影

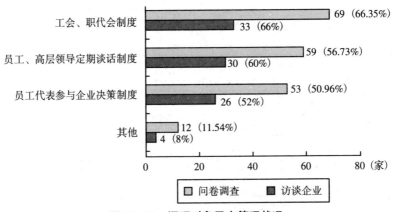

图 Z1-72　调研对象民主管理状况

响，56 家（53.85%）问卷调查企业通过采取具体措施来降低对周边社区的不利影响，53 家（50.96%）通过制定相关的管理制度来降低负面影响。另外，通过建立和所在社区的沟通机制、在所在社区开展公益活动以及专门设置相关机构降低所在社区负面影响的问卷调查企业分别有 49 家（47.12%）、31 家（29.81%）以及 27 家（25.96%）。还有 12 家（11.54%）通过其他方式降低对于社区的负面影响，或者建立地点距离社区较远，对社区几乎没有负面影响。

对于访谈企业而言，50 家访谈企业中，32 家（64%）通过积极支持所在社区的环境建设来降低对于社区的负面影响，采取具体措施降低对社区不利影响以及制度相关的管理制度降低对社区不利影响的访谈企业均有 30 家（60%）。通过建立和所在社区的沟通机制的访谈企业有 29 家（58%），在所在社区开展公益活动以及专门设置相关机构的访谈企业分别有 17 家（34%）和 15 家（30%）。还有 4 家（8%）访谈企业通过其他方式降低对社区的负面影响，如图 Z1-73 所示。

（2）调研企业对外捐赠管理制度建立情况

建立健全对外捐赠制度是提高企业捐赠效率、优化企业捐赠效果的重要举措，为了研究陕西省企业对外捐赠制度的建立情况，课题组对调研对象企业对外捐赠制度的建立情况进行了考察。

对于问卷调查企业而言，16 家（15.38%）问卷调查企业已经建立起了比较完善的对外捐赠制度，29 家（27.88%）尽管对外捐赠制度尚待完善，但所建立的对外捐赠制度已经初具雏形。当前没有建立而正在计划建立相关制度的问卷调查企业有 32 家（30.77%）；近期不准备建立相关制度的企业有 27 家（25.96%）。

对于访谈企业而言，7 家（14%）访谈企业已经建立起比较完善的对外捐赠制度；已经建立，并且正在完善的访谈企业有 14 家（28%）。计划建立相关的对外捐赠制度访谈企业有 15 家（30%），不准备建立对外捐赠制度的访谈企业有 14 家（28%），如图 Z1-74 所示。

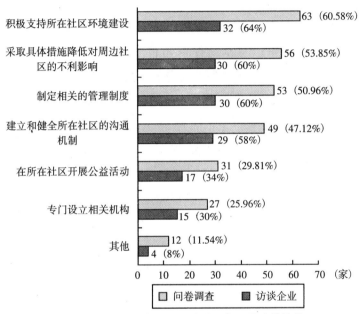

图 Z1-73 调研对象降低周边社区负面影响措施状况

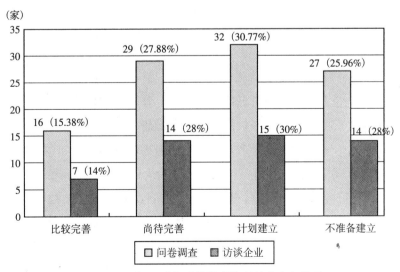

图 Z1-74 调研对象对外捐赠管理制度建立状况

（3）调研企业对外捐赠重点领域情况

无论是在运营过程中，还是在开展对外捐赠过程中，企业都是资源有限的组织。聚焦到对外捐赠领域，企业必须将捐赠资源用于特定的领域才能达到更好的捐赠效果。为了研究陕西省企业对外捐赠的重点领域，课题组对调研企业的对外捐赠领域进行了具体考察。

在问卷调查企业方面，将救灾、扶贫作为重点捐赠领域的问卷调查企业相对较多，其中 78 家（75%）问卷调查企业将救灾当作重点捐赠领域，64 家（61.54%）问卷调查企业将扶贫作为重点捐赠领域。将教育、环保、文化、医疗以及社会基础设施建设作为重点捐赠领域的问卷调查企业依次降低，将这些领域作为捐赠领域的问卷调查企业数量依次为 51 家（49.04%）、40 家（38.46%）、38 家（36.54%）、20 家（19.23%）和 7 家（6.73%）。另外，还有 3 家（2.88%）问卷调查企业将其他领域作为捐赠的重点领域，比如，无敌科技（西安）有限公司就将捐赠儿童福利院、捐赠贫困山区、捐赠地震灾区等作为自己重点对外捐赠领域。

在访谈企业方面，超过八成（41 家，82%）访谈企业将救灾作为对外捐赠的重点领域。34 家（68%）将扶贫作为对外捐赠的重点领域。将教育、环保、文化、医疗、社会基础建设作为重点对外捐赠领域的访谈企业数量依次减少，分别有 26 家（52%）、19 家（38%）、17 家（34%）、10 家（20%）、7 家（14%）。将其他领域作为捐赠的重点领域的企业有 1 家（2%），陕西恒康生物科技有限公司就将关爱弱势群体作为自己捐赠的主要领域，如图 Z1-75 所示。

（三）环境责任实践情况

1. 调研企业制定环境保护措施情况

环境保护是企业履行环境责任的重要方面，环境保护措施内容庞杂，本研究通过设置七个方面的主要环境保护措施来考察调研企业的环境保护措施情况。

在问卷调查企业方面，在生产经营计划中考虑环境因素的问卷调查企业超过八成（87 家，83.65%），在项目可行性报告中纳入环境评估的问卷调查企业有 83 家（79.81%），积极运用节能减排设备、技术的问卷调查企业有 82 家（78.85%）。63 家（60.58%）问卷调查企业通过在企业内开展环境保护教育来间接保护生态环境，62 家（59.62%）问卷调查企业通过支持社会环境保护公益活动推进环境保护。还有 60 家（57.69%）问卷调查企业寻求通过环境管理体系认证应对环境

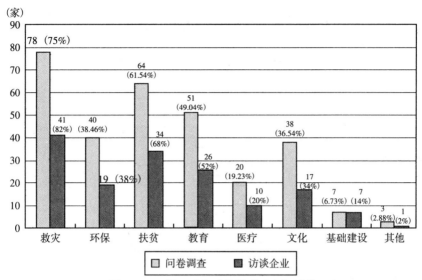

图 Z1-75　调研对象对外捐赠重点领域状况

保护，43 家（41.35%）还对供应商提出环境保护要求。7 家（6.73%）问卷调查企业通过其他措施开展环境保护。

在访谈企业方面，在生产经营计划中考虑环境因素、在项目可行性报告中纳入环境评估的内容以及积极运用节能减排设备和技术的访谈企业数量均超过八成，分别有 44 家（88%）、41 家（82%）、43 家（86%）。另外，在企业内部开展环境保护教育、支持环境保护公益活动、寻求环境管理体系认证以及对供应商提出环境保护要求的访谈企业数量依次降低，分别有 37 家（74%）、32 家（64%）、31 家（62%）和 26 家（52%）。采取其他措施进行环境保护的访谈企业有 4 家（8%），如图 Z1-76 所示。

2. 调研企业采取节能减排制度情况

节能减排是企业履行环境责任的重要内容，一般而言，企业可以通过建立"能源消费统计与报告制度"、"节能减排考核制度"、"节能减排工作责任制"以及"年度节能减排计划"来推进自身的节能减排工作。在本研究中，课题组就从这样几个方面来考察调研企业的节能减排制度建设情况。

对于问卷调查企业而言，已经建立"能源消费统计与报告制度"、制定"节能减排考核制度"、形成"节能减排工作责任制"以及制定"年度节能减排计划"的问卷调查企业均超过五成，其中，建立"能源消费统计与报告制度"的问卷调

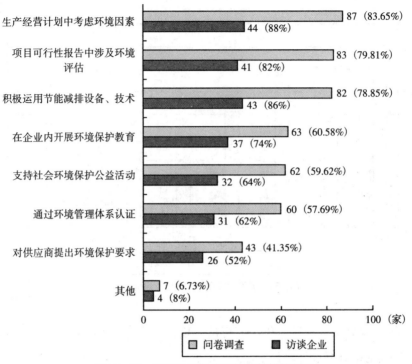

图 Z1-76　调研对象制定环境保护措施状况

查企业有 54 家（51.92%），制定"节能减排考核制度"的问卷调查企业有 52 家（50%），形成"节能减排工作责任制"的问卷调查企业有 56 家（53.85%），制定"年度节能减排计划"的问卷调查企业有 58 家（55.77%）。还有 15 家（14.42%）采取了其他节能减排制度，或者正在建设节能减排制度。

对于访谈企业而言，建立"能源消费统计与报告制度"和制定"年度节能减排计划"的访谈企业均超过五成（31 家，62%）。制定"节能减排考核制度"和形成"节能减排工作责任制"的访谈企业数量分别有 27 家（54%）和 29 家（58%）。还有 7 家（14%）访谈企业采取了其他制度措施开展节能减排或者正在建立和完善节能减排制度，如图 Z1-77 所示。

3. 调研企业环保产品研发制度情况

责任消费已经不断成为我国一种新型的消费方式，在责任消费背景之下，企业积极研发环境保护产品不仅是履行环境责任的需要，更是在新时期打造核心竞争力，从而创造可持续竞争优势的需要。本研究从企业是否已经建立起以及是否具有建立环保产品研发的制度等方面对调研企业的环境保护产品研发制度情况进

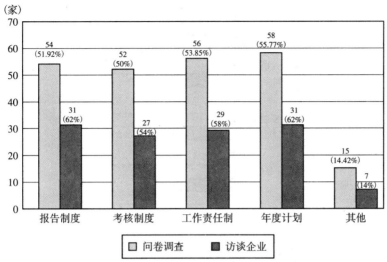

图 Z1-77 调研对象采取节能减排制度状况

行研究。

对于问卷调查企业而言，具有简单的环保产品研发措施，但是尚未形成完善的制度的问卷调查企业同没有建立环保产品研发制度、近期也不打算建立环保产品研发制度问卷调查企业数量相同，均有 27 家（25.96%）问卷调查企业环保产品研发制度处于这两种情况。已经建立环保产品研发制度并且制度体系比较完善的问卷调查企业有 26 家（25%），正在计划建立环保产品研发相关制度的问卷调查企业有 24 家（23.08%）。

对于访谈企业而言，具有简单的环保产品研发措施，但是尚未形成完善制度的访谈企业数量与已经建立环保产品研发制度，并且制度体系比较完善访谈企业数量相同。没有建立环保产品研发制度，并且近期也没有建立这种制度打算的访谈企业有 14 家（28%），正在计划建立环境保护产品研发相关制度的企业有 10 家（20%），如图 Z1-78 所示。

4. 调研企业绿色办公情况

绿色办公也就是办公过程中的绿色化，包括推广无纸办公、减少水资源使用量、使用节能设备、开展绿色办公宣传和教育、绿色出行、视频会议等。作为企业履行环境保护责任的重要组成部分，绿色办公不断引起社会各界的重视，本研究通过具体的绿色办公操作来考察调研企业的绿色办公情况。

对于问卷调查企业而言，超过七成企业在绿色办公领域采取了推广无纸办

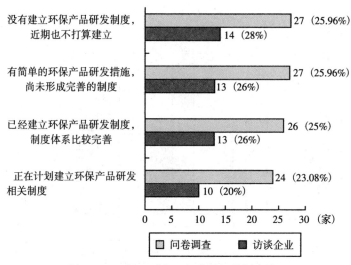

图 Z1-78　调研对象环保产品研发制度状况

公、减少水资源使用量以及使用节能设备的举措，其中，推广无纸办公的问卷调查企业有 78 家（75%），采取减少水资源使用量的问卷调查企业有 77 家（74.04%），使用节能设备的问卷调查企业有 75 家（72.12%）。开展绿色办公宣传和教育以及倡导绿色出行的问卷调查企业超过六成，分别有 66 家（63.46%）和 65 家（62.50%）。另外，采取视频会议的问卷调查企业有 61 家（58.65%），采取其他形式绿色办公举措的问卷调查企业有 9 家（8.65%），比如，西安东风机电有限公司采取了对废旧电池进行集中收集的绿色办公举措，新懿机电技术发展（西安）有限公司在新建厂区中拟采用地源热泵系统。

对于访谈企业而言，采取减少水资源使用量绿色办公举措的企业有 39 家（78%），推广无纸化办公以及使用节能设备的访谈企业均有 38 家（76%）。倡导绿色出行和采取视频会议的访谈企业均有 30 家（60%）。开展绿色办公宣传和教育的访谈企业也超过六成，有 32 家（64%）。另外，还有 5 家（10%）访谈企业采取了其他举措推行绿色办公，比如，库柏西安熔断器有限公司就采用电话会议的形成推进绿色办公，如图 Z1-79 所示。

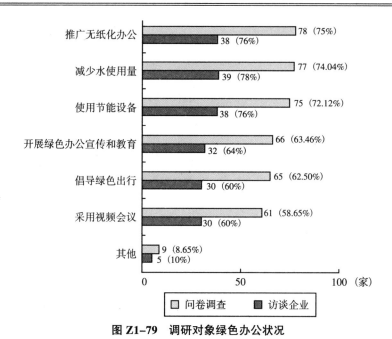

图 **Z1-79** 调研对象绿色办公状况

子报告 2 　陕西省企业履行社会责任的典型案例

2014 年 9~10 月，"陕西省企业社会责任研究"课题组对陕西省 104 个企业进行问卷调查，其中包括国有企业 33 家，民营企业 40 家，外资企业 31 家。并从中选取了在企业社会责任方面表现良好的 50 个企业进行了访谈，其中包括国有企业 17 家，民营企业 22 家，外资企业 11 家。

在 50 个访谈企业中，课题组评选出在企业社会责任方面表现优秀的 6 个企业编制成典型案例，期待为陕西省企业更好地开展社会责任工作提供借鉴。

典型案例中的 6 个企业包括 2 个国有（或国有控股）企业——中国西电集团公司和西安陕鼓动力股份有限公司，2 个民营企业——金花投资控股集团和西安未来国际信息股份有限公司，2 个外资企业——西安康明斯发动机有限公司和三星（中国）半导体有限公司。

第一节　中国西电集团公司：创新推动人类绿色高效的电能变换、传输和应用

一、企业概况

中国西电集团公司（以下简称"中国西电集团"）成立于 1959 年，是以我国"一五"计划期间 156 项重点建设工程中的 5 个项目为基础，发展形成的以科研院所和骨干企业群为核心，集科研、开发、制造、服务、贸易、金融为一体的大型企业集团；是国资委监管的中央企业，是中国 500 强企业，连续位居中国电气

百强企业之首、竞争力十强第一位。

中国西电集团的主营业务为输配电及控制设备研发、设计、制造、销售、检测、服务及总承包；自动化、控制保护系统技术及设备研发、设计、制造及相关服务；电力电子技术及设备，控制技术及设备在清洁能源、节能减排领域的利用，相关产品研发、设计、制造、销售、服务及总承包；核心业务为高压、超高压及特高压交直流输配电设备研发、制造和检测。

历经半个多世纪的拼搏与发展，中国西电集团生产制造能力大幅度提高，自主研发能力进一步增强，现已成为我国最具规模的高压、超高压、特高压交直流输配电成套装备及其他电工产品的研究、开发、制造、试验、贸易为一体的重要基地。

在国际市场上，中国西电集团的产品和技术已出口50多个国家和地区，并成功地进入了美国、德国、法国、瑞典、澳大利亚、新加坡、中国香港等发达国家和地区市场。目前，中国西电集团及其所属"XD"品牌在海内外均已获得了较高的知名度，成为了市场上优良品质的代表，经营风格也得到众多业内人士和产品用户的认可和赞许，在全球市场建立了良好的声誉和市场形象。

未来，中国西电集团将始终秉承社会、自然、资源和谐发展的宗旨，以"创新推动人类绿色高效的电能变换、传输和应用"为使命，谋求企业与社会的共同发展，精心将自身打造成为全球领先、最具创新力和竞争力的电气集团。

二、企业社会责任实践

通过对中国西电集团的访谈，课题组发现其企业社会责任实践主要体现在市场绩效、社会绩效、环境绩效三个方面。

（一）市场绩效

1. 股东责任

（1）公司治理

中国西电集团依照《全民所有制工业企业法》等有关法律法规，在国务院国资委和监事会的领导与监督下，按照现代企业制度的要求，建立了由总经理和领导班子成员组成的公司治理结构，实行总经理负责制。

中国西电集团遵循制造型定位、集团化运作、一体化管理的战略取向，围绕计划、决策、控制、执行、监督等管理和生产运营的各环节，大力夯实制度基础，明确责权划分，不断完善治理运作机制，提升决策的科学性和透明度，确保公司健康、稳定和有效经营，实现国有资产的保值增值。

（2）成长与收益

2011年，输变电国际、国内市场需求下滑，行业产能供大于求，造成产品价格竞争异常激烈，同时，原材料、能源及人工等刚性成本不断上升，造成当年产品毛利率下降幅度较大，集团经济效益出现亏损。2012年和2013年，集团加快实施转型升级，不断加强科技创新和市场开拓力度，深入开展管理提升活动提质增效，生产经营各项指标稳中有升，经济效益逐步提高。2012年实现营业收入157.63亿元，利润总额1.71亿元，实现扭亏为盈；2013年实现营业收入162.3亿元，利润总额3.81亿元，经济效益稳步提升。

（3）投资决策与风险管理

中国西电集团制定了《对外投资管理》等工作制度，确定了相关业务流程。2013年，设置了投资与资产管理部，通过优化机构及责任，进一步优化了决策程序及流程，完善了投资决策管理机制。在风险管理领域，对照国资委全面风险管理三级指标，中国西电集团2项接近国际先进水平，4项达到央企领先水平。

（4）两化融合

中国西电集团积极推进"两化"融合，编制《2013~2015年信息化工作推进实施方案》，提高信息化建设的战略性、前瞻性。通过推行板块总信息师（CIO）制度；推进信息化与平台战略决策、主要业务、企业管控等的融合及应用；组建信息化应用技术研究室，加强信息化共性技术的基础研究等有效举措，促进两化深度融合。2013年，中国西电集团信息化水平整体达到B级，所属企业西安电西开关电气有限公司被工信部确定为"国家级两化深度融合示范企业"。

2. 客户责任

（1）客户关系管理

中国西电集团按照ISO9001质量体系建立了与客户相关的工作流程，同时还建立了《国内大客户管理制度》、《与顾客有关的过程控制程序》、《顾客满意度测量程序》、《顾客服务管理制度》等管理制度。通过完善的客户档案及客户关系管理体系，对重点、核心客户制定了完善的客户关系维护计划，同时通过有计划地开展市场走访、技术交流与产品推广，构建起了解客户需求、把握客户需求、满足客户需求的客户服务体系。

（2）产品服务体系

中国西电集团坚持需求导向，深化创新优质服务，针对不同客户群体，提供个性化服务。集团各子公司通过完善客户服务管理系统，建立对产品的特性、安装信息、客户信息、维修历史、投诉反馈、服务质量等记录，快速有效地为客户提供服务，提升服务质量，为西电产品全寿命周期内准确服务打下坚实的基础。

（3）科技创新

在创新体系方面，中国西电集团目前已建成层次清晰的组织体系、合理有效的运行机制、健全完整的制度体系、协同有力的基础支撑体系和底蕴深厚的文化支持体系，如图 Z2-1 所示。科技创新体系的建立，从体制和机制方面，保障了科技创新工作的开展。

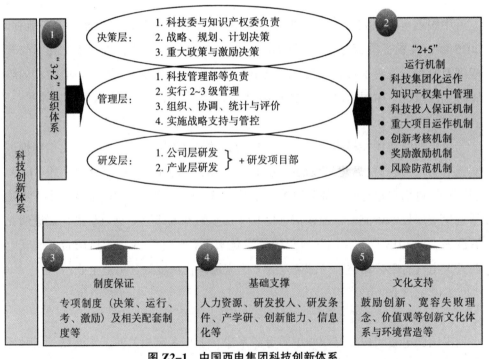

图 Z2-1 中国西电集团科技创新体系

在研发投入方面，从 2009 年的 5.2 亿元提高到 2013 年的近 6.2 亿元，研发投入比从 2009 年的 3.38% 提高到 2013 年的 3.97%，不断加大的科技投入保证了技术创新的需要，促进了知识产权的创造。

在创新成果方面，"十一五"期间至 2013 年底，累计完成自主研发的重点新产品 782 项，其中技术水平处于国际领先 84 项、国际先进 327 项、国内领先 177 项；荣获国家科学技术进步奖 10 项，获省行业科学技术奖 121 项，获市科学技术奖 77 项；荣获国资委"科技创新企业奖"。

在科技人才方面，中国西电集团科技人员成长阶梯设置合理，通道畅通，加速了优秀人才的培养，也吸引了众多人才加盟西电，稳定和壮大了创新队伍。截至 2013 年底，集团科技活动人员 4304 人，研发人员 2166 人。

3. 伙伴责任

2013 年，中国西电集团深化与战略供应方及合作伙伴关系，研究制定《采购管理提升方案》，搭建"总部、平台、子企业"三层采购管理组织体系，深入推进集中采购和电子化采购。2013 年集团生产物资集采和电子采购金额占比，分别从 2012 年初的不足 10% 和 9%，提升到 51.8% 和 66.67%。与 GE 展开深入合作，双方合资公司建设顺利，通过商务合作，中标 4 个项目，合计 3000 多万人民币，2013 年 9 月，双方联合举办 XD-GE 全球客户高峰论坛，吸引了来自欧洲、美洲、亚洲、大洋洲等 15 个国家和地区电力领域的客户与同行，宣传了 XD-GE 合作，扩大了集团影响力，取得良好的效果。

（二）社会绩效

1. 安全生产

（1）安全生产管理体系

中国西电集团以落实安全生产主体责任为核心，按照"分线负责、分级管理、全员覆盖"的原则，建立了"横向到边、纵向到底、关口前移"的安全管理网络，在所属企业设立安全生产管理机构，配备专兼职安全管理人员，实行安全管理与监督管理并行机制。

中国西电集团遵循安全生产管理"党政同责、一岗双责"原则，建立了四级安全生产检查监督网络，通过推行隐患排查治理"红线"原则，实行"刚性"管理、班子成员定期带队检查制度和"谁检查、谁签字、谁负责"管理机制，形成了隐患排查治理长效机制，树立了事故可控、能控和在控的安全观念。

目前，中国西电集团制定了保障职业安全健康的 21 种管理制度和规范，通过了 OHSAS18001 认证，91% 的所属一级企业完成安全生产标准化管理达标。

（2）安全应急管理体系

中国西电集团建立了"主要领导全面负责、分管领导具体负责、有关部门分工负责、群团组织协助配合、相关人员全部参与"的应急管理组织体系,形成了"集团统一领导、综合协调、分类管理、分级负责,子公司管理所属区域为主"的应急管理机制。

目前,中国西电集团已编制 25 个综合应急预案、244 个专项应急预案,内容涵盖自然灾害、生产安全事故、公共卫生、群体性四个方面突发事件的应对,全面覆盖公司所属区域。同时,集团突出强化境外应急管理,依据《对外承包工程条例》、《对外劳务合作管理条例》、《境外中资企业和人员安全管理规定》等,建立了境外机构安全管理制度,按照《境外中资企业机构和人员安全管理指南》编制了境外综合应急预案。

(3)安全教育与培训

中国西电集团贯彻落实《生产经营单位安全培训规定》,规范开展安全培训,积极推行全员性的安全培训,提高员工安全意识和素养。几年来,集团通过多种途径和方式不断加大培训力度,严格执行新上岗、转岗、四新人员、特种作业及特种设备作业人员初培复训,安全管理人员、企业负责人、班组长培训全覆盖,着力培养安全型员工。

(4)安全生产投入

中国西电集团按照《安全生产法》、《企业安全生产费用提取和使用管理办法》规定,将安全生产费用纳入企业全面预算管理体系。2008~2013 年,集团在劳动保护用品、隐患排查治理、安全技术改造、安全培训、应急物资等十一个方面累计投资 24407.67 万元。

2. 员工责任

(1)维护员工权益

中国西电集团尊重和维护我国政府签署的国际人权和劳工标准,杜绝童工和强迫劳动,消除各类歧视;注重保护员工个人信息和隐私,制定专项制度、设立专门机构并配备专职人员负责有关工作。坚决贯彻《劳动合同法》及相关法律法规,全面推行全员劳动合同制度,连续多年劳动合同签订率 100%。扎实推进《集体合同》签订工作,2013 年签订集体合同所覆盖员工达 19086 人,覆盖率 94.9%。

(2)完善薪酬福利

中国西电集团始终遵循"收入增长与经济效益挂钩,业绩升薪酬升、业绩降薪酬降"的基本原则，在实现经济效益稳定增长的同时，保证员工收入的快速平稳增长。2013年在集团及子企业经济效益大幅改善、经营形势稳中有升的大形势下，合理筹划年度工资分配，促进收入分配向一线岗位、基层员工、低收入群体倾斜，从业人员人均年收入保持快速增长。集团严格按照国家和地方社会保险的相关法律法规，对所属员工按《社会保险法》和地方政府的要求缴纳各项社会保险和住房公积金，做到全员参保。

（3）打造员工成长平台

中国西电集团依据各类人才成长特点，在岗位设置、薪酬体系中建立员工晋升通道。在高端管理团队中设立厂部级专家，在技术人才队伍中设立科技带头人，在高技能人才中设立技术能手，形成经营管理、专业技术和技能操作三类人才发展通道。

为解决专业技术人员职业发展"瓶颈"问题，集团特别设立"科技人员职业发展通道"，厂部级专家享受子公司高管副职薪酬福利待遇，并与管理人员通道相结合，管理能力强的复合型技术人才可以任职于技术管理岗位，形成纵横贯通的"H型人才晋升通道"。

（4）沟通透明开放

中国西电集团重视企业民主管理工作，通过厂务公开、职代会、平等协商签订集体合同等多种形式和载体，不断推进和深化企业民主管理工作，依法保障职工的知情权、参与权、监督权。

（5）关爱员工生活

在关爱员工健康方面，中国西电集团成立了职工互助合作保障中心，缓解职工因住院、患重大疾病或受到意外伤害而导致的家庭经济困难。2013年，集团共发放互助保障金79万余元，受益员工942人次。

在员工文体生活方面，中国西电集团积极为员工搭建各种平台，展示员工风采。定期举办乒乓球、羽毛球、卡拉OK、象棋、越野赛等群众性文体活动，丰富员工文化生活，增强企业凝聚力。

（6）传递人文关怀

中国西电集团长期致力于困难员工帮扶工作，建立起了行政支持、工会落实、员工互帮互助的帮扶体系，切实帮助员工解决生活困难，帮扶工作逐渐由个人找组织变为组织找个人，主动为困难职工献爱心、送温暖。2013年，集团向

55 名困难员工子女发放阳光助困金 1.21 万元；同时积极与西安市总工会沟通联系，争取助困金 7 万元，帮扶困难员工 140 人。

（7）开展党的群众路线教育实践活动

中国西电集团深入开展党员领导干部党的群众路线教育实践活动，进一步加强领导干部作风建设。通过学习教育、听取意见，查摆问题、开展批评，整改落实、建章立制等环节，重点抓好集团及所属各单位领导班子、总部部长的作风建设；遵循"照镜子、正衣冠、洗洗澡、治治病"的总要求，以"为民务实清廉"为主要内容，使党员、干部思想进一步提高，作风进一步转变，党群干群关系进一步密切，为民务实清廉形象进一步树立，针对存在的问题，专项整改整治，提高领导干部整体履职能力。

3. 政府责任

（1）依法合规经营

中国西电集团一贯坚决实行依法治企，坚持诚信守法、合规经营，严格遵守国家法律法规和行业规则，遵循国际商业惯例和道德，按时足额缴纳各项税费，履行企业义务。

集团在总部及主要子公司均设立了总法律顾问，不断推进法律事务机构和企业法律顾问制度建设，建立了事前预防、事中控制、事后救治的法律风险管理机制。2013 年，集团重点完善了法律管理体系，编制了 4 大类 35 个合同范本；加强对合同、诉讼和应收账款管理，建立完善季度跟踪、统计和分析管理模式，规范法律审核事项，合同、制度和重大决策事项等法律审核率达到 100%。

（2）加强反腐倡廉

中国西电集团认真贯彻落实中央精神，构建廉洁风险预警防线，健全完善了党风廉政制度、廉洁风险信息库，严格党风廉政建设责任制考核。围绕关键环节，加强专项治理，构建权力运行风险防线，开展了工程建设项目资质挂靠清理、大宗物资集中采购执行情况检查、物资供应采购系统纪律作风整顿活动。同时，立足防范，强化教育，构建思想道德防线，开展了反腐倡廉专题教育，推进廉洁文化建设。严格执行党风廉政建设责任制，坚持企业领导人员经济责任审计，加强内部控制及风险管理，不断提高综合监督能力，为企业改革发展和国有资产保值增值提供有力保障。

（3）响应国家政策

中国西电集团在经营活动中紧随国家政策法规变化，积极履行落实宪法赋予国有企业在国民经济中主导力量的使命，加快了产业布局和结构调整，进入变频器领域，研发、制造了输配电装备智能组件，满足了国家智能电网建设的需求，电力电子产业平台基本建成。

积极响应国家"走出去"政策，继续巩固和加强东南亚传统市场的深度开发和精细运作，强化对中东、非洲、南美洲、印度、中亚等市场的资源投入和市场开拓，加快海外营销网络的布局和建设。

积极响应国家应急救援行动，面对四川雅安 7.0 级地震，集团立即启动了一级应急响应程序，按照"资源无论所属，服从统一调配"的原则，第一时间恢复灾区受损的电力设备。整个救援期间，中国西电集团投入四川雅安地震前线抗震救灾共计 144 人，电力设备及配套物资 215.29 万元，各种救援车辆 24 台，参与灾区 110kV 以上电力变电站抢修 20 多座，有力地保障灾区电力的恢复和救援工作。

（4）创造就业岗位

中国西电集团在常规招聘的同时，成立省、市政府毕业生就业见习基地，每年为西部大中专应届毕业生提供数百个就业见习岗位。集团与清华大学、西安交通大学、华中科技大学、重庆大学等多所高校合作建立暑期实践基地，并与华中科技大学签订联合培养"卓越工程师"协议，承担为社会培养优秀人才的责任。同时，每年安置一定数量的复员转业军人，缓解社会就业压力。

2013 年，中国西电集团荣获中华英才网"第十二届中国大学生最佳雇主 Top50"和"第十二届中国大学生最佳雇主制造电气行业 Top10"荣誉称号。

4. 社区责任

（1）支持社区发展

中国西电集团不断对职工居住社区进行投资改造，加快危旧住宅楼及公网配套设施改造建设，不断改善职工居住环境和住房条件。作为关爱职工的重要措施，近年来先后建成 2 座热交换站，全面完成西电生活区 10 座热交换站的布点建设工作，彻底解决职工采暖的热源问题。2011 年以来，集团累计投资 800 余万元，新改建青工宿舍 100 间，可入住近 300 余名单身职工；2013 年，集团单位职工住房建设新增计划 45.9 万平方米，是 2010 年的 7 倍；沣渭家园 8 栋高层项目竣工，解决 1800 户职工住房问题；新开工 8 栋高层住宅楼，规划新建 1767 套职工住宅。

中国西电集团将继续加大对已建成社区综合环境整改力度，并通过国家和西安市保障性住房政策，按计划、有步骤地实施社区改造建设工作，坚持为社区职工、企业无房户职工开展集资建房和调换房工作，实实在在解决职工住房困难问题，创造舒适安居环境，让职工共享企业改革发展成果。

（2）公益捐赠

中国西电集团将对外捐赠列入集团预算管理体系，并于 2009 年发布了西电集团《对外捐赠管理制度》，严格执行预算计划和制度要求，进一步规范对外捐赠工作流程。无论是捐资助学、定点扶贫，还是抗震救灾，集团都在践行央企社会责任。2013 年，中国西电集团对外捐赠金额总计 712380.5 元。

（3）青年志愿者服务

中国西电集团坚持开展青年志愿者服务活动，引领广大青年志愿者积极围绕产品质量、安全生产、敬老助残、美化环境、医疗服务、抗灾救灾等方面，深入开展志愿者服务。2013 年度参与志愿者服务活动的企业员工达 3000 余人次。

（三）环境绩效

中国西电集团积极践行中央企业承担的社会责任，带头模范遵守国家节能减排方针政策和法律法规，正确处理好发展与环境、效益与资源的辩证关系，不断增强绿色发展意识。

1. 绿色经营

中国西电集团所属各单位充分利用广播、电视、横幅、宣传单、电子屏、局域网等媒体，开展形式多样的节能减排宣传教育活动，推广典型节能降耗的经验和节能工作先进事迹，提高职工的节能减排意识。为了规范突发环境污染事件的预防和处置，集团积极构建突发环境事件应急救援体系，对可能造成突发环境污染事件的污染源建立有效可控的污染防治措施和应急救援响应程序，并向职工进行宣贯，定期组织演练和评价，完善环境风险管理措施，提高企业应对涉及公共危机突发环境事件的水平和能力。

2. 绿色工厂

中国西电集团积极推进绿色制造，建立"产品、技术、管理"三位一体的节能减排管理机制，通过开展清洁生产审核、环境管理体系运行控制、淘汰"高污染、高排放"的生产工艺和生产设备等措施,推进环境管理由末端治理向污染预防和生产全过程控制转变,从产品设计输入、工艺过程优化、精细管理等方面入手,不断提升企业用能效率,优化用能结构,降低废水、废气和固体废弃物的排放水平,深化资源综合利用。集团还组织所属重点用能单位开展 GB/T23331《能源管理体系要求》贯标认证工作,进一步完善企业能源管理制度,规范管理流程,将企业能源管理与国家相关法律法规、政策、标准有机结合,形成规范合理的一体化管理体系。按照 PDCA 持续改进模式,持续改进能源绩效和能源管理体系。

为了积极应对气候变化,坚持低碳经济发展模式,中国西电集团将温室气体排放纳入节能减排的管理范畴,大力倡导节能新技术、新工艺在基建技改项目实施中的应用,强化建设项目的节能减排预评审和验收,保障技术改造项目实施后达到低碳、低排放的要求。2013 年通过实施 11 项重点节能减排项目改造,年度节能 420 吨标煤,减少废气排放 218 吨。

三、企业社会责任管理

(一)责任战略

秉承社会、自然、资源和谐发展的宗旨,以"中国西电、装备电力、制造精品、服务社会"为价值追求,谋求企业与社会的共同发展,精心将自身打造成为"拥有自主知识产权和知名品牌、具有国际竞争力的世界一流电气企业集团"。企业使命是创新推动人类绿色高效的电能变换、传输和应用。

(二)责任治理

中国西电集团全面建立了社会责任组织管理体系,领导机构是企业社会责任工作领导小组,由集团总经理担任组长,集团领导班子其他成员任组员。领导小组下设工作办公室作为日常执行机构,集团总部各部门负责人及所属各单位法定代表人为成员,明确了专职工作人员。目前,西电集团企业社会责任管理职能在企业管理部。

(三)责任沟通

中国西电集团在公司管理、运营过程中,根据各利益相关方对集团可持续科学发展的影响程度,建立起与政府、员工、客户等利益相关方多层次、多方位的沟通渠道,如表 Z2-1 所示,了解各方要求与期望,梳理、分析、提炼出有价值的信息,从而指导集团的社会责任管理工作。

表 Z2-1　中国西电集团与利益相关方沟通

利益相关方	责任举措
政府	遵守法律法规及政策；按时足额纳税；响应政府倡导的号召，配合政府开展建设工作
员工	维护员工合法权益；创造良好的工作环境；给予合理的待遇；提供继续教育和培训，为员工创造发展空间
客户	提供安全、便利、优质的产品；提供定制化的服务，持续提升客户满意度；及时准确的信息沟通
供应商	实行公开、公平、公正采购；协助履行社会责任；建立相互尊重的合作关系；坚持诚实守信，维护企业信誉
同行	依法公平竞争，杜绝价格联盟，维护行业发展秩序；尊重竞争对手，尊重知识产权，维护公平竞争环境；遵守行业标准和规范，参与行业标准的制定；推动技术创新，促进行业发展
社会	积极关注国际社会和当地社区的进步与发展问题，与社会团体合作，引导员工热情参与社会公益活动

四、总结与展望

中国西电集团积极履行央企社会责任，深入实施和谐发展战略，大力推进诚信央企、绿色央企、平安央企、活力央企和责任央企建设，有效部署和推进企业与社会、环境的和谐发展，取得了一些成绩。

今后，集团将继续践行央企社会责任，进一步把社会责任和可持续发展理念融入企业决策和生产经营过程，用社会责任的理念梳理企业使命、愿景和价值观，审视企业发展战略、经营模式和业务流程。以可持续发展为核心，从集中力量做强做优主业，大力开展科技创新，加快实施"走出去"战略，强化人力资源管理，强化全员质量意识，高度重视环境保护工作，牢固树立安全发展理念，加强与利益相关方的交流合作等各方面，坚持企业社会责任与企业改革发展相结合，坚持企业社会责任与企业管理运营相融合，以更加积极的姿态，更加饱满的热情，强化社会责任管理，不断提高中国西电集团社会责任工作能力和水平，为促进经济社会和谐可持续发展做出新的、更大的贡献。

第二节 西安陕鼓动力股份有限公司：为人类文明创造绿色动力

一、企业概况

西安陕鼓动力股份有限公司（以下简称"陕鼓动力"）成立于 1999 年，是以陕西鼓风机（集团）有限公司（1968 年建厂）生产经营主体和精良资产为依托发起设立的股份公司，2010 年 4 月在上海证券交易所 A 股上市，2010 年底被上证纳入 380 指数样本股。

陕鼓动力是我国重大装备制造业中的高新技术企业，是为石油、化工、空分、冶金、环保和国防等国民经济的支柱产业提供能量转换系统解决方案的制造商、集成商及服务商。公司已经形成能量转换设备制造、能量转换系统服务、能源基础设施运营三大业务板块。主导产品离心压缩机、轴流压缩机、能量回收透平装置均属高效节能环保产品。轴流压缩机、能量回收透平装置产品曾三次荣获国家科学技术进步二等奖。

截至 2013 年底，陕鼓动力主导产品轴流压缩机、空分压缩机、工业流程能量回收装置，国内市场占有率分别为 94%、75% 和 91% 以上，产品出口印度、韩国、德国、俄罗斯、伊朗等 15 个国家和地区。

陕鼓动力依托主导产品核心技术，拓展系统服务和运营业务，走"源于制造、超越制造"的发展道路，以满足市场需求为目标，紧跟国家产业结构调整，不断整合资源，提升核心竞争能力，强化陕鼓动力成套技术设备协作网，创新多种金融服务模式，培育工程成套设计、建设能力，提供能量转换设备全生命周期健康管理服务，开拓能源基础设施运营产业。

陕鼓动力通过国际质量、环境和职业健康安全管理体系认证。从 2002 年起，陕鼓动力主要经济指标居国内同行业前列，连续九年获得中国工业行业排头兵企业称号，经营质量不断获得社会各界的认可。2006 年，"陕鼓动力"商标被国家工商行政管理总局认定为"中国驰名商标"，"陕鼓品牌"被商务部授予"2006 最具市场竞争力品牌"，2009 年公司荣获"全国质量奖"，2011 年被授予"全国企业文化示范基地"称号，2012 年，公司获得国家工信部授予的"首批工业企业品牌培育示范企业"称号，2013 年公司获得首届政府质量奖——中国质量奖提名奖荣誉。

二、企业社会责任实践

通过对陕鼓动力的访谈，课题组发现其企业社会责任实践可以分为市场绩效、社会绩效、环境绩效三个部分。

（一）市场绩效

1. 客户责任

（1）质量保障及成效

陕鼓动力不断对质量管理体系进行调整和延伸，积极贯彻 GJB9001B-2009《质量管理体系要求》标准，实施国家标准质量管理体系认证。

公司致力于坚持不懈地以"零缺陷"为核心——"第一次就把事情做对"为质量文化的基础，通过有针对性的质量教育和培训，明确每个工作环节的标准和要求，增强员工第一次把事情做正确的能力，不断提升公司质量管理水平。

2013 年，公司完成部级成果 2 项、陕西省成果 2 项、西安市成果 5 项。其中"自控新技术探索 QC 小组"经西安市质量协会推荐参加"2013 年全国优秀质量管理小组"的评选。

（2）满足客户需求及重大项目突破

公司通过持续不断的技术创新，突破新市场，不断满足客户需求。公司在真实气体离心压缩机、大型空分装置、煤制烯烃等领域取得了重大突破，获得多项占领市场制高点和具备里程碑意义的项目。其中，50 万吨/年丙烷脱氢项目覆盖了陕鼓动力的三大战略板块，提升了公司的工程总承包和运营能力，该项目所采用的真实气体离心压缩机技术均达到国际先进水平；10 万吨/年乙二醇项目、60 万吨/年甲醇项目和甲醇深加工制烯烃 MTO 项目拓展了公司的市场业绩；20 万吨/年硝铵总包项目实现了稀硝酸总包领域的同心圆放大，标志着公司总包工程向着系列化、系统化、专业化的方向迈进。

（3）为客户提供全生命周期健康管理及服务

公司建立"技术+管理+服务"的一站式全方位服务体系，组建有"工业服务支持中心",利用现代化信息技术为用户机组提供从售前到售后的全生命周期健康管理。为客户量身定做一系列机组健康状态管理档案,全天候、全方位对公司生产的各类大型机组实施远程监测,以及提供包括预警、咨询、诊断及现场服务等6大方面20余项服务,形成成熟案例,及时为客户解决问题。

目前,公司已对146家客户共计256台套机组提供了服务。2013年,公司通过强化服务理念和管理方式,规范岗位职责、加强技能培训,提高了服务的规范性、及时性和有效性。根据第三方机构专业测评,公司整体客户满意度为8.56分,较去年的8.33分有所上涨,并且连续七年高于8分,高于行业平均水平。

(4)科技创新和技术进步

陕鼓动力紧紧围绕"能量转换设备制造、能量转换系统服务、能源基础设施运营"三大业务板块,不断加强科技创新和自主研发能力建设。

2013年,陕鼓动力向国家知识产权局提交受理专利13项,获得授权专利29项;申报国家、省、市科学技术奖13项;研发投入达到511295392.51元,占销售收入8.13%;被西安市工信委认定为首批西安市产学研合作创新示范基地。

2. 伙伴责任

(1)供应商管理

公司对供应链管理,从关注供应商日常履约进度、产品质量的管理向与各供应商实现紧密合作、共赢发展转变,逐步同各供应商建立起技术关联、市场配合、商业支持以及协作紧密的合作伙伴关系,从而增强陕鼓动力供应链体系的竞争能力。

2013年,公司在供应商管理制度建设、流程优化方面进行了梳理和改进,对供方的日常管理、准入及评审管理、产品重要度分类管理、供方复评分级等程序进行了规范。目前对合格供方的评审指标主要有企业资质、规模、体系认证、财务状况、知识产权、信息化建设、生产能力、质量控制、工艺水平、产品研发等33项指标;此外,为了搭建一个公平有序的供应商竞争平台,陕鼓动力与各供应商签订了"外联企业合作公约",避免不诚信经营进入陕鼓动力;同时建立了统一的采购平台,实现公司内部各子公司之间的供应商资源共享。

公司建立了即时通信系统——商讯通,实现了陕鼓动力与供应商之间的日常实时信息互动,使陕鼓动力与各供应商在采购环节的项目计划、调度、执行、控制及预警等方面实时互通,规范了配套采购执行,提高了工作效率和质量,降低沟通成本。

为了实现共赢发展的合作目标，陕鼓动力帮助供应链中企业解决自身运营资金短缺的问题，向部分供应商开展了委托贷款业务；此外，关注供应商的运营发展，在日常合作过程中指派企业的工程技术和质量管理人员等，对供应商的技术开发、生产制造过程给予实地指导和日常咨询服务，扶持供应链企业的发展。

（2）战略合作伙伴管理

公司加强与客户、供应商、高校、科研院所、金融机构等战略合作伙伴之间的合作，通过资源分享、项目合作、商业模式的创新等方式，实现双方价值共创共享。2013 年，陕鼓动力新签订战略合作伙伴共 4 家，截至 2013 年年底，公司拥有战略合作伙伴 30 家。

3. 股东责任

（1）公司治理

公司严格按照《公司法》、《证券法》、《上市公司治理准则》、中国证监会等监管部门的有关规定，以及上海证券交易所《股票上市规则》等法律法规要求，开展公司治理，不断完善公司法人治理结构和公司各项内部管理制度，建立严格有效的内部控制和风险控制体系，加强信息披露工作，规范公司运作。

2013 年，公司共召开了 2 次股东大会，审议 14 个议案；召开了 17 次董事会，审议 60 个议案；召开了 4 次监事会，审议 9 个议案。在股东大会过程中，公司通过安排中小股东发言、采用累积投票制等方式，确保全体股东，特别是中小股东享有平等地位，确保所有股东能够按其持有的股份享有并充分行使自己的权利。

《西安陕鼓动力股份有限公司重大信息内部报告制度》、《西安陕鼓动力股份有限公司银行借款管理办法》、《西安陕鼓动力股份有限公司信息披露管理制度》等制度进一步完善和提高了公司治理结构与规范运作水平。

（2）信息披露及投资者关系管理

2013 年公司发布定期报告 4 个，临时公告 44 个，未出现重大数据或信息错误。公司注重与投资者沟通交流，不断完善与投资者的沟通机制，建立与投资者的良好关系。公司认真执行《投资者关系管理制度》，积极通过日常现场接待、投资者电话专线、传真、专用电子邮箱、投资者关系互动平台等方式与投资者进行日常沟通。同时，公司通过年报业绩说明会、参加投资推介会等方式，进一步加强与投资者的交流，保持与投资者之间相互信任、利益一致的关系。

（3）股东利益保证

公司重视对股东的回报，遵循回报股东的原则，平衡现金分红和公司发展所需资金关系，制定合理的利润分配政策。自 2010 年上市后，公司连续三年保持高比例（>50%）现金分红，以回馈股东。

（4）每股社会贡献值

2013 年公司每股社会贡献值 1.4081 元。其中每股净收益 0.56 元/股，公司年内为国家创造的税收为 566235547.45 元，向员工支付的薪酬 821802896.51 元，向银行等债权人支付的借款利息 1830688.98 元。

（二）社会绩效

1. 员工责任

（1）员工培训与培养

培训培养工作在紧密围绕企业战略的基础上，一切从个人培训需求、着力提高绩效为出发点，举办各种类型的培训及活动，满足员工成长和企业发展的需要。围绕公司战略发展需要，重点实施了对高端人才、后继人才梯队建设、专业人才、新兴业务及转岗人员技能提升的培训，并着力推进基层部门岗位技能培训的开展。

2013 年，陕鼓动力与西安交通大学等知名高校联合开设"管理知识训练营"两期班，采取 MBA 的核心管理课程在职学习的方式进行。同时开设了工程管理硕士班，通过制定与实施关键岗位继任人甄选计划、人才培养与开发计划，使人才得到更好的职业发展规划和培训的支持，建立公司强有力的人才梯队。

结合空缺岗位技能要求和需转岗人员能力现状，公司对车间富余人员进行新业务知识培训。2013 年针对叶片车间及机加车间 100 名生产工人进行为期 2 个月的新业务知识、计算机办公软件、风机基本知识及企业文化的培训。

在新人培养上，公司制定了陕鼓动力"风之子"系统培养计划，通过准员工关怀、融入式入职、体验式拓展、挑战性的小组课题调研、基层实践、跨部门锻炼、系统的管理理论提升、导师全程指导等方式展开，同时给予新员工 3~5 年的追踪培养，关注新员工的成长，保障青年员工的快速成长与提升。

（2）员工职业生涯发展管理

实施人才战略、关注人才培养，积极帮助员工不断成长，是公司战略落地、文化落地的重要措施之一。公司将各类专业人才的职业生涯发展提升到战略高度，通过设置各类专业人才的职业发展通道，为专业人才的纵向专业化、职业化发展提供指引和激励。2013 年公司累计有约 33 名员工通过职业发展通道获得职业资格和职位的晋升。

（3）骨干员工的管理及关注

公司高度重视骨干员工的管理和关注工作。2013 年，公司评选产生 1036 名骨干员工。通过安排对口联系负责人与骨干员工进行沟通，了解其思想动态和需求。并针对骨干员工的家庭生活、住房、医疗等方面制定详细的关注计划。通过对骨干员工多维度的"特殊关注"，更好地保留和激励骨干员工，同时发挥骨干员工的积极作用带动影响团队其他成员。

（4）员工薪酬福利保障体系建设

公司为员工提供富有竞争力的薪酬福利保障体系，以人才的市场价格和公司支付能力为基础，体现出员工岗位、能力、绩效的差异。逐步从按劳分配转向按员工价值贡献分配，发挥薪酬的激励导向作用，推动公司智力资源向公司战略落地和核心能力建设方面倾斜。除为员工缴纳"五险一金"外，还为员工提供补充医疗保险、补充养老保险、商业保险、带薪年假、工作补充津贴、采暖降温补贴、年度体检、紧急救助服务、节假日福利品等福利保障，为员工解决后顾之忧。

（5）员工职业健康保护

员工健康管理是公司构建员工全面关怀和保障体系的重要内涵之一。2013 年，公司投入 195 余万元，按需配发生产中日常需要的劳动防护用品，并为长期在室外作业的人员选配了防砸、防穿刺、防滑、绝缘及保暖性能较好的劳保鞋。在各车间配备了应急医药箱。公司每年为全体员工进行健康体检，为公司劳模等先进人物进行特殊体检，为职业危害岗位员工进行职业健康专项体检。此外，公司还为女性员工进行全员例行体检之外的特殊项目检查。公司选聘了专业的营养师团队对员工餐厅食谱进行分析和把关，确保食品的营养与健康，有效地减少和预防慢性病的发生。

（6）员工维权保障

公司在快速发展的过程中，始终坚持"员工第一"的理念，陆续建立了多样化的员工诉求通道，如每周五员工沟通日、员工听证会、职工代表巡查、员工思想动态征集等 18 种员工诉求渠道，较好地解决了员工的困惑和难题。2013 年，为了维护广大员工或组织的正当权益，促进公司健康和谐发展，公司根据国家有关法律、法规，开始实施企业行政复议制度，进一步拓宽了员工表达意见与建议的通道，尊重员工话语权，切实维护员工的合法权益。

（7）员工紧急救助及保障

公司推进帮扶工作"普惠制"和"双关注"计划，在实现帮扶区域和人群全覆盖的同时，差异化帮扶弱势群体和骨干人才。建立骨干人才服务关注机制，细化骨干人才的关注内容，解决工作、生活方面的困难与诉求。加强对弱势群体的关注，分级分类管理。每个季度刷新帮扶档案，并且针对他们提出的问题进行闭环处理。2013 年企业立项并开展实施了员工援助计划（EAP）。

2. 安全生产

公司持续运行职业健康安全管理体系，按照国家安全生产标准化一级企业要求，继续围绕"安全生产零事故"工作目标，按照"分级管理，分线负责"原则，细化人员的工作目标、工作任务，做到"横向到边，纵向到底"，将安全责任落实到每一位员工，强化了各级人员的安全意识，实现了安全责任承包全员覆盖。

公司针对各新兴业务行业特点，依据相关法律法规、标准及规范要求，组织制定陕鼓动力、子公司（部门）、项目三级安全管理制度，明确了不同层次的管理责任和管控重点，为项目的安全管理工作提供制度依据和支持。2013 年，对驻外现场人员进行现场安全服务共计 30 次，确保现场项目顺利实施。

3. 社区责任

企业发展不仅是全体员工共同努力的结晶，更是社会各界关注支持的结果，力行公益，感恩回报社会，是公司全体员工的共识。

（1）助学圆梦

持续开展助学圆梦公益行动，通过设立"陕鼓动力奖学金"、"爱心捐款"等形式，资助西安交通大学、西北大学、西安文理学院及代王、紫阳地区、城固桔园镇来自贫困家庭的学子，帮助他们顺利踏入高等学府大门，完成学业。作为西安市高校毕业生就业见习基地，2013 年公司为在校大学生提供管理和技术类见习岗位近二十个，同时积极培养和吸收优秀的见习生，对表现优秀的见习生给予正式聘用，为帮助解决社会就业问题积极行动。

（2）扶贫帮困

自 2006 年开始，公司积极参与到千企千村"包村"帮扶工作当中，帮助当地修建道路、桥梁、卫生院、水窖等，改善当地公共基础设施面貌。

另外，公司创新扶贫帮困模式，不仅投入资金，还投入人力，派驻挂职志愿者实地参与扶贫工作，提供智力支持。2013 年，公司扶贫帮困点由紫阳县焕古镇腊竹村调整为汉中市城固桔园镇深北村，公司投入大量资金，用于助困、助学、道路建设、产业发展等项目，同时已派驻两名挂职志愿者实地调研，帮助企业深入了解当地情况，制定更有针对性的帮扶工作计划。

（三）环境绩效

1. 绿色经营

公司认真执行国家及地方环保政策及法律法规，在企业快速发展的同时，公司注重环境治理和改造，促进环境和经济同步发展，以环境管理的提升带动企业更快发展。坚持走污染预防、可持续发展道路，建立健全环境能源管理机构和各项环境管理和能源管理制度，有效运行环境管理体系，努力实现企业节能减排目标。企业环保设施运行正常，并编制了环境污染事故应急预案。

2. 绿色工厂

在污水处理方面，根据陕西省《黄河流域（陕西段）污水综合排放标准》要求，公司 2013 年投资 124 万元，对污水处理厂进行了提标改造，提高了处理能力，改造后的处理水质指标全部达到新标准要求。

在防尘与废气治理方面，为保证锅炉运行过程中燃煤产生的各类大气污染物指标的达标排放，公司于 2013 年对六台采暖锅炉的除尘设施和锅炉脱硫设施进行了改造检修。为积极响应治霾工作，公司采用专用洒水车充分利用处理后中水，每天定时定点在厂区、家属区各条马路洒水，加强建筑施工扬尘治理，各施工现场按照规定封闭围挡施工，对施工现场出入口及主要道路进行硬化，并配备车辆冲洗设施，有效地减少了建筑施工垃圾在清运过程中的扬尘污染。

在能源管理方面，积极推进"环境友好型、资源节约型"企业建设。认真执行公司能耗指标定额制度，加强日常检查，公司每月对能耗指标进行监控和分析，2013 年全年能耗总量 5921.17 吨标煤，万元产值综合能耗 0.009 吨标煤/万元，低于行业平均水平。

3. 绿色产品

在废旧物资回收与综合利用方面，公司提倡全员在日常办公中做到纸张双面使用，并对在生产工作中产生的废旧纸张、废墨盒、废硒鼓、废纸板、废木制品、废焊条头、废电线、废塑料等所有可回收的物资进行回收，统一处理。对车间产生的对环境影响较大的危险废物由物流中心统一回收，并对所有废弃物进行分类管理、定点堆放，通过公开招标，由具有资质的环保公司统一进行处理。

2013 年，公司生产办公所产生的废旧物资回收后经招标外卖金额为 307.44 万元，全年共处置各类危废累计 61.64 吨。废旧物资的分类回收和合法处置，避免了环境污染的风险，从而提高了公司的环境效果。同时将新工艺新技术应用于节能降耗，全面推行清洁生产，减少污染物的排放，提高能源、材料的综合利用。

4. 绿色生态

在环保公益活动方面，公司的青年志愿者坚持绿色公益活动，自发走上街头，开展每周一次的交通文明督导及绿色骑行活动，向市民宣传"文明出行、绿色出行"理念。

三、企业社会责任管理

（一）责任战略

陕鼓动力将履行企业社会责任作为"打造世界一流绿色动力装备强企"战略的重要组成部分，将社会责任贯穿入企业使命、愿景、核心价值观当中。在"向上向善，优良风气创未来"的核心价值观和"诚实守信、感恩回报"的企业社会责任观的指导下，努力将社会责任融入公司运营管理当中，作为指导员工工作的重要原则，不断提升企业社会责任绩效表现。

（二）责任治理

公司成立社会责任管理领导小组和工作小组，如表 Z2-2 所示，决策和实施公司与员工、投资者、客户、供应商、公众等利益相关方沟通反馈机制和相关项目的运作。通过建立多种渠道的沟通方式，了解利益相关方期望，设置关键绩效指标评估公司满足利益相关方需求的能力，实现管理绩效的持续改进。

（三）责任沟通

陕鼓动力与利益相关方展开全方位的沟通，建立健全供应商、合作伙伴可持续管理体系，如表 Z2-3 所示。

表 Z2-2　陕鼓动力企业社会责任组织结构

董事会	薪酬与考核委员会
	提名委员会
	战略委员会
	审计委员会
社会责任管理工作小组	员工发展管理机构
	证券事务管理机构
	节能减排管理机构
	科技创新管理机构
	安全生产管理机构
	客户发展管理机构

表 Z2-3　陕鼓动力与利益相关方沟通

利益相关方名称	主要沟通方式	利益相关方对陕鼓的期望	陕鼓的主要做法	主要指标
员工	劳动合同；合理化建议；集体谈判；员工论坛；职工代表大会；接待日制度；员工思想动态收集	企业与员工共同成长；提高福利待遇；提供工作机会；良好的工作环境	制定职业生涯发展通道；提供完善的薪酬、福利健康保障	员工满意度；员工离职数、率；员工培训人次培训费用
客户	满意度调查；用户座谈会高层互访；感恩活动日常沟通	提供持续改进的优质产品及服务	采取多种方式，满足用户需求；开通24小时客户服务热线；开展用户满意度调查	用户满意度用户反馈的感谢信等
投资者	在媒体上定期进行信息披露；召开股东大会；股东来访交流；公司网站	稳定的业绩增长；良好的投资回报；严格的风险管控体系	建立健全公司治理结构；建立与投资者之间公开、透明、长效的沟通机制	投资回报率
供应商	协议、合同；定期走访会议；谈判；召开定期协作网例会	建立长期稳定合作关系，获得合理回报	组建成套技术协作网；实施透明采购政策，构建长期稳定的供应链；开展供应商培训	成套技术协作网内企业数目合作项目数量
合作伙伴	协议、合同；定期走访会议；交流；谈判	与陕鼓长期合作，获得合理收益	制定战略合作伙伴管理办法；加强与金融机构和高校等项目交流合作	战略合作伙伴及成套技术协作网内企业数目；合作项目数量
社会	支援社区建设；支援社区文化、体育、艺术活动；定期与社会各界（包括新闻媒体、行业协会）保持沟通；接待来访；新农村建设	社会各界与企业共同发展，营造安全、健康的社会氛围与环境	开展丰富多彩的社区文化活动和慈善公益活动；为媒体提供企业发展动态	公益慈善事业投入；社区建设投入；新农村建设投入；社区志愿者活动次数；社会评价

续表

利益相关方名称	主要沟通方式	利益相关方对陕鼓的期望	陕鼓的主要做法	主要指标
环境保护	互为环境	减少污染，低碳环保	生产节能环保高效产品；降低生产、生活区污染物排放发展循环经济，提高员工环保意识；投资改善周边环境	废水、废气等污染物排放量；万元产值综合能耗；环保项目资金投入

四、总结与展望

陕鼓动力把履行社会责任的要求融入企业使命、战略、文化以及运营的方方面面，有效管理企业运营对利益相关方和自然环境及社会的影响，全方位履行社会责任，取得一定成绩。今后，公司将结合自身实际情况，积极履行社会责任，进一步建立和完善企业社会责任监督管理体系。积极维护投资者、客户、供应商、员工、社会环境等各利益相关方的合法权益，促进社会、经济和环境的可持续发展，为人类文明创造绿色动力。

第三节　金花投资控股集团：凝聚有限能力，
担负社会责任

一、企业概况

金花投资控股集团成立于1991年，涉足投资、制药、商贸流通、旅游酒店、高尔夫及教育等领域，控股企业有金花企业（集团）股份有限公司、世纪金花商业控股有限公司、西安秦岭国际高尔夫俱乐部和西安金花豪生国际大酒店等，是拥有员工两万余名，总资产超过300亿元人民币的大型企业集团。

成立于1996年的金花企业（集团）股份有限公司是金花投资控股集团旗下的一家以化学药品、中成药品和保健品的研发、生产为主导，涉及医药物流等领域的上市公司，下辖西安金花制药厂、陕西金花医药化玻有限公司等。经过十余年的快速发展，公司目前已经形成完整的药品研发、生产和销售体系；近年来，公司依据产品特性和运营模式，进一步将产品线明确划分为骨科类、免疫类、小儿类和广谱抗菌类四大系列。

成立于 1998 年的世纪金花股份有限公司是一家以经营奢侈品品牌、国际一线和国内精品品牌为主，集精品百货、高端家居、文化广场和品质生活超市等为一体的高端大型连锁商业企业。2006 年，世纪金花成功在香港上市，预计在 2015 年末世纪金花的营业收入将达到 300 亿元。

西安秦岭国际高尔夫俱乐部有限公司是金花投资控股集团旗下的一家以高尔夫球场为主体，休闲娱乐中心和别墅山庄为配套的高锦标赛级地标性球场，也是西北地区成立最早的会员制高尔夫休闲场所。它是西北地区第一家通过 ISO9001 质量管理体系和 ISO14001 环境管理体系"双标一体"认证的国内高尔夫球场，1998 年被定为"陕西省高尔夫球培训基地"，2011 年被评为"全国百佳高尔夫球场"。

西安金花豪生国际大酒店由金花投资控股集团投资，豪生国际酒店集团管理的五星级景观商务酒店，坚持"依托于科技，领先于服务，擅为顾客想，敢为天下先"的经营理念，将金花企业集团独特的休闲旅游资源及高尚商务文化和豪生国际酒店集团的出色管理结合起来。2011 年被评为"中国十大商务首选酒店"。

金花投资集团先后被地方和国家有关部门评为"陕西省科技产业化重点科技企业"、"中国优秀民营科技企业"、"中国质量服务信誉 AAA 级企业"、"中国最大 500 家企业集团"、"中国名牌企业"、"中国最具生命力百强企业"等。

金花投资集团凭借规范诚信的市场运作、先进科学的管理体制、追求卓越的精细服务以及充满人文关怀的企业文化，在激烈的市场角逐中成长为西安本土，乃至中国西部地区最具影响力的民营企业之一，并以自己的卓越表现为地域经济的发展贡献了力量。

二、企业社会责任实践

通过对金花投资控股集团的访谈，课题组发现其企业社会责任实践可以分为市场绩效、社会绩效、环境绩效三个部分。

(一) 市场绩效

1. 客户责任

健康是人们幸福地享受生活的基础，这也是公司选择进入制药领域的原因：

实现人们对健康的追求，以及公司的对于提高生活品质的承诺——"健康百姓，金花己任"。公司努力提高公司的药品质量保障能力，奠基公司的可持续发展基础，并携手医生、学术界专家、研究机构，共同行动，使健康回到每个人身边。

（1）塑造健康基础

公司以品质和责任塑造人们健康的基础，一方面逐渐丰富公司的产品线，研发、生产更多满足用户需求的药品，为公司的责任实践奠定基础；另一方面完善、优化公司的管理体系和生产流程，加强公司可持续发展能力的基础建设，从管理上保证生产的高质量。

成立十余年来，金花股份逐步形成了富有金花特色的药品品类，在建立完整的药品研发、生产和销售体系的基础上，药品涵盖骨科类、免疫类、小儿类和广谱抗菌类四大系列的一百多个品种。2011 年，"金花"被国家工商行政管理总局评定为"中国驰名商标"。

（2）严控药品质量

公司最重要的责任之一是保证药品的安全和高质量，这关系到人们保证健康的根本，也是身为制药企业能够延续发展的根本。2002 年，公司成为西北地区首批通过国家《药品生产质量管理规范》（GMP）认证的制药厂家，并在 2010 年参照新版 GMP 制定了各个产品的质量标准和操作规程，建立了从人员、组织机构、质量管理、设备管理、生产管理、物料管理等药品生产全过程的管理规程和操作规程。公司建立了多部门协作的管控机制，从优化采购计划，规范采购流程、强化采购控制等方面不断完善物料采购管理，确保供应商物料质量的可靠性。

（3）品质生活，品质服务

伴随着中国西部大开发的持续推进，经济的持续发展，西部人民对于生活品质的需求持续提升。立足于西部，公司从产业定位上承载起提高生活品质的职责，从衣食住行乐全方位提高品质，为西部的城市生活提供优质的服务体验，以购物中心、便利店、高尔夫球场、假日酒店为载体，帮助西部人民享受高尚生活、品质生活、幸福生活，满足人们生活品质提高的需求。

（4）服务高尚生活

客户是公司最重要的利益相关方，公司希望能通过为西部引进高品质的产品，以及公司自身的优质服务，让西部城市享受到无差别的高尚生活。

1998 年，公司在西安成立了第一家购物中心——世纪金花钟楼购物中心，这也成为公司立足西安、服务西部的开始。公司希望能有更多的西部以及中部城市通过公司的购物中心、精品百货和主题百货,更加便利地接触和享受到国际一流的产品,提升消费者的生活品质。以西安为中心,公司也加快了在陕西、新疆、宁夏等地的商贸布局,以及河南、甘肃、青海等地重点城市的考察,公司将更多地参考地区的发展潜力,思考公司的产业布局对当地所能产生的影响,寻找区域发展和公司产业发展最契合的选址地。

继 2003 年在新疆乌鲁木齐开设世纪金花第一家外埠店,2012 年 9 月公司在新疆的第二家购物中心——世纪金花时代广场试营业。对公司而言,通过开拓和巩固新疆地区的市场份额能进一步奠定公司的可持续发展基础,逐步扩大公司在西部的布局;同时,公司希望更多地以公司在西部的成长,带动和影响整个西部商贸产业和物流、包装等配套产业成长,最终促进西部地区的发展。在布局商贸中心的同时,公司希望能以更细致、更全面、更贴近生活的方式提供品质生活。

2008 年 8 月,公司在古城西安推出第一家“宜品生活馆”精品超市,依托全球最先进的零售连锁管理模式,打造出生活新概念。截至 2012 年底,公司在西安高档社区及繁华商业中心开设了 33 家“宜品生活馆”精品超市,产品以高质量产品为主,50% 以上来自进口。在未来,公司将在更广阔的区域推广公司的品质生活服务理念,影响和提高更多西部人的生活。

(5)体验品质生活

公司对西部城市生活品质的提升来自多方面。在逐步完善公司的商贸产业的同时,公司积极完善对品质生活的体验,建设秦岭国际高尔夫俱乐部、金花豪生国际大酒店,以实现公司的服务体验更加立体和全面。

相对于公司的购物中心和宜品生活馆为西部的消费者带来的是对生活态度的改变,公司的高尔夫俱乐部和旅游酒店则是更加直接地参与到对地方的发展贡献中。随着基础设施和服务体系的逐渐完善,秦岭国际高尔夫俱乐部和金花豪生国际大酒店已经成为西安对外的名片,在地区招商引资中展示西安的良好印象,以及未来的发展潜力,通过与地方政府合作的深入,将在引入高新技术产业、带动其他产业发展中发挥更大的影响和作用。

(6)提供感动服务

身为西部商贸产业的引领者,高质量的产品以及高标准的服务是公司的责任基石。以此为基础,公司希望能提供“让人感动的服务”,从主题活动的开展、会员增值服务的提供、基础设施的完善等方面，使客户感受到公司的关心、贴心。

公司以对每一位顾客负责的理念，通过公司的产品质量管理体系、服务质量管理标准等管理机制的建设，为使顾客能够享受到公司的优质服务提供有力保障。2012年，公司获得了西安市政府颁发的"质量管理奖"。

2. 伙伴责任

公司与产业链伙伴共享合作价值，如图Z2-2所示，身为药品产业链中的重要一环，公司在确保产品能更好地满足用户对健康要求的道路上，需要产业链上下游伙伴共同的支持。公司通过加强与代理商、医生、学术界、研究机构的合作，探索以金天格胶囊为代表的金花药品的最优使用方法，为更多的用户发挥更好的药效。

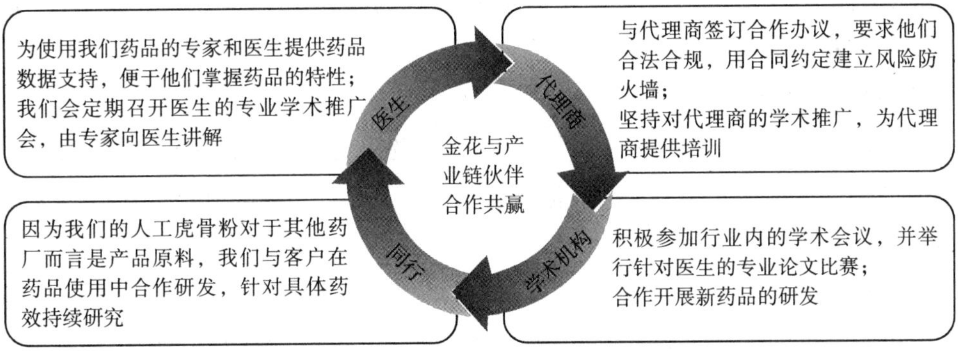

为使用我们药品的专家和医生提供药品数据支持，便于他们掌握药品的特性；我们会定期召开医生的专业学术推广会，由专家向医生讲解

与代理商签订合作办议，要求他们合法合规，用合同约定建立风险防火墙；坚持对代理商的学术推广，为代理商提供培训

因为我们的人工虎骨粉对于其他药厂而言是产品原料，我们与客户在药品使用中合作研发，针对具体药效持续研究

积极参加行业内的学术会议，并举行针对医生的专业论文比赛；合作开展新药品的研发

金花与产业链伙伴合作共赢

医生　代理商　同行　学术机构

图 Z2-2　金花与合作伙伴共赢

（二）社会绩效

1. 员工责任

员工是企业发展的不懈动力，是创造企业价值的宝贵财富。金花集团以人为本，重视员工成长，始终将促进员工的全面发展作为公司的重要发展目标之一。为和广大员工共建"幸福金花"的大家庭，公司为员工提供必备的专业技能培训，搭建职业晋升平台，让员工在成长中不断提高和升华，成为能够"汇聚智慧，创造辉煌"的优秀社会人才。

（1）保障基本权益

企业的可持续发展，离不开员工的共同努力。公司以维护员工权益为基础，重视员工价值最大化，以逐步完善的薪酬福利体系作为员工基本保障，同时关注员工职业健康，致力于将金花变为成就员工事业的沃土。公司坚持平等雇佣原则，按照岗位需求制定招聘计划，采用公平、公开的方式招贤纳士。竞聘中，公司杜绝性别、年龄、民族、地域等歧视现象发生。为应对当前商业市场的用工趋势，世纪金花积极开拓资源，通过深入校园招聘、参加现场招聘会、网络和报广招聘等方式拓宽招聘渠道。2012 年，公司与各大高校建立合作关系，获得"西安市见习就业基地"资格，增加高校生就业机会，同时为企业进一步发展储备了人才。

（2）搭建成长平台

为点燃员工激情、实现员工梦想，公司开展多种形式教育培训活动，帮助员工设计合理的职业生涯规划，让员工在金花的舞台上尽显自我、大展宏图，同时还完善考核激励机制，以提升员工的专业素质和经营管理能力，确保人尽其才、才尽其用。集团分别于 2009 年和 2011 年两次荣获西安市财贸工会颁发的"优秀职工之家"荣誉称号。

（3）细致关爱员工

公司一直追求为员工打造一片欢乐、温馨的净土，用丰富的业余生活陶冶员工的情操，多种形式的人文关怀温暖员工的心灵，使员工在和谐的氛围中茁壮成长。

2. 社区责任

秉承"恩泽惠于时代，挚诚馈效社会"的理念，金花集团努力让自身的"小社会"和大社会无缝隙融合，为地方经济发展、区域秩序维护尽绵薄之力，同时携手各界上下齐心，力推爱心事业及公益慈善活动，努力建设和谐社会。

（1）助推地方发展

在坚持互利共赢理念的基础上，公司运用自身资金、技术、管理等优势，为企业运营区域的发展注入活力。公司依法经营，照章纳税，累计投资额 117.56 亿元，缴纳税收额 79.19 亿元，基础设施建设投资额 58.7 亿元，大力推动运营区域的经济发展和社会进步。公司通过培养本地员工，带动地方关联产业的发展，回馈当地民众。每年公司向社会提供 2000~3000 个就业岗位，缓解了就业压力，促进了社会和谐稳定。

（2）维护社会秩序

良好的秩序需要公司共同缔造。不同于一般的制造企业，公司本身即为所在社区的一部分，与社会的关系更加紧密。在企业自身发展的进程中，公司努力促进整个社会的和谐稳定。

一直以来，公司购物中心的员工立足岗位，维护周边商圈秩序，泊车员疏导交通，共创平安、稳定、和谐的社会。集团 2011 年被授予"陕西省道路交通安全工作先进单位"荣誉称号。

（3）热心公益事业

公司开展多种形式的公益慈善活动，致力于用真诚、善意的涓涓细流，汇聚企业大爱，扶危济困，给人们带来希望。

在对外捐赠方面，穷则独善其身，达则兼济天下。公司始终怀着对社会的感恩之心，发扬"一方有难，八方支援"的传统美德，愿同社会各界共渡难关。

在志愿活动方面，公司自发组成一支支志愿者队伍，发扬志愿精神，参与帮扶困难员工、资助贫困学生。

（三）环境绩效

公司始终将环境保护作为企业履行责任的重要内容，并贯穿于可持续发展战略中，将低碳环保的理念融入到生产制造、业务运营、球场建设和绿色生活中，最大限度地降低公司的经营活动对环境的影响，实现与自然环境的和谐发展。

（1）完善绿色管理

公司以打造"环境友好型企业"为己任，建立了集团、分公司、部门三级管理组织构架，如图 Z2-3 所示，以"精、专、全、严"的环境管理目标，不断完善节能减排统计和考核体系，并采用"有标准、有措施、有监督、有考核"的环境管理模式，推进环境管理工作持续深入。公司在环境管理上遵循 ISO 14001 环

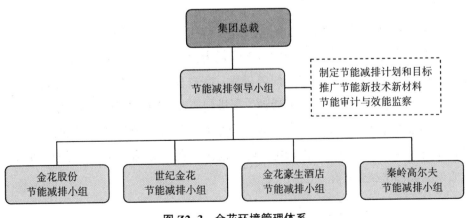

图 Z2-3 金花环境管理体系

境管理体系，不断增加集团植被面积，建设环境优美的绿色工厂和风景如画的绿色球场；持续优化购物中心和酒店室内绿植，营造温馨舒适氛围；积极组织员工参加植树造林活动和环境清理志愿活动，以实际行动为美丽中国的建设贡献自己的力量。

（2）推进绿色生产

公司以"零排放"为目标，实施"绿色工厂"精益化管理，如图 Z2-4 所示。金花股份建立从原料采购到产品加工、包装整个生产流程的环境监控体系，编制废水、废气、粉尘污染和废弃物等处理办法和管理程序，控制生产废物及污染排放，并进一步实施设备及公用系统技术改造，努力减少能源消耗。

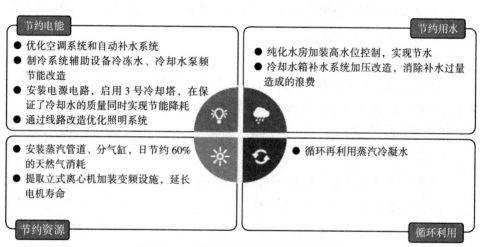

图 Z2-4　金花"绿色工厂"精益化管理

（3）实行绿色运营

公司不断加强环保节能工作统筹管理，持续降低运营过程中的资源消耗，并结合各下属公司实际，制定相应的节能降耗指标，努力打造绿色节能环保示范企业。世纪金花在建筑设计施工、门店运营、商户合作、引导顾客等各个环节，制定周密计划和安排，开展一系列活动，促进门店节能降耗工作，实现绿色运营。

例如金花豪生酒店通过推广节能灯具使用、优化空调系统、增加自然通风、增强设备保养等一系列的节能措施，降低能源消耗，提高设备使用寿命，取得明显效果，如图 Z2-5 所示。

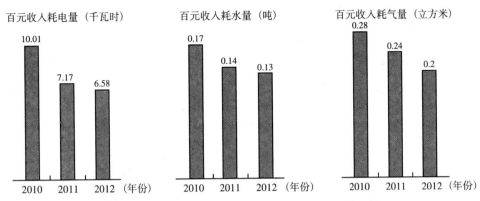

图 Z2-5　金花豪生 2010~2012 年百元收入资源消耗量

（4）倡导绿色生活

公司将绿色环保作为企业文化的重要部分，积极传递环保理念，倡导绿色生活，提高社会对低碳环保的认识，与员工和社区共建绿色家园。

参与植树，为世界多抹一分绿，2012 年 3 月 9 日，集团组织各下属公司共计 50 余人，积极参与到共建美丽陕西活动中，在西安市沣渭新区沣东公园开展了"种植友谊之林，共建美丽陕西"义务植树活动，以自己的实际行动践行低碳生活的理念，并为社会增添绿色、美化环境。

金花集团与世界自然基金会（WWF）合作，积极参加"地球一小时活动"。2012 年，集团于 3 月 31 日晚 20:30~21:30 关闭世纪金花钟楼店、高新店等多个购物中心的外立面灯光，活动既让广大百姓一起见证了地球的奇妙变化，又提高了大家的环保节能意识。

三、企业社会责任管理

（一）责任战略

"凝聚有限能力，担负社会责任"、"恩泽惠于时代，挚诚馈效社会"是公司崇尚的价值目标。奉献和拥有是公司价值判断的标准。奉献意味着无私，倾注了责任，拥有象征着创造，辉映出智慧。公司提倡社会利益、集体利益高于个人利益的价值导向。在此原则下，提供机会创造条件，以求个人能自由发展，充分展露才华。

（二）责任沟通

金花一贯重视与股东、政府、客户、员工、供应商、社区、媒体、同行等利益相关方的积极沟通。图 Z2-6 展示了金花与利益相关方的期望和关注点、沟通渠道以及回应措施。

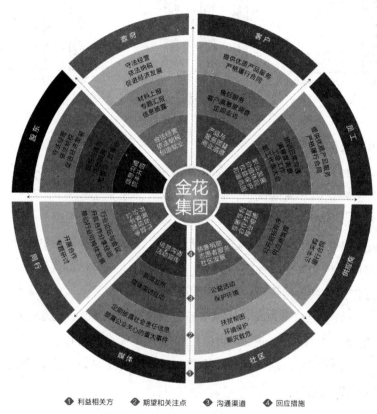

❶ 利益相关方　❷ 期望和关注点　❸ 沟通渠道　❹ 回应措施

图 Z2-6　金花与利益相关方的沟通

（三）责任治理

公司高度重视社会责任管理，建立了以集团为中心制定社会责任战略，各下属公司具体实施的社会责任管理组织架构，如图 Z2-7 所示，保障集团社会责任工作与日常运营紧密结合，有章法、有步骤、系统化地推进社会责任工作。

四、总结与展望

时光荏苒，金花已走过二十多个春秋。回眸过去，金花将"凝聚有限能力，担负社会责任"的观念融入到决策和生产运营中，凭借"金花文化"与员工树立

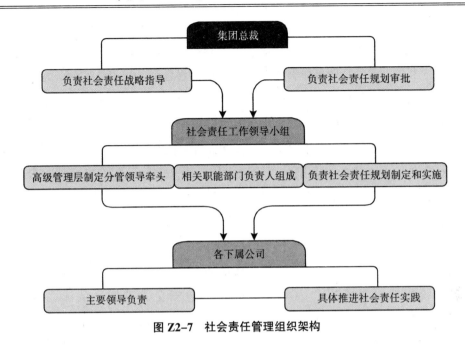

图 Z2-7 社会责任管理组织架构

共同的价值理想，齐心协力为企业的发展努力奋斗；展望未来，在机遇与挑战并存的条件下，金花一如既往地将对社会的承诺贯穿到公司的生产运营中，每一位金花人都将成为企业的责任主体，共同行动保证社会发展的可持续性。

从金花的案例可以看出，随着我国经济的飞速发展，非公有制经济所扮演的角色越来越重要，民营企业作为重要组成部分，在追求利润的同时，也肩负着对社会发展应尽的责任与义务。

第四节　西安未来国际信息股份有限公司：一切皆服务、智慧创造价值

一、企业概况

西安未来国际信息股份有限公司（以下简称"未来国际"）成立于 1997 年，致力于提供专业的政务信息化、农业信息化、林业信息化、金融信息化、社会信

息化、企业信息化的整体解决方案以及应用件开发、系统集成和运维服务。

未来国际以专业的信息化全程服务提供商作为自己的战略定位，始终以超前的信息技术与出色的行业经验背景面向各领域提供咨询、研发、实施、培训、运维、持续创新的 IT 服务，保证了用户对信息化的全方位需求。目前，未来国际业已成功建立起以东、南、北部区域为轴、辐射全国的有利市场格局。伴随着未来国际成长与发展，员工队伍不断壮大，已经拥有 20 余名全国及地方行业专家和 600 余名优秀人才的专业团队。除此之外，未来国际还拥有多家战略合作伙伴，分别负责提供区域本地化增值及企业信息化服务。

未来国际秉承"以人为本、创新为根"的企业战略，倡导"创新未来、员企共存、服务社会"的企业文化，全力打造拥有核心竞争力的现代化企业。公司拥有西北地区首家国家计算机信息系统集成认证一级资质、国家保密局颁发的涉密信息系统集成甲级资质、ISO/IEC 27001-信息安全管理体系认证、ISO/IEC 20000-IT 服务管理体系认证、ISO9001 国际质量体系认证、CMMI 3 软件能力成熟度认证、国家级软件产业基地（西安）骨干企业、中国软件百强企业等资质。

未来国际寻求局部创新的技术发展方向，基于具有自主知识产权的资源整合平台和产品，相继顺利推出创新的 IT 应用服务模式，在许多重要业务领域占据领先优势。目前已经在陕西省党委、人大、政府、政协、法院、检察院及各政务部门、地市及县的电子政务建设及运维服务等方面取得了成功经验，同时在林业、计生、交通、公安、金融等多领域成功实施了未来国际提供的信息化全程化服务解决方案。

新形势下，未来国际提出"一切皆服务"的创新信息化服务理念，通过基础设施即服务、平台即服务、应用即服务和运行维护服务四个方面向用户传递价值，提出通过构建绿色和谐的信息生态环境，帮助用户更智慧地创造价值。

二、企业社会责任实践

通过对未来国际的访谈，课题组发现其企业社会责任实践可以分为市场绩效、社会绩效、环境绩效三个部分。

（一）市场绩效

1. 客户责任

未来国际近年来在"云计算"方面的突破性研究和实践，以一切皆服务、按需服务为核心理念，为构建绿色和谐信息生态环境、帮助客户更智慧地创造价值提供了完整的解决方案。

未来国际面向行业客户、企业级客户、伙伴客户提供信息化咨询、系统集成服务、软件服务、运行维护服务、技术培训服务在内的全程服务，致力于成为国内拥有自主知识产权的高价值软件提供商和最具影响力的专业的基础设施服务提供厂商。通过专业的行业知识和实施能力，重点为政府、金融、林业、企业、社会提供了包括基础设施、网络层、数据层、应用支撑层、业务层、服务层、安全体系、运维管理体系等信息化、多层次、多结构的服务。

（1）咨询服务

咨询服务主要包含方案架构咨询、规划与设计、IT 服务管理咨询、安全管理咨询设计四项服务。

在倾听用户需求时，未来国际利用多年的 IT 服务经验帮助用户引入顶层设计的先进理念，帮助客户分析业务需求，分析现有信息系统中存在的不足。帮助客户根据业务发展远景规划信息项目，提供需求分析、项目规划、项目建议、项目可行性研究、总体设计、解决方案编制、实施方案编制等咨询、规划、设计服务。

（2）软件服务

软件服务主要包含平台、系统软件、应用软件、应用软件实施、定制软件开发、软件测评六项服务。

作为构建绿色和谐信息生态环境的核心产品，未来国际拥有自主知识产权的面向服务的信息资源整合平台，在面向服务的架构（SOA）下，通过多级数据交换与共享平台、信息资源目录体系、多元数据融合与集成平台、业务协同平台、安全支撑平台等产品为实现安全可靠的多级异构数据交换与共享、跨部门业务协同提供了整体解决方案。

未来国际始终建议客户采用成熟的产品，适度考虑技术应用的前瞻性。在此基础上，未来国际还将帮助根据客户需求，设计、研发、定制本地化软件系统，使之更加符合客户业务发展需要。

（3）运维服务

运维服务主要包含机房运维、桌面终端用户设备类、通讯视频会议类、网络及安全类、PC 服务器类、小型机类、存储类、设备类、备份类软件运维、操作系统类、数据库类、中间件类、应用类、数据类、灾备服务、安全保障类、业务应用信息安全类十七项服务。

项目建成并不能真正实现客户的建设目标，系统持续、稳定、安全地运行，才能够真正满足客户的业务需求。未来国际作为专业的信息化全程服务提供商，具有多年信息化建设及运行维护服务的经验，采用 ISO/IEC20000-1：2005 规范运维服务，并运用自主研发的、基于 ITIL 的运维服务管理平台和符合 ITIL 及 ISO20000 要求的运维服务体系，组建了一支由专业工程师组成的运维服务队伍，为全国各行各业提供专业的运维服务。

（4）培训服务

培训服务主要包含技术基础培训、网络培训、系统软件培训、运维服务培训、安全培训、产品培训、信息化管理培训七项服务。

未来国际提供全生命周期服务，充分发挥客户优势，贴近客户不同层次需求，基于全程化服务各个阶段，为客户提供专业化、高质量培训服务和"量身定制"个性化培训解决方案，创造更大的服务价值。

（5）持续创新

在提供信息化全程服务的基础上，以信息技术为核心手段，保证系统稳定运行的同时，不断探寻系统优化的方法，功能提升的途径，开创各行业、领域的创新型服务业务，创造高附加值的服务价值。

改变信息生态环境的"无序"状态，让处于信息生态链顶端的信息资源使用者更快速、方便地获取服务，让处于信息生态链低端的信息资源提供者按需提供服务，构建绿色和谐的信息生态环境。

2. 伙伴责任

未来国际与全球顶尖合作伙伴 IBM、Oracle、CISCO、Microsoft、HP、EMC 等一起，建立长期战略合作联盟，以快速响应客户需求、为客户提供全生命周期的服务作为不断前进的动力，打造中国全程化信息服务航母舰队，创造卓越服务价值。

如表 Z2-4 所示，未来国际针对不同类型的合作伙伴，定制了个性化的合作策略保持与支持方式，与伙伴紧密合作全面开拓信息化全程服务市场，通过资深的战略性解决方案，着力打造伙伴持续发展力，与伙伴共同为客户带来巨大收益，同时凭借资深行业背景及行业组织经验帮助伙伴快速成长。

表 Z2-4　未来国际的伙伴体系

伙伴类型	合作方式	支持方式
核心伙伴	与专注于行业的伙伴一道完成全程工作，根据伙伴的行业背景以及实施与服务能力，对伙伴提供不同的支持，协助伙伴成为该行业的未来国际核心战略伙伴	1. 资深行业背景及行业组织经验共享 2. 专业的产品丰富行业中的产品线 3. 从咨询到运维全程化解决方案，提升客户粘黏性 4. 渠道支持，共同开拓行业领域的商机
技术伙伴	在现有产品基础上，与硬件厂商及其他软件厂商合作，满足用户全面需求，提供更加完整的解决方案	1. 提供丰富的行业解决方案作为坚实基础 2. 专业的售前顾问咨询团队作为专业支持 3. 全国精准市场推广支持，开拓市场
项目伙伴	以项目合作和行业推广形式合作	1. 产品技术、服务、销售全方位培训 2. 专项项目授权支持 3. 知识管理平台共享通道 4. 专业顾问团队项目指导
产品伙伴	以产品代理形式合作	1. 产品技术、服务、销售全方位培训 2. 知识管理平台共享通道 3. 专业顾问团队项目指导

　　如表 Z2-5 所示，未来国际针对合作伙伴在培训、授权、平台、市场、业务公司发展等多个领域为伙伴提供支持。

表 Z2-5　未来国际的支持计划

支持领域	具体内容
培训	1. 产品与服务销售知识培训，建立成功销售模型，推广快速销售经验 2. 技术实施培训，传授快速实施经验，提高独立实施水平
授权	1. 为合作伙伴颁发授权牌，便于在客户面前建立信任 2. 为合作伙伴参与招投标提供项目授权，保证项目顺利进行
平台	1. 设立专门营销沟通管理平台，针对合作伙伴的各种问题在第一时间做出反应 2. 提供专门的知识管理平台，复制未来国际的管理经验、产品销售经验和市场运作经验
市场	1. 公司网站列名支持，网上统一宣传和链接 2. 网媒、纸媒等媒体专题宣传
业务	1. 未来国际顾问团队协助其员工一起来跟进项目，并有针对性地进行培训 2. 根据不同的合作模式提供全程支持
公司发展	1. 市场导入，循序渐进，从代理未来国际单一产品发展成未来核心伙伴 2. 深化理念，复制未来国际快速成功的模式，为公司发展壮大提供理论基础

（二）社会绩效

1. 员工责任

（1）系统的职业培训，为员工的职业发展助力

　　未来国际的培训包括新员工入职培训、上岗业务培训、企业内定期培训；在岗培训、导师传帮带、提升综合能力跨部门学习实践；推荐在职学历教育、员工

专业资质学习；授予荣誉称号、外派考察进修等。

公司内部定期举办"未来大讲堂"，要求中层以上领导必须参加，全体员工按需参加，培训议题涉及发展战略、并购融资、工作流程、消防安全、心理辅导等。讲师有员工自发、外部聘请消防大队、和君商学院等机构的专业讲师。这些形式多样，内容丰富的培训，受到了公司员工一致好评，"未来大讲堂"正在积极筹划，不仅对内培训，还要讲养分对外输出，逐渐形成高规格高水平的论坛。

（2）健全的薪酬体系，谋求员企共同发展的经济杠杆

人力资源部门积极规范对员工潜在能力和业绩预期的薪酬体系，持续增长并肯定员工贡献的回报，谋求员企共同发展的经济杠杆。

（3）激励的晋升制度，打通职业发展的通道

未来国际具有激励的考核晋升制度、保持与员工能力贡献一致的持续增长考核晋升制度，打通员工职业发展的通道。

（4）全面的保障体系，保障员工利益及健康

通过二十余年的积累和总结，为员工制定了一套全面保障体系，包括为员工办理社会福利；实行五天工作制，并按国家规定提供带薪休假；为员工提供午餐和交通津贴、加班津贴和换休；逢元旦、三八妇女节、中秋国庆双节等传统节日发放过节费及婚嫁等礼金；每年定期组织健康检查及健康跟踪；六一儿童节对员工子女节日礼金问候；员工生日为每位员工送上生日祝福；组织羽毛球队、篮球队、足球队、乒乓球队、舞蹈队等团体，建立了丰富的强身健体和文化娱乐活动；以人为本的服务奖、年终奖及举贤荐才奖及骨干员工持股等。

（5）积极开展党建

在民营企业中积极开展党建工作，在公司的总部 19 楼，设有专门的党建会议室，定期开展党员民主生活活动，积极配合高新区党委的各项党建工作，在民营企业中是一抹亮色。

2. 社区责任

（1）公益事业，慈善捐赠

公司在追求经济效益的同时，积极从事社区建设、捐资助学等公益事业，并有专人协调筹备，活动宣传和资料归档。在灾难发生时，积极向汶川和玉树震区捐款。

（2）培养人才，创造就业

作为高新技术企业，未来国际始终保持开放进取的态度，利用未来国际在信息化方面的能力优势，与知名高校联合设立实验室，联合培养建设陕西的信息化人才，在公司内提供实习生岗位，吸引高端人才就业，积极实践我省高新技术"产学研一体化"的发展战略。

3. 政府责任

回顾陕西省若干年前的电子政务水平，重复建设、服务器空置、各部门互不相连、技术水平参差不齐，这与陕西省作为西部大省地位是不匹配的。省内各级部门对于一站式平台的呼唤越来越强烈，如图 Z2-8 所示。未来国际结合在信息产业耕耘多年的丰富经验，作为建设主体企业积极配合省政府的电子政务建设工作。

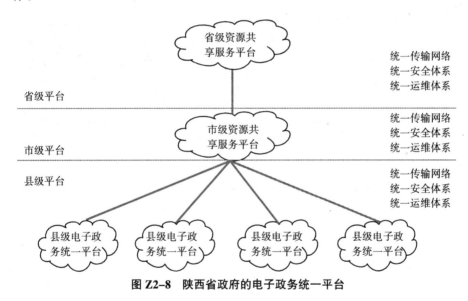

图 Z2-8 陕西省政府的电子政务统一平台

当前陕西省电子政务公共平台体系的服务内容已经从基本的基础设施服务扩大到应用软件服务、数据分析服务，服务对象从政府部门扩大到工商企业、金融机构、中小企业等社会各领域。基于省信息化中心建设的"巅峰网"已为近万家中小企业提供 SaaS 服务，大数据分析服务已为近百家政府部门和企业提供网络舆情分析服务和市场分析服务。

如图 Z2-9 所示，几年来，基于统一的服务架构平台，采用服务外包模式开展建设的陕西省电子政务实现了跨越式发展，基本实现了互联互通和公共基础设施资源整合，提高了应用水平，提升了服务能力，避免了重复建设和资源浪费，降低了政府投资风险，节约了投资成本，提高了建设和运维资金的使用效率。陕西省电子政务建设的成绩得到了国家有关部门的肯定，成为国家骨干网在省市落地的 8 个试点省份之一；全国首批接通中央电子政务传输骨干网的两个试点省市之一；陕西省应急指挥信息平台得到国务院应急办的高度评价；陕西省政府门户在全国 2009 年门户网站综合评比中获得第四名、西部第一名。

图 Z2-9 统一服务架构平台

（三）环境绩效

未来国际一直把节能减排作为企业责任的重要组成部分，公司响应绿色发展，打造信息服务"绿色生态"。绿色发展是全球趋势，作为一个信息化全程服务提供商，致力于构建一个继承、共享、整合、协同、可持续发展的绿色和谐的信息生态环境。公司提出了"一切皆服务"的理念，通过基础设施服务、应用服务和运行维护服务向用户传递价值全生命周期的服务解决方案，整合此前各阶段的信息平台，减少重复建设及资源浪费，例如未来国际拥有自主知识产权的面向服务的信息资源整合平台，在面向服务的架构（SOA）下，通过多级数据交换与共享平台、信息资源目录体系、多元数据融合与集成平台、业务协同平台、安全支撑平台等产品为实现安全可靠的多级异构数据交换与共享、跨部门业务协同提供了整体解决方案。该平台在陕西省为上百家政府部门提供统一信息化方案，减少重复建设和机房空置的浪费问题，为节能陕西，绿色陕西做出了自己的贡献。

三、企业社会责任管理

未来国际有健全的社会责任管理制度，以制度明确企业对相关利益方所承担的社会责任，包括保障股东和债权人权益，保障职工权益，保障供应商、客户和消费者权益，保护环境走可持续发展道路，积极参与社会公益事业建立良好的公共关系，完善制度建设和信息披露机制等。自创立以来一直秉持着创新未来，员企共存，服务社会的企业文化，与客户共同发展，与员工共同发展，与社会共同发展成为我们办企业的宗旨，以坚定的责任感和使命感服务于客户，员企共存报效社会。

未来国际的责任观认为企业是社会组成的重要组成部分，源于社会也必将回归于社会。企业的发展壮大需要社会提供良好的条件，社会的健康发展也需要企业担负社会责任，两者是不可分割的依存的关系，要求我们各行各业必须尽职尽责地行动起来。我国企业，特别是民营企业。只有自觉履行社会责任，才能充分增强企业的向心力和凝聚力。只有负责任的企业，才能充分发挥公司员工的积极性和创造性，提升企业的核心竞争力。未来国际通过二十多年来的实践，清楚地认识到企业承担社会责任有利于企业创造更广阔的生存环境。

四、总结与展望

未来国际作为一家在陕西省耕耘二十多年的优秀民营企业，一直把履行社会责任作为企业的一项日常工作重点。作为陕西省电子政务公共平台体系的主体企业和国内最具规模的云资源服务商之一，积极主动地承担社会责任，为企业赢得了良好的社会声誉。

在公司外部，未来国际得到了政府的信任进而更多地得到政府扶持；积极主动承担社会责任形成了口碑，赢得了客户的信任和支持，也赢得了上下游兄弟企业的信任、合作与帮助。在公司内部，不但提升了公司员工的归属感，赢得了员工的主动积极性和创造性，有效帮助公司经营活动稳步向前，而且公司内部管理也上了一个新台阶，在内部形成一个良性循环。未来国际深刻体会到履行社会责任对于企业是非常重要的，它为企业的可持续发展创造了优质的外部和内部条件。

第五节　西安康明斯发动机有限公司：
澎湃动力、财富引擎

一、企业概况

康明斯公司成立于 1919 年，总部设在美国，是全球领先的动力设备制造商，设计、制造和分销包括燃油系统、控制系统、进气处理、滤清系统、尾气处理系统和电力系统在内的发动机及其相关技术，通过其遍布全球 160 多个国家和地区的 550 家分销机构和 5000 多个经销商网点向客户提供服务。

西安康明斯发动机有限公司（以下简称"西安康明斯"）于 2007 年 8 月正式投产，是美国康明斯 11 升重型发动机在北美外的唯一全球化生产基地。同时，西安康明斯充分发挥本地化优势，为全球客户量身打造更强劲、更节油、更可靠的世界级品质动力产品。

二、企业社会责任实践

通过对西安康明斯的访谈，课题组发现其企业社会责任实践主要体现在市场绩效、社会绩效、环境绩效三个方面。

（一）市场绩效

1. 客户责任

（1）产品

西安康明斯以拥有世界级先进动力为荣，更以生产最卓越的产品为目标，不断前行。

ISM 系列 11 升重型柴油发动机作为全球主流重卡共同的心脏，集成欧美市场十几年成功应用经验，功率覆盖 345~440 马力，满足国四、国五排放标准，同时拥有领先业界的康明斯五大关键系统，是发动机动力性、燃油经济性和复杂工况适应性的有力保障，并以极高的出勤率和回报率享誉业界，市场保有量超过

100 万台，平均大修里程超过百万公里，成熟匹配于各类卡车、特种车、客车等应用领域。

同时，西安康明斯的最新一代非公路用旗舰产品——QSM 发动机通过欧洲第二阶段、第三阶段、第四阶段排放标准认证，功率覆盖 290~400 马力，完美匹配汽车起重机、轮式装载机、挖掘机、吊装设备等工程机械和发电机组。

（2）生产、质量管理

作为康明斯全球样板工厂，西安康明斯拥有全球领先的微正压空调厂房、J-hook 智能单轨运行装配线、集成防错和组装控制系统、AVL 台架热测试系统、MES 生产集成控制系统、电控 MANTA 灌装与检测系统等先进完善的生产制造装备。

长期以来，西安康明斯的动力产品以高质量和技术领先著称于世。公司严格按照 ISO/TS16949 国际标准和康明斯 COS 运营管理系统建立高效的质量管理体系，并广泛使用六西格玛项目管理、7 步工作法、PQC 产品质量改进等工具对产品质量持续改进。

依托康明斯全球 3 大技术中心，19 个研发机构，400 多间测试实验室，4000 多名研发工程师，结合产品自身特点和国内外使用环境，持续优化并提升产品性能，铸就 ISM、QSM 发动机世界级的黄金品质。

（3）营销与服务

倾听客户的声音，满足客户的需求，始终是我们的宗旨。从成立至今，西安康明斯产能逐年提升，多年来，先后服务了陕汽重卡、通运重工、通力重工、福田汽车、同力重工、联合卡车、江淮汽车、徐工集团、金龙客车、宇通客车、安凯客车、中通客车、三一重工、华菱汽车等一系列客户。2007 年至今，国内销售业绩复合增长 63%，国外销售业绩同比复合增长 43%。

西安康明斯始终坚持"快速主动，愉悦全程"的服务理念，旨在持续为客户提供更为愉悦的购买和使用体验。400 服务热线 365 天 24 小时随时畅通，客户需求 30 分钟内回复，外出救援市区 3 小时内达到，跨区 8 小时内达到。紧急零件 24 小时内调配到位，及时的保养维修提醒和预警服务，让您的车永远处于最优质的状态。超大的零件储备库以及完善的零部件储备，保证了每个用户随时随地都能安心出行。

2. 伙伴责任

康明斯用完善的供应商开发系统对供应商进行选择和评估，提升供应商的整体质量水平，与首选优秀供应商结成伙伴关系，打造了特约经销商身份识别体系，将康明斯正规授权的经销商识别方式做统一公示。

西安康明斯定期举办供应商大会，提倡"合作共赢"，与各位核心供应商代表分享公司发展现状、展望美好未来，联手全体供应商，以优质的配件、经济的价格、及时的服务，为每一位 ISM11 升发动机用户提供最省心放心的动力体验。

（二）社会绩效

1. 员工责任

（1）全面的培训体系

西安康明斯认为教育和培训既是员工实现个人发展的必要条件，也是推动公司业务增长的关键力量，为创造和保持对员工职业发展没有障碍的工作环境，提供获取新思维和新信息的途径是至关重要的。

西安康明斯培训的特点一是以培训需求导向型：将根据各部门的业务需求，制定培训；二是培训多元化，将培训体系分为领导力培训、必修类培训、基础类培训及进阶类培训。在西安康明斯的收获不仅仅是工作的成就，还有技能的提升，管理能力的进步。

（2）健全的薪酬体系

西安康明斯秉承"能力决定薪资"的理念，为员工提供了对内具有公平性、对外具有竞争性的薪资福利计划，以吸引、激励和保留优秀的员工。每年进行薪酬福利市场调查，选择知名跨国公司在中国的子公司作为对比公司。

基本工资是员工努力的工作和出色的绩效的回报。随着西安康明斯业务的发展，员工也将受益，所有员工将参与浮动奖金计划（季度表现奖金及年度利润分红）。

（3）全面的保障体系

为了确保员工能更专注于工作，推动员工做出贡献，西安康明斯通过不断发展的保障体系最大限度地满足员工的需要。除了养老保险、医疗保险、失业保险、工伤保险、生育保险等社会基本保险项目，公司还额外为员工提供商业医疗保险、通勤班车、节日礼金和年度旅游等。

（4）多元的发展通道

西安康明斯秉承"不论你是什么岗位，都有晋升向上的机会"的理念，明确员工发展的通道，并积极为员工的职业发展提供更多选择和机会。公司力求推进员工的职业发展与公司发展、个人能力和兴趣相符，以达到最大程度的共赢。例如提供内部调动政策；鼓励员工与经理坦诚讨论职业发展意向与机会。

（5）良好的工作环境

西安康明斯特别注重良好工作环境的创造，一贯坚持礼遇他人的原则，为员工创造愉快的工作环境。在康明斯员工手册中，对于如何对待他人、员工之间可接受及不可接受的行为都进行了详细的描述。

公司鼓励员工提出任何有关种族、性别或其他性质骚扰的问题或投诉。如遇到或发现这些问题，可直接与其主管或人力资源经理交流。康明斯会认真地对待每一起投诉。

2. 社区责任

（1）教育支持

提高教育系统的质量和定位，确保今天的学生已准备好成为明天的工作主力。西安康明斯从小学至大学阶段，关注不同社区、学校、个人对教育的需求，并帮助他们实现求学的梦想。同时西安康明斯还关注在帮助社区、学校建设基础设施，带来更持久的提升和改变。

同时西安康明斯还为雇员提供系统的教育投资，将为社区以及家庭和个人带来可持续经济发展。典型的项目包括关注高等教育：关爱贫困女大学生，提升大学生就业能力；关注基础教育：建立中小学图书馆，提升学校教室能力；关注特殊教育：定期进行关爱智障儿童活动。

（2）平等机会

康明斯的核心价值要求教育与经济机会对所有个人开放，不得由于性别、种族、宗教、社会经济状态、性取向、年龄或者体能或智力挑战剥夺个人从这些系统获益的权利。西安康明斯历来倡议为边缘化个体提供教育和经济机会，寻求为生活在社会边缘的社区提供克服命运壁垒的工具和方式。

解决不同社区未满足的教育和经济需求时，西安康明斯寻求提供雇员参与和社区志愿服务的机会，通过与现有机构建立长期的合作伙伴关系。典型项目包括关注社区残障人士，关注社区老年人，关注智障儿童等相关项目。

（三）环境绩效

环境责任是西安康明斯履行企业社会责任的重中之重。一个更清洁、更健康以及更安全的环境，是西安康明斯承诺可持续性和公司责任的主要组成部分。

1. 绿色经营

西安康明斯在促进创建当今和未来的安全、可持续环境中发挥重要作用。西安康明斯积极参与协助政府制定严格但可行标准，降低柴油机的氮氧化物及颗粒物排放，生产经营的标准符合或超过公司业务所在地法律法规，确保做的每一件事都有助于形成一个更清洁、更健康和更安全的环境。西安康明斯致力于减少工作场所带来的伤害、降低设备排放和废弃物、节省自然资源以及开发更清洁、更节能高效的产品，并在该领域投入大量专业技术与经验。典型项目包括社区环保理念宣传，大学环保公开课等。

2. 绿色工厂

西安康明斯致力于降低设备排放和废弃物、节省自然资源。每年通过公司的发动机再制造业务和新零件设计，降低或循环利用 4800 多万吨材料。

在日常经营中，西安康明斯注意从点滴小事做起。西安康明斯工厂将节能理念及所实施的节能项目进一步融入每一位员工的工作及生活中，把节能工作贯穿于公司生产经营活动的各个方面。比如，中午用餐时间适当关闭照明，垃圾分类处理，利用雨水、中水灌溉、喷洒等。

3. 绿色产品

长期以来，西安康明斯通过研发技术与产品，减少对环境的影响，展示其致力于环保的形象。采用高效节能、绿色环保的柴油发动机已经成为国际汽车工业发展的主流趋势之一，而中国政府近年来加快推进"节能减排"工作，这给绿色柴油发动机提供了更广阔的市场空间，康明斯正是从这个角度来投产的。

西安康明斯的技术创新在使客户获得更佳燃油经济性的同时也降低了二氧化碳排放。正是由于对环境友好型技术的不懈追求，康明斯与客户和最终用户一道在温室气体减排方面收效显著。

三、企业社会责任管理

西安康明斯认为企业社会责任是企业文化的必要组成部分，是公司不可或缺的部分，需要每位员工积极践行。公司每年都会进行企业社会责任的推动，并为公司制定年度企业社会责任活动参与指标。公司设立企业社会责任具体负责人，定期组织企业社会责任活动和项目的开展。

四、总结与展望

西安康明斯作为康明斯 ISM 系列 11 升全电控重型柴油发动机在北美外的唯一全球化生产基地，扎根陕西省，为区域经济发展做出贡献的同时也为当地带来欧美科学的管理思想与先进的企业社会责任理念。

从西安康明斯的案例可以看出，伴随着经济全球化以及我国的改革开放，外资企业的进入不仅为我国带来先进的技术，促进了经济发展，同时也带来企业社会责任的先进理念，外资企业在全球化经营的过程中因地制宜地履行企业社会责任是推动区域可持续发展的重要力量。

第六节 三星（中国）半导体有限公司：
打造环美、人美、产美的绿色工厂

一、企业概况

三星电子是世界一流的电子公司，在 2014 年的《财富》世界 500 强排名 13 位。在全球 79 个国家拥有 217 个分支机构，全球员工总数 27 万人。三星电子半导体存储芯片事业部，具有领先世界的最新先进研发与制造 DRAM、FLASH 等半导体存储芯片技术能力，并一直引领该行业的研发与生产。

三星（中国）半导体有限公司（以下简称"三星（中国）半导体"）是三星电子株式会社投资的全资子公司，投资金额 75 亿美元，是改革开放以来我国单笔投资最大的外商项目，将成为在半导体存储芯片领域非常重要的基地。公司于2012 年 9 月开工建设，于 2014 年 5 月正式竣工。公司采用最领先的半导体技术，生产世界先进水平的 10 纳米级的 Nand Flash 存储芯片。三星（中国）半导体的正式生产标志着三星成功构建了由韩国（系统和闪存半导体）、中国（存储半导体）以及美国（系统半导体）共同构成的"全球半导体三大生产基地体系"。

三星（中国）半导体秉承"十全十美"的经营方针，力求打造"环美"、"人美"、"产美"的绿色半导体生产工厂，为西安本地的经济发展及环境保护事业做出贡献。

二、企业社会责任实践

通过对三星（中国）半导体的访谈，课题组发现其企业社会责任实践可以分为市场绩效、社会绩效、环境绩效三个部分。

（一）市场绩效

1. 产品质量管理

产品质量不仅反映企业的素质，也是经营哲学和企业文化的一种体现。

在提高产品的质量上，三星从以下三个方面着手：一是坚持顾客满意的导向，只有顾客满意，质量才有价值，公司才能获得收益；二是立足长远的产品与技术开发，以技术领先保障产品质量；三是倡导文化营销，成功的市场营销不仅销售具体的产品，还将那些对顾客有吸引力的企业文化与颇具魅力的设计融合在了一起。

2. 客户服务

三星有着规范的客户服务制度，形成了有效的投诉管理机制。公司设立了专门负责管理客户服务制度部门，根据每个产品独有的特性，分别制定售后政策进行管理；同时在三星内部设立了投诉处理部门。公司有专业团队会遵照国家相关法律法规，并结合公司内部的服务政策，以实事求是、公平合理、及时处理为原则，站在顾客的立场处理问题，最大限度地满足客户的正当需要。

目前三星还建立了状况管理体系、风险预警管理系统等。通过实时状况管理，降低长期未决件的发生、缩短维修 TAT，提高顾客满意度；通过风险预警管理系统可提前预防和解决顾客不满。

（二）社会绩效

1. 政府责任

（1）响应国家政策及带动就业

三星密切关注中国的政策动向，积极调整业务方向，响应国家的政策。为了积极响应国家政策，带动就业，以更长远的眼光，把更多技术含量高的项目投向中西部地区，生产更加贴近市场需求的产品，共享发展机遇。

2012 年，中国改革开放以来国内电子信息行业最大外商投资项目——三星电子投资 300 亿美元的存储芯片项目正式落户西安高新区，伴随着三星（中国）半导体入驻西安，配套企业纷至沓来。截至目前已有美国空气化工、日本住友、韩国东进世美肯、住化电子等 60 家配套企业在高新区落户，有 15 家已经落户高新综保区，另有 45 家在综保区外设立独立法人或办事机构。预计今后将带动 160 多家配套企业相继入驻，直接或间接增加万余就业岗位。

（2）陕西省 CSR 示范区

2013 年 9 月，在三星西安半导体项目开工一周年之际，三星中国本社与陕西省政府签订了"社会责任示范区"合作项目。

中国三星认为自己应该从过去的投资局限在厂房建设、提供就业岗位、扩大税收、配套产业入驻等经济层面的传统模式中跳出来，通过向地区社会普及企业社会责任理念、创造共同参与的平台等措施，寻找一条崭新的经济投资与社会责任齐头并进的发展之路。三星希望通过与陕西省政府的合作，使作为三星最尖端的半导体工厂和研究所等重点投资区域的陕西省在 CSR 领域也能成为一个模范典型。中国三星承诺在未来五年之内，通过多种多样的社会公益活动，促进陕西省的经济与社会公益事业的共同发展。在原有的 CSR 活动基础上，在陕西省内推行教育、社会福利、环境保护、灾害救助、农村支援，人才培训等新型公益项目，为陕西省成为 CSR 活动最活跃的省份助一臂之力。

三星中国本社的这些项目，三星（中国）半导体都积极地进行了推进。

（3）诚信经营和公平竞争

三星一直以诚信守法、正道经营来要求自己。不仅遵守当地法律规定，而且把这种概念贯彻执行到公司运营和每一个员工的日常工作中。在中国，除了遵守相应的法律规定外，还根据中国国情和市场的需要，调整经营模式、遵守公序良俗。三星依据法律和商业道德与国内外企业开展公平竞争，以合法为基础、效益为目标、利民为宗旨，维持积极、健康的商业关系。

2. 社区责任

（1）教育支援

2013 年开始实施的"三星梦想课堂"公益活动，由最初 3 个省，扩展到 27 个省的 66 所三星希望小学，学生人数达到 1086 名。

2014 年 8 月 10 日该活动在西安拉开帷幕，共有来自陕西、四川、重庆等省市 10 所希望小学的 200 多名小学生汇集西安交通大学，开启了为期两周的游学之旅。公司领导三星地区总负责人金兴植专务出席了开班仪式，并邀请学生们参观公司芯片展馆，随后公司相关部门也组织数百名员工和学生们一起去楼观台珍稀动物保护馆进行游戏环节和捡垃圾活动。活动后，员工亲手为学生们发放了由公司购买的礼品，并赠送了个人的书籍及其他文具。

自 2012 年起，公司连续三年为协议高校——西北工业大学的优秀学生发放奖学金，2014 年已经为 10 名半导体相关专业的优秀学生发放了奖学金。

（2）贫困援助

2013 年，公司开始对户县渭丰镇新安村进行"一村一社"贫困援助项目，主要集中在对基础设施建设和村容美化方面提供支援，购置清洁设施（塑料、弹盖、环卫三轮车、果皮箱等）、健身设施及办公桌椅。

2014 年 1 月至今，公司通过修筑花池、村墙体美化、自卸垃圾车购买、医疗室，医疗器械配备和聘请专家进行农作物栽培等专业知识讲座等方式，进行了多方面的援助。多次组织员工到该村进行植树、瓜果蔬菜采摘等活动，并将部分由员工亲手采摘的西瓜以不低于市场价格购买，作为公司午餐的餐后甜点，使 CSR 更加具体生动地落到实处。

（3）残疾儿童救助

2014 年 9 月 16 日，中国三星"让爱有声"听障儿童康复项目救助卡发放仪式在西安举行。该项目已持续进行三年，每年为 100 名贫困听障儿童捐助 1.4 万元作为康复训练经费，帮助他们恢复听说能力，早日走出无声世界。

（4）公益赞助

2013 年，公司作为独家冠名商不仅赞助了马拉松赛，还赞助了比赛计时器，组织员工参与比赛，并组织志愿者清理城墙垃圾，保护古城风貌。

2014 年 11 月 1 日，公司作为全球合作伙伴为城墙马拉松赛提供赞助，并组织员工参与比赛，组织志愿者进行赛事援助、垃圾清理等活动。

2014 年 5 月 23 日，公司赞助主题为"扩大开放合作，促进共同发展"的"中国东西部合作与投资贸易洽谈会"，为大会的顺利举办添砖加瓦。

（5）带动地方经济

三星电子高端存储芯片项目作为当前全球生产技术水平最高的集成电路项目，用以生产目前世界上最为先进的 10 纳米级闪存芯片，生产线的建成投产让西安高新区一跃成为国内乃至世界上最先进的高端闪存芯片生产基地。

随着三星半导体及相关配套项目的相继落户和投产，西安高新区将很快形成一个规模过千亿元的半导体产业集群，到 2015 年，新一代信息技术产业规模达到 3000 亿元，成为中国信息产业第三极；到 2020 年，产业规模达到 6000 亿元，成为中国第一大信息产业基地、世界领先的新一代信息技术产业高地。这对促进陕西乃至中国西部地区产业结构调整升级，加快西安国际化大都市建设和高新区建设世界一流科技园区具有十分重要的意义，也将对中韩两国经贸发展产生深远的影响。

3. 员工责任

（1）保障员工基本权益

"人才第一"是三星经营理念的出发点。在世界贸易整合和日益激烈的市场竞争中，企业越来越认识到人才是获取胜利的最根本的资源。三星积极为员工们提供能够充分发挥能力的空间和机会，让他们实现理想和抱负。以"企业就是人"的信念为基础，重视人才，使其尽情发挥能力，成为公司与社会发展的原动力。确保这一理念得以实施的基础就是"公正人事制度"。

（2）员工培训

在提高员工的质量方面，即员工素质的提升上，三星加大了培训和教育的力度。三星强调如果不能保证人的质量，其他像产品的质量、服务的质量、工作的质量等也就不能得到很好的保证。

员工培训对于三星来说，是工作中不可或缺的部分，无论工作多忙，资金多么紧张，都要排除各种困难和障碍来保证培训计划的落实。三星对员工进行培训的目的之一就是能让员工更好地完成工作，在提升员工能力和素质的同时，也能为公司的发展作出应有的贡献，这也正好体现了企业和员工是合作伙伴的关系。

（3）职业发展通道

在职业发展通道方面，提供有关职业发展的各种信息、教育培训机会、任职机会时，都应当公开其条件标准，保持高度的透明度。这是组织成员的人格受到尊重的体现，是维护管理人员整体积极性的保证。在"未来职位"的供给方面，组织除了自身的良好成长加以保证外，还注重员工在成长中所能开拓和创造的岗位。

在实施职业生涯规划的各个环节上，对员工进行全过程的观察、设计、实施和调整，以保证职业生涯规划与管理活动的持续性，使其效果得到保证。

（4）民主管理

民主管理是现代企业管理的重要内容，其根本目的是通过职工对企业改革、发展、决策和生产经营的参与，提升整个企业的管理水平和职工的素质，规范和协调企业的劳企关系，调动劳动者和经营者的积极性，保持企业持续稳定的发展。

三星在完善工会及员工代表制度和现代企业制度的条件下，以工会及员工代表为基本形式的企业民主管理工作，实现科学决策并推进企业发展。

（5）创造幸福员工

实现"Work Smart"是三星要追求的组织文化，通过平衡工作和生活，从而实现组织的成长发展，让员工感受到作为三星人的快乐和幸福。

每年在全国范围开展的三星杯足球大赛、心连心合唱大赛，使员工们团结一致、心与心之间传达着三星的情谊和精神。三星摄影大赛使得员工们用镜头记录下幸福家庭和快乐职场里的每个精彩瞬间。

（三）环境绩效

1. 绿色经营

绿色经营理念是尊重人与自然，关注保护人类生活和地球环境，引领可持续发展的社会。2014 年，三星不仅持续推动员工定期清理附近社区的"一山一河"活动，还把接送员工的客车全部更换为环保车。

2. 绿色工厂

在公司内部，从 2014 年 4 月起，由环境安全部门定期组织的"社内安全日"活动。活动当日，会在公司餐厅门口为员工分发洗手液、湿巾、香皂等物品并激励员工填写环保相关的问卷调查。也有每个月的社会公益责任相关议题，倡导办公环境最优，员工素质最优的和谐理念。

3. 绿色生态

2014 年 3 月，公司数百名员工在副总裁申在镐常务的带领下，对公司园区周围和新安村进行了两次植树活动。共栽种树苗两百多棵，使园区和新安村"绿意盎然"。

2014 年第三季度的 GWP（Great Work Place）活动，公司各部门 100 多名员工分次对西安市区及周边地区进行了环境美化活动。不仅在钟楼、文艺路等人员密集的市中心地带进行了路面垃圾清理、公交车站站牌小广告铲除、公用垃圾桶清洗等活动，还在西安周边郊区地带也进行了捡垃圾的活动。同时，公司还组织新人在秦岭山脚下进行了捡垃圾活动，真正做到了还市区"一份美丽"，还大自然"一片绿色"。

三、企业社会责任管理

三星（中国）半导体秉承三星集团的"以人才和技术为基础，创造出最佳产品和服务，贡献于人类社会"的经营理念，以"做中国人民喜爱的企业，贡献于中国社会的企业"为发展目标，制定了五大经营原则：遵守法律和伦理；保持组织的清廉；尊重客户、股东和员工；重视环境、安全、健康；履行全球企业公民的社会责任，并在"人才第一、最高志向、引领变革、正道经营、追求共赢"的核心价值指引下，有序推进社会责任工作。

在社会责任组织体系方面，为了切实做好企业社会责任，三星集团大中华区总裁张元基社长亲自挂帅"中国三星企业社会责任委员会"。

在企业社会责任培训方面，三星（中国）半导体的 CSR 担当专员参加了由中国三星赞助，中国社会科学院举办的"公益大讲堂"培训课程，今后也会更多地组织并号召相关人员参与此类培训。

四、总结与展望

三星（中国）半导体作为法人成立时间较短，在企业社会责任方面还属于"摸着石头过河"阶段，但是公司十分重视企业社会责任方面的建设，自 2012 年 9 月建立至今，在法人内部专门设立了 CSR PART，并由专人担当负责，一直秉承"做中国人民喜爱的企业，贡献于中国社会的企业"这一社会责任理念，积极推进绿色经营和社会公益等各方面的工作。相信三星（中国）半导体会在三星电子株式会社领导下，在三星中国本社的帮助下，会迅速建立起完善的企业社会责任体系。

三星（中国）半导体的案例显示出外资企业来华投资，带动本地经济发展的同时，也带来了先进的企业社会责任理念与管理模式，值得本土企业借鉴学习。

子报告3 国内外政府推动企业社会责任的经验借鉴

企业社会责任运动兴起于欧美发达国家，政府在此过程中起着积极的推动作用。近年来，随着中国企业社会责任运动的兴起，中央政府、地方政府也采取各项举措，推动企业社会责任发展。

第一节 国外政府推动企业社会责任举措

一、欧盟推动企业社会责任举措

作为经济联合体，欧盟在推进社会责任方面的举措与具体国家有着不同的特征。由于欧盟对各国缺乏强制力工具，且欧盟各国内部存在着较大的差异，因此，欧盟仅在原则性问题上对各国进行约束，在许多领域也只形成指导性的纲要原则，很难有具体实施细则，注重对各成员国企业的引导性规制和自律性规制。

2001 年，欧盟委员会向欧洲议会提交了题为"欧洲关于企业社会责任的基本条件"的《欧洲企业社会责任框架绿皮书》，并把企业社会责任界定为"公司基于自愿把对社会和环境的关心整合到公司的经营中，整合到公司与其利益相关方的互动中"。2001 年底，欧盟委员会于建议各成员国政府，以欧洲生态标签作为商品在环保方面的采购标准，鼓励采购那些努力减少环境影响的产品。[①] 此外，欧盟委员会开始评价企业在社会、环保方面的行动与措施，包括社会责任报告书、

---

① 任荣明，朱晓明. 企业社会责任多视角透视. 北京大学出版社，2009.

社会生态、劳动保护以及对社会责任的投资等。欧盟在企业社会责任领域里提出了环境保护、劳动保护、人权以及与地区间的关系。

2002 年 10 月，欧盟委员会建立了由社会各阶层代表参加的"多方社会论坛"，在欧洲范围内建立了社会责任的对话和信息交流机制，提出了一些切实的落实方案和措施。2006 年 3 月，欧盟在布鲁塞尔发起"欧洲企业社会责任联盟"，把企业社会责任作为改善欧洲竞争力的"双赢商机"，德国、英国、意大利、瑞典、法国等国都制定了实施企业社会责任的行动计划。欧盟还通过发布企业社会责任政策声明，把企业社会责任列入经济增长和就业发展战略的核心，作为营造友好的欧洲商业环境的重要组成部分。声明表示，欧盟委员会将进一步关注企业社会责任领域，承诺与其他政府合作，密切关注和推进企业社会责任国际指引，如联合国《全球契约》、《OECD 跨国公司指引》、国际劳工组织《关于跨国公司和社会政策的三方原则宣言》等。此外，欧洲议会也就规范欧洲跨国公司在发展中国家业务活动的社会标准、实行企业环保和社会行为报告制度的可行性进行了磋商。①

二、英国推动企业社会责任举措

1. 完善法规，明确社会责任要求

英国政府早在 20 世纪 80 年代，就通过成文法规定企业社会责任问题。1973年英国政府以公司法改革白皮书方式提出："在保证公司成为良好法人的基础上，要把社会责任作为公司决策过程中的一项重要内容"。② 1985 年《英国公司法》第309 条规定，董事会考虑的问题应包括公司全体职工的权益以及其他成员的权益。此外，《城市法典》总则关于收购与兼并事项的第 9 条规定："在董事向股东提供建议时，董事应考虑股东的整体利益和公司雇员及债权人的利益。"这些规定，为公司履行社会责任，尤其是对雇员的责任提供了最基本的依据。③ 2005 年 3月，英国政府公布了《公司法改革白皮书》，提出了全面改革公司制度以适应现

① 罗殿军，李季. 发达国家对企业履行社会责任的影响因素分析——以美国和欧洲为例. 上海经济研究，2007（8）：100-104.
② 国家工商局赴德国、英国考察报团. 德国、英国企业登记管理制度考察. 工商行政管理，2005（9）：40.
③ 卢代富. 企业社会责任的经济学与法学分析. 法律出版社，2002.

代企业的需要的政府意见。公司法改革指导委员会的建议指出,公司法的最终目标应在原则上成为追寻普遍繁荣和福利的最佳载体,该价值观在法案中被称作"文明的股东价值"(Enlightened Share-holders Value,ESV)。[①]这一概念要求董事在决策时恰当地处理好包括公司与雇员、消费者、供货商以及社区等在内的方方面面的利益关系。

2. 推动社会责任信息披露与交流

1997 年英国国际事务发展部发起"道德贸易新纪元"活动,主要是针对现代商界由于消费者选购物品时往往要考虑其道德行为表现的行为,要求公司声明并展示其运作过程中的道德行为,包括道德水准评定和环境影响分析等,其核心是制定道德责任标准。1998 年,英国政府支持成立了"道德贸易计划",集合商界、劳工和非政府组织,共同讨论公司供应链中工作条件问题的标准和监控方法。2001 年 10 月,原英国首相布莱尔要求所有业绩突出的公司公布环境报告。

2000 年 3 月英国政府就设立了专门负责企业社会责任工作的"企业社会责任大臣",2005 年,又将其职位提升到国务大臣的级别。英国政府多次支持承办关于企业社会责任的研讨会议及论坛,政府官员也经常发表演讲,谈论企业社会责任。2000 年 7 月,为协助英国企业提高和落实企业社会责任的能力,英国政府建立了一个政府企业社会责任网站(http://ww.csr.org.uk)。网站所公示的信息表明,英国政府在企业社会责任运动中的主要作用是提高公众意识、提供指导、推动英国和国际实践准则调查;促进社会和环境报告和标签框架的建立。

3. 开展社会责任教育与评估

英国设立政府全球机遇基金(GOF),在世界各地资助推动企业社会责任的活动。2000 年 7 月,为了协助英国企业提高落实企业社会责任的能力,提升竞争力,并强化英国在推动企业社会责任的世界领导力,英国政府建立了一家企业社会责任商学院(CSR Academy),其主要功能是提供教育与发展的信息资源,以协助企业把企业社会责任落实到日常的营运之中。

为衡量企业管理绩效,政府还于 2002 年建立了公司责任指数,旨在支持公司改善其对社会和环境的影响。该指数使企业能够明白如何在管理社区活动、

---

① 徐克.英国公司法改革.经济导刊,2005(1-2):74.

环境保护、销售市场和工作场所四个关键领域把战略转变成负责任行为的情况。

4. 强化责任投资

1998 年，英国政府国际发展部组织建立了商业合作部，以便与社会责任投资公司建立伙伴关系，推动社会责任投资的发展。2000 年，英国议会对 1995 年的养老金法案进行修正，对相关基金有关道德、社会和环境事务的报告事宜进行了规定。同年，英国政府要求投资公司透露他们在投资决策过程中如何考虑社会、环境及道德因素，于是基金会就要求他们投资的企业提供更多的信息，从而使多数企业公开他们关于社会及环境政策执行的信息。

2002 年，英国伦敦证券交易所推出的著名的"FTSE4GOOD"道德指数，旨在提倡和促进道德投资，各企业在"FTSE"上列出自己信息一览表，提交有关社会、环境以及利润等报表，促进更多投资者倾向于选择有社会责任感的企业。

5. 制定社会责任战略规划

2001 年 3 月，英国首次公布了《企业社会责任政府报告》，提出了政府推进企业社会责任工作计划，包括推动企业履行社会责任、扩大企业社会责任在商业中的范围，尤其是国有企业的范围，促进企业社会责任国际化，并通过政府协调企业社会政策。

2004 年，英国政府贸易与工业部草拟了《企业社会责任国际策略架构草案》的政策文件，阐述了推动企业社会责任的策略及措施。这份文件展示了布莱尔政府推动企业社会责任的目标：英国企业界能对经营所带来的经济、社会及环境的冲击负责，并利用其专长在经营地——当地的、地域性的及全球性的领域——响应重要的可持续发展的挑战。在具体推行方面，该文件建议先在政府各个部门大力推动企业社会责任的实施，保证各部门的整体性企业社会责任政策及活动中都能充分反映国际层面相关因素的考虑；利用各方面的联系——公司、非政府组织及其他的机构网络，协助达成企业社会责任的目标。同时，透过与国际组织目前正在推动的企业社会责任活动（包括联合国全球盟约、OECD 多国企业指导纲领、国际劳工组织的工作、欧盟的相关组织、联合国可持续发展委员会等推行的活动）结合，推动企业社会责任的落实。另外，英国政府为承担社会责任的企业提供可行性的指导，使企业以及更大范围的社会受益；通过在投资、创新等方面提供必要的政策支持和经济激励，为企业承担社会责任提供有弹性的架构。

三、瑞典推动企业社会责任举措

受到不同部门密切合作传统的影响，瑞典社会责任推进部门数量较多，部门间分工合作程度较高。其中，外交部（MFA）、瑞典国际发展合作署（SIDA）、瑞典经济与区域发展局（NUTEK）、瑞典消费者管理局（SCA）等都是瑞典政府推行社会责任的主要推进机构。瑞典国际发展机构制定了明确的企业社会责任策略，企业社会责任也融入了其他政策中，如关于可持续发展和全民所有制等方面。在这一背景下，尽管政府内部没有明晰的企业社会责任公共政策分工，各部门合作协调程度却很高。[1]

在瑞典，企业社会责任通常被认为是企业获得竞争力的主要途径，企业的社会责任活动主要是为了提高国际竞争力。政府很少通过立法来对企业的社会责任问题进行强制规定。因此，更多情况下，瑞典政府更倾向于通过宣传国际标准信息、提供财政援助（如向全球契约组织）、政府采购条件等活动强化企业社会责任。但是，在许多原则性问题上，瑞典政府还是通过必要的立法推动企业社会责任发展。2003 年 7 月 1 日瑞典施行了一项新的法律，企业据此须在年度报告中包含由于员工生病导致缺勤的数字；2005 年，瑞典议会要求所有瑞典企业在年终报表中除了包括财务数据外，还要包括企业在持续性发展方面的报告，包括企业在环境保护、资源利用方面所做的努力和取得的成果；根据 2000 年生效的公共养老金法案，国家养老金在制定年度业务计划，包括投资活动的原则时，应将环境和伦理方面的因素予以考虑。[2] 但是，无论如何，宣传倡导、鼓励引导还是瑞典推进社会责任的主要手段。2002 年 3 月，瑞典首相与外交部长、工业就业和交通部长共同提出"可持续发展全球责任伙伴计划"，发起了"全球责任，瑞典伙伴"活动，在瑞典外交部成立了"可持续发展全球责任伙伴"计划办公室，鼓励瑞典企业在全球倡导人权、反腐败和环保，目的是促进经合组织"跨国企业指南"和联合国"全球契约"的原则在瑞典的实施。[3]

瑞典政府注重借助国有企业推行社会责任。瑞典共有 52 家国有和国有控股

---

① 德国国际合作机构（GIZ）. 企业社会责任导航：非洲、美洲、亚洲和欧洲的国家政策，2007.

② 中华纺织网：瑞典企业社会责任调研报告，下载地址：http://www.texindex.com.cn/Articles/2008-5-6/141959.html，下载时间：2009-11-26。

③ 刘兰素. 瑞典政府积极引导企业履行社会责任. WTO 导刊，2008（10）：70-71.

企业，这些企业分为完全在市场环境下运行的企业和承担满足社会特殊需要责任的企业两类。瑞典政府要求国有企业就开展瑞典全球责任伙伴的情况向政府汇报。首先是要求企业增加透明度，其次是要求企业按照可持续发展原则履行相应的社会责任和义务。例如在性别平等方面，2000 年政府提出，到 2003 年国有企业董事会女性成员至少占全部董事的 40%。2005 年国企董事会妇女所占比例已达 47%，而同期上市公司董事会中平均仅有 18% 是女性。政府对国有企业的这些要求，不仅将国有企业完全置于公众的监督之下，而且也对其他企业起到了很好的示范作用。① 瑞典政府还通过资金支持，鼓励企业履行社会责任。如瑞典国际发展合作署（SIDA），将对外援助项目与企业社会责任挂钩，积极支持企业社会责任的研究项目，积极开展对企业环保、人权、反腐败、防艾滋病扩散、性别平等的培训。

瑞典政府积极参与国际社会责任推进与交流。从 2002 年开始，瑞典积极开展联合国全球契约的有关工作，协助瑞典企业成为企业社会责任"大使"，推广人权，劳工标准，反对腐败，保护环境，以此加强瑞典企业的全球竞争力。同时，瑞典政府通过驻外机构，积极推广企业社会责任，近两年，瑞典驻华使馆与我国有关机构联合举办了多次"企业社会责任"研讨会；2006 年 6 月，瑞典外交部邀请我国有关部门和机构就企业社会责任到瑞典进行考察和研讨；2007 年 5 月，瑞典驻越南使馆与越南工商会联合举办"企业社会责任对工会的重要性"研讨会，介绍瑞典开展企业社会责任的经验，与越南工会人员就有关问题展开讨论。瑞典政府通过一系列的宣传和活动，在国际上树立了瑞典企业履行社会责任的良好形象。

在瑞典，企业社会责任已经成为一种增强经济的国际竞争力的工具。瑞典积极参与全球政治和经济活动，努力争取成为坚持企业社会责任国际标准的中流砥柱，从而增强其作为标准化大国的国际声誉。

四、美国推动企业社会责任举措

美国是企业社会责任的起源地，受到"自由经济"思潮的影响，美国政府不干涉企业自身开展社会责任的方向与内容，但是却侧重法律监督，积极为企业实

---

① 刘兰素. 瑞典政府积极引导企业履行社会责任. WTO 导刊, 2008（10）: 70-71.

践社会责任提供法律保障，并建立有十分完善的企业法律体系。

20世纪30年代以前企业社会责任理论开始孕育。由于承袭了英国的法律，越权原则也对企业社会责任的合法性构成了挑战。20世纪初的美国，一方面，按照越权原则的严格解释，只要为特定行为（包括社会责任行为）的权利未通过章程明文授予，即使再有利可图，企业实施也属越权；另一方面，企业只为股东谋利的传统经济思想被各判例所强调，从而使企业社会责任的合法性大打折扣。20世纪30年代以后，随着越权原则和利益原则的放宽适用，以及司法中企业社会责任获得支持的理由的增加，企业社会责任的法律根基较以往任何时候都更为牢固。而且，鼓励或许可企业履行社会责任的制定法以前所未有的速度迅速增加。1936年，与司法界对企业社会责任的日益接受相呼应，国会修改《国内税收法典》，明确规定公司慈善、科学、教育等方面的捐赠可予扣减所得税，扣减数额最高可达公司应纳税收的5%，为企业社会责任的落实提供了利益上的法律激励机制。[①]

公司法也在朝着有利于企业社会责任的方向发展，早在1917年，得克萨斯州便率先在其公司法中明文赋予公司以进行慈善捐赠的权力。自此以后，其他各州亦逐步效法。20世纪80年代，美国29个州相继修改了公司法，要求经营者对各利益相关方负责，而不仅仅是对股东负责。21世纪初，在安然等企业丑闻事件后，美国政府又颁布了一系列严肃公司道德准则的法案，加大了对忽视社会责任、侵害相关利益者的企业的处罚力度。美国政府已经形成了包含公司法律、保护利益相关方的法律和社会法律在内的比较完善的企业法律体系，在《公司法典》、《商业公司法》、《反歧视公约》、《同工同酬公约》、《最恶劣形式的童工公约》、《经济、社会和文化权利公约》、《公司权利和政治权利公约》等诸多法律中对企业社会责任的不同方面给出了具体规定。最新的企业社会责任促进可能来自新的奥巴马政府，尤其是重点关注在气候变化监管和2009年经济刺激计划中推动环保工作。[②]

激励措施也是联邦政府推动企业社会责任的有效工具，尤其是税收激励措施。比如，政府利用税收优惠政策，鼓励企业采用更加环保的技术或从事相关研

---

① 卢代富. 企业社会责任的经济学与法学分析. 法律出版社，2002.

② Dirk, M. & Wayne, V. (Eds.). The A to Z of Corporate Social Responsibility. Hoboken: John Wiley & Sons Ltd.

究；政府也通过负税收支出为雇主提供一些间接的企业社会责任激励措施，比如企业的养老金计划。此外，投融资贷款激励措施也是有效的工具之一。为投资于新兴市场和发展中国家的美国企业提供长期融资和政治风险保险的政府机构海外私人投资公司（OPIC）是美国政府推进海外社会责任的主要实体之一，所有受益的企业必须要遵守企业社会责任标准，比如所在国的发展影响、环境保护、国际劳工权利和人权。重要的是，这些要求还被写入了合同中。企业荣誉颁发措施也是美国政府推进社会责任的一项重要激励举措，美国国务院设置的卓越企业奖就是这一举措的最好例证。[①]

但是一直以来，在全国范围层面上，美国联邦政府对于企业社会责任公共政策没有一个统一连贯的策略，联邦政府并未设立企业社会责任的明确联络人或协调处，也没有制定明确的企业社会责任战略。美国联邦政府在全国范围内只进行过不成体系的一些举措，如强制要求企业对特定的问题进行报告，这些举措直接或间接地推动了企业社会责任发展。

州政府是推进企业社会责任的主要力量，与联邦政府的消极作用形成鲜明对比。1983 年底，美国宾夕法尼亚州首次以制定法律的方式，授权但不要求公司董事在决策时考虑股东以外的团体的利益，属于许可型的立法。从那时起，各州纷纷仿效，截至 1990 年，总计有 25 个州订立了类似的法律。在这些州的立法中，基本都是采用的许可型立法，即允许董事考虑非股东的利益。2006 年，加州州长阿诺德·施瓦辛格与英国首相托尼·布莱尔签署了一份协议，以应对气候变化问题和促进能源多样化（CCCP 2006）。各州之间也开展了广泛的合作。此后，加利福尼亚州、俄勒冈州、华盛顿州、亚利桑那州和新墨西哥州联合启动了西部地区气候行动倡议（WRCAI），以实施联合战略，减少温室气体的排放（CCCP 2007）。犹他州和加拿大的不列颠哥伦比亚省随后加入，将西部地区气候行动倡议转变为一个国际合作项目。因此，有些州制定了强有力的企业社会责任相关政策，这些政策主要涉及环境问题领域。加利福尼亚州公职人员退休制度（CalPERS）在对社会责任投资（SRI）方面起到了积极的作用，奠定了加州在美国的环境、卫生保健和其他企业社会责任相关领域中的领导地位。

在美国政府的支持下，NGO 也成为推动企业社会责任的主要力量。比如，

---

① 德国国际合作机构（GIZ）. 企业社会责任导航：非洲、美洲、亚洲和欧洲的国家政策，2007.

美国商会的一个下属机构商业公民领导中心（BCLC）的目的是促进企业界和全社会的融洽关系。该组织还通过评奖计划，比如企业公民责任奖，来促进企业社会责任的传播。许多提倡企业社会责任的商界参与者都加入了商业社会责任（BSR）。长期以来，美国联邦政府十分重视与非政府组织合作，共同推动企业社会责任。2001年，美国国际发展局（USAID）创建了全球发展联盟（GDA），这个联盟是由企业、非营利性组织和政府部门组成的全球合作。自从创建以来，全球发展联盟快速发展，现在参与了数百项合作计划，支持了许多发展中国家的经济发展、健康、教育、环境保护和冲突的解决。

第二节　我国中央政府推动企业社会责任举措

自2006年以来，《公司法》、《劳动合同法》、《社会保险法》等一系列企业社会责任相关法律相继出台，中国领导人也先后多次在重要场合强调企业社会责任的重要性，相关中央政府部委也采取主动，在他们的责任范围内推广企业社会责任。

一、党和国家领导人

2006年3月，国务院总理温家宝在评价国家电网公司的社会责任报告时批示："这件事办得好。企业要向社会负责，并自觉接受社会监督。"在2007年中央经济工作会议上，胡锦涛总书记提出"引导企业树立现代经营理念，切实承担起社会责任"的要求。2007年初，在胡锦涛主席对非洲八国进行的国事访问过程中，在纳米比亚出席中国驻非洲国家中资企业代表座谈会上讲话强调了我国企业在对外经济合作领域履行社会责任的态度。在2008年11月22日召开的亚太经合组织第16次领导人非正式会议上，国家主席胡锦涛说，各国政府应该加强引导和监督，通过制定和完善法律，为企业自主履行社会责任创造良好环境。

2011年3月5日，温家宝总理在《政府工作报告》中指出，要引导企业以品牌、标准、服务和效益为重点，健全质量体系，强化社会责任。2011年4月14日，温家宝总理在同国务院参事座谈时说，相继发生的"毒奶粉"、"瘦肉精"、"地沟油"、"彩色馒头"等食品安全事件足以表明，诚信的缺失、道德的滑坡已经到了何等严重的地步。温总理强调要在全社会大力加强道德文化建设，形成讲诚信、讲责任、讲良心的强大舆论氛围。

随着中资企业"走出去"的步伐加快，国家领导人越来越注重海外社会责任。2013年3月19日，在参加金砖国家领导人第五次会晤前夕，国家主席习近平对媒体表示："随着国力不断增强，中国将在力所能及范围内承担更多国际责任和义务，为人类和平与发展作出更大贡献。"2013年3月28日，国家主席习近平在南非德班参加非洲国家领导人早餐会时提出："中国政府将积极采取措施，鼓励中国企业扩大对非投资，继续要求中国企业积极履行社会责任"。

二、国务院国资委推进央企履行社会责任的举措

2006年以来，国务院国资委全面推动中央企业社会责任工作，取得了显著成效。

（一）明确推进机构

为了更好地推进企业社会责任工作，国资委已明确将企业社会责任的推进协调责任分配给国资委研究局，将研究局作为企业社会责任的推进机构。此外，国资委决定拟成立由国资委主任李荣融为主席，国资委副主任黄淑和为执行主席，由研究局带动的全委参与的社会责任推进委员会。

（二）开展社会责任研究培训

2007年，国资委研究局启动对中央企业履行社会责任问题的系统研究，同年底，研究成果《中央企业社会责任研究》通过评审，以此为基础，形成了2008年一号文《关于中央企业履行社会责任的指导意见》。2010年，国资委委托中国社科院企业社会责任研究中心执行《中央企业社会责任推进机制研究》课题，2011年底，该课题成果《企业社会责任管理研究》通过评审并公开出版。以此为基础，开始研究《中央企业社会责任工作指引》和《中央企业社会责任评价》。

在研究的同时，国资委积极推动专项培训。2008年、2010年连续组织中央企业社会责任工作培训。2012年6月，国务院国资委在河北省廊坊市举办了中央企业社会责任管理提升专题培训班，系统论述企业社会责任管理的主要问题，从企业社会责任理论到实践工作要点，在企业社会责任领域都具有开创性。

（三）推进央企社会责任组织和制度建设

2008年1月，国务院国资委颁布了《关于中央企业履行社会责任的指导意

见》，提出了中央企业履行社会责任的理念、目标、主要内容和措施。这是国资委自成立以来，首次就央企也履行社会责任提出明确指导意见，成为国企乃至中国企业界履行社会责任的里程碑式的指导文件。《意见》从坚持依法经营诚实守信、不断提高持续盈利能力、切实提高产品质量和服务水平、加强资源节约和环境保护、推进自主创新和技术进步、保障生产安全、维护职工合法权益、参与社会公益事业八个方面明晰了中央企业履行社会责任的主要内容。

2011 年 11 月，《中央企业"十二五"和谐发展战略实施纲要》（以下简称《纲要》）的制定也为确保中央企业社会责任工作的推进打下制度基础。《纲要》全面分析了央企社会责任的现状并从国际、国内两方面分析发展形势，又进一步明确了该发展战略的指导思想和主要目标，大力推进诚信央企、绿色央企、平安央企、活力央企、责任央企的建设。

2012 年 6 月，国资委推动中央企业社会责任管理提升活动，要求中央企业以追求经济、社会和环境的综合价值最大化为目标，通过建立一套管理体系，有效管理企业运营对利益相关方、社会和环境的影响。

（四）推进央企发布社会责任报告

社会责任报告是企业与利益相关方沟通的重要平台。国资委在《关于中央企业履行社会责任的指导意见》中就鼓励中央企业主动发布社会责任报告，在 2009 年中央企业社会责任工作会上，国资委副主任黄淑和明确提出，所有中央企业 3 年以内都要发布社会责任报告。截至 2012 年底，全部中央企业都发布了社会责任报告，与 2006 年仅有 5 家中央企业发布报告相比，进步显著，而且，大部分中央企业报告编写规范、质量较高，得到了社会各界的一致好评。

（五）加大宣传和引导

从 2009 年起，国务院国资委已经连续三年召开中央企业社会责任工作（培训）会议，总结了历年中央企业社会责任工作的成效和经验，评选优秀企业社会责任实践案例。在 2011 年的工作会议上，对外公布了 2011 年 64 家中央企业的 74 项优秀社会责任实践。2012 年 7 月，国资委组织 20 家中央企业参加了首届深圳慈善展，向社会各界展示了中央企业履行责任，回馈社会的先进事迹。

（六）设立奖项，建立专栏

为进一步激励中央企业更好地履行企业社会责任和发挥中央企业社会责任工作的示范作用，国资委于 2009 年 10 月向全社会公布中央企业优秀社会责任实践，让社会各界对中央企业有一个新的认识。此外，为了加强沟通，国资委还在其官方网站上的"中央企业"栏目下建立了"社会责任"专栏，专门介绍中央企业社会责任的履行情况。[①]

（七）全球责任推广

随着企业社会责任工作的不断深入，国资委已将中央企业全球责任推广纳入推进工作范围。国资委研究局正致力于全球责任的研究和推广，计划完成《中央企业在非洲》的报告。

三、商务部推进外资企业履行社会责任的举措

2009 年 9 月 9 日，商务部在"跨国公司企业社会责任研讨会"上，以征求意见的形式发布了《外资投资企业履行社会责任指导性意见》。

具体推进的举措有：

1. 责任培训

2008 年 4 月 13 日至 18 日，商务部举办"中瑞企业社会责任培训班"。此次培训班是为落实中瑞两国领导人的合作倡议和商务部与瑞典外交部共同签署的《关于企业社会责任合作的谅解备忘录》的具体建议而举办的。[②]

2. 国际交流

2008 年 11 月，商务部和瑞典驻华使馆共同组织企业社会责任考察团，访问了瑞典投资促进署和斯堪尼亚、宜家、利乐、H&M 和华为瑞典公司等，了解瑞典企业社会责任的推进经验。2008 年 11 月 12 日，中瑞双方还在斯德哥尔摩举办了企业社会责任研讨会和圆桌会议。

3. 召开论坛

2009 年 9 月 9 日，商务部外资司主办，中国外商投资协会、商务部研究院跨国公司研究中心承办的"跨国公司企业社会责任研讨会"在厦门召开。

尽管商务部已对外宣布"将坚持企业自愿的原则，进一步推进企业社会责任建设认证工作"，[③] 但是，总体上看，商务部对社会责任的监督工作也主要集中于

---

① 网址：http://www.sasac.gov.cn/n1180/n1226/n2410/n314349/index.html。

② 深圳企业家俱乐部：《商务部中瑞企业社会责任培训班纪实》，下载地址：http://www.esd.gov.cn/news/342/ShowNews.xhtml，下载时间：2009-12-7。

③ 2007 年 7 月，商务部世界贸易组织司司长张向晨表示，中国将继续推动企业社会责任的建设，进一步加强企业社会责任建设认证工作，认证坚持企业自愿的原则，不提倡向企业收费。

责任考察领域。

四、其他中央政府各部门

近年来，中央政府各部门纷纷出台相关政策、规划、指引等促进企业履行社会责任。2009 年，工信部把推进社会责任正式列入其职能。2010 年 5 月，人保部发布《关于深入推进集体合同制度实施彩虹计划的通知》，力争用三年时间在各类已建工会的企业实行集体合同制度，对未建工会的小企业，通过签订区域性、行业性集体合同努力提高覆盖比例。2011 年 9 月，民政部颁布了《中国慈善事业发展指导纲要（2011~2015 年）》。其他一些部门如发改委、环境部、科技部等也积极开展企业社会责任的研究和推广活动。

表 Z3-1　中央政府机构推动企业社会责任的相关政策

中央政府机构	企业社会责任倡议
商务部	2009 年，颁布了《外资投资企业履行社会责任指导性意见》（征求意见稿）
工信部	2009 年，把推进社会责任正式列入其职能；正在电子信息行业和山西和浙江的中小企业中推广企业社会责任
国家标准委	代表中国参加 ISO26000《社会责任指引》的起草，并对该指引投了赞成票
人保部、全总和中企联	2010 年 5 月，联合发布《关于深入推进集体合同制度实施彩虹计划的通知》
中华全国总工会	2011 年 1 月，出台《中华全国总工会 2011~2013 年深入推进工资集体协商工作规划》
民政部	2011 年 7 月，发布《中国慈善事业发展指导纲要 2010~2015》
银监会	2007 年 12 月，发布关于加强银行业金融机构社会责任的意见；2012 年 2 月，发布《绿色信贷指引》
商务部、中央外宣办、外交部、发展改革委、国资委、预防腐败局六个部委局和全国工商联	2012 年 4 月 9 日，下发了《中国境外企业文化建设若干意见》
国务院	2012 年 6 月 1 日，发布《中国可持续发展国家报告》

第三节　我国地方政府推进企业社会责任举措

地方政府的积极参与源于对企业社会责任理念越来越完整和清晰的认识，从 2004 年开始，为提升区域竞争力，实现可持续发展，一些省级政府、地市级政府、经济技术开发区政府开始通过政策引导、建立评估体系、组织培训与会议等推动当地企业负责任的行为。

一、省级地方政府推进企业社会责任的举措

(一) 上海市推进企业社会责任的举措

表 Z3-2 上海市推进企业社会责任的角色及其政策选择一览表

规制者措施	强制性规制	1. 消费者权益保护： 《上海市保护消费者合法权益条例》（1998 年） 《上海市产品质量监督条例》（1998 年） 《上海市空调设备安装使用管理规定》（1995 年） 《上海市食品卫生监督处罚办法》（1989 年） 2. 安全责任： 《上海市电梯安全监察办法》（2004 年） 《上海市工程设备监理管理办法》（1995 年） 《上海市安全生产条例》（2005 年） 《上海市危险化学品安全管理办法》（2006 年） 《上海市安全生产警示实施暂行办法》 《上海市内部安全防范工作的若干规定》 《上海市烟花爆竹安全管理条例》 3. 劳动者权益保护： 《上海市劳动保护监察条例》（1997 年） 4. 环境保护： 《上海市环境保护条例》（1994 年） 《上海市实施〈中华人民共和国大气污染防治法〉办法》（2001 年） 《上海市建筑节能管理办法》（2005 年） 《国家重点监控企业主要大气污染物排放自我监测报告的若干规定》（2007 年） 《上海市黄浦江上游水源保护条例》（1985 年） 《上海市饮食服务业环境污染防治管理办法》（1990 年） 《锅炉大气污染物排放标准》（2008 年）
	自律性规制	1.《上海银行业金融机构企业社会责任指引》（2007 年） 2.《企业社会责任》（2008 年） 3. 促成承担社会责任"上海共识"（2006 年） 4.《上海地区期货公司社会责任工作指引》（2009 年） 5.《上海建筑施工行业企业社会责任导则 （试行)》（2009 年）
	引导性规制	1.《关于进一步做好上海市就业促进工作的通知》（2003 年） 2.《上海市环境保护与生态建设"十一五"规划》（2007 年） 3.《上海市加速淘汰消耗臭氧层物质工作实施方案》（2008 年） 4.《长江三角洲地区环境保护工作合作协议》（2008 年） 5.《关于施工企业履行社会责任的指导意见》（2008 年） 6.《上海银行业金融机构企业社会责任指引》（2007 年） 7.《中国 2010 年上海世博会绿色指南》（2009 年）
推进者措施	责任沟通	1. 上海环保与新能源国际论坛（2003 年） 2. 跨国公司与企业社会责任学术研讨会（2008 年） 3. 科技社团的社会责任国际论坛（2008 年）

续表

推进者措施	责任合作	1. 同美国休斯敦市签署环境合作伙伴协议（2008 年） 2. 与联合国开发计划署等单位启动上海环境友好型城市动议项目（2008 年） 3. 与瑞士资源循环利用协会主办资源循环利用 2009 上海国际论坛（2008 年） 4. 与瑞典驻中国大使馆举办中瑞企业社会责任研讨会（2006 年）
	责任奖项	2007 上海外商投资企业履行社会责任、共建社会和谐交流暨"双优"先进企业表彰会
监督者措施	责任考察	脱硫减排专项核查（2008 年）
	责任认证	企业环境行为等级评价（2009 年）

1. 规制者措施

（1）强制性规制

消费者权益保护。1988 年 12 月 22 日，上海市第九届人民代表大会常务委员会第五次会议通过《上海市保护消费者合法权益条例》，并于 2002 年 10 月 28 日，由上海市第十一届人民代表大会常务委员会第四十四次会议予以修订。1998 年 6 月 24 日，上海市第十一届人民代表大会常务委员会第三次会议通过《上海市产品质量监督条例》，并予以发布。1995 年 4 月 26 日，上海市人民政府发布《上海市空调设备安装使用管理规定》，并于 2007 年 12 月 13 日予以修订，明确了供应商的安装义务等内容，该《规定》已于 2008 年 2 月 1 日起施行。1989 年 11 月 26 日上海市人民政府发布《上海市食品卫生监督处罚办法》，并于 1993 年予以修订。

安全责任。2004 年 5 月 15 日，上海市人民政府令第 22 号发布《上海市电梯安全监察办法》，并于 2004 年 8 月 1 日起施行。1995 年 11 月 30 日上海市人民政府第 20 号令发布《上海市工程设备监理管理办法》，并经 2000 年 5 月 16 日和 2002 年 4 月 1 日两次修订。2005 年 1 月 6 日，上海市第十二届人民代表大会常务委员会第十七次会议通过《上海市安全生产条例》。2006 年 2 月 16 日上海市人民政府令第 56 号发布《上海市危险化学品安全管理办法》，该法已于 2006 年 4 月 1 日起施行。① 此外，上海市政府还发布《上海市安全生产警示实施暂行办法》、《上海市内部安全防范工作的若干规定》和《上海市烟花爆竹安全管理条例》三项法案。

---

① 1982 年 2 月 18 日上海市人民政府发布的《上海市化学危险物品安全管理办法》和 2000 年 7 月 31 日上海市人民政府修订的《上海市化学危险物品生产安全监管办法》均同时废止。

劳动者权益保护。1997 年 8 月 20 日，上海市第十届人民代表大会常务委员会第三十八次会议通过《上海市劳动保护监察条例》，此条例于 2005 年《上海市安全生产条例》公布后予以废止。

环境保护。1994 年 12 月 8 日，上海市环保局发布《上海市环境保护条例》，并于 1997 年 5 月 27 日和 2005 年 10 月 28 日进行两次修订。2001 年 7 月 13 日上海市第十一届人民代表大会常务委员会第二十九次会议通过《上海市实施〈中华人民共和国大气污染防治法〉办法》，并于 2007 年 10 月 10 日上海市第十二届人民代表大会常务委员会第三十九次会议予以修订。2005 年 6 月 13 日上海市人民政府令第 50 号发布《上海市建筑节能管理办法》。2007 年 4 月 19 日，上海市环保局发布《国家重点监控企业主要大气污染物排放自我监测报告的若干规定》，要求上海市 17 家国家重点监控企业按要求对其主要大气污染物排放设施进行自我监测，并每季度上报监测数据，同时明确自我监测项目、监测数据的获取及上报等要求，以及监督和处罚的规定。1985 年 4 月 19 日，上海市第八届人民代表大会常务委员会第 14 次会议通过《上海市黄浦江上游水源保护条例》，并于 1990 年 9 月 28 日修正。此外，上海市政府还发布《上海市饮食服务业环境污染防治管理办法》等地方规章。2008 年 12 月，上海市环保局对本市各锅炉使用企业贯彻落实上海市《锅炉大气污染物排放标准》（DB31/387—2007）提出了要求，要求各企业于 2009 年 1 月 1 日该标准正式实施前达标排放。

（2）自律性规制

随着社会责任逐渐受到社会的关注，上海市政府也开始采取立法手段，积极发挥规制者角色。2007 年 4 月 9 日，上海银监局关于印发《上海银行业金融机构企业社会责任指引》，明确提出企业应履行社会责任，并提出"鼓励银行业机构通过网站渠道，公开披露企业社会责任报告"。

2008 年 11 月 25 日，上海市质监局发文通知（沪质技监标〔2008〕589 号），认定《企业社会责任》正式获通过成为上海市地方标准，编号为 DB31/421—2008，并将于 2009 年 1 月 1 日起实施。本标准也是我国首个企业社会责任方面的省级地方标准。

2006 年 6 月 6 日，首届上海国际地产大会"10＋10 圆桌会议"促成承担社会责任的"上海共识"。"10＋10 圆桌会议"是 2006 上海国际地产大会中的一个国际地产行业高端对话论坛，本次会议主题为"经济全球化下的中国房地产"。

2009 年 6 月，上海市期货同业公会发布《上海地区期货公司社会责任工作指引》，鼓励上海期货经营机构根据《指引》制定社会责任发展规划，明确社会责任目标、定位和行动准则，并倡导上海期货经营机构定期发布年度社会责任报告。此举旨在促进上海期货经营机构强化社会责任意识，主动承担社会责任，促进社会、经济与环境的可持续发展。

2009 年 9 月 1 日，上海市建筑施工行业协会印发《上海建筑施工行业企业社会责任导则（试行)》，并编制《上海建筑施工行业企业社会责任评价标准与自我评价表》。

（3）引导性规制

2000 年，上海开始提出建设以净增就业岗位为重要内容的政府责任体系。通过实施净增就业岗位计划，2000~2003 年，上海实际净增就业岗位达到 35 万个，走出一条在市场经济条件下落实政府促进就业责任的新路。① 2003 年，上海市委下发《关于进一步做好上海市就业促进工作的通知》，积极引导企业参与扩大就业工作。2007 年，上海市环保局发布《上海市环境保护与生态建设"十一五"规划》，提出上海市环境保护工作的工作原则和方针等，成为引导企业履行环境保护责任的重要文件。此外，2008 年 7 月，上海市环保局牵头编制并公布《上海市加速淘汰消耗臭氧层物质工作实施方案（2008~2010 年)》。2008 年 12 月 15日，沪苏浙环保厅（局）长在苏州共同签署了《长江三角洲地区环境保护工作合作协议（2008~2010 年)》。此外，上海市还发布《水环境污染治理规划》等多项引导性规定。2008 年 3 月 6 日，上海市建筑施工行业协会发布《关于施工企业履行社会责任的指导意见》的通知，对建筑企业提出了诸多方面的要求。2007 年 4月，上海银监局近日正式印发《上海银行业金融机构企业社会责任指引》（以下简称《指引》），鼓励和倡导银行业金融机构主动践行市场主体应尽的社会责任，维护股东、员工、金融消费者等利益相关方的合法权益，促进经济、社会与环境的可持续发展。2009 年 6 月 5 日，上海世博会事务协调局与联合国环境规划署联合发布《中国 2010 年上海世博会绿色指南》（以下简称《绿色指南》），该《绿色指南》在相关环保法律法规和技术标准的基础上，提出了主办方所倡导的先进环

---

① 上海劳动保障网站，下载地址：http://www.12333sh.gov.cn/zxxx/detail.jsp?mes_oid=883738，下载时间：2009-12-5。

保理念和要求，鼓励全社会共同努力、身体力行，让 2010 年上海世博会成为一次环境友好的盛会。《绿色指南》的发布，是上海世博会建设过程中的一个重要里程碑，可以说，为上海世博会亮起了一盏绿色指示灯。2008 年 9 月，上海市为促进污染减排，出台了城镇污水处理厂 COD 超量削减补贴政策。

2. 推进者措施

（1）加强责任沟通

2003 年至今，上海市发展和改革委员会和上海市中华环保世纪行宣传活动组织委员会联合举办三届上海环保与新能源国际论坛。2008 年 7 月 4 日，上海社会科学院世界经济研究所召开 "上海社会科学院建院 50 周年系列学术活动——跨国公司与企业社会责任学术研讨会"。此次研讨会围绕 "跨国公司行为与社会责任"、"在华跨国公司的企业社会责任实践"、"跨国公司社会责任中的环境与法律问题"、"跨国公司在华社会责任的再思考" 四个议题展开。2008 年 11 月 6~7 日，上海市科协举办 "科技社团的社会责任" 国际论坛于上海举行。

（2）国际责任合作

2008 年 11 月 18 日，环保局局长张全代表上海市政府同美国休斯敦市签署环境合作伙伴协议。双方表示希望在污染物排放清单的开发、化工企业污染防治、远程红外检测仪器的分享等领域进行交流与合作。2008 年 11 月 25 日上午，上海市环保局召开上海环境友好型城市动议项目启动会，标志着该项目全面进入实施阶段。环境友好型城市动议项目是由上海市环保局与联合国开发计划署、联合国环境规划署和中国国际经济技术交流中心共同合作启动的。2008 年 11 月，由上海市环境科学学会与瑞士资源循环利用协会联合主办的 "资源循环利用 2009 上海国际论坛" 在沪召开，来自国内外企业界代表、学者和政府官员约 250 人出席了这次论坛，以电子废弃品、报废汽车、旧电池回收利用等专题展开了研讨。环保局副局长吴启洲出席了本次论坛并致辞。该论坛自 2005 年起已在上海连续举办四届，得到了国内外与会人员的一致好评。

2006 年 10 月 17 日，由瑞典驻中国大使馆、上海中小企业国际合作协会、瑞典商会等联合举办的 "中瑞企业社会责任研讨会" 在上海举行。

（3）颁布责任奖项

2007 年 7 月 25 日，上海市外经贸委和上海市外商投资企业协会共同举办 "2007 上海外商投资企业履行社会责任、共建社会和谐交流暨'双优'先进企业表彰会",687 家企业获"双优"先进企业表彰。

3. 监督者举措

（1）责任考察

2008 年 11 月 5~10 日，上海市环保局对电力行业脱硫减排开展专项核查。2008 年 11 月 13 日上午，上海市环保局到上海市固体废物管理中心调研。2008 年 9 月，上海本市环保局会同市环境监测中心、市环境监察总队组成的核查小组对本市 9 家脱硫机组投运电厂进行了现场核查，本次核查的重点是台账管理、在线监测、旁路流量计安装进度等问题的整改落实情况。

（2）责任认证

2009 年 8 月，上海市环保局联合江苏省环保厅和浙江省环保厅制定了《长江三角洲地区企业环境行为公开工作实施办法（暂行）》、《长江三角洲地区企业环境行为信息评价标准（暂行）》，确定了企业环境行为信息公开工作的实施办法和企业环境行为信息评价标准，将企业环境行为分为绿色、蓝色、黄色、红色、黑色五个等级。

（二）浙江省推进企业社会责任的举措

表 Z3-3 浙江省推进企业社会责任的角色及其政策选择一览表

规制者措施	强制性规制	1.《浙江省建设工程勘察设计管理条例》（1996 年） 2.《浙江省少数民族权益保障条例》（2002 年） 3.《浙江省劳动保护条例》（1989 年） 4.《浙江省陆生野生动物保护条例》（1998 年） 5.《浙江省海洋环境保护条例》（2004 年） 6.《浙江省产品质量监督条例》（2005 年） 7.《浙江省安全生产条例》（2006 年）
	自律性规制	1.《浙江省皮革行业社会责任公约》（2006 年） 2.《浙江省注册会计师资产评估行业履行社会责任倡议书》（2009 年） 3.《浙江省企业社会责任指导守则》、《各成员单位职责分工》和浙江省企业社会责任试点单位名单（2008 年）
	引导性规制	1.《浙江省人民政府关于推动企业积极履行社会责任的若干意见》（2008 年） 2.《企业履行社会责任推动计划》（2008 年）
推进者措施	责任沟通	1.《浙江省企业社会责任案例》（2008 年） 2. 2009 浙江省企业社会责任高层论坛（2009 年） 3. 浙江·高管论坛——金融危机影响下的企业社会责任研讨会（2009 年）
	责任奖项	2008 浙江省企业社会责任践行示范单位
监督者措施	责任认证	1. 浙江省绿色企业（清洁生产先进企业） 2. 企业环境行为等级评价（2009 年）

1. 规制者措施

（1）强制性规制

1996 年 12 月 30 日，浙江省第八届人民代表大会常务委员会第三十三次会议通过了《浙江省建设工程勘察设计管理条例》，并于 2001 年 11 月 2 日和 2004 年 5 月 28 日，分别由浙江省第九届人民代表大会常务委员会第二十九次会议和 2004 年 5 月 28 日浙江省第十届人民代表大会常务委员会第十一次会议进行修订。2002 年 12 月 20 日，浙江省第九届人民代表大会常务委员会第四十次会议通过了《浙江省少数民族权益保障条例》，该条例自 2003 年 2 月 1 日起施行。

1989 年 1 月 26 日，浙江省第七届人民代表大会常务委员会第七次会议通过了《浙江省劳动保护条例》，并于 1997 年 6 月 28 日由浙江省第八届人民代表大会常务委员会第三十七次会议予以修订。

1998 年，浙江省公布了《浙江省陆生野生动物保护条例》，并于 2004 年 7 月 30 日，由浙江省第十届人民代表大会常务委员会第十二次会议进行修订。2004 年 1 月 16 日，浙江省第十届人民代表大会常务委员会第七次会议通过了《浙江省海洋环境保护条例》。

2005 年 9 月 30 日，浙江省第十届人民代表大会常务委员会第二十次会议通过了《浙江省产品质量监督条例》，该条例自 2005 年 12 月 1 日起施行。

2006 年 7 月 28 日，浙江省第十届人民代表大会常务委员会第二十六次会议通过《浙江省安全生产条例》，该条例于 2006 年 11 月 1 日起施行。

（2）自律性规制

2008 年 12 月，浙江省企业社会责任建设联席会议讨论通过了《浙江省企业社会责任指导守则》、《各成员单位职责分工》和浙江省企业社会责任试点单位名单。试点工作也已由 2009 年 1 月正式启动。

（3）引导性规制

在 2008 年 2 月浙江省政府下发的《浙江省人民政府关于推动企业积极履行社会责任的若干意见》指出浙江省成立由省经贸委为召集单位、省有关部门参加的省企业社会责任建设联席会议制度。该制度目前已正式实施执行。2008 年底，浙江省劳动和社会保障厅发出通知，要求各地采取更加积极的政策帮助企业解困，引导企业履行社会责任，防止出现大规模集中裁员现象。对可能出现的大规模裁员，要采取有效措施进行调控。2008 年 3 月，浙江省出台了《企业履行社会责任推动计划》，决定通过政策引导，推动企业积极履行社会责任。计划指出，将在高新技术产业、装备制造业、传统优势产业、现代服务业等行业，选择一批不同规模的企业作为省开展企业社会责任建设试点单位。金融单位要对积极履行社会责任的企业予以优先支持，财政等部门在安排有关项目财政补助资金时给予重点支持，其他有关部门也要将企业履行社会责任状况作为依法审批办理相关业务的重要依据。同时，严肃查处损害员工、消费者、社会公共利益以及扰乱市场经济秩序的违法行为，加大对缺乏信用、污染环境、破坏生态、浪费资源、危害安全等行为的惩处力度。根据浙江省政府给出的指标，到 2010 年，浙江全省慈善捐款达到全省生产总值的 1% 左右。

2. 推进者措施

（1）设置推进机构

2009 年 2 月，浙江省经济贸易委员会相关负责人于浙江省企业社会责任高层论坛上，透露浙江拟设立企业社会责任促进会，且筹备工作已基本就绪，促进会将邀请浙江省内履行社会责任的表率企业参加，以共同推动该省企业社会责任的建设工作。

（2）加强责任沟通

2009 年 2 月 26 日，由浙江省经济贸易委员会、省工业经济联合会、省企业联合会、省企业家协会等主办的"2009 浙江省企业社会责任高层论坛"在浙江大学隆重举行。会上，与会单位共同倡议成立"浙江省企业社会责任促进会"。2009 年 8 月 17 日，由新华社浙江分社和新华社《高管信息》编辑部主办的"浙江·高管论坛——金融危机影响下的企业社会责任"研讨会于杭州成功举办。

（3）颁布责任奖项

2009 年 2 月，浙江省经济贸易委员会、浙江省工业经济联合会、浙江省企业联合会、浙江省企业家协会联合推出"2008 浙江省企业社会责任践行示范单位"名单，并为获奖企业颁发了奖项证书。

3. 监督者措施

2003 年 4 月，浙江省省委、省政府公布了《绿色企业（清洁生产先进企业）创建办法》，并每年由浙江省经济和信息化委员会、浙江省环境保护厅按照"企业自愿，政府指导，政策激励，社会监督，注重实效"的原则，评定"浙江省绿色企业（清洁生产先进企业）"，获得该项奖项的企业可享受一定的政策优惠。

2009 年 8 月，浙江省环保厅与上海市环保局、江苏省环保厅联合制定了《长江三角洲地区企业环境行为公开工作实施办法（暂行)》、《长江三角洲地区企业环境行为信息评价标准（暂行)》，确定了企业环境行为信息公开工作的实施办法和企业环境行为信息评价标准，将企业环境行为分为绿色、蓝色、黄色、红色、黑色五个等级。

在国务院国资委大力推动中央企业履行社会责任的行动引领下，部分地方国资委也开始启动社会责任推进工作。2012 年广东省国资委启动广东省国有企业社会责任研究，邀请四家机构分别从理论、现状、评价、政策四方面深入探讨广东省国有企业履行社会责任的理论基础，分析履责现状，并对推动企业更好地履行社会责任提出政策建议。同时，广东省国资委选取五家单位试点企业在 2012 年发布社会责任报告，并要求三年以内所有广东省属国有企业都要发布社会责任报告。

二、地市级政府推进企业社会责任的举措

(一) 广东省深圳市推进企业社会责任的举措

深圳市是中国最早开展企业社会责任建设工作的城市之一。2003 年下半年起就着手进行企业社会责任的课题调研，2005 年完成了调研报告《深圳应力促企业履行社会责任》。2006 年，提出建立企业社会责任体系，随即深圳市委市政府将"建立推进企业履行社会责任制度"列为重大调研课题，草拟了《关于进一步推进企业履行社会责任的意见》讨论稿。2007 年 5 月 9 日，深圳正式出台了《中共深圳市委深圳市人民政府关于进一步推进企业履行社会责任的意见》。

深圳市政府还多次举办座谈会和研讨会，向社会公布政府的工作思路和计划，听取社会各界对企业社会责任建设工作的意见。同时积极引导和鼓励企业发布社会责任报告。

在监督机制上，深圳市政府先后建立了劳工权益保护监督机制、环境保护监督机制，还建立了由行业组织、消费者组织、媒体和其他社会团体共同参与的社会监督机制。通过检查、罚款、媒体曝光等途径警示违背社会责任原则的企业，严重侵害相关方利益的企业甚至会被要求关闭或迁出深圳。

在这样的高质量、严要求的政府敦促下，深圳企业社会责任意识显著增强，企业自身综合实力稳步提升，利益相关主体维权意识增强，特区内经济、社会、

环境氛围日益和谐。

表 Z3-4　深圳市推进企业社会责任的角色及其政策选择一览表

规制者措施	强制性规制	1.《深圳经济特区饮用水源保护条例》（1994 年） 2.《深圳经济特区循环经济促进条例》（2006 年） 3.《深圳经济特区建筑节能条例》（2006 年） 4.《深圳经济特区建设项目环境保护条例》（2006 年） 5.《深圳市食用农产品安全条例》（2006 年） 6.《深圳经济特区和谐劳动关系促进条例》（2008 年） 7.《深圳经济特区职工伤、病、残劳动能力鉴定暂行办法》（1992 年） 8.《深圳市海上交通安全条例》（2005 年） 9.《关于进一步加强审计监督工作的决定》（2005 年） 10.《深圳市建筑市场严重违法行为特别处理规定》（2007 年） 11.《关于修改〈深圳经济特区审计监督条例〉等四项法规的决定》（2007 年） 12.《深圳市基本生态控制线管理规定》（2005 年） 13.《深圳市扶助残疾人办法》（2006 年） 14.《关于食品生产加工环节卫生监管机关变更的决定》（2006 年） 15.《关于修改〈深圳经济特区企业员工社会养老保险条例若干实施规定〉的决定》（2007 年） 16.《深圳市人事争议仲裁办法》（2007 年） 17.《深圳市计划用水办法》（2007 年）
	自律性规制	《加强企业社会责任，共建和谐深圳》（2006 年）
	引导性规制	1.《中共深圳市委深圳市人民政府关于进一步推进企业履行社会责任的意见》（2007 年） 2.《中共深圳市委深圳市人民政府关于全面推进循环经济发展的决定》（2006 年）
推进者措施	设置机构	深圳市推进企业履行社会责任工作委员会（2007 年）
	责任沟通	1.建设和谐社会与企业社会责任（深圳）论坛（2006 年） 2.深圳市国内银行业金融机构履行社会责任公约（2008 年） 3.《深圳应力促企业履行社会责任——全球企业社会责任运动对深圳的影响和对策》报告（2006 年） 4.《环境影响报告书》（2006 年）
	责任奖项	1.深圳十大杰出女企业家（2008 年） 2.最具爱心企业（2004 年）
监督者措施	责任考察	机动车污染排放、建筑工地扬尘、排放废气
	责任认证	深圳市清洁生产审核

1. 规制者措施

（1）强制性规制

1994 年 12 月 26 日，深圳市第一届人民代表大会常务委员会第二十七次会议通过《深圳经济特区饮用水源保护条例》，并于 2001 年 10 月 17 日由深圳市第三届人民代表大会常务委员会第十一次会议予以修订。

2006 年 3 月 14 日，深圳市人民代表大会常务委员会通过《深圳经济特区循环经济促进条例》。2006年7月26日，深圳人大常委会通过《深圳经济特区建筑节能条例》和《深圳经济特区建设项目环境保护条例》。

2006年9月26日，深圳人大常委会通过了《深圳市食用农产品安全条例》。

2008年10月15日，深圳市四届人大常委会第22次会议通过了《深圳经济特区和谐劳动关系促进条例》，该条例从2008年11月1日起执行。这是中国第一部有关促进劳动关系和谐的地方法规。1992年深圳市人民政府第59次常务会议确认了《深圳经济特区职工伤、病、残劳动能力鉴定暂行办法》具有市政府规章效力，并予重新发布。

（2）自律性规制

2006年3月23日，深圳市40多名工商界的市人大代表和市政协委员在圣廷苑酒店举行联谊活动，并联合发表了《加强企业社会责任，共建和谐深圳》的倡议书，倡议深圳企业加强企业社会责任，为建设和谐深圳贡献力量。市领导许宗衡、李意珍、王毅出席了联谊活动。

（3）引导性规制

2007年5月9日，深圳市人民政府发布了《中共深圳市委深圳市人民政府关于进一步推进企业履行社会责任的意见》，明确将"政府引导，社会参与"作为三大基本原则之一，并提出了"鼓励企业向社会发布企业社会责任报告"等措施。2006年4月20日，深圳市政府发布了《中共深圳市委深圳市人民政府关于全面推进循环经济发展的决定》，加快建设和谐深圳、效益深圳和资源节约型环境友好型城市等。

深圳市环保局于2008年4月18日印发了《关于发布实施〈重点污染行业清洁生产技术指引〉和〈重污染行业生产废水治理工程设计指引〉的通知》，并于5月发布了深圳市珠宝首饰制造行业、印制电路板行业、印刷行业、印染行业、涂料行业、家具行业、二次电池行业、电镀行业、餐饮业、表面处理行业十大行业的《清洁生产技术指引》。

2. 推进者措施

（1）设置推进机构

2007年5月，深圳市人民政府发布的《中共深圳市委深圳市人民政府关于进一步推进企业履行社会责任的意见》，明确提出成立深圳市推进企业履行社会责任工作委员会，并指出委员会由市领导牵头，市委、市政府相关部门，市人大、市政协有关专委会，有关人民团体、社会组织、部分专家和各区组成。统筹规划推进企业履行社会责任工作，研究制定相关政策，指导、协调、监督全市相关工作。各级政府应明确各项推进企业履行社会责任工作的主管部门和协管部门，明确各部门的职责，建立共同监管机制。

（2）加强责任沟通

2007 年 5 月，深圳市人民政府发布了《中共深圳市委深圳市人民政府关于进一步推进企业履行社会责任的意见》。深圳成为政府发布首个社会责任相关法律条文的地区。该《意见》明确提出了"推进企业社会责任标准化建设"、"建立奖励激励制度"、"成立深圳市推进企业履行社会责任工作委员会"等诸多决定。2006年 3 月，深圳市劳动和社会保障局、中共中央党校社会发展研究中心、深圳市委政策研究室共同推进的《深圳应力促企业履行社会责任——全球企业社会责任运动对深圳的影响和对策》报告完成。此外，深圳市环境保护局每月都对外公布《环境影响报告书》。

2004 年以来，深圳市将每年 6 月 5 日过后的第一个星期五确定为"绿色行动日"，围绕环保主题开展活动。

（3）颁布责任奖项

2004 年以来，深圳市精神文明建设委员会主办，中共深圳市委宣传部、深圳市文明办、深圳报业集团、深圳广电集团等 15 家单位已举办了 5 届深圳"最具爱心企业"评选活动。

3. 监督者措施

（1）责任考察

自 2005 年以来，深圳市环保、建设、城管、国土房产、质监、交警、交通、税务、建设工务署等多个部门，联手推出了一场以整治烟尘污染为重点的"蓝天行动"，查处了一批冒黑烟的机动车、扬尘的建筑工地、违法排放废气的工业企业，有力遏制了深圳阴霾天气上升的势头。

（2）责任认证

近两年，深圳市环境保护局办公室均根据《深圳市清洁生产审核实施细则》按照强制性审核和自愿性审核两大方式，对企业进行审核，并公布了深圳市清洁生产企业名单。

（二）浙江省杭州市推进企业社会责任的举措

表 Z3-5　杭州市推进企业社会责任的角色及其政策选择一览表

规制者措施	强制性规制	《关于加强企业社会责任建设的意见》（2009 年）
	自律性规制	《杭州市企业社会责任评价体系》（2009 年）
推进者措施	设置机构	杭州市企业社会责任建设领导小组（2009 年）
	责任沟通	1. 民营经济杭州论坛（2007 年） 2.《杭州市环境状况公报》 3.《杭州市固体废物污染环境防治信息》
	责任奖项	1. 社会责任建设先进企业（2009 年） 2. 最佳社会责任奖（2009 年）
监督者措施	责任认证	信用等级评价

1. 规制者措施

（1）强制性规制

2009 年 10 月 23 日，中共杭州市委杭州市人民政府发布的《关于加强企业社会责任建设的意见》明确提出，"要建立企业社会责任报告制度。定期发布企业社会责任报告或可持续发展报告，公布企业履行社会责任的现状、规划和措施，及时了解利益相关方的意见和建议，主动接受社会监督"。

（2）自律性规制

2009 年 10 月 23 日，中共杭州市委杭州市人民政府发布的《关于加强企业社会责任建设的意见》明确提出制定《杭州市企业社会责任评价体系》，明确评价指标、评价标准、评价方式、奖惩政策等有关规定，作为对企业社会责任的衡量标准。

（3）引导性规制

2009 年 10 月 23 日，中共杭州市委杭州市人民政府发布了《关于加强企业社会责任建设的意见》，明确了社会责任十个方面的内容，并提出了六大方面的措施。

2. 推进者措施

（1）设置推进机构

2009 年 10 月 23 日，中共杭州市委杭州市人民政府发布的《关于加强企业社会责任建设的意见》明确提出，建立杭州市企业社会责任建设领导小组，下设办公室，办公室设在杭州市总工会。

（2）加强责任沟通

2007 年 5 月 28 日，杭州市工商联（总商会）举办以"共建和谐社会、共担社会责任、共享品质生活"为主题的"民营经济杭州论坛"。此外，杭州市每年均发布《杭州市环境状况公报》和《杭州市固体废物污染环境防治信息》。

（3）颁布责任奖项

2009 年 1 月和 3 月，杭州市委市政府分别表彰了 7098 家社会责任建设先进企业。2009 年 10 月 23 日，中共杭州市委杭州市人民政府发布的《关于加强企业社会责任建设的意见》明确提出设立"最佳社会责任奖"，奖励履行社会责任表现突出、表现优异的企业。

3. 监督者措施

2009 年 5 月 12 日，杭州市环保局公布杭州市 2008 年度重点企业环境行为信用等级分类结果，对 2008 年度重点企业的环境行为信用等级进行了评价定级。2009 年 10 月 23 日，中共杭州市委杭州市人民政府发布的《关于加强企业社会责任建设的意见》明确提出，"每两年由第三方机构根据《杭州市企业社会责任评价体系》对企业进行评估，评估结果为优秀的企业，政府以适当的政策加以扶持。评估结果为不合格的企业，政府将加强监控，并定期对其进行督察。对缺乏信用、侵害员工利益、污染环境、破坏生态、浪费资源、危害公共安全的企业，查证属实的按有关法律法规严肃处理，并向社会公开曝光；已被评为社会责任企业的，取消其优惠政策待遇和奖项称号"。

（三）江苏省常州市推进企业社会责任的举措

表 Z3-6　江苏常州市推进企业社会责任的角色及其政策选择一览表

规制者措施	强制性规制	1.《关于加强建筑节能工作的意见》（2008 年） 2.《打击违法添加非食用物质和滥用食品添加剂专项整治工作方案》（2008 年） 3.《常州市对外劳务管理办法》（2009 年） 4."企业社会责任"报告制推广指导意见》（2007 年） 5.《常州市企业社会责任标准》（2004 年）
推进者措施	设置机构	常州企业社会责任专门委员会（2005 年）
	责任沟通	1. 绿色——民企的社会责任与新竞争力论坛（2009 年） 2.《环境保护与治理》报告
	责任奖项	常州市企业社会责任奖（2007 年）
监督者措施	责任认证	《常州市企业社会责任标准》达标审核（2004 年）

1. 规制者措施

2008 年，常州市发布了《关于加强建筑节能工作的意见》，明确提出 "规范建筑节能项目审批" 等措施。此外，2008 年，常州市发布了《打击违法添加非食用物质和滥用食品添加剂专项整治工作方案》。2009 年，常州市发布了《常州市对外劳务管理办法》，该办法自 2009 年 10 月 1 日起施行。

2007 年，常州市出台了《"企业社会责任" 报告制推广指导意见》，将企业发布社会责任报告制度作为刚性指标，要求企业将履行社会责任的情况通过职代会向全体职工报告。

2004 年，常州市总工会牵头，7 个部门联合组成 "常州市企业社会责任标准化委员会"，研究制定了《常州市企业社会责任标准》。

2. 推进者措施

（1）设置推进机构

2005 年，由市总工会牵头，会同市劳动社会保障局、市企业家联合会等 8 个部门，成立了 "常州企业社会责任专门委员会"，专门负责社会责任推进工作。

（2）加强责任沟通

2009 年 11 月，商务部投资促进事务所、中国外商投资企业协会、常州市人民政府主办，常州市工商联承办的 "'绿色' ——民企的社会责任与新竞争力" 论坛在常州市政府会议中心举行。此外，常州市定期发布《环境保护与治理》报告，定期通告环保信息。

（3）颁布责任奖项

常州市于 2007 年以政府名义设立了 "常州市企业社会责任奖"，获得常州市企业社会责任奖的单位，3 年内可在劳动、工商、安全生产等方面免予年检，并可在同等条件下优先享受政府相关优惠政策。同时，企业承担社会责任的情况，将作为评选五一劳动奖状、评选企业家劳模的重要条件。

3. 监督者措施

2004 年以来，由常州市总工会牵头，协同市劳动和社会保障局、市安全生产监督管理局等 7 部门组成的 "常州市企业社会责任标准化委员会" 根据《常州市企业社会责任标准》，对提出申请企业进行贯标达标审核，截至目前已有多家企业通过了达标审核。

（四）浙江省温州市推进企业社会责任的举措

民营企业、小产品制造业和外贸出口是温州经济的三大特点，随着近年来世界经济局势变化，温州政府开始帮助企业寻求新的发展模式，企业社会责任的推动也显得十分重要。

2008 年，温州市委宣传部、市环保局联合《温州日报》开展短信投票评选温州"十大最具环保责任感企业"的活动，宣传企业社会责任理念，树立企业社会责任模范。2009 年，温州市政府建立企业社会责任领导决策机构，由 8 个政府部门（环保、劳动、社会保障、质量监督、工商、科技、工会、工信）参与，其职责包括决策、制定并实施企业社会责任评估体系，指派经信委企业发展处负责企业社会责任活动的日常开展，并选取 5 家民营企业作为首批履行企业社会责任的试点企业。2009 年，温州政府启动了《温州民营企业履行社会责任评估体系》编制工作，其中包括经营、权益、环境、诚信、和谐五大责任板块，共计 95 个指标，由 BSCI① 认可的国际第三方评估机构进行评估。

在促进企业社会责任的过程中，当地地方政府还通过与温州高新技术应用研究所、中德贸易可持续发展与企业行为规范项目、莱茵技术监督服务（广东）有限公司等企业社会责任服务供应商合作，共同实现企业社会责任研究、意识提升、培训、咨询、评估与审计等各项推进工作。这一部分有待按照规制者、推进者、监督者的角色进行细化。

三、经济开发区级政府推进企业社会责任的举措

（一）上海市浦东新区推进企业社会责任的举措

2007 年，浦东新区开始推进企业社会责任工作，建立"浦东新区履行企业社会责任联席会议办公室"，负责协调新区各部门的企业社会责任推进工作、制定企业社会责任政策、开发企业社会责任体系、搭建企业社会责任沟通平台、做出新区企业社会责任重要决策。

浦东新区积极推进企业社会责任建设，倡导建立政府、企业、中介、社会四位一体推进企业社会责任体系，努力打造现代工商文明的示范区、企业履行社会

---

① BSCI：Business Social Compliance Initiative，是倡议商界遵守社会责任的一个非政府组织，2002 年成立，总部位于布鲁塞尔。要求公司在世界范围的生产工厂里，运用 BSCI 监督系统来持续改善社会责任标准。BSCI 拥有 600 多家成员企业，遵守共同的《行为准则》。

责任的示范区、可持续发展的示范区，提升区域责任竞争力，开创浦东新区发展的新模式。2007 年 7 月，浦东新区召开了建立企业社会责任体系的推进大会，发布《浦东新区企业社会责任导则》、《浦东新区推进企业履行社会责任的若干意见》和《浦东新区建立企业社会责任体系的三年行动纲要（2007~2009)》，同时还制定了企业社会责任地方标准，鼓励企业参与企业社会责任评估。2011 年，上海浦东更新行动纲要，设定了新的企业社会责任目标。同时，浦东新区积极构建企业社会责任指标体系，围绕"权益敏感性"、"环境敏感性"、"诚信敏感性"和"和谐敏感性"四个方面建立了一套引导企业完善自身的战略、组织、制度和文化的社会责任管理体系，并根据企业对各个利益相关方责任的不同方面，具体提出了 60 项指标，从而构成了一个较完善的三级指标体系。[①]

在促进企业社会责任沟通与推广过程中，浦东新区坚持社会参与的原则，建立企业社会责任网站，对企业履行社会责任的实施情况进行信息披露；通过和行业协会共同组织老总沙龙、企业交流等活动形式，增强企业高层人员的共识，了解企业的期望以及社会责任实践优秀经验。为学习国内外先进理念和企业实践经验，浦东新区积极主办、承办企业社会责任、可持续发展相关论坛、研讨会，探讨企业可持续发展解决之道。2008 年 7 月 5 日，"建设和谐社会与企业社会责任（上海浦东）论坛"举行。国内政府和协会及部分跨国公司、国内外研究机构代表共 300 多人参会。2009 年 10 月 20 日，"2009 可持续发展高峰论坛"在浦东举行。此外，还邀请专家对区内企业开展社会责任类专题培训，提升企业的社会责任意识，增强企业履行社会责任能力。2007~2010 年，浦东新区企业社会责任办围绕推进社会责任工作政策宣导、达标评估动员、达标评估说明等主题，对区内企业开展了 30 余次培训活动。

浦东新区还为在企业社会责任工作方面表现良好的企业提供优惠政策，包括：申请科技发展基金资助的企业和申请贷款担保、技改贴息等中小企业，在同等条件下优先考虑；在同等条件下政府可优先采购其产品和购买服务；简化企业境外直接投资的外汇管理手续；给予报关、企业年检、各类认定、补贴资助、项目引进和租房等方面的便利措施等。

[①]《浦东新区企业社会责任导则》，2007 年。

表 Z3-7　上海浦东推进企业社会责任的角色及其政策选择一览表

规制者措施	强制性规制	《上海市浦东新区水域环境卫生管理办法》（2000 年）
	自律性规制	《浦东新区企业社会责任导则》（2007 年）
	引导性规制	1.《浦东新区推进建立企业社会责任体系三年行动纲要（2007~2009)》（2007 年） 2.《浦东新区推进企业履行社会责任的若干意见》（2007 年） 3.《关于进一步加强浦东新区环境保护工作的决定》（2006 年）
推进者措施	设置机构	浦东新区企业社会责任体系联席会议制度（2007 年）
	责任沟通	1. 2008 建设和谐社会与企业社会责任（浦东）论坛（2008 年） 2. 问卷调查
	责任奖项	社会责任达标企业获得相应奖牌
监督者措施	责任认证	社会责任达标企业评估（2007 年）

1. 规制者措施

（1）强制性规制

2000 年 5 月 10 日，浦东新区管理委员会发布了《上海市浦东新区水域环境卫生管理办法》，该法案于 2005 年 8 月予以修订，并于 2005 年 10 月 1 日起施行。

2008 年，进驻浦东新区的企业，不论内资企业还是外资企业，原企业必须要较好地履行企业社会责任，浦东新区会组织相应的调研考察该企业的社会责任履行的历史情况。

（2）自律性规制

2007 年 7 月，上海市浦东新区经济委员会、上海市浦东新区劳动和社会保障局、上海市浦东新区环境保护和市容卫生管理局、上海市浦东新区企业、企业家联合会、上海市浦东新区外商投资企业协会、上海市浦东新区各地投资企业协会、上海市浦东新区劳动保障学会、上海市浦东新区环境保护协会、上海市浦东新区商业联合会、上海市浦东新区工商业联合会和上海市浦东新区消费者权益保护委员会联合发布了《浦东新区企业社会责任导则》。

（3）引导性规制

2007 年 7 月，浦东新区发布了《浦东新区推进建立企业社会责任体系三年行动纲要（2007~2009)》，该《纲要》明确了浦东新区推进建立企业社会责任体系的工作目标：力争达到各类诚信标准的示范企业 1000 家；达到企业社会责任标准企业超过 200 家；发布企业社会责任报告企业 300 家；三年内每万元 GDP 能耗降低 15%。

2007 年 7 月，浦东新区发布了《浦东新区推进企业履行社会责任的若干意见》。《浦东新区推进企业履行社会责任的若干意见》是浦东新区综合配套改革的第一个规范性文件，针对在企业社会责任方面履行较好的企业由新区政府进行鼓励，对达标企业在政府采购、申请科技发展基金、贷款担保、技改贴息、劳保环保免检、检验检疫便捷通道、报关、企业年检、各类认定、补贴资助等便利措施等方面予以支持，在试评估中已经全部予以兑现。通过政府引导、推进，进一步提升企业的品牌。

2006 年 4 月 17 日，浦东新区人民政府印发了《关于进一步加强浦东新区环境保护工作的决定》，提出 "设立浦东新区环境保护基金"。此外，同日浦东新区人民政府发布了《浦东新区 2006~2008 年环境保护和生态建设三年行动计划》，提出了 "工业固体废物综合利用率达到 95%以上" 等目标。

2. 推进者措施

（1）设置推进机构

2007 年 6 月，上海浦东新区建立由浦东新区经贸局为牵头，16 个委办局参与的浦东新区企业社会责任体系联席会议制度，下设办公室，负责日常工作。

（2）加强责任沟通

召开论坛。2008 年 7 月 5~6 日，由中国生产力学会、中国国防科技工业企业管理协会主办，上海市人民政府、联合国全球契约办公室、世界生产力科学联盟、浦东新区人民政府、中国城市经济学会、中国国际跨国公司研究会的支持，由浦东新区陆家嘴功能区域管理委员会、中国生产力学会生产力布局与地区经济发展专业委员会承办的 "2008 建设和谐社会与企业社会责任（浦东）论坛" 在上海隆重召开。此外，浦东新区环保局网站通过对获得国家环境友好企业称号的企业进行公告介绍。

责任调研。2007 年，浦东新区政府对辖区内 16000 多家企业下发了 10 张表格的调研表格。调查结果显示，有 38%的企业都在自觉或者不自觉地履行企业社会责任，有 43%的企业都希望政府能够继续引导相关部门作为牵头来推进这项工作。

（3）奖项激励

浦东新区责任奖项激励措施与社会责任达标企业评估活动密切结合。社会责任达标企业凭证书得到 16 块奖牌，如文明单位等。

3. 监督者措施

2007 年 10 月以来，上海浦东新区已举办了两届社会责任达标企业评估活动，评选了 74 家企业作为达标企业（第一批 55 家，第二批 19 家）。达标企业可享受的相关政策优惠。

2009 年 7 月，浦东新区环境监察支队对区内 2008 年 6 月至 2009 年 3 月审批的部分新建工业企业项目进行了环保 "三同时"执行情况检查，检查的重点内容为：建设项目的性质、规模、地点或者采用的生产工艺发生重大变化时，是否已重新报批；建设项目是否未经审批机关同意即擅自投入试生产；建设项目是否逾期未申请环境保护设施竣工验收；建设项目在需要配套建设的环境保护设施未建设或未建成、未经验收或验收不合格的情况下，主体工程是否已投入生产或者使用，此次共检查 60 个项目。

（二）山东省烟台市经济技术开发区推进企业社会责任的举措

2004 年，烟台经济技术开发区就具有创建"责任开发区"的设想，2008 年，开发区政府推出了《烟台经济技术开发区企业社会责任考核评价体系》，明确提出"三步走"战略，涵盖了经济发展、节能减排、诚信守法、员工保障、社会事业、帮扶助贫、计划生育、稳定防范 8 个大项，33 个子项。[1] 该体系是全国 54 个国家级开发区中第一个规范可行的社会责任体系。[2]

在对企业进行社会责任履行状况的考核同时，烟台开发区格外重视对于优秀社会责任企业的奖励，在法律法规允许的情况下，最大限度地为企业提供政策优惠和帮助，取消了"综合效益十佳"、"高新技术企业十佳"、"进出口企业十佳"等所有单项奖励，运用企业社会责任考评体系在区内 78 家产值过亿元的企业中评出"十佳企业"。2010 年，烟台开发区更是斥资 1000 万元，重奖优秀社会责任企业。

在企业社会责任的推进过程中，烟台开发区政府不断加强与山东企业社会责任研究机构合作，多次邀请山东省企业信用与社会责任协会和 WTO 经济导刊为企业进行社会责任专业培训，为企业社会责任建设提供专业支持。

---

[1]《烟台经济技术开发区企业社会责任考核评价体系》，2008 年。
[2]《中国地方政府推进企业社会责任建设政策分析》，中德贸易可持续发展与企业行为规范项目，2010 年。

（三）江苏省无锡市高新技术产业开发区推进企业社会责任的举措

1992 年，无锡国家高新技术产业开发区设立，1995 年，在开发区基础上成立无锡新区，是长三角地区有重要影响力的国际先进制造业基地，2007 年，无锡新区政府开始重视企业社会责任问题，组织赴上海、烟台等地调研，学习当地政府部门推进企业社会责任的经验。2008 年，新区大力开展企业社会责任推进工作，建立专职部门、颁发指导文件和行动纲要、构建评估体系。①

首先，为企业社会责任推进工作设定执行机构。2008 年 7 月，无锡新区管委会批准成立"新区推进企业社会责任体系建设领导小组"，并在新区行政服务中心下设立"新区推进企业社会责任体系建设办公室"，与工会、安监、劳动局、城市管理局、国资委等政府职能部门协同推进企业社会责任工作。

其次，为企业社会责任推进工作制定政策基础。2008 年，新区政府相继发布《无锡新区企业社会责任导则》、《中国工业企业及工业协会社会责任指南》、《关于进一步推进企业履行社会责任的意见》、《关于进一步推进企业履行社会责任的意见》以及《无锡新区企业社会责任体系建设三年行动纲要（2008~2010 年）》。《导则》作为江苏省无锡市关于企业社会责任的首份地方性标准正式发布。首次提出了"和谐责任"的概念，即企业履行社会责任是社会和谐的基本保证，另外，构建和谐社会也要求企业承担对各利益相关方的社会责任。《纲要》则从责任制度、责任理念、责任沟通等多角度出发，促进无锡企业进一步完善社会责任工作。

最后，为企业社会责任评价确立指标体系。2009 年，新区政府发布了《无锡新区企业社会责任评价体系》和企业履行社会责任评估自查表。指标围绕权益责任、环境责任、诚信责任以及和谐责任四个方面构建了 14 个二级指标、65 个三级指标。

在推进企业社会责任的过程中，新区政府采用双向推进的方式，一方面，财政安排专项扶持资金，减少企业参与新区推进企业社会责任活动的经济负担；另一方面，建立举报制度，利用社会监督，确保企业社会责任标准的落实。

无锡政府同样十分重视公众及媒体在企业社会责任宣传上的影响力。2008

---

① 《中国地方政府推进企业社会责任建设政策分析》，中德贸易可持续发展与企业行为规范项目，2010 年。

年，无锡新区政府向企业发出了"履行企业社会责任倡议书"，多次组织市级新闻媒体、新区企业就企业社会责任推进相关事宜召开座谈会，扩大宣传力度。

经过近 5 年的努力，新区企业社会责任意识明显增加，对社会责任工作的参与度也逐渐加大；新区劳动雇佣关系日趋和谐，劳动合同签订率也有显著提高；在社区和谐、环境保护、产业结构优化等方面工作也有所成效。

子报告4 中国企业社会责任管理体系

中国企业社会责任管理体系由六个部分构成，分别为战略、治理、融合、绩效、沟通和能力建设，也称为"企业社会责任管理六维框架"。该企业社会责任管理体系，体现了五个方面的特点：第一，理念优先，企业要想做好社会责任工作，应具有社会责任理念；第二，重在融合，企业社会责任要融入公司战略和日常运营之中；第三，PDCA的循环，要形成闭环改进，社会责任管理体系才有持续的生命力；第四，利益相关方参与，社会责任的管理和实践要吸纳利益相关方的意见和建议，保持及时有效的沟通；第五，建立在现有的管理体系之上，企业社会责任涉及方方面面的工作，抛开现有的管理体系另起炉灶，很难获得公司领导和各部门的支持，不利于顺利开展工作。

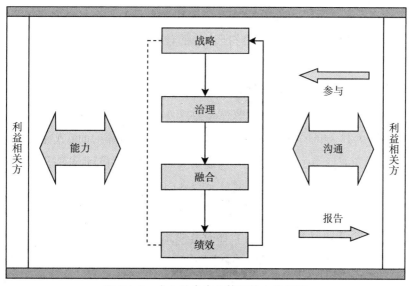

图 Z4-1　企业社会责任管理的六维框架

第一节 责任战略

一、CSR 理念

社会责任理念包括使命、愿景和价值观三个方面，使命是说明企业的社会功能定位，愿景描述企业的发展目标，价值观是说明企业的基本原则和行为规范。公司在理解自身核心业务之后，往往会制定出特有的使命、愿景和价值观。企业社会责任理念具有重要意义：第一，社会责任理念是企业行动和决策的积极指南，有了理念之后，行动、决策就避免了盲目性。第二，理念帮助企业确立哪些事情应该做，哪些事情不应该做。第三，理念赋予人们把工作做好的内在动力。第四，理念为企业利益相关方提供了一个富有意义和价值的关系框架，企业提出社会责任理念需要与利益相关方充分沟通，要让利益相关方充分认识并知道企业的社会责任理念，这实际上就在企业和利益相关方之间构建起了富有意义和价值的关系框架。第五，理念创造了一种新的意识，推动人们提出新的思想，做出新的贡献。第六，理念为公司提供长远的方向感和目标感。显而易见，树立企业社会责任理念是企业推进社会责任工作所面临的首要问题。

示例：中国移动通信集团社会责任观

中国移动通信集团以三重底线为基础，融合中国传统文化，结合自身业务，提出了中西合璧的社会责任观："以天下之至诚而尽己之性、尽人之性、尽物之性"，追求经济、社会和环境三重底线和谐发展（具体参见下表）。

中国移动通信集团社会责任观

尽己之性	是对三重底线中经济责任的负责态度，也就是企业必须先对自己的可持续运营负责，为顾客提供卓越服务，为投资人创造最大价值； 尽己之性也表明企业将秉持严于律己的态度，以高标准实行公司治理，全力发挥所长，追求卓越创新，是体现企业和谐发展的责任观

续表

尽人之性	是对三重底线中社会责任的负责态度，也就是企业在追求卓越之余，还肩负推动社会发展的责任，协助社会大众发挥所能，共同改善人类生活质量； 尽人之性正是企业以正身之德来协助社会发挥所能，让社会共创价值，共同实践厚民之生的结果，是体现社会和谐发展的责任观
尽物之性	是对三重底线中环境责任的负责态度，也就是企业协助社会发展之余，必须对于其所在的环境负责，为环境的可持续性发展尽力； 尽物之性是企业在正德厚生、臻于至善的精神下，以关爱和负责的态度追求人、社会和自然的和谐发展，是体现环境和谐发展的责任观

企业确定自身的社会责任理念需要注意五个方面：第一，社会责任理念要明确易懂且富有意义，企业内外部利益相关方要能够轻松理解；第二，社会责任理念要真实客观，不能花言巧语，社会责任理念是公司确确实实真正想要做的，是企业从上到下都真心想做的事；第三，企业领导人必须就企业社会责任理念、使命等做出公开承诺；第四，要配合宣贯和培训，让社会责任理念成为公司全体员工的共识；第五，要推动利益相关方参与，如果有条件，企业在社会责任的制定过程中就应当与其利益相关方充分沟通；或者企业社会责任理念制定后，让企业利益相关方充分了解和认识。

二、CSR 议题

企业履行社会责任应根据自身所处行业、企业规模、经营地域等特征，关注与企业运营活动最为相关、对利益相关方具有重大或潜在影响、企业具有不可替代性作用的实质性议题。

比如，宝钢集团以生产钢铁为主，而在生产钢铁的过程中需要消耗大量能源，产生相当的污染，"环境议题"自然成为宝钢集团履行社会责任的核心议题。为此，宝钢集团提出了一个"全流程绿色管理＋绿色价值创造"的环境经营构想，从绿色设计到绿色采购，再到绿色生产、绿色产品、绿色销售、绿色物流、绿色产业的每一方面都体现出宝钢集团不可替代的价值。

确认社会责任议题需要掌握一些要点：第一，要分析企业所处行业、所处区域、经营规模、产权性质、员工构成等因素对企业社会责任议题的影响；第二，要充分理解重要利益相关方的期望和要求，选择能为社会、为环境创造更多价值的议题；第三，要充分发挥企业优势、善用企业独特资源。

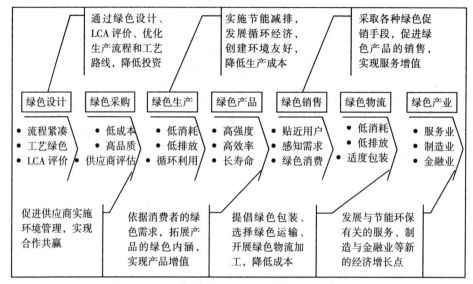

图 Z4-2 宝钢集团环境经营构想

示例：国家电网公司企业社会责任议题确定方法

社会责任报告议题收集

国家电网通过多种方式收集社会责任报告议题，包括：管理层建议社会责任议题、内外部专家分析提出议题、向各单位收集社会责任议题、向外部利益相关方收集议题、对标社会责任标准中的议题。

社会责任报告议题确定

国家电网公司应用"价值创造—社会关注"二维矩阵选择报告议题。其中，价值创造维度评估具体议题与综合价值创造的相关性、重要性和可行性（评估过程统筹考虑公司和利益相关方的资源、能力和优势）；社会关注维度：评估社会和利益相关方对具体议题的关注程度（评估过程充分考虑社会责任标准对议题的关注程度）。经过两个维度的筛选，从而得出：对综合价值创造结果影响显著的议题、关键利益相关方高度关注的议题、社会普遍关注的议题、社会责任标准普遍强调的议题以及公司重点沟通的电网企业特色议题。

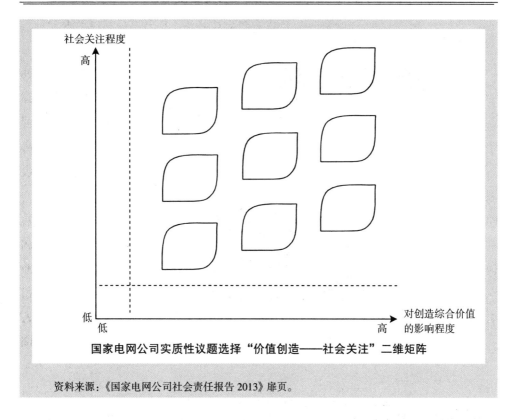

国家电网公司实质性议题选择"价值创造——社会关注"二维矩阵

资料来源：《国家电网公司社会责任报告 2013》扉页。

三、CSR 规划

企业社会责任涉及企业运营的方方面面，缺乏目标和规划，推进工作将会缺乏头绪。企业制定社会责任规划要明确社会责任工作目标、工作任务、基本思路、履责重点、保障措施以及资源投入等内容，此外，还要把握两个要点：第一，社会责任规划一定要根据企业的社会责任议题和核心业务的发展来制定；第二，社会责任规划要与企业的战略规划同步。

示例：东风汽车公司社会责任中期计划

东风汽车公司社会责任中期行动"润"计划

润色国计民生与
国家共繁荣

润美公益事业
与社会共进步

润泽利益相关者
与之共成长

润浸文化
与文明共发展

润丽自然
与环境共和谐

东风化雨 润泽四方

润丽自然　与环境共和谐

致力于新能源汽车发展	致力于持续开展节能减排工作	致力于绿色造林碳平衡项目
未来 5 年，东风公司将陆续投入 30 亿元专项资金，用于节能与新能源汽车的产品技术开发和产业化建设；力争在 2015 年前具备纯电动车的产业化条件并形成 5 万辆的产销规模，2015 年东风集团中重度混合动力汽车保有量达 10 万辆。	抓好重点领域节能减排持续改善，到 2015 年，在"十一五"末基础上，万元增加值能耗下降 16%；化学需氧量排放量减少 8%；二氧化硫排放量减少 8%；氮氧化物排放量减少 10%；加强质量管理和产品研发，积极建立汽车技术科技创新平台，促进新技术、新材料、新工艺等的应用，提升产品能源利用率，降低能耗和废气排放。	在试点的基础上，逐步在全集团推广东风股份碳平衡生态林项目，通过生态林创造碳指标，平衡制造环节的碳排放。

第二节　责任治理

一、CSR 组织

企业要开展社会责任工作，需要有一套企业社会责任管理组织体系，这一组织体系可以由三个层级构成：

1. 集团或总部社会责任工作领导机构

企业社会责任工作涉及企业管理的各个方面和日常运营的各个环节，建立由企业高层任职的社会责任领导机构，是企业履行社会责任的组织保障和决策体系保障。企业一把手亲自挂帅的社会责任委员会是国内外企业社会责任工作领导机构的主要形式，这一委员会通常负责制定社会责任战略和工作目标，领导社会责任管理体系建设，审批社会责任工作规划，审批发布社会责任报告，组织开展重大社会责任活动等。

2. 集团或总部社会责任工作执行机构

社会责任工作执行机构的确立有两种形式：一是新设社会责任工作专职部门；二是指定一个相关职能部门为社会责任管理部门。对于企业规模大、社会影响力广泛的企业有必要设立专职部门统筹推进社会责任工作，而企业规模较小、资源有限的企业可以选择后一种方式。执行机构的主要职能包括社会责任工作决策部署的落实、协调社会责任管理体系建设、编制社会责任工作规划、编制社会责任报告、组织社会责任培训等。

3. 下属机构社会责任工作执行机构

在分/子公司、下属机构确立社会责任工作执行机构是社会责任推进工作落实、社会责任理念切实融入企业经营的组织保障，企业需要通过在下属机构设立社会责任管理部门、明确社会责任工作负责人来推动社会责任工作的有效开展，保证总部社会责任工作部署的具体落实，有条件的下属机构还可结合自身经营特点开展社会责任专项工作。

示例：国家电网公司社会责任组织体系

国家电网公司建立了"社会责任工作委员会+社会责任工作办公室"的社会责任组织体系基本架构，具体如图所示。

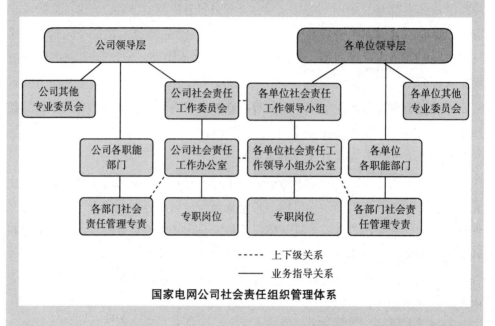

国家电网公司社会责任组织管理体系

在公司总部层面成立社会责任工作委员会，负责制定公司社会责任使命和战略，部署全面社会责任管理规划，领导社会责任管理体系建设，委员会主任由公司总经理刘振亚同志担任，其他领导班子成员担任委员会副主任，总部各部门主要负责人、各二级单位党政主要负责人担任委员。

委员会下设社会责任工作办公室，办公室的日常工作由公司办公厅组织，负责公司社会责任重大决策部署、工作规划和计划的具体落实；协调建设公司全面社会责任管理体系；提出公司社会责任工作预算和全员社会责任培训方案；组织公司社会责任信息披露。

在下属各单位相应成立社会责任工作领导小组，由单位主要负责同志担任领导小组组长，并明确一名班子成员担任领导小组副组长，分管本单位社会责任工作，领导小组下设办公室，领导小组办公室的日常工作由对外联络部组织开展。

二、CSR 制度

企业社会责任工作的开展落实需要有力的制度保证，要通过制定社会责任专项工作制度明确权责分工、工作办法、工作流程等，常见的社会责任制度包括社会责任组织管理办法、社会责任沟通制度、社会责任报告编制发布制度等。

一些中国企业编制了企业履行社会责任的管理办法或指导意见，明确社会责任工作的指导思想、原则和制度流程等。招商局集团制定了《招商局集团履行企业社会责任行动纲领》和《招商局集团关于建设和谐企业的指导意见》；鞍钢集团制定并下发了《关于建立鞍钢社会责任和可持续发展管理体系的指导意见》，建立了社会责任和可持续发展工作内部审核制度，对社会责任和可持续发展工作体系的落实和指标完成情况，以及《可持续发展报告》的准确性、真实性、时效性等进行内部审核；东风公司进一步完善《东风汽车公司社会责任管理办法》，明确管理流程，加强全集团社会责任工作的统一管理和协调，逐步建立完善社会责任管理基础台账、档案制度，统一制定年度计划、预算。

示例：中国铝业公司社会责任制度体系

支撑社会责任管理与实践的制度体系，既需要社会责任专项制度，也需要用社会责任理念对经营管理等制度进行补充和优化，以确保社会责任管理功能的充分发挥。2012 年，中国铝业公司进一步完善了社会责任相关制度。

首先，公司出台了《中国铝业公司社会责任工作规划》，确立了三年内迈入中央企业社会责任先进行列的目标，提出了实现规划目标的组织保障、机制保障、人才保障、经费保障等保障措施。

其次，研究制定《中国铝业公司社会责任工作管理办法》，推动社会责任工作迈向制度化、规范化、科学化。该办法已上报公司领导层，待总经理办公会议审议通过后实施。

最后，参照国际标准要求，制定了《中国铝业公司社会责任报告编制指南》，确定企业社会责任的报告编制依据、报告周期和发布时间，按制度定期编制社会责任报告，承担相应的法律责任。

资料来源：《中国铝业公司 2012 年社会责任报告》，第 23 页。

三、CSR 责任

企业社会责任工作必须要分解落实到 CSR 组织中的每一个部门和每一个岗位，明确各组织在社会责任管理推进、日常运营中肩负相应的责任。从管理层到执行层每一个员工有职责落实公司责任理念和工作安排，在日常工作中践行社会责任。

表 Z4-1　中国移动各部门的 CSR 责任

部门	CSR 责任
社会责任领导小组	（一）负责集团公司整体企业社会责任管理的领导和决策工作 （二）审议、批准集团公司企业社会责任管理相关政策及制度 （三）审议、批准集团公司企业社会责任战略目标、规划、年度计划以及重大项目 （三）审议、批准集团公司年度企业社会责任的相关目标、计划和重大项目的调整方案 （四）审议、批准集团公司年度企业社会责任报告 （五）审议、决策集团公司企业社会责任管理中的其他重大事项
企业社会责任办公室 （战略策划部）	（一）负责集团公司社会责任管理体系建设及整体企业社会责任管理工作 （二）负责组织制定集团公司企业社会责任管理相关政策及制度 （三）负责组织制定集团公司企业社会责任战略目标、规划、年度计划及重大项目 （四）负责指导、推进、监督集团公司所属各公司的企业社会责任工作，对口指导各公司的战略管理责任部门履行企业社会责任管理职责 （五）负责及时跟踪监控总部各部门、集团公司所属各公司企业社会责任目标、计划和重大项目的完成情况，并根据需要提出调整建议 （六）负责组织编制集团公司年度企业社会责任报告 （七）负责对集团公司的企业社会责任推进工作进行统筹协调 （八）负责与企业社会责任相关协会、组织的日常沟通与联络
各部门/分子公司	（一）负责根据集团整体框架建立并完善企业社会责任管理的规范制度和流程，并根据实际不断改进提升管理效能 （二）负责本单位企业社会责任年度实施计划编制、申报、落实及效果评估 （三）负责组织落实集团整体企业社会责任重大项目并组织开展具有当地特色的企业社会责任实践活动 （四）负责本单位企业社会责任相关信息、数据的收集、整理和报送工作 （五）负责强化企业社会责任内部宣传培训及外部利益相关方沟通工作，有效树立和传播负责任的企业形象

第三节　责任融合

一、融入企业战略

企业要将社会责任融入战略，在制定公司战略的时候，不但要考虑、规划企业自身经济业务的发展，也要坚持企业宗旨、愿景和核心价值观与社会责任的统一，将实现经济、社会和环境的综合价值最大化体现到发展战略中。

二、融入日常运营

企业在日常运营中要有效管理自身运营对利益相关方和自然环境的影响，要用社会责任的理念来审视人力资源管理、市场营销、生产管理、财务管理等管理制度、流程，用社会责任的要求来梳理各部门、各单位、各岗位的职责和工作，优化原有的管理手段和方式使其符合社会责任的规范和标准。要帮助指导员工把社会责任理念融入日常工作，使员工在做每一件事情的时候除了完成既定工作之外，还会考虑工作过程中可能对社会、环境造成的影响，考虑到关键利益相关方的期望，努力降低或消除负面影响，增加积极影响。

三、CSR 危机管理

社会责任危机管理是社会责任管理的重要内容。企业"生活"在内、外利益相关方构建的环境之中，一旦处理不好与利益相关方的关系，就可能爆发各种危机。比如，企业没有处理好与股东的关系就可能产生财务危机，没有处理好与环境的关系就可能产生环境灾难危机，没有处理与客户之间的关系就可能产生产品危机等。在信息传播更快、更广，社会对企业履行社会责任关注度大大提高的今天，企业存在诸多的社会责任风险点更容易爆发为责任危机。在社会责任理念的指导下，企业的危机管理要从传统的关注财务、关注市场转向关注企业运营对各个关键利益相关方的主要影响，要梳理出企业经营可能对经济、社会、环境产生负面影响的风险点，以及利益相关方期望与企业现状存在显著差异的风险点，根据爆发危机的可能性大小以及危机的影响力大小确定这些风险点的等级，构建出社会责任危机管理的风险库，并建立定期分析制度，改善工作制度、方式化解高风险点，将防范危机作为社会责任危机管理的核心。同时，也要预先建立社会责任危机处理领导团队，制定危机处理机制，明确危机处理流程，通过迅速、规范、透明的危机管理将社会、环境负面事件的影响降至最低。

示例：中远集团 CSR 风险管理与指标体系

中远集团建立了可持续发展暨全面风险管理委员会的组织机制，利用可持续发展信息管理平台固化推行机制。中远根据可持续发展影响程度进行风险分析，将辨识出的近千个风险（996 个）归纳出中远（集团）总公司的 61 个风险，分为高、中、低三个风险等级，建立风险库和风险事件属性库，全面风险管理、各项风险管理由各个部门负责。

中远集团按步骤推进基于信息管理平台的 CSR 风险管理：2006 年集团总公司和试点单位——中远集运实施；2007 年第一批境内所有航运、物流、修船公司实施及境外试点；2008 年所有二级公司、航运、物流和修造船业实施；2009 年以后由二级公司向三级/船舶扩展。

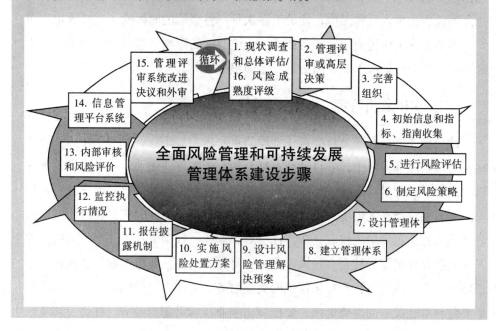

四、CSR 专题实践

企业推进社会责任管理体系、促进工作方式的转变并非一蹴而就，将社会责任理念融入运营是一个循序渐进的过程。在推进之初，企业可以选择某些容易做出亮点的社会责任重要议题为突破口和抓手，在较短的时间展现出社会责任工作的成效，树立榜样、增添信心，再逐步推进社会责任理念渗透到各个职能部门和业务单位。社会责任重要议题在和企业运营融合的过程中就产生了社会责任专题实践。

示例：南方电网设立社会责任示范基地

南方电网围绕公司主营业务，紧密结合公司社会责任工作重点领域，逐步在分、子公司基层单位建设社会责任示范基地，打造企业与社会沟通的精品窗口。在广东电网广州供电客户服务中心和贵州电网调度通信局设立公司首批"社会责任示范基地"，在中央企业中尚属首创。这为基层供电局开展社会责任实践树立了标杆，促进了公司基层社会责任实践的开展。

第四节　责任绩效

一、CSR 指标体系

企业社会责任绩效管理是基于企业社会责任规范要求，紧密结合企业自身的社会责任理念、战略、议题，建立企业社会责任评估体系，评估企业社会责任绩效表现，以促进履行社会责任绩效的提升。

构建企业社会责任指标体系是企业社会责任管理工作的重要组成部分，也是企业社会责任绩效评估的前提。构建社会责任指标体系可以分为五个步骤：①定义企业社会责任的重要议题；②识别并筛选体现重要议题的关键指标；③建立指标衡量方法和标准；④形成指标体系；⑤指标体系试运用并不断完善。构建企业社会责任指标体系要着眼于两点：一是现状与未来并重。社会责任指标体系既是对当前社会责任管理、实践的引导和评估，也是对长期发展所需要的可持续发展能力的综合评估，因此指标体系不仅要体现当前的要求还要体现长期战略导向，促进企业关注长期发展。二是内部与外部兼顾。社会责任指标体系既要强调企业自身能力建设，又要强调与外部利益相关方和环境的协调发展，坚持全面、均衡。

示例：南方电网社会责任指标体系

根据公司工作实际，参考 GRI、GRI EL、CASS 等社会责任报告编制指南，构建了南方电网社会责任指标体系（CSGCSR1.0）。南方电网社会责任指标体系由战略与治理、电力供应、经济绩效、绿色环保、社会和谐五个系列、146方面指标构成，其中一些指标被《中国企业社会责任报告编写指南（CASS-CSR2.0）》收录，为丰富和完善中国特色的社会责任行业指标做出了有益的探索。

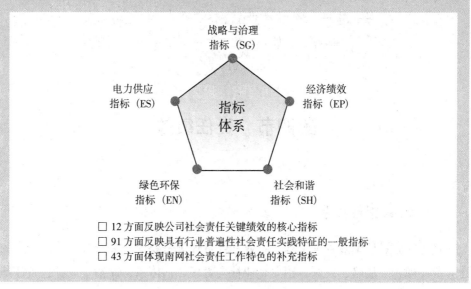

□ 12 方面反映公司社会责任关键绩效的核心指标
□ 91 方面反映具有行业普遍性社会责任实践特征的一般指标
□ 43 方面体现南网社会责任工作特色的补充指标

二、CSR 考核评价

企业社会责任考核评价是社会责任推进工作落到实处，推动下属单位、部门和个人切实转变工作思想，转变工作行为，提升履责绩效的关键所在，也是社会责任闭环改进的核心。社会责任考核评价可以采取的方式包括：建立社会责任考核评价指标体系，开展全面、系统的社会责任考核评价，与部门、个人报酬挂钩；把社会责任指标纳入企业已有的业绩考核体系，社会责任绩效作为经营业绩考核的组成部分；与同行业企业社会责任领先企业开展对标，找出缺陷和弱项；定期开展社会责任优秀评选，树立典型，促进部门学习，激励全员改进。企业可以根据管理基础以及社会责任工作进程选择适合的考核方式。

第五节　责任沟通

对内外的责任沟通是企业社会责任推进工作中的重要内容，其目的有二：一是让股东、员工、客户、合作伙伴、政府和社会公众等了解企业的社会责任履行情况，增加透明度，消除不必要的责任误解；二是让企业内外的利益相关方对企业各方面工作进行监督，促进提升履行社会责任的绩效。

一、利益相关方参与

所谓利益相关方参与是指企业通过制度安排、资源保障，构建企业与利益相关方之间的沟通、监督机制，使企业在运营中深入了解并充分考虑利益相关方需求，使利益相关方参与、监督企业决策，促进企业发展与利益相关方满意的双赢。

一般来说，企业做好利益相关方参与需要注意八个方面的要素，第一，要确定主要的利益相关方，并构建机制、平台促进其参与。第二，要在企业与利益相关方之间构建一种信任关系，以便更好地沟通。第三，要从现实出发，灵活应对。第四，要确保公司建立的利益相关方参与体系、参与平台真正能够运转。第五，确保利益相关方参与的过程和企业向利益相关方传递的信息透明化。第六，参与的过程、讨论的问题要有一个共同的议程，并确保关于目的和过程的共同理解。第七，要派遣优秀的员工。第八，要做好应对变化的准备。利益相关方来自不同的领域，利益相关方参与也并不意味着心平气和，有些沟通甚至建立在针锋相对的基础上，所以沟通过程中要做好应变的准备。

示例：中国国际航空公司利益相关方沟通参与

利益相关方的参与沟通是国航可持续发展的基础。国航通过与利益相关方的各种对话渠道，了解利益相关方对国航的期望，并将国航的发展与运营情况与各方进行沟通，推动国航社会责任管理工作的持续改进。

利益相关方	沟通渠道	期望与关注点	国航回应
政府/境内外监管机构	工作会议及汇报 信息披露 与地方政府合作	诚信合规，有序经营 重大活动保障工作 不发生安全运营事故 良好的企业形象 节能减排与环境保护	强化安全飞行 落实节能减排工作 廉洁教育，道德运营 关联交易管理
投资人股东	信息披露 股东大会 投资人大会	实现规范化的公司治理 保障投资人/股东利益 可持续盈利能力	完善公司内控体系 强化经营管理
客户	客户满意度调查 投诉处理 呼叫中心 新媒体	飞行安全、正点 提供全方位、高品质服务	产品与服务开发和管理 地面与空中服务 网站与移动服务
员工	员工满意度调查 内部论坛、杂志、邮件、手机报 职代会 工会、班组建设	关注公司发展战略 参与公司管理和经营 良好的职业发展通道 薪酬福利待遇 权益保障	解决发展中员工关注的问题 加强员工培训 关爱员工
合作伙伴/供应商	日常业务交流 合作伙伴会议	诚信经营 阳光采购 共同发展	供应商管理 反腐倡廉
同行企业	行业论坛 行业会议	关注行业发展及趋势 维护市场公平秩序	事先使用先进技术 引领行业发展 枢纽网络建设 资源整合
社区	公益慈善活动 志愿者工作	带动社区经济发展 支持公益事业	本地化采购 开展公益慈善活动
媒体	新闻发布 媒体沟通 官方新媒体平台	公司重要事件 公众形象和影响力 未来规划	保障特殊飞行 公益慈善活动

资料来源：《中国国际航空股份有限公司2013年度社会责任报告》，第22页。

二、CSR 网络专栏

CSR 网络专栏是企业信息披露的重要窗口，在企业主页设立 CSR 网络专栏是企业披露社会责任信息、开展社会责任沟通的重要渠道。具有良好沟通功能的

CSR 网络专栏应当具备五个特点，①信息的完整性，涵盖责任管理、社会责任和环境责任相关信息，提供企业社会责任报告的下载链接；②信息的动态性，及时更新企业的最新社会责任实践；③信息的互动性，提供企业社会责任工作者的联系方式，使利益相关方能就相关问题与企业进行交流；④访问的友好性，提供清晰的导航设计和信息检索功能，以图表、图片等增加信息的可读性；⑤视野的国际化，跨国运营的企业要提供 CSR 专栏的英文版本以及企业海外主要运营地的其他语言版本，实现与国外利益相关方的社会责任沟通。

示例：中国石化集团公司官方微博"石化实说"

　　"石化实说"微博定位与中国石化新闻办微信息发布平台和网民公共关系建设官方平台，共设置了小石头播报、小石头评论、小石头百科、小石头绿梦、小石头互动等 8 个栏目，通过塑造一个积极向上、心态平和、勇于开拓且幽默诙谐、紧跟稍留又略有自嘲的虚拟网络人物"小石头"形象，与网民沟通情感，发布新闻，评论时事，科普石化。

　　资料来源：《中国石化 2013 年可持续发展进展报告》，第 10 页。

三、发布 CSR 报告

　　企业社会责任报告是企业就社会责任相关信息与利益相关方进行沟通的主要平台，编制和发布企业社会责任报告是中国企业开展社会责任工作的重要突破口。许多企业都是从编制第一份社会责任报告开始深入理解企业社会责任，在编制报告的过程中伴随着社会责任理念的提炼、社会责任培训的开展、企业利益相关方的明确以及重要社会责任议题的梳理等，因此，编制企业第一份 CSR 报告的部门通常会成为企业社会责任工作的主要推进部门。同时，编制和发布 CSR 报告也促使企业社会责任正式进入高层管理者的视野，开启了企业的社会责任推进工作。一些中国企业不仅发布在中国的社会责任报告，还积极发布海外社会责任报告。比如，中国中钢集团公司 2008 年发布了中国企业第一份海外社会责任报告——《中钢集团可持续发展非洲报告》，2009 年又发布《可持续发展澳洲报告》；中国石油 2009 年发布了《中国石油天然气集团公司可持续发展哈萨克斯坦报告》，2010 年发布了《中国石油天然气集团公司可持续发展苏丹报告》。

四、内部 CSR 沟通

社会责任内部沟通是宣贯企业社会责任理念、提升企业员工社会责任意识以及全面、深入了解企业各方面社会责任实践的重要机制。社会责任内部沟通的手段包括召开社会沟通交流会议、开展社会责任实地调研、制作社会责任内部交流刊物等。近年来，中国移动、国家电网、中远集团等企业开展了下属企业社会责任实地调研，中国移动定期发行 CSR 通讯和《CSR 外部信息参考》等内部刊物。

第六节　责任能力

一、CSR 培训

组织或参与企业社会责任培训是提升社会责任工作能力，增强员工社会责任意识的重要手段。对于刚刚开始推动社会责任工作的企业，社会责任工作的领导机构、执行机构的管理者和员工都必须通过接受系统培训深入理解社会责任的概念、理论，把握社会责任运动现状，学习领先企业优秀实践，进而将社会责任与企业自身实际结合，构建出既符合社会责任一般要求又体现企业经营特点的管理体系和实践体系。对于社会责任管理体系初步构建、社会责任工作逐步深化的企业，有必要组织全员社会责任培训，提升全员社会责任意识，促进员工理解并支持企业正在开展的社会责任工作，更重要的是通过培训帮助员工将社会责任理念融入日常工作，转变传统的工作方式。

企业社会责任是一个充满活力和动态性的议题，一方面跟随着社会、环境的变化，社会责任议题不断更新，对企业提出新的要求；另一方面，各种组织不断在社会责任的多个方面创造出新的标准、工具、优秀实践。因此，坚持培训、学习知识、把握新动向是企业提升社会责任能力不可或缺的重要工作。

二、CSR 调研

企业社会责任在中国的起步较晚，如何将社会责任理念融入中国企业的发展战略、管理体系和日常运营尚缺乏可供借鉴的经验。又由于各企业的经营特性和管理基础不同，企业社会责任在各个企业的落地方式往往具有一定的特殊性。基于此，企业有必要结合自身情况开展责任调查研究，为社会责任理念的确立、社会责任战略规划的制定、社会责任管理体系的建立健全等提供理论指导，提升开展社会责任工作的能力。同时，也通过开展责任研究来完善社会责任各项工作、传播企业社会责任理念、为相应社会责任标准的制定做出贡献，使社会责任推进成为一个持续改进的螺旋上升过程。

企业开展社会责任调研工作的形式主要有：①根据企业社会责任理论与实践的需要自行开展社会责任调查、研究课题，以深入了解现状，改善社会责任管理，优化企业社会责任实践。②与教研机构共同开展企业社会责任研究工作。合作研究不仅有利于企业借鉴教研机构的研究优势，弥补自身社会责任理论与专业知识方面的不足，而且也有利于企业根据自身需要设置研究方向，确保研究的针对性和有用性。③参与社会责任标准制定。近年来，中国政府、行业协会、研究机构等为促进和规范中国企业社会责任的发展，相继制定了有关社会责任方面的标准。一些大型企业积极参加社会责任标准的制定，既促进了自身社会责任相关议题的深入研究，也提升了社会责任标准的专业性、可操作性。另外，国际社会责任标准也在积极制定中，中国企业参与国际社会责任标准的制定，将有助于争取国际社会责任标准制定的话语权，提升中国企业的国际影响力。

示例：中国民生银行积极开展社会责任教学研究

2013 年，中国民生银行通过参与编写教材、设计课程、组织培训等多种形式，深入开展社会责任的理论研究，并以独具特色的社会责任实践入选中国社科院《中国企业社会责任基础教材》和《中国企业社会责任蓝皮书》"案例篇"。

同年 5 月，中国民生银行成功举办中国社科院研究生院 MBA 首次"企业社会责任校外课堂"，通过《社会责任概念与民生银行的实践》专题讲座系统介绍了国内外社会责任前沿理论和我行社会责任创新实践成果。

资料来源：《2013 中国民生银行社会责任报告》，第 59 页。

子报告 5　中国企业社会责任报告编写指南 3.0

第一节　中国企业社会责任报告编写指南、编写背景与历程

透明时代的到来要求企业履行社会责任，及时准确地向利益相关方披露履行社会责任的信息。目前，发布社会责任报告已日益成为越来越多的企业深化履行社会责任、积极与利益相关方沟通的载体和渠道，这对于企业充分阐释社会责任理念，展现社会责任形象，体现社会责任价值具有重要的意义。

然而，由于企业社会责任对于我国来说是一个舶来品，编制企业社会责任报告发布企业社会责任信息对于我国企业来说也是一个新生事物。我国发布的社会责任报告存在过于简单、主线模糊、框架不清、内容随意，信息披露的时效性、客观性、平衡性、可读性和创新性不够等问题。

为了便于我国企业编制发布企业社会责任报告，从而推进我国企业社会责任向前发展，中国社会科学院经济学部企业社会责任研究中心决定编制"企业社会责任报告编写指南"。

2009 年 12 月，中国社科院经济学部企业社会责任研究中心发布了《中国企业社会责任报告编写指南（CASS-CSR1.0)》，这是我国第一本指导企业编制社会责任报告的参考书。报告发布之后，国内一系列各类规模企业纷纷采用该指南编制自身社会责任报告，比如，中国石化、国家电网、中国移动、南方电网、宝钢集团等。

2011 年 3 月，中国社科院经济学部企业社会责任研究中心发布了《中国企业社会责任报告编写指南（CASS–CSR2.0）》。《指南 2.0》的编写吸收了大量企业和行业协会的建议，更符合行业的特性和企业的实际情况。

由于《指南 1.0》和《指南 2.0》发布的过程中，很多企业对"什么是社会责任"、"什么是社会责任报告"、"社会责任报告应该包括哪些内容"还存在争议。所以，《指南 1.0》和《指南 2.0》定位于"报告内容"，希望通过指南告诉使用者如何编写社会责任报告、社会责任报告应该披露哪些指标。

《指南》的发布获得了企业广泛的认可和应用，2013 年，参考《指南》编写社会责任报告的企业数量上升到了 231 家。我国企业社会责任报告领域发生了深刻的变革，企业社会责任报告的数量从 2006 年的 32 份发展到了 2014 年的 1526 份；报告编写质量明显提升，很多报告已经达到国际先进水平。另外，企业在对社会责任的内涵、对社会责任报告的内容基本达成共识的基础上，开始思考如何发挥社会责任报告的综合价值，如何将社会责任工作向纵深推进。为适应新时期新形势要求，进一步增强指南的国际性、行业性和工具性，中国社科院经济学部企业社会责任研究中心于 2012 年 3 月启动了《指南 3.0》修编工作，在充分调研使用者意见和建议的基础上，对《指南 3.0》进行了较大程度的创新。

新的《指南 3.0》具有四个方面的特点，分别为：定位从"报告内容"到"报告管理"、形式从"一本指南"到"系列指南"、适用对象从"大中企业"到"各类企业"和指标体系从"虚实兼顾"到"注重实质"。为了便于陕西省企业更好地通过编制发布企业社会责任报告提高自身的社会责任管理和实践水平。在本研究报告中，课题组还将新修订的"中国企业社会责任报告编写指南 3.0"的主要框架、"中国企业社会责任报告编写指南 3.0 核心指标体系"以及"中国企业社会责任报告编写指南 3.0 通用指标体系"呈现在子报告中，以期进一步发挥本研究报告的适用性和指导性。

第二节　中国企业社会责任编写指南 3.0 框架

《指南 3.0》中报告指标体系由六大部分构成：报告前言（P）、责任管理

（G）、市场绩效（M）、社会绩效（S）、环境绩效（E）和报告后记（A）（见图 Z5-1）。

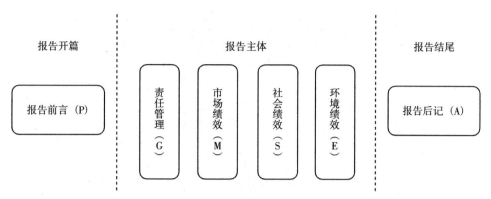

图 Z5-1　中国企业社会责任报告编写指南 3.0 通用指标体系框架

一、报告前言（P 系列）

本板块依次披露报告规范、报告流程、企业高层的社会责任声明、企业简介（含公司治理概况）以及社会责任工作年度进展。

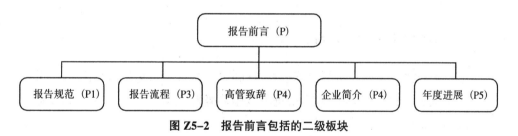

图 Z5-2　报告前言包括的二级板块

二、责任管理（G 系列）

有效的责任管理是企业实现可持续发展的基石。企业应该推进企业社会责任管理体系的建设，并及时披露相关信息。根据最新研究成果，[①]企业社会责任管理体系包括责任战略、责任治理、责任融合、责任绩效、责任沟通和责任能力六大部分。其中，责任战略的制定过程实际上是企业社会责任的计划（Plan-P）；责任治理、责任融合的过程实际上是企业社会责任的执行（Do-D）；责任绩效和报告是对企业社会责任的评价（Check-C）；调查、研究自己社会责任工作的开展情况、利益相关方意见的反馈以及将责任绩效反馈到战略的过程就是企业社会责任的改善（Act-A）。这六项工作整合在一起就构成了一个周而复始、闭环改进的PDCA 过程，推动企业社会责任管理持续发展。

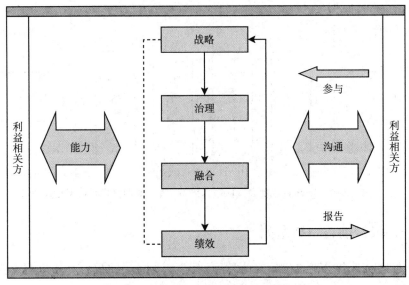

图 Z5-3　企业社会责任管理的六维框架

三、市场绩效（M 系列）

市场绩效描述企业在市场经济中负责任的行为。企业的市场绩效责任可分为对自身健康发展的经济责任和对市场上其他利益相关方（主要是客户和商业伙伴）的经济责任。

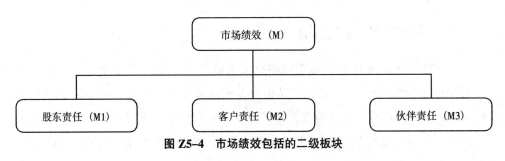

图 Z5-4　市场绩效包括的二级板块

---

① 该框架系国资委软课题《企业社会责任推进机制研究》成果，课题组组长：彭华岗，副组长：楚序平、钟宏武，成员：侯洁、陈锋、张璟平、张蕙、许英杰。

四、社会绩效（S 系列）

社会绩效主要描述企业对社会责任的承担和贡献，主要包括政府责任、员工责任、安全生产和社区参与四个方面的内容。政府责任是现阶段我国企业履行社会责任的重要内容之一，主要描述企业响应政府号召、对政府负责的理念、制度、措施及绩效；员工责任主要描述企业对员工负责、促进员工与企业共同成长的理念、制度、措施、绩效及典型案例；社区参与主要描述企业对社区的责任贡献。

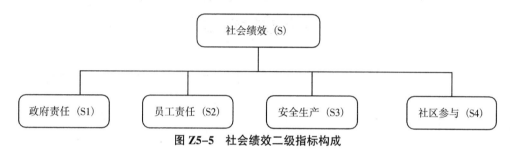

图 Z5-5　社会绩效二级指标构成

五、环境绩效（E 系列）

环境绩效主要描述企业在节能减排、保护环境方面的责任贡献，主要包括绿色经营、绿色工厂、绿色产品和绿色生态四个部分。

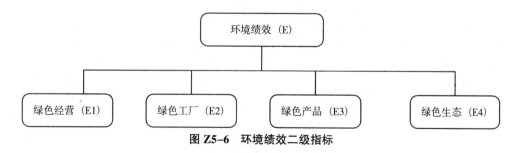

图 Z5-6　环境绩效二级指标

六、报告后记（A 系列）

报告后记部分主要包括对未来社会责任工作的计划、对报告的点评及评价、报告参考及索引、读者意见反馈四个方面。

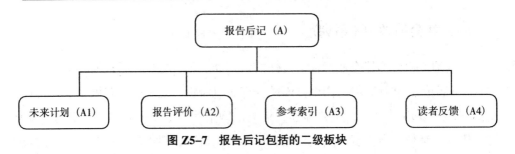

图 Z5-7　报告后记包括的二级板块

第三节　中国企业社会责任报告编写指南 3.0 核心指标体系

指标名称	定性指标 （●） 定量指标 （⊕）
第一部分：报告前言（P 系列）	
（P1）报告规范	
P1.1 报告信息说明	●
P1.2 报告边界	●
P1.3 报告体系	●
P1.4 联系方式	●
（P2）报告流程	
P2.1 报告实质性议题选择程序	●
（P3）高管致辞	
P3.1 企业履行社会责任的机遇和挑战	●
P3.2 企业年度社会责任工作成绩与不足的概括总结	●
（P4）企业简介	
P4.1 企业名称、所有权性质及总部所在地	●
P4.2 企业主要品牌、产品及服务	●
P4.3 企业运营地域包括运营企业、附属及合营机构	●
P4.4 按产业、顾客类型和地域划分的服务市场	●/⊕
P4.5 按雇佣合同（正式员工和非正式员工）和性别分别报告从业员工总数	⊕
（P5）年度进展	
P5.1 年度社会责任重大工作	●/⊕
P5.2 年度责任绩效	⊕
P5.3 年度责任荣誉	●
第二部分：责任管理（G 系列）	
（G1）责任战略	

续表

指标名称	定性指标（●） 定量指标（⊕）
G1.1 社会责任理念、愿景、价值观	●
G1.2 辨识企业的核心社会责任议题	●
（G2）责任治理	
G2.1 社会责任组织体系	●
G2.2 社会责任组织体系的职责与分工	●
（G4）责任绩效	
G4.1 企业在经济、社会或环境领域发生的重大事故，受到的影响和处罚以及企业的应对措施	●/⊕
（G5）责任沟通	
G5.1 企业利益相关与名单	●
G5.2 利益相关方的关注点和企业的回应措施	●
G5.3 企业内部社会责任沟通机制	●
G5.4 企业外部社会责任沟通机制	●
G5.5 企业高层领导参与的社会责任沟通与交流活动	●/⊕
（G6）责任能力	
G6.1 通过培训等手段培育负责任的企业文化	●/⊕
第三部分：市场绩效（M 系列）	
（M1）股东责任	
M1.1 股东参与企业治理的政策和机制	●
M1.2 保护中小投资者利益	●
M1.3 规范信息披露	●/⊕
M1.4 成长性	⊕
M1.5 收益性	⊕
M1.6 安全性	⊕
（M2）客户责任	
M2.1 客户关系管理体系	●
M2.2 产品知识普及或客户培训	●/⊕
M2.3 客户信息保护	●
M2.4 止损和赔偿	●/⊕
M2.5 产品质量管理体系	●
M2.6 产品合格率	⊕
M2.7 支持产品服务创新的制度	●
M2.8 客户满意度调查及客户满意度	●/⊕
M2.9 积极应对客户投诉及客户投诉解决率	●/⊕
（M3）伙伴责任	
M3.1 战略共享机制及平台	●
M3.2 诚信经营的理念与制度保障	●

续表

指标名称 ●	定性指标（●） 定量指标（⊕）
M3.3 公平竞争的理念及制度保障	●
M3.4 经济合同履约率	⊕
M3.5 供应商通过质量、环境和职业健康安全管理体系认证的比率	⊕
第四部分：社会绩效（S系列）	
（S1）政府责任	
S1.1 企业守法合规理念和政策	●
S1.2 守法合规培训	●/⊕
S1.3 禁止商业贿赂和商业腐败	●
S1.4 纳税总额	⊕
S1.5 响应国家政策	●
S1.6 确保就业及（或）带动就业的政策或措施	●
S1.7 报告期内吸纳就业人数	⊕
（S2）员工责任	
S2.1 劳动合同签订率	⊕
S2.2 民主管理	●
S2.3 按运营地划分的员工最低工资和当地最低工资的比例	⊕
S2.4 社会保险覆盖率	⊕
S2.5 按雇佣性质（正式、非正式）划分的福利体系	●
S2.6 女性管理者比例	⊕
S2.7 职业病防治制度	●
S2.8 职业安全健康培训	●/⊕
S2.9 年度新增职业病和企业累计职业病	⊕
S2.10 体检及健康档案覆盖率	⊕
S2.11 员工职业发展通道	●
S2.12 员工培训体系	●
S2.13 员工培训绩效	⊕
S2.14 困难员工帮扶投入	⊕
（S3）安全生产	
S3.1 安全生产管理体系	●
S3.2 安全应急管理机制	●
S3.3 安全教育与培训	●/⊕
S3.4 安全培训绩效	⊕
S3.5 安全生产投入	⊕
S3.6 安全生产事故数	⊕
S3.7 员工伤亡人数	⊕
（S4）社区责任	

续表

指标名称	定性指标（●） 定量指标（⊕）
S4.1 员工本地化政策	●
S4.2 企业公益方针或主要公益领域	●
S4.3 捐赠总额	⊕
S4.4 企业支持志愿者活动的政策、措施	●
S4.5 员工志愿者活动绩效	⊕
第五部分：环境绩效（E 系列）	
（E1）绿色经营	
E1.1 建立环境管理组织体系和制度体系	●
E1.2 企业环境影响评价	●
E1.3 环保总投资	⊕
E1.4 环保培训与宣教	●/⊕
E1.5 环保培训绩效	⊕
E1.6 绿色办公措施	●
（E2）绿色工厂	
E2.1 节约能源政策措施	●
E2.2 全年能源消耗总量	⊕
E2.3 企业单位产值综合能耗	⊕
E2.4 减少废气排放的政策、措施或技术	●
E2.5 废气排放量及减排量	⊕
E2.6 减少废水排放的制度、措施或技术	●
E2.7 废水排放量级减排量	⊕
E2.8 减少废弃物排放制度、措施或技术	●
E2.9 废弃物排放量及减排量	⊕
E2.10 发展循环经济政策/措施	●
E2.11 再生资源循环利用率	⊕
E2.12 建设节水型企业	●
E2.13 年度新鲜水用水量/单位工业增加值新鲜水耗	⊕
E2.14 中水循环使用量	⊕
E2.15 减少温室气体排放的计划及成效	●
（E3）绿色产品	
E3.1 供应商通过 ISO14000 环境管理体系认证的比例	⊕
E3.2 废旧产品回收的措施和绩效	●/⊕
E3.3 包装减量化和包装物回收的政策和绩效	●/⊕
（E4）绿色生态	
E4.1 保护生物多样性	●
E4.2 环保公益活动	●/⊕

续表

指标名称	定性指标（●） 定量指标（⊕）
第六部分：报告后记（A系列）	
（A1）未来计划：公司对社会责任工作的规划	●/⊕
（A2）报告评价：社会责任专家或行业专家、利益相关方或专业机构对报告的评价	●
（A3）参考索引：对本指南要求披露指标的采用情况	●
（A4）意见反馈：读者意见调查表及读者意见反馈渠道	●

第四节 中国企业社会责任报告编写指南 3.0 通用指标体系

指标名称	定性指标（●） 定量指标（⊕）	核心指标（★） 扩展指标（☆）
第一部分：报告前言（P系列）		
（P1）报告规范		
P1.1 报告质量保证程序	●	☆
P1.2 报告信息说明	●	★
P1.3 报告边界	●	★
P1.4 报告体系	●	★
P1.5 联系方式	●	★
（P2）报告流程		
P2.1 报告编写流程	●	☆
P2.2 报告实质性议题选择程序	●	★
P2.3 利益相关方参与报告过程的程序和方式	●	☆
（P3）高管致辞		
P3.1 企业履行社会责任的机遇和挑战	●	★
P3.2 企业年度社会责任工作成绩与不足的概括总结	●	★
（P4）企业简介		
P4.1 企业名称、所有权性质及总部所在地	●	★
P4.2 企业主要品牌、产品及服务	●	★
P4.3 企业运营地域包括运营企业、附属及合营机构	●	★
P4.4 按产业、顾客类型和地域划分的服务市场	●/⊕	★
P4.5 按雇佣合同（正式员工和非正式员工）和性别分别报告从业员工总数	⊕	★

续表

指标名称	定性指标（●） 定量指标（⊕）	核心指标（★） 扩展指标（☆）
P4.6 列举企业在协会、国家组织或国际组织中的会员资格或其他身份	●	☆
P4.7 报告期内关于组织规模、结构、所有权或供应链的重大变化	●	☆
（P5）年度进展		
P5.1 年度社会责任重大工作	●/⊕	★
P5.2 年度责任绩效	⊕	★
P5.3 年度责任荣誉	●	★
第二部分：责任管理（G 系列）		
（G1）责任战略		
G1.1 社会责任理念、愿景、价值观	●	★
G1.2 企业签署的外部社会责任倡议	●	☆
G1.3 辨识企业的核心社会责任议题	●	★
G1.4 企业社会责任规划	●/⊕	☆
（G2）责任治理		
G2.1 社会责任领导机构	●	☆
G2.2 利益相关方与企业最高治理机构之间沟通的渠道或程序	●	☆
G2.3 社会责任组织体系	●	★
G2.4 社会责任组织体系的职责与分工	●	★
G2.5 社会责任管理制度	●	☆
（G3）责任融合		
G3.1 推进下属企业社会责任工作	●/⊕	☆
G3.2 推动供应链合作伙伴履行社会责任	●/⊕	☆
（G4）责任绩效		
G4.1 构建企业社会责任指标体系	●	☆
G4.2 依据企业社会责任指标进行绩效评估	●/⊕	☆
G4.3 企业社会责任优秀评选	●	☆
G4.4 企业在经济、社会或环境领域发生的重大事故，受到的影响和处罚以及企业的应对措施	●/⊕	★
（G5）责任沟通		
G5.1 企业利益相关方名单	●	★
G5.2 识别及选择利益相关方的程序	●	☆
G5.3 利益相关方的关注点和企业的回应措施	●	★
G5.4 企业内部社会责任沟通机制	●	★
G5.5 企业外部社会责任沟通机制	●	★
G5.6 企业高层领导参与的社会责任沟通与交流活动	●/⊕	★
（G6）责任能力		
G6.1 开展 CSR 课题研究	●	☆
G6.2 参与社会责任研究和交流	●	☆

指标名称	定性指标（●）	核心指标（★）
	定量指标（⊕）	扩展指标（☆）
G6.3 参加国内外社会责任标准的制定	●	☆
G6.4 通过培训等手段培育负责任的企业文化	●/⊕	★
第三部分：市场绩效（M系列）		
（M1）股东责任		
M1.1 股东参与企业治理的政策和机制	●	★
M1.2 保护中小投资者利益	●	★
M1.3 规范信息披露	●/⊕	★
M1.4 成长性	⊕	★
M1.5 收益性	⊕	★
M1.6 安全性	⊕	★
（M2）客户责任		
M2.1 客户关系管理体系	●	★
M2.2 产品知识普及或客户培训	●/⊕	★
M2.3 客户信息保护	●	★
M2.4 止损和赔偿	●/⊕	★
M2.5 产品质量管理体系	●	★
M2.6 产品合格率	⊕	★
M2.7 支持产品服务创新的制度	●	★
M2.8 科技或研发投入	⊕	☆
M2.9 科技工作人员数量及比例	⊕	☆
M2.10 新增专利数	⊕	☆
M2.11 新产品销售额	⊕	☆
M2.12 重大创新奖项	●	☆
M2.13 客户满意度调查及客户满意度	●/⊕	★
M2.14 积极应对客户投诉及客户投诉解决率	●/⊕	★
（M3）伙伴责任		
M3.1 战略共享机制及平台	●	★
M3.2 诚信经营的理念与制度保障	●	★
M3.3 公平竞争的理念及制度保障	●	★
M3.4 经济合同履约率	⊕	★
M3.5 识别并描述企业的价值链及责任影响	●	☆
M3.6 企业在促进价值链履行社会责任方面的倡议和政策	●	☆
M3.7 企业对价值链成员进行的社会责任教育、培训	●/⊕	☆
M3.8 公司责任采购的制度及（或）方针	●	☆
M3.9 供应商社会责任评估和调查的程序和频率	●/⊕	☆
M3.10 供应商通过质量、环境和职业健康安全管理体系认证的比率	⊕	★

指标名称	定性指标（●）	核心指标（★）
	定量指标（⊕）	扩展指标（☆）
M3.11 供应商受到经济、社会或环境方面处罚的个数	⊕	☆
M3.12 责任采购比率	⊕	☆
第四部分：社会绩效（S 系列）		
(S1) 政府责任		
S1.1 企业守法合规理念和政策	●	★
S1.2 守法合规培训	●/⊕	★
S1.3 禁止商业贿赂和商业腐败	●	★
S1.4 企业守法合规审核绩效	⊕	☆
S1.5 纳税总额	⊕	★
S1.6 响应国家政策	●	★
S1.7 确保就业及（或）带动就业的政策或措施	●	★
S1.8 报告期内吸纳就业人数	⊕	★
(S2) 员工责任		
S2.1 劳动合同签订率	⊕	★
S2.2 集体谈判与集体合同覆盖率	●/⊕	☆
S2.3 民主管理	●	★
S2.4 参加工会的员工比例	⊕	☆
S2.5 通过员工申诉机制申请、处理和解决的员工申诉数量	●/⊕	☆
S2.6 雇员隐私管理	●	☆
S2.7 兼职工、临时工和劳务派遣工权益保护	●	☆
S2.8 按运营地划分的员工最低工资和当地最低工资的比例	⊕	★
S2.9 社会保险覆盖率	⊕	★
S2.10 超时工作报酬	⊕	☆
S2.11 每年人均带薪年休假天数	⊕	☆
S2.12 按雇佣性质（正式、非正式）划分的福利体系	●	★
S2.13 女性管理者比例	⊕	★
S2.14 少数民族或其他种族员工比例	⊕	☆
S2.15 残疾人雇佣率或雇用人数	⊕	☆
S2.16 职业健康与安全委员会中员工的占比	⊕	☆
S2.17 职业病防治制度	●	★
S2.18 职业安全健康培训	●/⊕	★
S2.19 年度新增职业病和企业累计职业病	⊕	★
S2.20 工伤预防制度和措施	●	☆
S2.21 员工心理健康制度/措施	●	☆
S2.22 体检及健康档案覆盖率	⊕	★

指标名称	定性指标（●）	核心指标（★）
	定量指标（⊕）	扩展指标（☆）
S2.23 向兼职工、劳务工和临时工及分包商职工提供同等的健康和安全保护	●	☆
S2.24 员工职业发展通道	●	★
S2.25 员工培训体系	●	★
S2.26 员工培训绩效	⊕	★
S2.27 困难员工帮扶投入	⊕	★
S2.28 为特殊人群（如孕妇、哺乳妇女等）提供特殊保护	●	☆
S2.29 尊重员工家庭责任和业余生活，确保工作生活平衡	●	☆
S2.30 员工满意度	⊕	☆
S2.31 员工流失率	⊕	☆
(S3) 安全生产		
S3.1 安全生产管理体系	●	★
S3.2 安全应急管理机制	●	★
S3.3 安全教育与培训	●/⊕	★
S3.4 安全培训绩效	⊕	★
S3.5 安全生产投入	⊕	★
S3.6 安全生产事故数	⊕	★
S3.7 员工伤亡人数	⊕	★
(S4) 社区责任		
S4.1 评估企业进入或退出社区时对社区环境和社会的影响	●	☆
S4.2 新建项目执行环境和社会影响评估的比率	⊕	☆
S4.3 社区代表参与项目建设或开发的机制	●	☆
S4.4 企业开发或支持运营所在社区中的具有社会效益的项目	●	☆
S4.5 员工本地化政策	●	★
S4.6 本地化雇佣比例	⊕	☆
S4.7 按主要运营地划分，在高层管理者中本地人员的比率	⊕	☆
S4.8 本地化采购政策	●	☆
S4.9 企业公益方针或主要公益领域	●	★
S4.10 企业公益基金/基金会	●	☆
S4.11 海外公益	●/⊕	☆
S4.12 捐赠总额	⊕	★
S4.13 企业支持志愿者活动的政策、措施	●	★
S4.14 员工志愿者活动绩效	⊕	★
第五部分：环境绩效（E 系列）		
(E1) 绿色经营		
E1.1 建立环境管理组织体系和制度体系	●	★
E1.2 环保预警及应急机制	●	☆

续表

指标名称	定性指标（●）	核心指标（★）
	定量指标（⊕）	扩展指标（☆）
E1.3 参与或加入的环保组织或倡议	●	☆
E1.4 企业环境影响评价	●	★
E1.5 环保总投资	⊕	★
E1.6 环保培训与宣教	●/⊕	★
E1.7 环保培训绩效	⊕	★
E1.8 环境信息公开	●	☆
E1.9 与社区沟通环境影响和风险的程序和频率	●/⊕	☆·
E1.10 绿色办公措施	●	★
E1.11 绿色办公绩效	⊕	☆
E1.12 减少公务旅行节约的能源	●/⊕	☆
E1.13 绿色建筑和营业网点	●/⊕	☆
(E2) 绿色工厂		
E2.1 建立能源管理体系	●	☆
E2.2 节约能源政策措施	●	★
E2.3 全年能源消耗总量	⊕	★
E2.4 企业单位产值综合能耗	⊕	★
E2.5 企业使用新能源、可再生能源或清洁能源的政策、措施	●	☆
E2.6 新能源、可再生能源或清洁能源使用量	⊕	☆
E2.7 减少废气排放的政策、措施或技术	●	★
E2.8 废气排放量及减排量	⊕	★
E2.9 减少废水排放的制度、措施或技术	●	★
E2.10 废水排放量级减排量	⊕	★
E2.11 减少废弃物排放制度、措施或技术	●	★
E2.12 废弃物排放量及减排量	⊕	★
E2.13 发展循环经济政策/措施	●	★
E2.14 再生资源循环利用率	⊕	★
E2.15 建设节水型企业	●	★
E2.16 年度新鲜水用水量/单位工业增加值新鲜水耗	⊕	★
E2.17 中水循环使用量	⊕	★
E2.18 减少温室气体排放的计划及成效	●	★
E2.19 温室气体排放量及减排量	⊕	☆
(E3) 绿色产品		
E3.1 供应商通过 ISO14000 环境管理体系认证的比例	⊕	★
E3.2 提升供应商环境保护意识和能力的措施	●	☆
E3.3 供应商受到环保方面处罚的个数和次数	⊕	☆
E3.4 支持绿色低碳产品的研发与销售	●/⊕	☆

续表

指标名称	定性指标（●）定量指标（⊕）	核心指标（★）扩展指标（☆）
E3.5 废旧产品回收的措施和绩效	●/⊕	★
E3.6 包装减量化和包装物回收的政策和绩效	●/⊕	★
（E4）绿色生态		
E4.1 保护生物多样性	●	★
E4.2 在工程建设中保护自然栖息地、湿地、森林、野生动物廊道、农业用地	●	☆
E4.3 生态恢复与治理	●	☆
E4.4 生态恢复治理率	⊕	☆
E4.5 环保公益活动	●/⊕	★
第六部分：报告后记（A系列）		
（A1）未来计划：公司对社会责任工作的规划	●/⊕	★
（A2）报告评价：社会责任专家或行业专家、利益相关方或专业机构对报告的评价	●	★
（A3）参考索引：对本指南要求披露指标的采用情况	●	★
（A4）意见反馈：读者意见调查表及读者意见反馈渠道	●	★

附　录

中国社科院经济学部企业社会责任研究中心简介

中国社会科学院经济学部企业社会责任研究中心（以下简称"中心"）成立于 2008 年 2 月，中国社会科学院副院长、经济学部主任李扬研究员任中心理事长，国务院国有资产监督管理委员会研究局局长彭华岗博士、中国社会科学院工业经济研究所所长黄群慧研究员任中心常务副理事长，中国社会科学院社会发展战略研究院钟宏武副研究员任主任。中国社会科学院、国务院国有资产监督管理委员会、人力资源与社会保障部、中国企业联合会、人民大学、国内外大型企业的数十位专家、学者担任中心理事。

中心以"中国特色、世界一流社会责任智库"为目标，积极践行研究者、推进者和观察者的责任：

● 研究者：中国企业社会责任问题的系统理论研究，研发颁布《中国企业社会责任报告编写指南（CASS-CSR 1.0/2.0/3.0）》，组织出版《中国企业社会责任》文库，促进中国特色的企业社会责任理论体系的形成和发展。

● 推进者：为政府部门、社会团体和企业等各类组织提供咨询和建议；主办"中国企业社会责任研究基地"；主办"分享责任——中国企业社会责任公益讲堂"；开设中国社科院研究生院 MBA《企业社会责任》必修课，开展数百次社会责任专项培训；组织"分享责任中国行——中国 CSR 优秀企业调研活动"，参加各种企业社会责任研讨交流活动，分享企业社会责任研究成果和实践经验。

● 观察者：从 2009 年起，每年出版《企业社会责任蓝皮书》，跟踪记录上一年度中国企业社会责任理论和实践的最新进展；从 2011 年起，每年发布《中国企业社会责任报告白皮书》，研究记录我国企业社会责任报告发展的阶段性特征；自 2010 年起，制定、发布、推动《中国企业社会责任报告评级》，累计为 200 余份中外企业社会责任报告提供评级服务；主办"责任云"（www.zerenyun.com）平台以及相关技术应用。

中国社科院经济学部企业社会责任研究中心
2014 年 12 月

网　　站：www.cass-csr.org

微　　博：http：//weibo.com/casscsr

中心官方微信号：中国社科院 CSR 中心

微信公众账号：CSRCloud（责任云）

E-mail：csr@cass-csr.org

电　　话：010-59001552

传　　真：010-59009243

地　　址：北京市朝阳区东三环中路 39 号建外 SOHO 写字楼 A 座 605 室（100022）

研究业绩

课题：

1. 国务院国资委：《中央企业海外社会责任研究》，2014 年。

2. 国务院国资委：《中央企业社会责任优秀案例研究》，2014 年。

3. 工信部：《"十二五"工业信息领域企业社会责任发展评估研究》，2014 年。

4. 国家食药监局：《中国食品药品行业社会责任信息披露机制研究》，2014 年。

5. 国土资源部：《矿山企业社会责任评价指标体系研究》，2014 年。

6. 中国保监会：《中国保险业社会责任白皮书》，2014 年。

7. 全国工商联：《中国民营企业社会责任研究报告》，2014 年。

8. 陕西省政府：《陕西省企业社会责任研究报告》，2014。

9. 国土资源部：《矿业企业社会责任报告制度研究》，2013 年。

10. 国务院国资委：《中央企业社会责任优秀案例研究》，2013 年。

11. 中国扶贫基金会：《中资海外企业社会责任研究》，2012~2013 年。

12. 北京市国资委：《北京市属国有企业社会责任研究》，2012 年 5~12 月。

13. 国资委研究局：《企业社会责任推进机制研究》，2010 年 1 月~2010 年 12 月。

14. 国家科技支撑计划课题：《社会责任国际标准风险控制及企业社会责任评价技术研究》之子任务，2010 年 1 月~2010 年 12 月。

15. 深交所：《上市公司社会责任信息披露》，2009 年 3 月~2009 年 12 月。

16. 中国工业经济联合会：工信部制定《推进企业社会责任建设指导意见》前期研究成果，2009 年 10 月~2009 年 12 月。

17. 中国社科院：《灾后重建与企业社会责任》，2008 年 8 月~2009 年 8 月。

18. 中国社科院：《海外中资企业社会责任研究》，2007 年 6 月~2008 年 6 月。

19. 国务院国资委：《中央企业社会责任理论研究》，2007 年 4 月~2007 年 8 月。

专著：

1. 彭华岗、钟宏武、孙孝文、张蒽：《中国企业社会责任报告编写指南（CASS-CSR3.0)》，经济管理出版社 2014 年版。

2. 孙孝文、李晓峰、张蒽、朱念锐：《中国企业社会责任报告编写指南之一般采矿业》，经济管理出版社 2014 年版。

3. 张蒽、钟宏武、魏秀丽、陈力等：《中国企业社会责任案例》，经济管理出版社 2014 年版。

4. 黄群慧，彭华岗、钟宏武、张蒽等：《中国企业社会责任研究报告（2014)》，社会科学文献出版社 2014 年版。

5. 钟宏武、魏紫川、张蒽、翟利峰等：《中国企业社会责任报告（2014)》，经济管理出版社 2014 年版。

6. 黄群慧、彭华岗、钟宏武、张蒽等：《中国企业社会责任研究报告（2013)》，社会科学文献出版社 2013 年版。

7. 钟宏武、魏紫川、张蒽、孙孝文等：《中国企业社会责任报告白皮书（2013)》，经济管理出版社 2013 年版。

8. 钟宏武、张蒽、魏秀丽：《中国国际社会责任与中资企业角色》，中国社会科学出版社 2013 年版。

9. 彭华岗、钟宏武、张蒽、孙孝文等：《企业社会责任基础教材》，经济管理出版社 2013 年版。

10. 姜天波、钟宏武、张蕙、许英杰:《中国可持续消费研究报告》,经济管理出版社 2013 年版。

11. 陈佳贵、黄群慧、彭华岗、钟宏武:《中国企业社会责任研究报告(2012)》,社会科学文献出版社 2012 年版。

12. 钟宏武、魏紫川、张蕙、孙孝文等:《中国企业社会责任报告白皮书(2012)》,经济管理出版社 2012 年版。

13. 陈佳贵、黄群慧、彭华岗、钟宏武:《中国企业社会责任研究报告(2011)》,社会科学文献出版社 2011 年版。

14. 彭华岗、钟宏武、张蕙、孙孝文:《中国企业社会责任报告编写指南(CASS-CSR2.0)》,经济管理出版社 2011 年版。

15. 钟宏武、张蕙、翟利峰:《中国企业社会责任报告白皮书 (2011)》,经济管理出版社 2011 年版。

16. 彭华岗、楚旭平、钟宏武、张蕙:《企业社会责任管理体系研究》,经济管理出版社 2011 年版。

17. 彭华岗、钟宏武:《分享责任——中国社会科学院研究生院 MBA "企业社会责任" 必修课讲义集 (2010)》,经济管理出版社 2011 年版。

18. 陈佳贵、黄群慧、彭华岗、钟宏武:《中国企业社会责任研究报告(2010)》,社会科学文献出版社 2010 年版。

19. 钟宏武、张唐槟、田瑾、李玉华:《政府与企业社会责任》,经济管理出版社 2010 年版。

20. 陈佳贵、黄群慧、彭华岗、钟宏武:《中国企业社会责任研究报告(2009)》,社会科学文献出版社 2009 年版。

21. 钟宏武、孙孝文、张蕙:《中国企业社会责任报告编写指南 (CASS-CSR1.0)》,经济管理出版社 2009 年版。

22. 钟宏武、张蕙、张唐槟、孙孝文:《中国企业社会责任发展指数报告(2009)》,经济管理出版社 2009 年版。

23. 钟宏武:《慈善捐赠与企业绩效》,经济管理出版社 2007 年版。

论文:

在《经济研究》、《中国工业经济》、《人民日报》、《光明日报》等刊物上发表论文数十篇。

专访：

接受中央电视台、中央人民广播电台、人民网、新华网、光明网，凤凰卫视，法国 24 电视台等数十家媒体访问。

参 考 文 献

[1] Berle, Adolf A. Corporate Powers as Powers in Trust. Harvard Business Review, 1931, 44 (7): 1049.

[2] Berle, Adolf A. The 20th Century Capitalist Revolution. New York: Harcourt, Brace and Company, 1954: 169.

[3] Bowen, H.R. Social Responsibilities of the Businessman. New York: Harpor & Row, 1953.

[4] Carroll, Archie B. The Pyramid of Corporate Social Responsibility: Toward the Moral Management of Organizational Stakeholders. Business Horizons, 1991: 7–48.

[5] Clark, J. Maurice. The Changing Basis of Economic Responsibility. Journal of Political Economy, 1916, 24 (3): 229.

[6] Community Business. Employee Volunteering: The Guide, Hong Kong, 2005.

[7] Dodd, E. Merrick. For whom are Corporate Managers? Harvard Business Review, 1932, 45 (7): 1147–1148.

[8] Wayne Visser, Dirk Matten, Manfred Pohl, Nick Tolhurst. The A to Z of Corporate Social Responsibility. Hoboken: John Wiley & Sons Ltd., 2010.

[9] Drumwright, M. E. Company Advertising with a Social Dimension: The Role of Non-economic Criteria. Journal of Marketing, 1996, 60 (4): 71–87.

[10] ISO Advisory Group on Social Responsibility (April 30, 2004), Working Report on Social Responsibility.

[11] Mohr, L.A., D.J.Webb. The Effect of Corporate Social Responsibility and Price on Consumer Responses. Journal of Consumer Affairs, 2005, 39 (1): 121–147.

[12] Nick Lakin, Veronica Scheubel. Corporate Community Involvement: The Definitive Guide to Maximizing Your Business' Societal Engagement. Stanford University Press, 2010.

[13] Small, A.W. Private Business is a Public Trust. American Journal of Society, 1895 (1): 282.

[14] 崔征. CSR：欧洲发展路线图——专访欧洲企业社会责任协会理事长 Franck Welvaert. WTO 经济导刊, 2005 (10): 79.

[15] 乔治·斯迪纳等. 企业、政府与社会. 华夏出版社, 2002.

[16] 严恋. 我国企业捐赠行为研究. 华中师范大学硕士毕业论文, 2011.

[17] 郑若娟. 西方企业社会责任研究进展——基于概念演进的视角. 国外社会科学, 2006 (2): 34-39.

[18] 钟宏武. 日本企业社会责任概况及启示. WTO 经济导刊, 2008 (4): 24-26.

[19] 乔舒华等. 2008 中国企业责任调查. 财富, 2008 (3): 2-13.

[20] 彭华岗, 钟宏武, 孙孝文, 张蒽等. 中国企业社会责任报告编写指南 (CASS-CSR3.0). 经济管理出版社, 2014.

[21] 黄群慧, 彭华岗, 钟宏武, 张蒽等. 中国企业社会责任研究报告 (2014). 社会科学文献出版社, 2014.

[22] 张蒽, 钟宏武, 魏秀丽, 陈力等. 中国企业社会责任案例. 经济管理出版社, 2014.

[23] 钟宏武, 张蒽, 魏秀丽. 中国国际社会责任与中资企业角色. 中国社会科学出版社, 2013.

[24] 彭华岗, 钟宏武, 张蒽, 孙孝文等. 企业社会责任基础教材. 经济管理出版社, 2013.

[25] 钟宏武, 魏紫川, 张蒽, 翟利峰等. 中国企业社会责任报告 (2014). 经济管理出版, 2014.

[26] 彭华岗, 楚旭平, 钟宏武, 张蒽. 企业社会责任管理体系研究. 经济管理出版社, 2011.

[27] 钟宏武, 张唐槟, 田瑾, 李玉华. 政府与企业社会责任. 经济管理出版社, 2010.

［28］周祖城，张漪杰. 企业社会责任相对水平与消费者购买意向关系的实证研究. 中国工业经济，2007（9）：111-118.

［29］任荣明，朱晓明. 企业社会责任多视角透视. 北京大学出版社，2009.

［30］罗殿军，李季. 发达国家对企业履行社会责任的影响因素分析——以美国和欧洲为例. 上海经济研究，2007（8）：100-104.

［31］卢代富. 企业社会责任的经济学与法学分析. 法律出版社，2002.

［32］徐克. 英国公司法改革. 经济导刊，2005（1-2）：73-74.

［33］刘兰素. 瑞典政府积极引导企业履行社会责任. WTO导刊，2008（10）：70-71.

后　记

　　《陕西省企业社会责任研究报告》是中国社会科学院经济学部企业社会责任研究中心专门研究"陕西省企业社会责任管理和实践状况"的专著。项目历时近一年，经过课题启动、问卷调查、企业访谈、初稿撰写、修改定稿，最终形成《陕西省企业社会责任研究报告》专著。

　　本报告是集体智慧的结晶。报告提纲由钟宏武、魏秀丽、许英杰、赵云龙确定。第一章"企业社会责任的源起与发展"和第二章"企业社会责任的基本框架"由北方工业大学副教授魏秀丽撰写，第三章"陕西省企业社会责任的实践现状"和第四章"陕西省企业社会责任的管理现状"由许英杰撰写，第五章"陕西省企业进一步履行好社会责任的对策建议"由赵云龙撰写，第六章"陕西省政府进一步推进企业社会责任的政策建议"由魏秀丽撰写，子报告1"陕西省企业履行社会责任的调查报告"由许英杰撰写，子报告2"陕西省企业履行社会责任的典型案例"由赵云龙撰写，子报告3"国内外政府推动企业社会责任的经验借鉴"由魏秀丽撰写，子报告4"中国企业社会责任管理体系"由赵云龙整理，子报告5"中国企业社会责任报告编写指南3.0"由许英杰和赵云龙整理。最终由钟宏武审稿、定稿。

　　在调研过程中，课题组得到陕西省发改委张西林副主任、高技术处赵志处长和安军副处长的大力支持和指导。陕西省信息中心、陕西省信用协会、西安航天基地管委会、西安经开区管委会、西咸新区沣西新城管委会、西安高新区管委会以及西安高新技术企业协会七家单位对企业问卷调查和访谈给予了帮助，在此表示感谢！陕西省104家国有企业、民营企业和外资企业填写了调查问卷，50家企业接受了课题组的访谈，在此表示诚挚的谢意！

　　本书的案例部分得到企业同仁的大力支持，在此一并感谢，他们是中国西电集团公司的谢黎、王韵、刘列兴；西安陕鼓动力股份有限公司的赵勇进、尚璐；

金花集团的常青、刘大鹏；西安未来国际信息股份有限公司的乔宏元、王亚玲、栾龙源；西安康明斯发动机有限公司的迟彬、朱英芝；三星（中国）半导体有限公司的权泰一、朴春女、王倩。

中国三星总裁张元基对本项目给予大力指导，副总裁王幼燕、社会责任事务局高级总监金学哲积极推进本研究，中国三星还支持了本书的编著、出版，特别鸣谢！

作为第一本系统研究陕西省企业社会责任的成果，本报告还存在不少的改进之处，希望专家、学者和各位读者朋友批评指正。

作　者

2014 年 12 月